KB273307

샌들 신은 사도 도마

小說

샌들 신은 사도 도마

표성흠 장편소설

홍성사

사도 도마, 가락국에 왜 왔나?

—에덴의 동쪽 한반도 땅에 우리가 몰랐던 성지 하나가 깊은 잠에서 깨어나고 있다. 여기에 순례 길을 만들었으면 한다. 이 소설을 쓰는 까닭이다.

집채만 한 바위에 샌들을 신은 사람이 조각돼 있다. 발굴자는 이 바위그림을 '도마 석상'이라 주장한다. 도마가 누구인가? 예수 열두 제자 중의 한 사람이다. 소설가는 이 도마 석상을 2천 년 전 가락국에 온 사도 도마의 발자취라며 소설을 쓴다. 순례자의 길을 만들기 위해서다. 길을 만들면 사람들이 오게 돼 있다.

글은 바라는 바의 실상이다. 나는 내가 바라는 것들을 소설이라는 문학형식을 빌려 소망한다. 이 소설은 땅끝까지 가 복음을 전파하라는 예수의 지상명령에 따라 가락국에 왔다가 간 도마의 노정을 그린다. 도마가 인도에서 전도를 하다가 순교당했다는 건 주지의 사실이다. 그런데 요즘 와서 그 도마가 인도에서 가락국까지 왔다 간 흔적을 찾는 사람들이 부쩍 늘었다. 그 근거로 영주에서 발굴된 '도마 석상'과 '파사의 석탑', '쌍어문' 등을 남긴 가락국 김수로 왕비 허황옥과의 동행설을 거론한다.

도마가 누구인가? 예수 열두 제자 중 한 사람이다. 이 사도 도마가 가야에 왔었다는 이야기가 이 소설이다. 아직은 도마 석상에 관한 이론도 많고, 파사의 석탑과 쌍어문을 남긴 보주태후 허황옥에 대해서도 논란이 있지만, 여러 연구 결과 그 실상이 손에 잡힐 정도로 가까워졌다. 이를 입증하듯 가야시대 유물들이 곳곳에서 발굴이 돼, 신화처럼 남아 있던 이야기들이 역사시대로 편입돼 들어오고 있는 현실이다. 소설은 신화시대를 역사시대로 전환시키는 작업이다.

그런데 왜 뜬금없는 샌들인가? 저 그리스 로마 시대 철학자들이나 예술가들이 광장에 나가 민중들과 담론할 때 신었던 신발이 샌들이다. 시내 산에 오른 모세에게 떨기나무 사이에서 들려오는 한 목소리가 있어 '이곳은 거룩한 땅이니 네 신발을 벗어라' 했을 때, 십계를 받들며 벗었던 모세의 신발 역시 이 샌들이다. 또 세례요한이 예수를 보고 '나는 그의 신들메를 감당하기조차도 어렵다' 한 그 신발 또한 샌들이다. 샌들은 신분의 상징인 동시에 신체부위의 가장 힘든 발을 보호하는 신발이다. 이 소설은 '수고하고 무거운 짐 진' 자들의 신발인 샌들을 통하여 2천 년 동안 잠들었던 역사의 한 장을 일깨우려는 시도로 출발한다. 이를 방증할 수 있는 유물들이 계속 발굴돼 그 기나긴 발자취를 일깨우는 북소리가 되고 있다.

이 작품은 2천 년 전 사람 도마가 2천 년 후 소설가에게 전하는 속삭임 같은 이야기로 시작된다. 소설가는 이 속삭임을 들었고 자다가 깨어나 그 소리들을 기록해 나간다. 그 속삭임은 잠결엔 듯 꿈결엔 듯 들려왔다가 바람처럼 사라져 가, 이게 진짜 현실인지 환영인지 알 수가 없는 일이 돼 버렸다. 이 복합적 '파타모르가나' 현상은 작가나 주인공 도마 역시 장자의 '호접몽' 같은 상태가 아닌지 어리둥절해한다. 이 작품은 이런 혼란 속에서 출발해, 그 나라의 의를 찾는 것으로 끝나는 도마를 통한 예수 이야기이다.

이 작품은 1987년 도마 석상을 처음 찾아 기사화하던 기자 시절에 구상했던 테마이다. 글을 쓰는 데는 오래 걸리지 않았지만 37년이나 묻어두었던 소재이니 37년 만에 나오는 소설책이나 마찬가지인 셈이다. 이 소설이 이렇게 오래 걸린 까닭은 그동안 자료가 너무 없어서였는데 지금은 여러 분야의 연구논문과 발굴유물들이 쏟아져 나와 도움을 입었다. 본문에 인용된 많은 참고자료들은 이들 여러 선학들의 노고에 힘입은 것임을 미리 밝힌다. 그렇지만 소설의 특성상 일일이 주를 달아 출처를 명기하지 못했다. 이 점 먼저 연구자들에게 양해를 구한다. 어려운 시기에 출판을 담당해 준 홍성사에 감사를 드리며…

지금부터 예수님과 도마를 형제로 그린 작가의 상상 속 이야기로 순례 여행을 떠나보자.

2025년 10월
풀과나무의 집에서

윤성흠

차례

가장 중요한 일을 해야 하는 순간

한 장의 서신이 왔다.

예수는 이 서신을 동생 도마에게 일임했다.

유월절 준비로 한창 바쁠 때였다. 유월절은 애급 땅에서 노예생활을 하던 이스라엘 민족을 해방시키기 위한 여호와의 말씀이 이루어진 날을 기념하는 날이다. 여호와는 창세 이래 지금까지 말씀을 통해 여러 가지 권능을 보여주었다. 유대인들은 이를 잊지 않기 위해 이에 합당한 이름을 붙인 절기를 만들어 기념하였다. 이스라엘 민족을 애급 사람과 구분하기 위해 문설주에 양의 피를 바르게 해 재앙을 면하게 한 은혜를 기념하는 날이 유월절이다. 이렇게 구출된 이스라엘 민족이 지켜야 할 십계명을 돌 판에 새겨준 날을 기념하는 날은 또 오순절이라는 이름을 붙여 기념한다. 이 계명을 받은 날을 이스라엘 건국기념일로 삼는다. 이 돌 판의 계율에 의하면 매주 일곱 번째 날을 지키라는 주간절기인 안식일이 있고, 나라가 세워진 이후 생긴 연간절기로 유월절 무교절 초심절 칠칠절 나팔절 대속죄일 초막절 같은 행사 절기가 있다. 이러한 기념일들은 유대인들에게 있어 선택받은 특권임으로 이를 소홀히 넘길 수 없다. 하여, 이 민족 고유의 명절을 택해 예루살렘으로 올라온 예수다. 이제 이 옛 언약의 시대를 지나 새로운 언약을 세울 때가 임박한 것이다.

우리는 노예들이었네
그러나 지금은 자유롭다네 자유롭다네

입에서 입으로 전해져 불리는 이 노래는 모세를 통해 출애굽을 하게 만든 여호와의 계획을 찬양하는 히브리노예들의 합창 중 일부다. 여호와는 모세를 통해 그가 바라는 바 열가지 계율을 주었다. 이를 지켜 실행하지 않은 저들에게 수많은 시험과 고통을 주어 광야를 떠도는 시련을 주기도 하였다. 그만하면 말귀를 알아듣고 순종을 할 만도 한데, 인간들은 말을 듣지 않는다. 대홍수를 통해 진노를 나타내 보여주었고 소돔과 고모라를 통하여, 또 바벨탑의 교훈도 보여주었건만 도대체가 막무가내다. 생각 같아서는 이 피조물들을 다시 한번 싹 쓸어버릴까 하다가, 그래도 긍휼과 자비로 무조건적인 사랑을 베풀고자 하는 아버지의 심중을 헤아려, 인간의 몸을 입고 이 땅에 오신 예수다. 지금까지 세상에 없었던 일을 하려고 온 예수다. 지금까지 수많은 예언자들이 말한 그러한 말씀을 하려고 온 것이 아니라 그 말씀을 이루려고 온 것이다. 지금까지는 당신이 오실 것임을 말씀하였지만 지금은 당신의 오심, 그 자체가 복음임을 이루기 위해 모종의 일을 행해야 할 시점이다.

예수는 유월절을 전후로 또 다른 하나의 계획을 진행시키려 하는 중이다. 어쩌면 마지막 기회가 될지도 모를 중차대한 일이다. 그 계획이란 이렇다. 온갖 고난과 시련과 연단을 통해 약속의 땅 가나안까지 인도했지만 그래도 순종하지 않는 그의 백성들과 이를 더 이상은 두고 볼 수 없을 만큼 진노한 여호와와의 관계개선이다. 이야말로 창세 이래 지금까지 무조건 쏟아부었던 인간에 대한 사랑의 마지막 완성단계가 아닌지 모를 일이다. 에덴동산에서 쫓겨난 이후로 인간은 죽을 수밖에 없는 존재가 되어 영속의 동맹관계가 끊어졌다. 다시 동산의 백성이 되자면 관계회복이 필요하다. 누군가의 중재가 필요하게 된 것이다. 죽음을 이기는 부활소망을 보여주어야 한다. 말로 해도 소용없고 눈으로 보여주어도 믿지 못하는 저들에게 이제는 직접 죽음을 이기는 권능을 행함으로 깨닫게 할 것이라는 계획이다.

예수는 지금 그 화목제가 되기 위해 예루살렘까지 왔다. 자신이 죽어 다시 사는 부활의 원리를 몸소 보여주고 증명해야 한다. 그게 무조건적인 사랑의 증표다. 창조주는 조건 없이 피조물을 사랑하고 함께 있고 싶어 한다. 그러나 인간들은 이 사랑을 쉽게 망각한다. 고난을 당할 때는 매달려 구원을 요청하다가도 살 만하면 잊어버리고 방종하는 것이 피조물 인간의 속성이다. 선택의 여지를 주었기 때문이다. 사랑을 택하느냐 사망을 택하느냐는 전적으로 인간의 의지에 달려 있다. 사랑은 선이요 악은 사망이다. 여호와는 인간을 만들었지만 강요하지 않는다. 선의 길과 악의 길 중에 어느 것을 택해서 가든지 오로지 인간의 선택권에 맡긴 여호와다. 창조주는 당신의 형상대로 인간을 지었지만 일방적 강요를 하지 않는다. 아직도 미숙하여 이를 깨닫지 못하고 방종하는 세상에 이 복음을 전하려는 것이 그가 인간의 몸을 입고 이 지상에 온 목표다. 하여, 그는 스스로 '내가 곧 길이요 진리요 생명'이라는 존재 이유를 설파하였다. 화목제가 되고 속죄양이 되어야 한다는 이야기다. 그러자면 사망의 고통을 감내해야 한다. 할 수만 있다면 피하고 싶은 일이기도 하다. 그는 기도했다. 할 수만 있다면 이 쓴 잔을 거두어 달라고… 그러나 기도의 끝에 가서는, 내 뜻대로가 아닌 아버지의 뜻대로 하시기를 간구하였다. 이러한 절박한 심경으로 입성하는 그에게 호산나를 외치며 종려나무 가지를 흔드는 대중들이었다. 대중들은 그에게 혁명의 선봉장이기를 바랐다. 로마군단에 의해 짓밟힌 정치적 상황을 타개해 달라는 요청이었다. 나귀를 타고 흔들거리는 그의 발아래 겉옷을 벗어 깔거나 종려나무 잎을 펼치는 사람들은 현실적 구원을 원했다. 그러한 민중들의 요구에 대한 그의 반응을 살피기 위해 번득이는 두 눈을 숨기고 보는 감시자들이 또 있었다. 이러한 상황 속에서 그가 말했다.

"인자가 들려올라가야 할 때가 이르렀다."

그러나 이를 알아듣지 못하는 제자들이다. 제자들은 지상의 것들을 생각하였고 그는 천상의 것을 이야기하였다. 아무도 예수의 깊은 뜻을 알아듣지 못하였고 형제들 역시 마찬가지다. 그렇다면 이 진리를 깨닫게 할 수 있는 방법은 무엇인가? 이를 본으로 보여줄 수밖에 없을 일이다. 사망을 이기는 권세를 직접 눈으로 보여주어야 한다. 그러자면 죽었다 다시 살아나는 고통을 겪어야 한다. 최악의 시나리오였지만 역시 예상했던 대로다. 이를 안 겪고도 알아주기를 바랐던 게 불찰이다. 불신을 불식시키는 데에는 반드시 희생과 고통이 따라야 한다. 예수는 이미 각오를 했다. 희생양이 되는 게 이 지상에서 할 수 있는 유일한 일이요 목표다. 천상천하를 잇는 사닥다리 역할을 해야 한다. 이승과 저승의 징검다리 역할을 위해 이 지상에 친히 내려온 자신이 아닌가. 때가 이른 것이다. 예수는 이 지상 최대의 목표를 달성할 시점에 이르렀다. 그런데도 그는 겟세마네 동산에 올라 기도하였다. 최종적인 응답을 듣기 위함이었다. 이러한 간청기도는 얍복 강가에서 야곱이 하던 천사와의 씨름과도 같은 것이었다. 야곱은 도깨비 같은 천사를 붙들고 씨름을 하며 환도 뼈가 부러질 만큼 간절한 기도를 함으로써 형 에서와 화해를 이룰 수 있었다. 이처럼 화해의 길을 트는 데에는 기도만 한 게 없다.

예수는 땅에 엎드려 할 수만 있다면 이 잔을 물리쳐 줄 것을 간절히 기도하였다. 이러한 간구로써 야곱은 에서의 용서를 받아내었지만, 예수는 인간의 대속을 위해서는 십자가 죽음에 이를 수밖에 없는 현실에 봉착하게 되었다. 땀이 비 오듯 했다. 이게 여호와의 인류구원 계획이다. 절체절명의 순간이다. 인간의 몸을 입고 와 인간적인 고통을 감내해야 할 시점에 이르게 된 것이다. 이는 옛 언약시대를 지나 새로운 약속시대를 여는 결정적 전환점이 된다. 세상이 바뀌고 역사가 새로 써지는 여호와의 구원계획이 완성되는 날인 것이다. 죽었다가 다시 살아나는 부활의 실체를 보여줘야 한다. 그러자면 그 죽음의 고통을 몸소 감내해야 한다. 할 수만 있다면 이를 피하게 해달라 기도하였지만 여호와께서는 응답하지 않으셨다. 이는 화목제가 되려면 그쯤의 고통은 감내해야 될 것이라는 주문이기도 했다. 땀이 온몸을 적시고 피가 들끓었다. 주여, 다른 방법은 없겠습니까? 이렇듯 절체절명의 시점에 화급을 요하는 서신이 한 통 전해져 온 것이다.

나는 당신을 믿습니다.
당신의 권능으로 능히 제 병을 고칠 수 있을 것을 믿습니다.
오셔서 제 고통을 들어주소서.

아뎃사 지역에 있는 오스로헨 왕국의 아브가르 왕이 보낸 이 짧은 서신은 예수의 마음을 움직이기에 충분했다. 아브가르 왕은 예수가 태어났을 때 황금과 유향과 몰약을 선물로 가지고 베들레헴을 찾아온 동방박사 세 사람 중 한 사람을 파견했던 왕이다. 아뎃사 지역은 몰약을 만드는 감람나무가 많아 약재가 풍부하다. 몰약은 시스터스라는 나무에서 나오는 진액으로 만병통치약이다. 그런데도 못 고칠 병이 들었다면 위중한 일임에 틀림없다. 수많은 이적과 병 고침을 보고도 못 믿는 사람들이 많은데 아브가르 왕은 보지도 않고 예수가 자기 병을 고칠 수 있을 것을 확신하고 있었다. 이렇듯 보지 않고도 믿는 믿음이 있다면 굳이 쓴 잔을 마시지 않아도 될 것이다. 그러나 그럴 수가 없다. 보고도 못 믿는 세상에 보지 않고 믿을 사람은 없을 일이기 때문이다. 지금까지 수많은 가르침을 받고 병 고침과 죽은 자를 살리는 표적을 본 제자들까지도 이를 깨닫지 못하는데 어찌 세상 사람들이 안 본 사실을 믿게 할 수 있을 것인가. 또한 선지자들을 통하여 이미 예언을 하였고 기록을 통하여 문서로도 남겼지만 그 의미를 깨닫지 못하는 인간들이다. 이 무지몽매한 인간들을 그래도 사랑하여 내팽개칠 수 없는 여호와의 조건 없는 사랑을 지켜주기 위해, 원대한 구원계획을 가지고 온 예수다. 그는 이미 제자들 앞에서 인자가 들려올라갈 날이 머지않았다고 선포한 후였다.

아브가르 왕을 생각한다면 당장에라도 달려가 그의 고통과 병을 치유해 위로하고 싶지만 예수에게는 더 큰 사명이 있다. 그가 인자(人子)로 이 땅에 온 목적이다. 인류를 위한 자기희생이다. 자신은 희생양이 되기 위해 인간의 몸을 입고 그 스스로 왔다. 이미 예언된 대로 죽었다 다시 사는 부활소망을 직접 보여주는 것이 순리다. 여기엔 한 치의 예외가 있을 수 없다. 예언자는 예언을 이루기 위해 남다른 고통을 감내해야만 한다. 예수는 이미 자기 입으로 '잃어버린 자를 찾아 구원하기 위해 이 땅에 왔노라'고 선포한 뒤였다. 이게 지상목표다. 그는 이 목적을 이루기 위해 이 땅에 왔다는 생각에 변함이 없다. 여기서의 잃어버린 자는 전 인류를 포함하는 뜻이다. 전 세상을 위해 모세의 구리뱀처럼 들려야 할 순간이 온 것이다. 그러니 아브가르 왕에게 갈 형편이 못 되는 것이다.

"도마야, 이 일은 네가 알아서 처리해라."

예수는 도마에게 왕의 서신을 건네었다. 도마라는 말은 디두모라는 또 다른 말로 쌍둥이라는 뜻이다. 예수는 유다를 늘 도마라는 애칭으로 불렀다. 예수의 형제자매들로 야고보, 요셉, 시몬, 유다와 누이동생인 아시야와 리디아가 있었다. 그런데 식솔들 중에 또 다른 유다가 끼었다. 일찍이 부모를 잃고 고아로 자라던 것을 데려다 키운 아이다. 동생 유다와 데리고 온 유다를 구분하기 위해 애칭인 도마라 불렀는데 이는 쌍둥이 혹은 꼬맹이라는 뜻이다. 그러니 정이 남다르다. 도마는 예수를 육친의 형인 것처럼 따른다. 도마에게 편지를 건네는 예수의 손이 떨린다. 그 이름에서 머잖아 자기를 팔아넘길 또 하나의 유다를 보았기 때문이다.

예수는 여행을 다닐 때도 이 막내를 곧잘 데리고 다녔다. 스무나무 살 쩍 일로, 설산을 찾아 여행을 떠났을 때 예수는 꼬맹이 동생과 함께 아뎃사 지역을 지난 적이 있었다. 아뎃사는 동·서양이 교차하는 곳으로 무역의 중심지가 되어 가고 있었다. 그때 예수 형제는 오스로헨 왕국의 아브가르 왕의 대접을 받았다. 일개 여행자에 지나지 않았던 나그네 형제가 어떻게 왕을 알현할 수 있었을 것이며 그의 대접을 받을 수 있었을 것인가. 이 만남은 우연을 가장한 필연이었다. 사냥 나와 부상을 입었던 어린 왕자를 구하게 되는 묘한 사건이 있었는데 오늘 이 기록을 위해서다.

아브가르 왕은 예수가 이스라엘에서 왔다는 말을 듣고 동방박사 이야기를 했다.

"장차 오실 만왕의 왕이 거기서 탄생한다 들은 적이 있다네."

"그러셨군요."

"그 첫 번째 동방박사는 해 뜨는 나라에서부터 왔다고 했지. 그리고 오는 도중에 인도에서 또 한 사람의 박사를 만나 같이 데리고 왔었다 했네."

왕은 오스로헨 왕국에서도 박사 한 사람을 딸려 보내 축하 사절단에 합류하게 했다는 이야기를 했다. 그에게 들려 보냈던 선물이 몰약으로 감람나무 추출액이라 했다. 이 매스틱은 강력한 살균효과가 있어 만병통치약이라 했다. 그리고 죽은 자의 몸에 발라 시신이 썩지 않게 하는 효능이 있다 하였다. 애굽 사람들이 미라를 만들기 위해 몰약 처리를 하는데 이는 사후의 세계에서도 그 몸을 입고 나오기를 바라는 데서부터 연원한다 했다.

"박사들의 이야기로는 그가 장차 세상을 재패하는 왕 중

왕이 되는 점 궤를 타고났다더군.”

첫 번째 동방박사가 들고 온 예물인 황금은 이 왕 중 왕의 권위를 상징하는 면류관을 만들 것이라 했다. 두 번째 박사가 들고 온 유향은 탄생을 축하하는 향료로 생의 환희를 뜻함이다. 몰약의 뜻은 희생으로, 왕과 제사장의 머리 위에 붓는 기름으로도 사용했으며 사후의 시신처리제로도 사용되는 향유로 육신을 썩지 않게 처리하는 방부제로 영생을 뜻한다 했다. 그러니까 동방박사 세 사람이 들고 온 각자의 예물은 장차 만왕의 왕이 될 인물에 대한 탄생을 축하함과 동시에 죽어도 죽지 않는 영생의 머리에 씌울 면류관을 상징하는 예물이었다는 이야기다. 이미 그 탄생과 죽음, 그리고 그 이후의 일까지를 예견한 생일선물이었던 것이다. 예수 탄생의 축하사절단은 이미 그 죽음 이후까지를 준비했다는 뜻이 된다.

아브가르 왕은 그 만왕의 왕이 세상을 지배하더라도 오스로헨 왕국엔 해를 입히지 않을 것이라는 이야기를 했었다. 이미 몰약으로 예를 갖추었으니 이 왕국에 무슨 해코지를 할 것인가 하는 것이었다.

“그런데 말이야, 그 동방박사들이 돌아갈 때는 다른 길을 택해서 갔단 말이지.”

들리는 말로는 헤롯 왕이 그 또래 아이들을 다 잡아 죽였는데 그 아이가 살아남았을 확률이 과연 얼마나 될 것인지 모르겠다는 말까지 했다.

예수는 잠자코 왕의 이야기를 듣고만 있었다. 형은 동방박사들이 자신의 탄생을 축하하러 온 이야기며 헤롯 왕이 새로 난 아이들을 잡아 죽이려는 박해를 피해 애급 땅까지 가 숨어 살다가 온 이야기를 곧잘 했었지만 이날은 아무 말이 없었다. 정작 장본인의 이야기를 하고 있는데도 남의 이야기 듣듯 하는 것이었다. 형은 가끔씩 알 수 없는 행동을 잘 했다. 무표정하고 무관심하였다. 이때도 먼 산 바라보기를 하고 있었다. 세상일에는 별로 관심을 두지 않는 게 형이었지만 지금은 경우가 다르지 않은가. 동방박사의 예물을 받은 그 주인공이 바로 자기라면 보다 융숭한 음식에 잠자리 제공을 받을 수 있을 일이 아닌가. 그런데도 시치미를 뚝 떼고 앉았다. 가끔씩 왕의 이야기 사이사이에 이 일대는 아브라함의 고토였다느니 저들의 우물이 있었을 것이라는 이상한 말만 했다.

도마는 그 주인공이 바로 옆에 앉은 자기 형이라는 말을 하고 싶었지만 입을 다물고 있었다. 어머니 마리아로부터 형의 탄생에 대한 이야기를 여러 번 들은 적이 있었다. 그러나 그 말을 믿지 않는 도마였다. 자기 형 예수가 그리스도라면 어찌 이렇듯 생업에 종사하는 힘든 목수 일을 하고 있었을 것인가? 자신들 역시 일터에 나가 일하고 남들처럼 노동으로 벌어먹고 사는 주제라 특별할 것은 하나도 없었던 것이다. 다만 아버지 요셉이 큰 목수라 여기저기 일할 거리가 많아 남들처럼 헐벗지 않았다는 것만이 다행이었다면 다행이었던 생활수준이었다. 목수 일은 아버지 혼자 할 수 있는 일이 아니라 온 가족들이 힘을 합해서 해야 했다. 마침 로마 통치하에 들어가게 된 예루살렘을 재건하는 공사가 한창인 때라 일거리가 끊이지 않았다. 길을 내는 토목공사에서부터 집을 세우는 건축 일까지 능수능란했던 건축사 아버지를 둔 덕분에 큰돈은 아니었지만 먹고살 만큼의 돈은 만질 수 있는 집안이었다. 덕분에 가난뱅이들의 동네 나사렛에서 부자들이 사는 갈릴리 가버나움으로 이사하는 일은 별 어려움이 없었다. 당시 이스라엘을 다스리던 헤롯 왕은 전 국토개발과 예루살렘 재건을 서두르고 있어 목수들에게 있어선 돈을 벌 수 있는 절호의 기회였다.

요셉은 가이사랴 빌립보 지역의 성전건축에 투입되었다. 로마의 번성으로 전 국토와 속국들이 전부 건축 붐이 일었다. 하여 분봉 왕 헤롯은 로마 황제 옥타비아누스에게 봉헌할 황제 신전을 건축하기에 이르렀다. 로마 황제 옥타비아누스는 '세상 모든 길은 로마로 통한다'며 자신을 신의 아들로 내세워 지존자라 불렀다. 당연히 그의 권위를 내세울 신전 건축이 필요하게 되었고 가이사랴 빌립보 지역이 신전 터로 선정되었다. 가이사랴 지역은 천혜의 아름다움을 자랑하는 경관이라 황제의 신전이 들어서기에 부족함이 없는 조건을 갖추고 있었다. 그곳은 암반으로 형성된 지형인데도 맑은 물이 바위틈을 뚫고 솟아올라 신비로운 광경을 연출하여 신성시되는 성지였다. 사철 눈에 쌓인 헬몬 산에서 녹은 빙하의 물이 지표면을 통과해서 흐르는 강물이 되는 것이 아니라 지하 깊숙이 숨어들었다가 갑자기 바위틈으로 용출돼 분수를 이루기 때문에 신비한 기운이 감돌았다. 이 물줄기가 흘러 요단강을 이룬다. 요단강 아래는 사해가 있고 사해는 지상에서 가장 낮은 해표 면을 가지고 있다. 형 예수는 엉뚱하게도 이 가장 낮은 곳에서 가장 높은 산까지를 가보고 싶어 했다. 거기 노아의 방주가 걸려 있을 것이라는 이야기도 했다. 그게 뭐 궁금한데? 이렇게 물었을 때 그는 다시 그러한 종말의 날이 올 것이라는 이야기를 했었다. 종종 듣던 이야기였다. 형이 먼 산을 쳐다보며 멍 때리기를 하는 이유였다. 가이사랴 빌립보에 신전 건축을 하러 올라온 이후로는 형의 이 병이 도져 일할 생각을 하지 않았다. 그러한 맏형을 두고 둘째 형 야고보가 물었다.

"형, 요즘 왜 이래? 도통 일할 생각이 없는 것 같아."

셋째 형 요셉도 힐책을 했다.

"전 가족이 다 힘을 모아도 모자랄 판국에 이게 뭐야?"

이때 도마도 한 마디 거들었던 것 같은데 뭐라 했는지 잘 생각이 나진 않는다.

"그래도 난 이 일은 하기 싫어."

"왜?"

"신전 짓는 일이잖아?"

이 말에 작은 형들은 입을 다물었다. 유대인들에게 이방인 신을 섬긴다는 것은 있을 수 없는 일이다. 게다가 맏형 예수의 탄생비밀을 들어 알고 있는 형들이다. 우상숭배로 인하여 나라가 송두리째 망했던 역사도 알고 있다.

"그러니 더 이상 왈가왈부하지 마."

목수들은 자연적으로 이 신전공사에 선발돼 일을 맡게 되었는데 요셉은 손꼽히는 대목장이었으므로 아들의 반대에도 불구하고 이 일을 안 할 수가 없었다. 온 가족이 신전 짓는 일을 하기 위해 가이사랴에 임시거처를 마련한 상황이다. 그러나 예수는 이 일을 못 하겠다 하였다.

"아버지 전 이번 이 일은 정말 못 하겠어요."

예수는 목수의 아들로서 배워야 할 기술은 이미 다 배웠다. 목수는 나무 다듬는 일만 하는 게 아니다. 토목 석공 건축 모든 분야를 두루 다 할 줄 알아야 한다. 그렇지만 신전 세우는 일은 하기 싫다 했다.

"어쩌겠니? 애비는 이 일에서 벗어날 수가 없구나."

나라의 명을 거역하는 것은 곧 죽음이다. 아무리 훌륭한 기술을 가진 대목수라 할지라도, 훌륭한 기술을 가지면 가질수록 나라에서 명하는 일을 거역할 수 없는 기술자들이다. 예수의 형제들은 전부 이 일에 투입되었다. 각자 맡은 일이 따로 있어 손발이 맞아야만 일손이 수월하고 성과가 있다. 그래도 일손이 모자라는 형편이었다. 예수는 아버지의 입장을 이해하고 있었지만 차마 신전 짓는 일만은 못 하겠다 선언한다. 여태껏 아버지의 말을 거역해 본 적 없는 예수다.

"아버지, 다른 일이면 몰라도 이 일은 제게 안 맞습니다."

요셉은 예수가 신전 짓는 일을 못 하겠다 하자,

"어째서 그러느냐?"

하지 않았고, 신전 일이 끝나고 다른 공사를 할 때 함께 하자며, 그동안 몸도 쉴 겸 집에 가 있어라 하였다. 요셉이 이렇게 말할 수 있었던 것은 단독으로 공사를 따내어 하는 일이라면 집안 식솔들이 함께 힘을 모아야 했지만 이번 신전 짓는 일은 온 나라 기술자들이 다 모여 하는 대 건축물이라 한두 사람쯤 빠져도 공사를 해나갈 수 있을 일이었다. 두 사람 급료를 빼도 살아갈 정도의 경제력도 갖추어져 있다. 게다가 예수는 태어날 때부터 남다른 아이였고 우상숭배의 온상이나 다름없는 신전 짓는 일에는 맞지 않을 수도 있다는 생각이 드는 요셉이었다. 열두 살 때였던가, 예루살렘 성전에 가 랍비들과 대화를 나누던 것을 본 적이 있길 않았던가. 그러니 이번 일에는 맞지 않을 수도 있다. 요셉의 아들들은 그동안 열심히 일했다. 예수 역시 아버지를 도와 힘든 일을 도맡아 했었다. 예수는 지금까지 부모의 말을 거역한 일이 없었다. 계명에 부모를 공경하라는 말이 있길 않은가? 그는 형제들도 잘 다독거려 아버지의 사업을 도와 집안을 일으키는 데 큰 공헌을 했다. 그러니 그러한 아들에게 이런 기회에 휴가를 주는 것은 마땅한 처사라 생각하는 요셉이다.

"그러면 저는 견문을 좀 넓히고 오겠습니다."

예수는 그날로 북쪽 설산을 찾아가는 여행길에 올랐다. 온 세상을 점령한 알렉산더 대왕이 동방정복에 나섰던 그 길이었다. 이미 한 번 군대가 휩쓸고 지난 길이라 마차바퀴 자국이 길을 만들어 놓은 뒤였다. 이름하여 왕의 대도였다.

"혼자 가겠니? 네 동생도 데려가 세상구경을 좀 시켜 주려

무나.”

마리아는 예수를 걱정해 막내를 딸려 보냈다. 그때가 언제일지는 모르겠지만 크게 쓰임을 받기 위해 태어난 예수다. 천사 가브리엘이 그랬다. 그 이름을 ‘임마누엘’ 예수라 하라고. 세상을 구할 이름이라고. 그러한 아들이 신전 짓는 일에 거부감을 느낀다는데 어쩔 것인가. 요셉의 집안은 목수가 천직이라 어쩔 수 없이 신전 짓는 일을 해야 하지만 어찌 보면 황제를 위한 신전 짓는 일은 유대인 목수들에게는 흔쾌한 돈벌이는 아니었다. 하여, 아버지 요셉이 선뜻 아들의 휴가를 인정한 것이나 어머니 마리아가 막내까지를 딸려 보낸 것은 조금도 이상할 것이 없는 처사였다.

“이거라도 가지고 가렴.”

여비까지를 쥐어주는 마리아였다.

“이렇게 많은 돈을 주어요?”

마리아는 예수에게 다섯 세겔을 주었고 도마에게는 두 데나리온을 쥐어주었다. 1데나리온은 보통 사람 하루 품삯 정도였고 1세겔은 4데나리온 정도였다. 그리 많은 돈은 아니었지만 그 돈으로 며칠 돌며 머리나 식히고 오라는 뜻이었을 것이다.

그러나 형은 계획이 달랐다.

“도마는 어디로 가고 싶어?”

예수는 이왕 얻은 휴가를 유익하게 보내고 싶다. 사람들 사이에 들리는 풍문에 의하면 노아의 방주 잔해가 헬몬 산 어디엔가 있다거니, 아라랏 산 어딘가에 있다거니, 또 혹은 세상의 지붕인 어머니의 산 초모롱마에 있을 것이라는 이야기였었는데 그것을 확인해 보고 싶은 것이다. 아니라면 텡그리 산 어딘가라는 말들도 있었다. 이 산들은 전부 하늘 높이 솟아 구름이 가리고 있는 설산이라 일반인들이 쉽게 접근할 수 없는 신성한 곳이다. 그 구름 속에 천상천하를 잇는 사닥다리가 있다 했다. 형은 이제 그 신성하고 높은 곳들이 궁금하다.

"너는 여호와께서 왜 인간을 싹 쓸어버리려고 했는지 궁금하지 않니?"

예수는 가끔 동생에게 이런 말을 했다.

"그게 무슨 말이야? 왜 여호와께서 인간을 쓸어버려?"

도마는 그게 무슨 말이냐며 되물었다.

"이렇게 말이 안 통해서야."

예수는 더 이상 설명하지 않았다. 그리고 막내의 이해를 구하려고도 하지 않았다. 그저 가고 싶은 대로 가면 그뿐인 것이다. 하여 이미 헬몬 산은 넘어온 길이다. 헬몬 산은 중동 지역에서 가장 높은 산이다. 그 설산의 눈 녹은 물이 지하수맥을 통해 가이사랴 빌립보지역 바위틈에서 용출된다. 이 물이 흘러들어 요단강을 이룬다. 그 지하수맥의 발원지를 찾아가 보면 여호와께서 유일하게 인정해, 방주를 만들게 만든, 선택받은 조상 노아의 흔적을 찾아가 볼 수 있지 않을까? 이게 형의 여행계획이었다. 이 원대한 계획에 꼬맹이 네가 뭘 알 것이냐, 몰라도 좋으니 아무 말 말고 잘 따라 다니기만 하라는 형이었다.

"난 말이 안 통해도 좋아. 형만 따라다니면 돼."

도마는 형의 말이라면 무조건 좋았다. 태어나 처음으로 업힌 게 형의 등이었다는 기억이었고 발가벗고 목욕을 할 때도 함께했고 나무에서 과일을 따 먹을 때도 하나 가지고 둘이 쪼개어 나눠 먹을 정도였다. 그러니 하기 싫은 목수일 그만두고 여행이나 하자는 형을 따라나선 것은 백 번 잘한 일이었다.

형은 간 데마다 새로운 친구들을 사귀고 이야기를 나눈다. 말도 잘했고 사람들의 마음을 끌어당기는 재주가 있었다. 오스로헨 왕국의 아브가르 왕을 만났을 때에도 금방 친해져 친구처럼 친숙해졌다. 그런데 자신의 출생을 이야기하는데도 모르는 척 시치미를 뚝 떼고 앉은 형이 이해가 가지 않는다.

"이 지역은 우리 믿음의 조상들이 살던 곳으로 전혀 낯선 곳 같지가 않아요."

예수는 언젠가는 이곳이 크게 쓰일 지역이라 번성하게 될 것이라 하였다. 동·서양이 서로 만나고 교차하는 만남의 길목으로 실크로드의 중심이다. 왕은 형의 이 말에 크게 고무되어 여기다가 더 높은 성을 쌓아 누구도 넘볼 수 없는 궁궐을 만들겠다 하였다. 형은 그런 지상의 궁전이 아니라 영원한 천상의 성전이 설 것이라는 이야기를 했다. 두 사람은 서로 바라보는 곳이 달랐지만 이야기가 계속되었다.

"장차 이곳은 거룩한 성지가 될 것입니다."

도마는 형이 무슨 이야기를 하는지 잘 알아듣지 못했다.

아브가르 왕 역시 이 길을 통하여 수많은 대상들이 동·서양을 넘나든다는 이야기를 할 뿐으로 형의 미래에 대한 설계를 속속들이 알아듣지는 못하는 것 같았다.

"대상들은 서방의 유리잔과 구슬로 동방의 비단을 바꿔와 돈을 벌지요."

유리잔을 만드는 데에는 페르시아 사람을 따를 자가 없고 비단을 만드는 데에는 중국이나 신라 사람을 따를 자가 없다. 왕의 이야기는 양국 사이에 오가는 비단길이 열리고 중간상인들의 거점이 생겨 무역이 이루어지고 있다는 것이었고 형의 이야기는 장차 이곳이 새로운 왕국의 거점이 될 것이라는 이야기였다.

"군대보다 먼저 들어가는 게 장사치들이 아닙니까?"

왕은 낯선 땅을 침입해 들어가는 힘은 군대가 가지고 있지만 평화적으로 그 땅을 밟아 잠입할 수 있는 사람은 장사꾼들이란 말을 했다. 왕은 무역업을 하는 대상들을 낮추어 장사치라 표현했다. 그런데도 아브가르 왕국은 이 장사치들을 통하여 로마 제국에 못잖은 부를 가질 것을 확신한다며 군사력보다는 상업에 주력하겠다는 포부를 밝혔다. 하여 대상들을 위한 숙소를 짓고 낙타를 재울 때 사용할 구유를 만들고 있었다. 돈이 곧 힘이라는 것이었다. 이에 대해 예수는 그 장사치들보다 앞장서 이 길을 낸 사람들 이야기를 듣고 싶어 한다.

"그때 그 동방박사는 지금 어디 계시는지요?"

"만나보시렵니까? 그러나 그는 말을 못합니다."

아기 예수를 경배하고 돌아온 박사는 말문이 막혀 그날로 벙어리가 되었다. 헤롯 왕은 유대 땅에서 새로운 유대인의 왕이 태어날 거라는 소문이 돌자, 그 무렵 태어난 어린아이들을 다 잡아 죽이라는 명령을 내렸다. 사건의 발단이 동방박사들의 경배사절단이었으므로, 동방박사들은 다른 길로 피신해 돌아올 수밖에 없는 일이 벌어졌다. 박사는 그때부터 말문이 막혔다.

"당신은 무엇 때문에 그 아기를 경배하러 갔었소?"

"예언에 따라서요."

"예언이라면?"

그는 '그러므로 주께서 친히 징조로 너희에게 주실 것이라 보라 처녀가 잉태하여 아들을 낳을 것이요 그 이름을 임마누엘이라 하리라' 하는 이사야 7장 14절을 적어 보인다. 필담이 시작되었다.

박사는 이 모든 것을 첫 번째 박사, 해 뜨는 동방에서 온 그 1호 박사에게서 얻어들은 지식이라 했다. 해 뜨는 나라에서 온 그 첫 번째 박사는 이름을 동방삭이라 했고, 삼천갑자나 살았다고 해서 삼천갑자동방삭이라 불렸다 한다. 60년이 1갑자다. 60년을 3천 번이나 곱한다면 헤아릴 수 없이 많은 세월이다.

"삼천갑자나 산 사람이 있어요?"

이 세상에 그렇게 오래 산 사람은 없다. 가장 오래 산 사람으로 므두셀라를 꼽는데 969세를 살았다. 그의 부친으로 에녹이란 자가 있어 365세를 시온에 머물던 중 여호와의 동행자로 산 채 하늘나라로 들려올라갔다. 그러고는 거기서 보고 들은 것을 써 '에녹서'를 남겼다. 그가 기록한 내용에는 이 땅을 정화시킬 수밖에 없었던 아담 당시의 타락상과 앞으로 갈 하늘나라의 영광스런 광경들이 적혀 있다. 그가 아직도 살아 있다면 삼천갑자라는 말을 들을 만도 하겠다.

"그렇다면 그 에녹이?"

에녹은 대홍수 이전에 하늘로 들려올라간 유일한 인간이다. 홍수 이후에 태어난 자 중에 선지자 엘리야가 산 채 하늘에 들려올라간 인물이 되긴 하였지만 그 예표가 다르다. 각기 다른 두 사람의 승천은 각별한 쓰임이 있었음을 예시한다. 에녹은 홍수 이전 사람으로 죄에 대한 심판을 받지 않고 승천한 인물의 상징이 된다. 엘리야는 1차 심판 이후 홍수에서 구원받은 자 중에 또다시 우상숭배에 빠져 죽을 수밖에 없게 된 자들을 일깨워 일으킨 공로로 들려올라간 인물이다. 이게 옛 언약시대의 구원방식에 대한 예표다. 두 선지자들은 이 예표를 위해 존재했다. 모든 구원의 열쇠는 죄를 씻는 일과 우상에서 벗어나는 일이다. 그러나 이제 그러한 시대는 끝났다. 그 일을 새롭게 해결하기 위한 메시아가 온다. 새 하늘과 새 세상이 열린다. 이들 세 박사들은 이 새로운 세상을 열 메시아를 맞이하러 베들레헴까지 갔다 왔다. 그런데 이 눈 먼 세 번째 박사는 그걸 분명하게 말하지 못한다. 천기누설을 방지하기 위해 입을 봉해버렸을까?

"그들이 궁금하군."

예수는 에녹이 동방박사라는 신분으로 이 지상에서의 새로운 활동을 벌였다는 이야기를 상상한다. 그렇다면 그 두 번째 박사는 엘리야가 아닐 것인가. 이 두 사람은 각자 쓰임새가 있었기 때문에 산 채로 천계에 들려올라간 자들로 기록돼 있다. 이들을 다시 지상에 내려보내 아기예수 탄생을 경배하게 했다면 거기엔 무슨 깊은 뜻이 숨겨져 있을 것이 아닌가. 인간의 몸을 입고 지내는 그동안 많은 일들이 일어난 것 같다. 사람의 아들로 지내는 동안은 사람의 아들이다. 다시 신성의 옷을 갈아입는 동안은 사람의 아들임으로 당신의 뜻을 다 헤아릴 수 없다. 예수는 그간에 생긴 하늘과 땅 사이의 변화를 느낀다. 시간은 머물러 있지 않는다. 변화에 적응해야 한다.

"세상이 바뀌고 있어요."

좌중은 이러한 이야기의 깊은 뜻을 이해하지 못하고 있다. 이밖에도 여러 가지 이야기를 나누었지만 그 아기예수가 바로 지금 자기 앞에 앉아 필담을 나누고 있는 장본인이라는 것을 눈치채지 못하는 동방박사다. 박사는 말문만 막힌 게 아니라 눈도 멀었던 것이다. 무엇이 그로 하여금 눈도 멀고 말도 못하게 만들었을까? 아직 때가 이르지 않았다, 천기누설은 안 된다… 이런 것이었을까?

예수는 박사의 실명과 실언의 원인제공자로서 미안한 감은 있었지만, 그 사건의 장본인으로서 자기 자신 역시도 애급 땅까지 피신을 갔다 왔음에도 불구하고, 그러한 자신에 대한 이야기는 일체 말하지 않는다. 아직 때가 이르지 아니한 것이다. 인자로서 머물고 있는 동안은 인자의 모습을 보여야 한다.

"지상에 아름다운 궁중이 있는가 하면 하늘에는 영원한 낙원이 있지요."

"궁중이라면 우리 오스로헨 왕국이지요. 로마를 능가할 겁니다."

서로 각기 다른 말들이 오간다. 전혀 다른 동상이몽이요 동문서답이다. 도무지 상통하는 이야기가 아니다. 뜻이 같지 아니하면 공허하게 된다.

"여기가 동·서양의 교차로이니 세상의 중심이 아니겠습니까?"

왕은 돈을 이야기했고 예수는 자유로운 영혼을 이야기했다. 왕은 현상을 이야기했고 형은 구원을 이야기했다.

"준비된 자만이 자유로운 영혼을 가질 수 있습니다."

마음의 평안이 군대보다 돈보다 중하다. 그러면서 형은 뜬금없이 아브라함의 우물에 대한 이야기를 했다. 메마른 사막에 우물을 파 숨겨두듯 선조들이 미리 준비해 둔 샘물이 있다는 이야기였다. 그 덕분에 야곱이 깨어 일어났고 그 후손인 다윗이 오늘날 이스라엘 땅을 얻게 되었다는 이야기였다. 그리고 언젠가는 그 숨겨진 샘물 같은 이곳이 크게 쓰일 날이 있으리란 이야기를 한다.

“조상들이 판 우물에 후손들이 목을 축일 날이 곧 올 것입니다.”

“무슨 말인지 잘 모르겠습니다.”

왕은 예수의 비유를 잘 알아듣지 못했다.

예수는 군대보다 장사치보다 먼저 땅속의 물길처럼 숨겨져 있는 ‘디아스포라’가 있을 것이라는 말을 했지만 왕도 도마도 그 뜻을 잘 이해하지 못했다. 디아스포라는 ‘남겨진 자’라는 뜻도 있지만 씨를 뿌리듯 일부러 ‘흩어놓은 자’라는 의미도 있다. 사막의 밑바닥에 샘물이 흐르는 수맥이 깔려 있어 우물을 파기만 하면 샘물이 솟아오르듯, 있는 듯 없는 듯 흩뿌려놓은 사람들이 세상 끝까지 흩어져 있어, 언젠가는 이들이 한 알의 밀알이 되어 알곡을 추수해 거둬들일 때가 있다. 저들 디아스포라들은 일종의 묘판인 셈이며 숨겨진 샘물이다.

“숨겨진 씨앗창고가 있다는 이야기입니다.”

마른 사막 저 깊은 곳에도 수맥은 흐르고 있고 씨앗이 될 종자는 뿌려져 있다. 이를 찾아 파기만 하면 샘물이 솟는다. 그처럼 이미 흩뜨려 숨겨놓은 사람들이 있다는 이야기다. 저들을 디아스포라라 한다. 예수는 장차 이 디아스포라를 찾아 유용하게 쓰기 위해 미리 이들의 흔적을 찾아보는 여행을 계획하고 있는 것이다. 이 여행에 도마를 동행하고 나선 것은 그에게 먼 미래를 보여주기 위한 준비인지도 모를 일이다. 예수는 우선 이곳을 후일 세울 성전의 주춧돌로 삼는다. 그러나 먼 훗날 이루어질 계획이라 여기 있는 사람들은 아무도 그 뜻을 헤아리지 못한다. 사람들은 눈에 보이는 것만 보고 귀에 들리는 것만 들을 줄 안다. 우주적 운행에 대해선 상상조차 하기 어렵다. 이게 바로 계획이요 설계다. 계획과 설계도는 이루어지기 전에는 깨달을 수 없다. 예수는 이제 알아들을 수 있는 현실세계로 돌아온다.

"이 지역은 우리 선조들이 머물던 곳입니다."

아뎃사는 옛 하란 부근으로 믿음의 조상 아브라함이 머물렀던 곳이기도 하다. 지금은 로마와 중동의 중간 지점으로 동·서양을 잇는 주요 교통의 요충지다. 실크로드가 생겨 대상들의 무역로가 된 이래 수많은 인물들을 새로이 보내고 맞는 오스로헨 왕국의 아브가르 왕은 이 젊은 청년의 해박한 지식에 놀라면서도 흥미 있어 한다.

"젊은이의 선조라면?"

"아브라함을 말함이지요."

"아브라함이라면 모르는 사람이 없지. 대홍수 이래 가장 큰 인물이었으니까."

"그렇지요?"

그게 바로 지금 당신 앞에서 이야기하고 있는 예수의 직계 선조라는 말을 하려다가 참는 도마다. 도마는 형의 옆에만 있으면 그만 주눅이 들어 하고 싶은 말도 못한다. 처음 예수 탄생 이야기를 듣고 별을 따라 베들레헴으로 가는 동방박사 이야기를 할 때부터 무언가 목울대를 간질거리는 할 말이 있었는데 계속 참고 있는 도마다. 딱히 무슨 할 말이 있어서

가 아니라 자기도 존재감을 드러낼 필요가 있을 것 같아서다. 말 한 마디 거들지 않고 음식을 얻어먹고 잠자리를 제공받는 것이 찜찜했기 때문이다. 자기도 입이 있다는 것을 보여주고 싶은 도마다. 그런데 입을 열어 말을 하면 곧장 웃음거리가 돼버리고 만다. 말의 내용도 그러하려니와 말투도 어눌하고 또렷하지가 않다. 형이 너무 똑똑해서인가? 형 앞에서는 한없이 작아지는 존재다. 그런데도 도마는 말이 하고 싶어진다.

"우리 형은…"

도마가 어쩌다가 말문을 열었는데 왕의 말이 먼저 입 밖으로 쏟아져 나와 버렸다.

"두 사람이 신전 짓는 일을 하다가 왔다니까 하는 말인데 정말 좋은 일거리가 있어요. 큰 돈벌이가 될 겁니다."

예수는 지금 사방으로 흩어놓은 이스라엘 민족의 그 뿌리를 찾아 떠나는 여행이라는 이야기를 하고 있는데 왕은 또 돈벌이 이야기이다. 그런데 그 이야기는 그저 지나가는 말이 아니다. 언젠가는 이루어질 작정된 이야기였다.

"인도에 군다프러스 왕이 있어요. 거기 새로운 신전을 건설한다는 이야기가 들리거든요?"

거기 가서 일을 하면 큰돈을 벌 수 있을 거라는 막강한 정보다. 아브가르 왕은 이 젊은이들이 가이사랴 지역 성전 건축을 하다가 온 기술자임을 감안하여 인도성전 건축을 권해본 것인데 예수는 일언지하 거절이다

"이제 그런 일은 안 합니다."

"왜요? 그 좋은 기술을… 기술을 썩히면 안 되지요."

큰돈을 벌 수 있을 것이란다.

"사람이 신입니까, 타락한 신전 같은 것은 짓지 않아요."

예수는 역정을 냈다. 이스라엘 민족이 그 우상숭배 때문에 광야를 떠돌며 고생했다는 이야길 하는 예수다. 예수는 우상이라는 말을 해놓고는 기분이 나빠져 입을 다물었다. 이제 겨우 말할 기회를 찾은 도마가 말한다.

"우리 형의 말씀은 네피림을 두고 하는 말일 거예요."

"네피림이요?"

네피림은 노아 홍수 이전에 하나님의 아들들과 사람의 딸들 사이에서 태어난 반인반수의 인간들을 말한다. 다시 말하면 타락한 자들이란 말이다. 이들 중에는 거인도 있고 타락한 천사들도 있다. 이들이 천상천하의 중간 계를 휩쓸며 인간을 괴롭혔다. 하여 여호와께서는 대홍수로 이들을 쓸어버리고 종자개량을 했다. 에녹서에 있는 이야기다. 요즘 형은 이 에녹서를 읽고 있었고 도마도 어깨 너머로 그 내용을 잠깐 훑어보았다.

"한번 정화된 인간들이 또다시 타락해 네피림이 되고 있지요. 여호와께서는 이를 다시 정화하려는 겁니다."

예수는 인간이 다시 악해져 홍수 이전의 네피림이 돼 가고 있다는 말을 한다. 때문에 여호와의 진노가 다시 세상의 종말을 불러올 것이다. 그러나 이제는 그 방법을 달리할 것이다. 이전의 대홍수 같은 싹쓸이가 아니라 구원의 등불을 매달겠단 것이다. 모세가 구리 뱀을 들었듯, 누구나 밝혀든 그 등불을 보고 오기만 하면 된다. 장차 구원의 등불이 밝혀질 것이라는 이야기였다. 예수는 목숨보다 귀한 것은 없다는 이야기를 하였고, 왕 역시 영원히 사는 방도는 없다 하였다. 그러면서도 두 사람은 생각이 다르다. 예수는 영생의 등불이 나타날 것이라 하였는데, 왕은 죽어도 썩지 않기를 바라 미라를 만드는 애급의 왕들 이야기를 했다.

"애급의 왕들은 미라를 만들어 언젠가는 그 몸이 다시 환생할 것이라 믿는다지요?"

그렇지만 그런 일은 없다는 예수다.

예수는 불사약을 구하러 나선 길가메시 이야기를 했다. 길가메시는 수메르 신전 기둥에 새겨진 영웅이야기다. 천신만고 끝에 불사약을 얻었는데 마지막에 가서 이 약을 뱀이 훔쳐간다는 인류 최초의 기록문학이다. 바벨탑이 무너질 때 점토판에 새겨져 남은 이 서사시에는 대홍수 이야기도 등장하고 수많은 영웅호걸들과 신들의 이야기가 나온다. 여기 등장하는 네피림은 지금은 볼 수 없는 신화 속 인물들이 되었지만 어딘지 알 수 없는 지하세계에는 존재한다. 음부의 세계다. 인류 최초의 대서사시에 기록된 내용이다. 인간이 상상할 수 있는 것은 여기까지이다.

"이 이야기가 무얼 상징하고 있겠습니까?"

결론은 죽음이다. 인생은 죽음을 피할 수 없다. 창조주는 인간을 만들어 놓은 뒤 기뻐하였고 사랑하였다. 인간에게 자신의 입김을 불어넣어 만들었기 때문이다. 이 입김은 생령이다. 살아 있는 영혼인 것이다. 하여 이 입김을 '루아흐'라 부른다. 생기, 생령, 생명의 기운이란 뜻이다. 창조된 인간의 영혼이 거룩한 까닭이다. 여호와의 입김, 곧 여호와 자신과 같은 분신이기 때문이다. 하여 이 속성을 일러 거룩한 영인 성령이라 하는 것이다. 성령을 가진 인간이니까 만물의 영장이 될 수밖에. 그러나 단 한 가지 에덴동산의 중앙에 서 있는 선악과를 따 먹지 말라는 엄명을 내렸다. 인간이 인간 이상이 되는 걸 원치 않았기 때문이다. 그러나 뱀은 이 엄명을 어기도록 꾀어 기어이 선악을 아는 눈을 뜨게 했다. 선악과를 따 먹은 인간은 스스로 부끄러워 무화과 나뭇잎으로 알몸을 감쌌다. 스스로 성령을 팔아버린 결과다. 이 뱀 이야기는 이미 창세기에 기록돼 있다. 저주받은 짐승이다. 이 저주받은 뱀 중의 뱀 왕인 나가 무찰린다의 보호를 받으며 죽음에 대한 연구를 한 인물이 있다. 그는 이 연구를 위해 보리수 아래에서 고행 정진 끝에 중도의 큰 도를 얻어 해탈의 경지에 이르러, 스스로 깨달은 자라는 이름의 석가모니가 되었다. 그의 흔적을 만나보기 위해 인도로 간다는 예수다.

"우리는 지금 인도로 갈 작정입니다."

예수는 인도로 가는 길을 이야기하였고 왕은 인도에 대해 잘 아는 사람을 알고 있다며 그를 소개시켜 주겠다 한다. 예수는 인도의 영혼에 대한 이야기를 하였고 왕은 인도의 돈에 대한 이야기를 한다.

"내가 인도에 정통한 사람을 소개시켜 드리지요."

왕은 인도에 대해 정통한 사람이 있다며 무역업자 압바네스를 불러 소개시킨다. 압바네스는 인도를 거쳐 해 뜨는 동방까지 오가는 해상 무역 상인으로 견문이 넓은 사람이다. 그는 인도의 군다포러스 왕이 황금지붕을 일 건축물을 지을 줄 아는 건축사를 구한다며 그곳에 가면 여러 제신들의 신전이 헤아릴 수 없을 만큼 많이 있음을 이야기한다.

"인도에는 그리스 로마보다 더 많은 신들이 있어요. 군다포러스 왕은 이들 제신들의 황금사원을 짓기를 원해요."

예수는 신전이 아무리 많으면 무슨 소용이냐, 인간은 신이 될 수 없다. 사람은 죽으면 그만이다. 죽음은 세상의 끝이다. 모든 것의 종말이 죽음이다. 태어난 것은 다 죽게 돼 있다. 애초에 그렇게 만들어진 생명체가 아니었지만 창조주를 배신한 결과로 그렇게 되었다. 그렇지만 죽어도 사는 일을 보게 될 것이라 말했다.

"언젠가는 그렇게 될 것입니다."

예수는 그날이 가까워지고 있다 했다.

"정말 그런 일이 일어날 수 있을까?"

예수는 자신 있게 말한다.

"아마 왕께서는 그 죽음을 이길 인물로 기록될 것입니다."

예수는 그 이유 두 가지를 들었다. 첫째는 동방박사를 보내 구세주의 죽음이 부활소망임을 미리 찬양한 일이고 둘째는 앞으로의 일이 될 것이지만, 이곳을 그 영생의 터전을 닦는 반석으로 삼을 것이라는…, 아무도 알아들을 수 없는 이야기였다.

"그 반석 아래에서 나오는 물은 생명수가 될 것입니다."

생명수는 영원히 목마르지 않는다. 오스로헨 왕국이 동방 박사 세 사람 중 한 사람을 보낸 것은 이미 이런 영광의 축복을 받은 것이라 했다. 형은 이렇듯 종잡을 수 없는 이야기들을 종종 하였지만 이번만큼은 더 알아들을 수 없는 허황된 것이었다. 도마는 이러한 형을 따라다니다간 무슨 봉패를 볼지 모른다는 두려움까지를 느꼈다. 그러다가 만약에 왕이 그 증거를 대라면 무어라 할 것인가.

이런 이야기를 나누었던 그 아브가르 왕이 아프다고, 와서 병 고침을 원한다고 하는 서신이다. 왕은 예수를 모른다. 그 젊은 날의 나그네가 예수였던 것을 알았더라면 서신에 그 내용을 적었을 것이다. 그의 서신은 소문에 의한 것일 뿐, 위급하면 지푸라기라도 잡는다고, 병이 위중하니 소문을 통해 들은 용한 의사, 기적을 일으키는 예수를 찾은 것일 뿐이다. 그런데 예수는 그 일이 그저 그렇게 단순하게 얽힌 게 아님을 안다. 먼 훗날 그곳이 유용하게 쓰일 것을 미리 내다보고 그와의 해후가 있었음을 기억한다. 이미 디딤돌 하나를 놓았던 것이다. 돌 위에 돌 하나 포개지는 것도 바람에 날리는 나뭇잎이 굴러 땅속에 묻히는 것 하나도 그저 되는 일은 없다. 젊은 날의 그 우연찮은 방문과 만남이 훗날 이렇게 인연이 되는 것처럼 그를 위한 치유와 기도가 또다시 더 먼 훗날 어떤 결과로 나타날지는 아무도 모르는 일이다. 그런데 예수는 시간과 공간을 뛰어넘는 그 어떤 먼 훗날의 일까지를 미리 내다보고 계획한 것이 있다.

지금 도마에게 그 일을 맡기는 그 자체가 그렇다.

"나 혼자 거기까지?"

도마는 마음이 내키지 않았다. 다시 그 먼 사막 길을 걷는다는 게 내키지 않는 것이다. 사막 길뿐인가, 헬몬 산도 넘어야 한다. 눈 덮인 산이다. 내키지 않았을 뿐더러 요즘 와서 걸핏하면 죽는다는 소리를 해대는 형의 안위도 걱정된다. 거의 20년이 넘도록 생사고락을 함께한 형제다. 형에 대해선 모르는 게 없는 동생이다. 발가벗고 흙바닥에 뒹굴던 어린 시절부터 성인이 된 지금까지 한 지붕 아래 한솥밥 먹고 산 형제다. 아버지 요셉을 따라 목수 일을 하러 다닐 때에도 어머니 마리아가 시키는 대로 빵을 굽고 집안일을 거들 때도 늘 같이 지냈던 형제다. 그런데 요즘 와서 갑자기 자기가 예언자나 된 것처럼 병자를 고치고 이적을 행하며 사람들을 불러 모아 이상한 이야기들을 하는 것을 보면 걱정스럽지 않을 수가 없게 된 것이다. 그것까지는 또 좋다. 형이 유명해지니까 동생도 덩달아 유명해졌다. 제자들 역시 마찬가지다. 게다가 이제 치유의 능력까지 받았으니 기세가 살아날 수밖에 없다. 열두 제자로 모자라 70인의 전도자까지 뽑았으니 그야말로 우쭐해지는 이즘이다.

그러나 한 가지 걱정이 되는 게 있다. 이제는 적들이 생겨 피신을 해 다녀야 할 만큼 신변에 위험까지 느끼게 되었고. 열심당원들뿐 아니라 랍비들까지도 형의 목숨을 노린다. 뿐인가. 가룟 유다까지도 저들과 만나는 횟수가 늘고 이상한 배신의 낌새를 풍긴다. 그런데도 형은 죽음을 겁내지 않는다. 한창 전염병이 창궐한 죽은 자의 집까지 예사로 들락거리고 전혀 무방비 상태로 신변을 노출시킨다. 이번 예루살렘 입성 길에서도 죽은 나사로의 집을 가자고 하는데도, 제자들이라는 작자들은 모두 겁에 질려 이를 거부하였다. 하는 수 없이 형의 체면을 살리기 위해 죽더라도 '우리도 함께 가자' 하였지만 사실은 그 자신도 겁이 났고 피했으면 싶었던 일이었다. 거기다가 이제 내 갈 길이 정해졌다며, '내가 곧 길이요 진리요 생명이니 나를 따르라' 하며, 죽은 자 가운데 다시 살아날 것이라는 이상한 소리를 하니 마음이 놓일 수 없는 도마다. 그런데다 겟세마네 동산에 올라서는 더없이 불길한 기도를 했고 만찬에서는 자기는 피와 살이 될 터이니 그걸 먹고 마시라는 소리도 했고 누군가 자신을 배반할 것이라는 말도 했다. 이제 곧 죽을 사람처럼 유언 비슷한 말을 해대며 평소 안 하던 이상한 행동들을 보였던 것이다. 이게 사람을 불안하게 만든다.

도마는 자신에게도 치유의 능력이 있으니 가서 아브가르 왕을 치유하라는 형의 말을 거역하기로 한다. 대신에 70인 전도자로 뽑힌 아따이 다대오를 파견하기로 하고 끝까지 형을 지켜봐야 한다고 다짐하는 것이다. 형의 말을 거역한 일은 한두 번이 아니다. 나사렛에 살 때도 그랬고 갈릴리로 이

사 가서 살 때도 여전히 그랬었다. 그럴 때마다 형은 동생의 빗나감을 웃음으로 대했다. 그런데 요한을 만나 세례를 받고 난 후부터는 변했다. 변해도 아주 많이 변했다.

"도마야, 너 언제까지 어린애처럼 굴래? 이제 너도 다 컸잖니?"

이전의 형이 아니라 동방박사들이 찾아와 경배를 드린 예수 그리스도가 되려 했다. 이제 도마에게 있어 형은 예전의 형이 아니었다. 어머니 마리아에게도 '여인이여 나와 무슨 관계가 있나이까?' 하며 가족관계를 끊으려 했다. 도마는 이렇듯 안면몰수한 형에 대한 반감으로 한동안 그를 피해 달아난 적도 있었다. 이번도 마찬가지다. 좀 더 지켜봐야 한다는 생각이었던 것이다.

그러나 이 사건은 그렇게 오래 끌지 않았다. 도마가 다대오를 만나 아브가르 왕에게 보내는 서신을 쥐어주며 아뎃사로 떠나보낸 후, 돌아온 예루살렘은 발칵 뒤집어져 있었다. 메시아라 불렀던 예수는 이미 십자가에 매달려 죽었고 겁먹은 제자들은 뿔뿔이 흩어져 숨었다. 세상은 완전히 암흑 그 자체였다. 눈앞이 캄캄하고 보이는 것이 없었다. 그런데 뜻밖에도 예수가, 그 죽은 형이 다시 살아나 제자들과 함께 있다는 소식이었다.

"형, 형 이게 어찌 된 일이야?"

도마는 달려가 형을 만났다. 예수는 '네 손가락을 내밀어 내 손을 만져 보고 네 손을 내밀어 내 옆구리에 넣어보라. 그리하고 믿음 없는 자가 되지 말고 믿는 자가 되라' 하였다. 무덤에서 나온 예수를 처음 본 막달라 마리아에게는 만지지 못하게 했던 상처였다. 상처를 확인한 도마는 그 자리에서 '나의 주시며 나의 하나님이시니이다'라 고백하였다. 이 한마디 고백을 받아내 증언 삼으려고 형제관계를 맺어 인간관계를 유지하게 했던 구원역사를 누가 알았을 것인가. 이제 이를 깨달아야 한다. 예수는 조용히 '너는 나를 보고 믿느냐 보지 못하고 믿는 자들은 복되도다' 하였다. 이는 보지 않고도 예수 능력을 믿고 병 고침을 청한 아브가르 왕을 두고 한 말이기도 하였다. 또한 보지 않고서도 이를 믿을 미래의 인류를 향한 선포이기도 했다. 예언의 이룸이다. 말씀은 바로 이러한 이룸의 기록이다. 바로 그 시각에 아브가르 왕은 아따이 다대오의 기도와 축수를 받아 병 고침을 받았다. 아브가르 왕의 병 고침은 곧바로 죽음을 이기는 부활과 영생의 상징인 것이다. 사도들에게 주어진 사명에 대한 첫 교시다.

"이게 우연일 것인가?"

이 삽화는 튀르키예에 있는 성 조지아 예배당 지하 벽화로 남아 기록으로 전해지고 있는 실제 스토리다. 젊어 한때 예수가 여행하며 들렀던 아브가르 왕국은 예수 사후 첫 동방교회가 되어 복음 전도의 초석이 되었다. 동방정교회가 아니다. 동방정교회는 이로부터 몇백 년 후의 이야기이고 동방교회 이야기는 예수 죽음과 부활사건 직후에 일어난 사실을 벽화로 그려 전한다.

디아스포라를 찾아서

예수가 죽고 부활승천한 후 그 제자들이 전도를 하기 시작했다. 땅끝까지 가서라도 '내 어린양을 찾아 먹이라' 하신 그 말씀을 이루기 위해서다. 내 어린양은 누구인가? 여호와의 백성인 유대민족을 포함한 모든 이방인들이다. 그러니까 세상 사람들 모두를 먹여 살리라는 이야기다. 무엇을 먹이라는 말인가? 말씀이다. 말씀은 무엇인가? 여호와께서 인간을 만들 때 당신의 형상대로 불어넣은 그 입김이요 생령이다. 먹여서 살리라는 말은 그 생령이 죽었다는 뜻이다. 처음 인간은 에덴동산에 살도록 허락받았고 거긴 죽음이 없는 세상이었다. 동산을 쫓겨난 후에도 수백 년을 살았다. 수명이 길었다는 것은 그만큼 살기가 좋았다는 이야기일 것이다. 인간의 악행이 거듭될수록 수명은 단축되었고 이제는 그 죗값을 따져 심판을 하겠다는 이야기까지 나왔다. 그러나 죽어도 죽지 않고 다시 살 수 있는 영생부활의 방법이 있다. 그게 무어냐?

예수가 그 죗값을 대신 지고 속죄양이 되었다는 이야기다. 이 진귀한 복음을 세상만민에게 전하고 또 전해서 죽음의 도탄에서 구원하라는 것이 예수의 바람이다. 그가 이 지상에 온 목적이다.

"너희는 땅끝까지 가서 이 복음을 전파하라."

예수가 부활승천하기 전 제자들에게 다짐한 지상명령이다. 예수는 그 일로 사람의 몸을 입고 지상에 태어났다. 그리고 제자들을 통하여 창조주 여호와의 참사랑을 전하려 한다. 창조주 여호와는 자신이 만든 인간을 사랑하여 곁에 두고 싶다. 그러나 인간은 자기의지에 따라 여호와의 곁을 떠났다. 이에 진노한 여호와는 홍수로 멸하고 불로 다스리며 각성하기를 바랐다.

그러나 인간들은 아집에 사로잡혀 화목제로 온 예수까지 잡아 죽이는 만행을 저질렀다. 뒤늦게 이를 깨달은 제자들이 다시 모였다.

"우리는 똑똑히 보았습니다."

사도들의 대표 격인 베드로가 이제부터 우리가 할 일은 오로지 주님이 명한 전도를 떠날 것을 설파한다. 동서남북 사방으로 흩어져 주님의 뜻을 전하는 게 사도들의 사명이다. 그런데 스데반의 죽음을 본 이들은 겁에 질렸다. 말로만 선택된 열두 제자라 우쭐했지만 막상 박해가 가해지자 두려움이 먼저 왔다. 스데반은 군중들을 향해 '인자가 하나님 우편에 서 계신 것을 보노라' 하였다가 격분한 유대인들이 던지는 돌에 맞아 죽었다. 동족인 유대인들도 전도자를 박해하는데 이방인들이야 오죽할 것인가. 한때 의기충천했던 사도들은 겉으론 담대한 척하였지만 속속들이 움츠러들기 시작했다. 두 눈으로 뻔히 보고도 믿질 못하는데 보지 않은 자들이 어떻게 예수 부활을 믿을 것인가. 믿지 못하는 게 아니라 가서 그 말을 전하는 것이 두렵다. 자칫하면 목숨을 잃을 수도 있다. 죽으면 무슨 소용일 것인가. 아무리 죽어 다시 산다 하지만 그걸 어떻게 확신할 것인가. 스승이 부활한 것을 직접 두 눈으로 보았지만 과연 나도 그렇게 될 수 있을 것인가? 미지의 세상을 향해 나아가는 전도 길이 겁나는 것이다.

"죽음이 두렵습니까? 떠나기가 두렵습니까?"

언제 어떻게 죽을지 모르는 사지를 향해야 하는 제자들은 앞길이 암담하다. 선뜻 누가 먼저 나서는 사람이 없다. 그런데 이때 뜻밖에도 야고보가 나타났다. 일신상으로는 예수의 동생이었지만 한 번도 제자들의 모임에 나타나지 않았던 인물이다.

그가 말했다.

"이미 주사위는 던져졌습니다."

여러분들은 예수의 제자 되기를 맹세하였고 이미 그 사역이 주어졌다. 그 주된 일은 누가 어디로 가 전도를 할 것인가, 그 지역을 정하는 일이다. 이럴 때 하는 전통적인 방법이 제비뽑기다. 유대인들은 중대한 일을 선택할 때 제비뽑기를 한다.

그의 방법은 일사불란하였다.

"동서남북을 정해 제비뽑기를 하겠습니다."

사도가 된 베드로까지도 망설이던 일이었다. 예수의 동생인 야고보가 나와 이렇게까지 하는 데에는 그 누구 하나 반대할 수가 없었다. 지금 저들이 할 수 있는 일은 이것밖에 더 없었으므로. 그리고 그 방법이 가장 옳았으므로.

도마가 인도 사역을 맡은 것은 사도들 회의에서 동방전도를 배당받았기 때문이었다. 사도들은 제비뽑기를 통하여 각자가 맡을 전도지의 구역을 나누었다. 제비뽑기는 아주 오래전부터 신의 뜻을 물어보기 위해 즐겨 사용하던 한 방법이다. 사도들이란 예수의 열두 제자를 포함한 여러 전도자들을 말한다. 예수 살아생전 열두 제자들이 있었지만 가롯 유다는 예수를 팔아넘기는 역할을 맡았다가 일찌감치 스스로 목숨을 끊었다. 예수는 그러한 유다를 어찌할까, 라고 묻는 베드로에게 그건 네가 상관할 바 아니니 '그냥 두라' 하였다. 거기에도 큰 뜻이 있었을 것인가? 유다라는 이름은 윗대 선조의 조상들에 많이 나온다. 그중 첫 번째 등장인물은 야곱과 레아 사이에 태어난 아이가 유다라는 이름을 얻는데, 이 유다는 베레스와 세라를 낳는다. 이 베레스의 후손이 다윗이며 그 다윗의 후손으로 예수가 태어난다. 비록 가롯 유다가 예수를 팔아넘긴 자로 기록되었지만 이러한 사실은 구원역사의 일부 각본이란 이야기도 있다. 예수가 자기를 팔아넘긴 유다를 그냥 내버려두라 한 것 자체가 이미 그러한 일이 일어날 것을 예견했다는 뜻이 아니겠는가? 각자 맡은 역할이 있었다는 이야기일 것이다.

여호와의 심판과 구원의 판은 너무나 커 도대체가 짐작할 수가 없다. 제자들은 가롯 유다를 대신하여 세례자 요한을 따르던 맛디아를 제비뽑기로 정하여 열두 제자의 숫자를 채웠다. 열두 제자의 열둘이라는 숫자는 히브리인의 열두 지파를 뜻한다는 견해가 지배적이지만 확실하지는 않다. 또 한편으로는 황도대의 열두 별자리를 의미한다는 설도 있다. 예수 탄생을 알고 경배드리러 왔던 동방박사 세 사람이 바로 이 열두 별빛을 따라왔다는 이야기도 있지만 확실한 것은 알 수 없다. 인간의 머리로서는 알 수 없는 것들이 너무나 많기 때문이다. 나중에 도마는 이 동방박사들을 차례로 만나게 된다. 이미 한 사람은 만났었고 두 사람은 곧 만나게 되겠지만 한 치 앞도 모르는 게 사람의 일이다.

"왜 하필이면 나에게 동방으로 가라 하느냐?"

도마는 형 야고보에게 불만을 토로하였지만 야고보는 '막내야 불만 있으면 기도로 응답 받아라' 하는 말로 일축해 버렸다. 형 예수가 늘 하던 말투이기도 했지만 야고보가 '기도'라는 말을 했을 때 도마는 깜짝 놀랐다. 아직 한 번도 야고보 형이 기도하는 모습을 본 적이 없었기 때문이다. 대체 그에게 무슨 변화가 있었을 것인가?

그러나 집으로 돌아온 도마는 야고보 형이 쓰다 만 두루마리를 보고 놀란다. 그는 이미 형과 보낸 어린 시절을 기록으로 남기고 있었던 것이다. 그 속에는 도마도 함께 들은 이야기들이 있었다. 형 야고보는 예수와 육신의 형제로 태어났던 일이 결코 우연한 일이 아님을 갈파하고 있다. 누군가가 되었든 간에 예수의 형제로 태어났다면 그만한 까닭이 있었을 것이라는 이야기다.

'그렇다면 나, 도마는?'

도마는 동방으로 가는 길이 만만치 않다는 것을 잘 안다. 이미 인간이었을 당시의 형 예수와 함께 동방의 한 나라인 인도 여행을 한 적이 있었다. 그 길은 험난함 그 자체였다. 동방정벌에 나섰던 알렉산더 대왕도 뚫고 넘지 못했던 난공불락의 요새지 같았던 설산이 있었다. 거기서 동상도 걸리고 고산병으로 폐부종도 겪고 죽을 고비를 넘겼다. 그런 인도를 다시 가라는 것은 말도 안 되는 소리다. 형 예수가 아무리 신의 경지에 올랐다 하더라도 그 길을 다시 간다는 것은 있을 수 없는 일이다. 목숨을 담보로 하지 않으면 갈 수 없는 땅이다. 아무리 죽었다 다시 사는 길이 있다 하더라도 아직은 죽고 싶지 않은 도마다. 그동안의 행적을 통해 형 예수가 구세주 그리스도가 된 것까지는 알겠는데 그를 위해 죽으라는 명령에는 쾌히 따를 수가 없는 도마다. 어쩌다가 아직 장가도 못 갔다. 이 세상에 할 일이 얼마나 많은가? 세상 일 다 제쳐두고 지레 죽을 수는 없을 일이다. 아무리 제비뽑기에서 결정된 일이라 할지라도 싫은 일은 싫은 것이었다.

그런데 이 죽을 수밖에 없는 일이 생겼다. 우연히 길을 가다가 무역업자 압바네스를 다시 만나게 된 것이다. 압바네스는 마침 예루살렘으로 물건을 구입하러 온 참이었다. 그가 가지러 온 물건은 금으로 만든 왕관이었다. 금세공 기술은 예루살렘 유다상회가 최고였고 이번에는 유리잔과 토기도 몇 점 가져갈 참이었다. 조문국에 가 살고 있는 디아스포라들이 찾는 물건들이다. 저들은 고향에서 사용했던 물건들을 보고 그걸 조문국에서도 만들어 사용할 작정인 것이다. 그 샘플이 필요하다. 특히나 최고의 권위자인 왕과 제사장의 머리에 얹을 금관이 그랬다. 조문국에 있는 제사장의 특별주문이다.

"금관을 하나 구해다 주게나."

"금관은 무엇에 쓰시게요?"

자기 부족 중에는 금관을 쓸 만한 인물이 없지만 이웃나라 사로국 왕에게 선물로 바칠 왕관이 필요하다 했다. 조문국에서 그리 멀지 않은 토함산 아래 진나라에서 이주해 온 부족이 있다. 진한 혹은 사로국이라 불렸지만 그 도시 이름은 서라벌이다. 서라벌은 '셔벌'로 해 뜨는 벌판이란 뜻이고 그곳의 진산 토함산(吐含山)은 해를 품었다가 토해낸다는 뜻이다. 산 너머가 바로 동해 바다다. 그러니까 어둠을 비추는 해가 뜨는 부상의 나라다. 그야말로 이 세상이 시작되는 곳이다.

이곳에다가 처음 사로국이라는 나라를 세운 왕은 박혁거세였다. 그는 부족을 모아 정치적 지도자로 군림하여 61세를 치수하며 거서간이라 불렸다. 그 후 혁거세의 아들 남해가 대를 이어받아 21세를 다스렸는데 차차웅이라 불렸다. 그 다음 왕권을 이어받은 자는 유리 이사금인데 이 유리란 왕호가 붙은 연유가 이스라엘에서 수입한 유리구슬을 잔뜩 목에 걸고 다녀서이다. 그다음이 석탈해 이사금으로 이 자가 바로 조문국 제사장의 사위인데 이번에 석탈해 왕에게 줄 선물은 금으로 만든 왕관이어야 한다. 왕관은 절대적 권위를 상징한다.

"저들이 비단길을 열었지."

박혁거세는 중원에서 누에고치를 길러 크게 성공한 김방이의 사위로 중원대륙에서 이 해 뜨는 동방의 땅끝으로 이주를 해왔다. 김방이는 누에를 길러 비단을 짜 팔아 엄청나게 부자가 된 인물로 서방세계까지 그 이름을 떨쳤던 거상이다. 그래서 비단을 실어 나르던 대상길인 실크로드를 열었다. 그가 개척한 무역로를 따라 압바네스 일가의 상단이 여기까지 들락거리게 된 것이니 압바네스는 당연히 저들에게 값진 선물을 갖다 바쳐야 한다.

"진한은 중원에서 이주해 온 진한 변한 마한 세 부족 중에서도 가장 막강한 힘을 가진 세력이라 절대로 저들을 무시하면 안 됩니다."

이제 그런 인물인 사로국 왕에게 다윗 왕이 썼던 것과 같은 왕관을 선물로 하면 좋지 않겠느냔 조문국 족장의 주문이었다. 조문국은 한반도를 동·남으로 나누며 흐르는 큰 강줄기인 낙동강 가에 있다. 강이 끝나는 곳에 가락국이라는 나라가 있음으로 도심의 동쪽으로 흐르는 강을 낙동강이라 하였다. 이 낙동강의 중간쯤에 위치한 선산(善山) 밑에 자리 잡은 디아스포라들은 장막을 치고 터전을 잡아 이웃나라 족속들과 잘 지내기를 바라고 있다. 산 이름을 첫 인간들이 살았던 '에덴동산'과 같은 뜻의 '선산'으로 지었듯 바르고 선하게 살기를 바라는 사람들이 집단 이주해 살기 시작한 곳이다. 이들은 우여곡절 끝에 이곳까지 흘러왔지만 조상들이 섬기던 유일신 여호와를 잊지 않았다. 그러고는 그 가르침과 전통을 이어가려 애쓴다. 때문에 거룩한 선산 아래 장막을 치고 소도를 만들어 제사장을 두고 있다.

"그런 곳이 있었어요?"

"저들은 한결같이 자신들을 믿음의 후손들이라 말하더군…."

압바네스는 어쩌다가 거기까지 들어가 거래를 한 적이 있어, 이제 저들의 주문품을 구입해 떠나려 한다. 이미 서라벌의 비단은 중원의 비단보다 더 정교하고 값진 것으로 평가를 받아 천산남로를 통하여 다니던 대상 길을 바닷길로 그 무역 행로를 바꾼 압바네스 상단이다.

"여기서 이렇게 만날 줄은…"

꿈에도 몰랐다는 압바네스다. 도마 역시 마찬가지다. 벌써 만난 지 십 년도 더 지났다. 그런데도 두 사람은 서로를 기억하고 있었다. 두 사람은 반가운 나머지 누가 먼저랄 것도 없이 손을 잡아끌고 음식을 파는 집으로 향한다.

"이게 얼마 만인가요?"

두 사람은 양고기 꼬치를 안주 삼아 포도주를 마시며 그간의 이야기를 하기 시작한다. 도마는 주로 형 이야기를 하였고 압바네스는 무역선을 몰고 먼 나라까지 다닌 상단 이야기를 했다. 서로 다른 이야기인데도 하나같은 이야기다. 비단길을 통해 대상을 몰고 다니는 압바네스는 동·서양을 넘나들며 사방에 흩어져 사는 디아스포라를 많이 알고 있다. 그중에서도 해 뜨는 나라 한반도 땅에 가 있는 디아스포라들은 이민족들 사이에서도 적응력이 뛰어나고 제례 의식에 밝은 편이라 소도를 경영하는 제사장의 위치에 놓였다. 서라벌은 해가 부상하는 곳이요 달이 뜨기 시작하는 곳이다. 여기에 별을 관찰하는 천문대가 있다. 모든 나랏일은 하늘의 별이 내리는 신탁에 의지한다. 신탁은 점성술을 통하여 내려진다. 이들 제사장이 있는 곳이 소도다. 소도는 종교의식이 행해지는 거룩한 장소로 나라정치를 하는 사람들과 맞먹는 지위다. 소도를 경영하는 자들은 대개가 예언자들이기 때문에 정치인들의 책사가 된다. 정치가들은 영험한 예지를 가진 제사장을 이용하여 저들의 앞날을 내다보고 제사장들은 또한 그 예지력 덕으로 먹고산다. 상부상조하는 관계가 형성되는 것이다.

해 뜨는 나라, 한반도 땅에는 여러 부족들이 연합해 사는데 주변국과의 우의를 다지기 위해 서로 선물하기를 좋아한다. 때로는 자기 딸을 주어 보다 힘이 센 세력과 유대관계를 유지하기도 한다. 압바네스는 다가올 새해에 서라벌 왕에게 다윗 왕이 썼던 것과 같은 금관을 선물할 작정인 제사장의 주문품인 왕관을 맞출 생각으로 이곳에 들렀다 한다.

"그 제사장이 바로 디아스포라라는 말씀이지요?"

"맞습니다. 바로 그 말입니다."

이 예언가는 예지의 힘이 출중하여 백 년 후의 일, 천 년 후의 일까지 내다본다. 그러한 예언가가 금관을 주문했다면 다음에 올 왕의 힘을 예측했다는 이야기일 것이다. 그런데 이상도 하지…, 도마는 새 밀레니엄 시대를 미리 보았다. 퍼뜩 머릿속을 스쳐 지나가는 그림자 같은 것이었지만 이건 오늘내일에 일어날 일이 아니라 천 년 2천 년 후의 일이 미리 점쳐지는 환영이었다. 이 왕관은 새로운 비단길을 열 신라(新羅) 왕에게 바쳐지는 왕관이 아니라 새로운 밀레니엄 시대에, 장차 올 만왕의 왕에 대한, 오늘의 일을 증명할 수 있는 증거물로 삼을 면류관이 될 것이라는 예시가 나타난 것이다.

"그 금관, 2천 년 후에 다시 나타나겠네요."

도마의 이 뜬금없는 말에 압바네스가 묻는다.

"2천 년 후라니요? 그건 또 무슨 말입니까?"

도마는 이 금관이 땅속에 묻혀 있다가 다시 빛을 봐 오늘을 증언하는 물증이 될 거라는 환영을 보았지만 일일이 다 설명할 수는 없다.

"더 이상 천기를 누설할 수는 없겠네요."

그건 천기가 아니라 여호와 계획의 일부다. 이미 그렇게 준비해 두신 것이다. 도마가 용기를 얻어 해 뜨는 나라로의 전도를 결심하게 된 것은 바로 이 계획의 일부를 보았기 때문이다. 이 깨달음이 바로 성령이다. 예지력인 것이다. 양을 치던 모세가 갑작스런 여호와의 부름을 받고 파라오를 찾아가 이스라엘 민족을 애급에서 구해내 왔듯 도마에게 보낸 압바네스는 바로 그러한 길잡이별의 현현이었던 것이다.

도마는 지금 이 일련의 일들이 결코 우연스럽게 생긴 것이 아니라 피할 수 없는 계획의 일부라는 생각을 한다. 세상은 보기보다 훨씬 복잡하게 얽혀 있다. 요즘 들어 도마는 짜인 판의 돌같이 긴밀하게 얽히고설킨 자신의 행로를 누군가가 보고 있다는 생각을 한다. 하나에서 열까지 그저 된 것이 없다. 자기는 판의 돌에 지나지 않는 것이다. 그 하나의 예로 둘째형 야고보가 이 일에 동참하게 된 일이다. 지금까지 한 번도 맏형 예수에 대해 좋은 말을 해본 적이 없는 야고보였다. 십수 년 전 일이지만 가이사랴 신전 건축에 동원되었던 당시, 맏형 예수가 '난 그런 신전 건축일은 못 하겠다'고 하자, '형이 들어 우리 집안 사업을 망칠 셈이냐?' 대들기까지 하였다. 그런가 하면 요한에게 세례를 받은 후, 한 일련의 일에도 사사건건 불만을 토로하였다. 왜 집안일은 하지 않고 밖으로만 나대느냔 것이었다. 그런데 그러한 그가 '땅끝까지…' 가서 복음을 전하라는 형의 말에 따라 땅끝까지가 아니라 불속이라도 뛰어들겠다고 전도에 나선 것이다. 이를 두고 어머니 마리아는 '이제야 말씀이 그대로 이루어진다'라고 하셨다. 누군가가 판의 돌처럼 이를 움직이고 있다. 그런데 그게 제일으로 스스로 '나의 주, 나의 하나님이라' 고백한 그 형에 의해 일어나는 일이라면 승복할 수밖에 없을 일이다. 판을 편 주인공은 이미 그 판을 처음부터 끝까지 다 읽고 있을 뿐더러 그 판 자체를 계획하고 만든 분이시기 때문이다. 그러니 아무리 발버둥 쳐봐야 말을 잡고 놓을 그 집게손가락을 벗어날 수 없을 일이다. 모든 일이 그의 손바닥 안에서 놀아난다.

도마는 그간 동방 전도를 겁내 떠나기를 미루고 있었던 이유를 알 것 같았다. 압바네스를 만나기 위한 기다림의 시간이었다.

압바네스는 그때 오스로헨 왕국에서 아브가르 왕을 통해 도마와 예수 형제를 만났던 일을 상기하며 이렇게 말한다.

"그게 다 우연이었겠어요?"

이 세상에는 우연히 되는 일이 하나도 없다. 벌써 십 년이나 지난 일인데도 그동안 잊지 않고 있는 사실은 거기 무슨 깊은 뜻이 있는 것 같다는 이야길 한다. 게다가 아브가르 왕이 불치의 병에 걸렸을 때 예수가 보낸 사도가 와 치유해 준 이야기며 그를 기념하기 위해 교회를 만들어 교회 벽화에 그 사연을 그려 기념하기로 했다는 이야기까지 하는 압바네스다.

"최근에 그곳을 다녀왔지요."

압바네스는 이 일련의 일들이 우연이 아님을 이야기한다.

"나 같은 대상은 여기저기 다니며 많은 것들을 보지요."

아브가르 왕의 병은 문둥병이었으며 세상 사람들이 낫게 할 수 없는 불치의 병이다. 그러나 기적을 일으키는 이스라엘의 예수가 전날 오스로헨 왕국을 찾아왔던 바로 그 젊은이임을 알게 된 왕은 이를 기념하기 위해 교회를 짓기로 했다.

"그 뒤 자기 병을 낫게 한 예수가 처형당했다는 소식을 들은 아브가르 왕은 예루살렘을 쳐 예수의 복수를 할 군대를 모집하기까지 했었다지 뭡니까."

왕은 로마에 저항할 결심까지 했다. 겨우 분노를 삭이고 교회를 지어 예수의 은혜를 찬양하기로 했다 한다.

"그렇다면 오스로헨 왕국을 들렀다 인도로 가나요?"

그 정도 발판이 돼 있다면 인도로 가는 길도 그리 어려운 일은 아니다. 도마는 일이 예상 외로 잘 풀린다고 생각한다. 하지만 이번에는 육로를 통한 사막길이 아니라 해로를 통한 바닷길이라 오스로헨을 들를 필요는 없을 것이라는 압바네스다.

"내가 오늘 여기 온 것도 우연은 아닌 것 같아요. 그렇지요?"

압바네스는 예루살렘에 들른 일과 도마를 만나게 된 이 여러 가지 사실들이 놀랍다는 말만 되풀이한다. 무엇에 홀리지 않으면 이런 우연이란 게 있을 수 있겠나.

"이 일은 결코 우연일 수 없어요."

그는 처음 도마 형제를 만났을 때부터 이상한 느낌을 받았다 한다. 특히나 동방박사들의 예방을 받았다는 그 인물이 바로 '예수, 자기 형'이라는 사실을 도마로부터 전해 들었을 때부터 긴가민가는 했었지만 그 느낌이 이상했었다는 압바네스다. 그때 저녁을 먹고 난 후 예수와 왕은 무슨 이야기인가에 한창 몰두해 언쟁을 벌이고 있었고 두 사람은 밖에 나와 별을 바라보며 바람을 쐰 적이 있었다. 그때 도마가 그랬다. 저 잘난 체하는 형이 바로 그 동방박사의 예방을 받은 인물이라고…. 뭣 때문에 그런 이야기들이 오갔는지는 모르겠지만 도마는 형을 비난하는 말을 했고 압바네스는 자기 형제들 이야기를 했다. 자기도 형이 하나 있는데 형은 장자의 명분을 내세워 막무가내라는 말을 했다. 이렇듯 사막을 떠돌며 벌어가는 돈을 형이 제 맘대로 다 써버린다는 것이었다. 압바네스는 주로 장사와 돈에 관한 이야기를 했고 도마는 형의 잘난 척에 대해 이야기했었다.

"우리 형은 자신을 신격화 한다니까?"

그 말에 압바네스는 '그래도 돈 뺏어가는 형보다는 낫네'라고 하였다. 자기 형은 손 갑 육갑도 안 하면서 동생이 벌어가는 돈으로 호의호식하고 산다 했다. 그랬던 두 사람이 다시 만난 데에는 필연적인 인연이 있어서가 아닐까?

두 사람은 그 이야기를 하고 있다.

"내가 들은 이야기들이 사실이라면 당신 형 예수는 메시아가 틀림없어요."

"본 사람도 안 믿는데 안 본 사람이 어떻게 그 말을 믿어요?"

도마는 예수 이야기를 한다. 인도 여행에서 돌아와 세례 요한에게 세례를 받은 후 행적에 대해서다. 이삼 년 동안 도마가 보고 듣고 느낀 것은 필설로 다 표현할 수 없다. 도저히 이 세상에서는 있을 수 없는 일들의 연속이었다. 그러한 그가 마지막으로 한 말은 이 사실들을 가서 전하라는 것이었다. 그동안 보고 들은 것을 전해 그가 가르친 것들을 행하도록 하라는 명이었다.

"땅끝까지 가 이 복음을 전하라."

부활승천한 예수의 지상명령이었다. 이미 여호와의 큰 계획표에 들어 있는 구원의 사역이다. 자신이 속죄양이 될 테니 이 어린양을 통하여 온 세상 사람들이 구원을 얻게 되었다. 그러니 그 사실을 본 대로 전하라는 것이었다.

"형은 마지막 순간까지도 이 복음을 전하라 했지요."

예수는 죽음을 이기는 부활의 소망을 전하라 하였다. 이제 죽을 수밖에 없는 죗값을 대신해 치렀으니 안심하고 기쁜 삶을 살라는 이야기다.

"이게 주님의 뜻이다."

하나님은 사랑이심을 세상 끝까지 가 전하라. 그 도구로 세계만방에 흩어놓은 디아스포라가 있으니 저들을 활용하라는 것이다. 이 역시 이미 계획된 역사다. 점점이 땅끝까지 흩뿌려 놓은 디아스포라를 통하여 이 기쁜 소식을 전하라는 이야기다. 이미 포석된 말을 이용하라는 언질이었다.

도마는 이 지상명령을 지키는 데에는 압바네스보다 더 좋은 조력자가 없다는 생각을 하게 된다. 아마도 이때를 위해 미리 준비된 사람이 아닌가. 이전에 압바네스를 만났었던 일도 오늘 이 만남을 위해서가 아닐 것인가.

도마는 이제 형이었던 예수가 그리스도임을 깨달았고 그의 지상명령인 복음 전파를 위해 헌신해야 할 것을 새삼 확인한다. 이제 의심 많은 도마가 아니다. 알았으니 행하는 일만이 남았다. 그 가장 손쉬운 방법이 흩어져 사는 디아스포라를 찾아내는 일이며 저들을 만나서 보고 듣고 느낀 바 형의 이야기를 전하는 일이다. 이제는 형이 아니다. 제 입으로 실토했듯이 나의 주님이며 살아계신 하나님이다. 복음이란 무엇인가? 죽음을 이기고 다시 사는 부활의 권능을 전하는 일이다. 그는 이 권능을 보았을 뿐더러 실제로 손가락을 넣어 그 상처를 만져 확인하기까지 하였다. 그리고 그 양털만큼 많은 세월 동안 함께 살았던 형이 그리스도임을 실감했다. 보고 듣고 느끼는 것만큼 확실한 증거는 없다. 형 예수가 말했다. 보고도 못 믿느냐? 안 보고 믿는 사람이 복되다 하였다. 이제는 형 예수가 아니라 그리스도며 메시아, 나의 주님인 예수가 되었다. 그리스도는 세상을 구원할 이시며 메시아인 것이다. 한때 형님으로 함께 지냈던 주 예수 그리스도께서 말씀하셨다.

"주 하나님을 경외하라."

하나님은 영이시고 독생자 예수는 보혜사로 이 세상에 왔다가 살아계신 하나님을 증거하고 다시 승천하셨다. 뭘 증거하였는가? 하나님의 사랑이 너무나도 지극하여 죽은 자 가운데서 믿음을 가진 자들을 다시 살리시겠다는 약속이다. 이 증거물로 하나님의 영과 수시로 통할 수 있는 성령의 은총을 두고 가시겠다 했다.

도마는 이 성령의 은총으로 입은 능력을 몸소 체험하였다. 도마뿐만 아니라 권능을 입은 모든 제자들과 저들로부터 위임받은 사도들까지도 구원의 도구가 되기에 손색이 없는 능력자로 변했다. 변화의 역사다. 믿기만 하면 되는 역사였다. 이미 보고 들은 바대로 예수의 권능에 힘입은 제자들이 파송을 나갔고 이들에 의해 능력을 제수받은 제자들이 또 흩어져 이 복음을 전파하기에 이르렀다. 도마만 혼자 꾸물거리고 있었던 것인데 이제 박차를 가할 때가 온 것이다.

"사망을 딛고 일어서리라."

인간은 죽을 수밖에 없는 존재이고 죽음 앞에서는 세상 부귀영화가 아무 소용이 없다. 이를 일찍 깨달은 자는 복이 있나니, 무역업자 압바네스가 그중 하나였다. 젊어 한때 해 뜨는 동방까지 갔다 온 경력의 소유자 압바네스는 돈만 밝히는 장사꾼은 아니었다. 그는 인간의 도리도 알고 역사도 알았다. 그는 페르시아의 화려한 불빛도 보았고 인도의 코끼리며, 저 땅끝 마을의 부상하는 해 뜸도 기억하고 있었다. 당연히 거기 소도마을의 제사장도 기억하고 있다.

"거기 그 나라에 가면 당신네들의 율법을 지키는 소도가 있는데 거기 제사장은 당연히 당신네 조상들이랍니다."

압바네스는 그 먼 나라, 해 뜨는 곳에도 이스라엘 민족이 살고 있고 저들만의 독특한 제의행사를 치른다는 이야길 한다.

"저들은 율법에 따라 살아요."

조상 대대로 내려오는 제의를 갖추는 게 삶의 목표다. 그런데 지금, 주 그리스도가 된 예수가 가르치는 것은 그게 아니다. 옛 시대에 맺은 그 언약이 아니라 새로운 언약이다. 옛 언약이 모세의 율법을 따르는 것이라면 새 언약은 예수가 대신해서 인간의 죄를 대속하였으니, 그를 믿고 구원 얻음을 찬양하라는 이야기다. 이 이야기를 믿기만 하면 된다. 이제

양을 잡고 송아지를 잡아 제를 올리는 대신 예수의 피와 살로 성찬을 떼며 감사하면 된다. 이게 새로운 시대의 약속이다. 이 새 시대를 연 것이 바로 예수 그리스도다. 너무나 간단한 이치다. 불편한 관계에 놓여 있던 여호와와 인간과의 관계개선을 위하여 십자가를 짊어진 예수를 구세주로 믿고 그가 원하는 삶을 살면 된다. 그가 원하는 삶이 무언가, 네 이웃을 네 몸과 같이 사랑하라는 것이다. 그뿐이다. 그런데 여기서 혼란이 온다. 너무 오랜 세월 동안 옛 언약에 젖어 살았기 때문에 새로운 약속을 받아들일 수가 없는 율법학자들과 바리새인들이 있다. 저들은 새로운 변화를 거부했다. 거부 정도가 아니라 예수를 잡아 처형하기까지 했다. 그보다 더한 일은 생판대기의 이방인들은 약속이 무언지도 모르고 있는데 저들에게도 가서 이 복음을 전하라는 예수다. 예수는 그때가 머지않았으니 이 시급한 문제를 세상 끝까지 가 전하라 했다. 종말의 날이 오면 땅속의 뼈까지도 일으켜 세우겠다 했다. 그리고 심판하겠다 했다. 이 심판의 날이 두렵지 않으냐? 역사의 변화를 보고서도 인정할 수가 없는 혼란의 시대가 온 것이다. 때문에 이 역사적 사실을 기점으로 기원(紀元)이 바뀐다. 예수 이전의 시간과 이후의 시간을 따로 구분하여 새로운 시대를 여닫게 되는 것이다.

압바네스가 묻는다.

"그 복음이란 게 뭐요?"

도마가 설명을 한다. 이 세상만물은 하나님이 창조하셨다.

당신의 형상을 본떠 인간을 만들고 그 입김을 불어 영혼을 만들었는데 그 인간이 하나님의 명을 어겨 선악과를 따 먹고 미움을 받아 동산에서 내쳐졌다. 그런데도 하나님은 인간을 사랑하신다. 대홍수를 일으켜 방종한 인간들을 멸망시키려고도 해보고 소돔과 고모라를 불태우고 바벨탑을 무너뜨리고 여러 곳에서 여러 방식으로 진노를 표출해 보았지만 인간은 막무가내다. 본래 선하게 만든 인간이 이렇듯 극악무도하게 변한 것은 애초에 금기시켰던 선악과를 훔쳐 먹었기 때문에 사탄이 그 속에 침투해 들어갔기 때문이다. 사탄의 종말은 사망이다. 명을 어긴 죗값이다. 그런데도 이 역사를 안타깝게 지켜보는 게 창조주 하나님이시다. 자기가 만든 인간을 여전히 사랑하시기 때문이다. 이 창조주 하나님의 연민을 덜기 위하여 예수님이 이 땅에 내려와 이들의 죄를 대신해 죗값을 치르고 죽음을 이기는 부활의 소망을 직접 보여주고 돌아가셨다. 그 증표로 서로 소통할 수 있는 성령을 주고 갔다. 성령을 통하여 볼 수 없었던 것을 볼 수 있게 된 것이다.

"이 사실이 헛되지 않게 세상만방에 전하라는 것이 복음입니다."

도마는 수없이 이야기했고 앞으로 수없이 해야 할 이야기를 간단명료하게 정리하여 질문에 답한다. 요점정리다. 압바네스는 이해가 되지 않는다. 그는 크레타 섬에서 잔뼈가 굵은 사람이다. 에게 해에 좀 많은 신들이 있는가. 하나님이 인간을 만들었다는 것도 이해가 안 될 뿐더러 인간이 그렇게 미우면 멸하시면 되지 왜 굳이 구원하려는가?

"하나님은 사랑이시기 때문입니다."

도마는 이렇게 말할 수가 없다. 예수는 원수를 사랑하라 하였고 누가 왼뺨을 때리거든 오른뺨도 치게 하라고 하였고 누가 오 리를 동행하자면 십 리를 동행하라 하였다. 예수는 사랑의 본질을 가르쳤다. 그렇지만 돈 버는 일로 평생을 살아온 장사꾼 압바네스에게 사랑을 어떻게 이해시킬 수 있을 것인가. 설명할 길이 없다. 그런데 모세가 파라오 앞에서 일장연설을 퍼붓듯 말이 술술 풀리는 것을 본다.

"하나님이 인간을 처음 만들 때 당신의 형상을 본떠 그대로 만드셨다는 거죠."

그러니까 인간의 본질은 사랑 그 자체다. 그런데 한 가지 문제가 생겼다. 그 첫 사람에게 '동산 한가운데 있는 저 열매는 따 먹지 말라'는 엄명을 내린 것이다. 그 열매는 선악을 구분할 줄 아는 선악과라 이를 먹게 되면 악함에 물들게 된다.

"하나님이 만든 첫 사람 아담과 이브가 그 선악과를 따 먹었다는 거죠."

"그래서 죄를 짓게 되었다?"

창조물이 창조주의 뜻을 거역한 죗값으로 에덴동산을 쫓겨나 일하고 생산하는 수고를 감당하게 된 이야기는 인간이 창조주의 창조물이라는 전제가 있지 않고서는 이해가 불가하다. 유대 민족은 태어나기 전부터 이 유일신 사상을 배우고 믿어왔기에 쉬운 이야기이지만 이방인들에겐 좀처럼 이

해가 가지 않는 사상이다.

"인간이 못된 존재라는 것은 알지요."

압바네스는 경험상 인간의 두 가지 심성에 대해선 알고 있다.

"인간은 누구나 그 마음속에 선·악이 공존하잖아요?"

그 선성이 본래 주어진 심성이고 악한 심성은 창조주 여호와의 명을 어긴 뒤 들어온 사탄이요 마귀다. 이들이 온갖 죄를 짓게 만든다. 불의와 악행은 저들의 전유물이다. 인간본성을 대적하는 것이 곧 죄악이다. 이 죄악이 온 세상을 어둠으로 몰고 간다. 도마는 했던 이야기를 또 되풀이한다.

"그렇다면 애초부터 그런 어둠이 틈타지 않도록 했으면 될 일을?"

압바네스는 왜 창조주께서 그런 악의 존재를 허용했냐 한다. 세상을 만들 능력이라면 선과 악을 지배할 수 있는 창조주라면 처음부터 이를 단속할 수 있었을 것이 아니냐? 왜 선택의 기회를 주었느냐. 인간에게 지유의지를 준 것 자체가 잘못이라는 압바네스다.

"인간에게 선택의 의지를 줘놓고 나중에 그 잘잘못을 인간에게 물으면 어쩌란 거죠?"

"그러게 말입니다. 그게 문제라는 거…"

아닙니까, 하려다가 도마는 문득 예수가 가롯 유다를 두고 한, '내가 올 때까지 그를 머물게 할지라도 네게 무슨 상관이냐' 했던 이 말이 떠올라 입을 다물었다. 예수 부활 이후 사도들이 다 모인 자리에서 베드로에게 세 번씩이나 강조해 말했다. 내 양들을 먹이라고. 그때 예수를 판 가롯 유다가 만찬장에 나타나 그 모습을 보이자, 베드로가 물었다. 이 자를 어찌하리까? 예수께서는 한 마디로 네가 상관할 바 아니라 하였다. 이 '상관할 바 아니라'는 말은 처음 이적을 행했던 가버나움 잔칫집에서도 했다. 잔칫상에 술이 떨어지자 어머니 마리아가 예수에게 잔칫집에 술이 떨어졌다 하자, 예수께서는 '여인이여 그게 나와 무슨 상관이 있습니까?'라며 상관 말라 하였다. 이 상관 말라는 말은 인간의 영역이 아니라는 뜻이다. 인간은 인간의 영역이 따로 있다. 한계가 있다는 이야기다. 이 세세한 것들까지 다 설명하고 이를 낱낱이 기록하자면 '이 세상이라도 이 기록된 책을 두기에 부족할 줄 안다' 하였다. 너무 많은 것을 알면 다친다는 이야기겠다. 이게 조물주와 피조물의 차이다. 왜 선악을 두고 선택권을 주었는지, 따지고 들 일이 아닌 것이다. 신의 영역은 신만이 알 일이요 인간은 인간의 영역만 알면 된다.

"앞으로 기나긴 여정을 함께 하자면 이야기할 시간은 얼마든지 있을 겁니다."

"그렇겠죠? 그나저나 시장에 왔으니 볼일부터 봐야지요."

"배도 채웠으니 그래봅시다."

압바네스는 그 집 양꼬치가 맛있었다며 언젠가 다시 찾고 싶은 음식점이라 하였다. 식도락을 즐기는 압바네스는 이빨을 쑤시며 팔자걸음을 걸었다.

"금세공소를 찾으면 되지요?"

　도마가 앞장을 섰다. 예루살렘에는 금세공소가 몇 군데나 있다. 그중에서도 유일하게 간판을 내건 금은방으로 '솔로몬'이 유명하다. 서서히 경기가 회복되고 시내 곳곳에 재건의 붐이 일고 있는 터라 활기찬 시장분위기다. 압바네스가 주문해 만들고 싶은 것은 특별한 물건이라 시간이 걸린다. 예루살렘 금 세공사들은 금붙이를 다루는 기술이 뛰어나 압바네스가 이곳을 찾을 정도가 되었고 유리구슬 만드는 기술도 도입이 돼 유리목걸이가 유행할 정도가 되었다. 금은 본시 귀중한 것으로 재산의 가치가 있었지만 이 유리구슬 같은 것들은 로마의 사치가 극성을 부리면서 유행을 타기 시작했다. 유리로 만든 술잔이며 여인들의 목걸이가 성행하는 것은 여인들이 사치를 부리기 시작했다는 증거로 경기가 좋아졌다는 이야기다. 이 경기는 나비의 날갯짓과 같아서 동양에서 서양으로 서양에서 동양으로 그 물결을 이룬다. 이 보이지 않는 물결을 만드는 것이 장사꾼들이다. 유리를 발견한 것은 실로 우연한 일로 바닷가 해변에서 모닥불을 피워 고기를 구워먹던 어부들에 의해서 유리라는 물질이 발견되었다. 높은 열이 가해진 모래에서 이상하게 빛나는 물체가 생성되었는데 그 반사하는 빛이 찬란하고 경이로워 갈고 다듬고 모양새를 만들어 장식품으로 이용하게 되었다는 것이다. 특별히 그 지역 페니키아 어부들이 고기를 구워먹던 그 해변의 모래에만 그런 성분이 나와 유리를 만드는 재료를 수입해 와 잔과 구슬을 만드는 생산업체가 생겨났다. 이런 진귀한 물건이니 당연히 상응

하는 값어치가 매겨졌다. 서역상인들은 앞다투어 이 진귀한 보물을 동방에다 내다 팔고 싶어 했고 동방 여인네들도 서방 여인네 못잖은 사치를 부리게 되었다. 동방에서는 비단을 서방에선 유리구슬을 교역의 주요품목으로 다루어 예루살렘은 당연히 이 중간 생산 공장이 된 것이다. 유대 사람들처럼 손재주가 빼어난 기술자가 없었기 때문이다. 이미 솔로몬 시대부터 해상무역의 바닷길을 연 유대인들이다. 솔로몬 왕과 시바의 여왕이 만나 사랑을 속삭일 때도 이 사치품들이 분위기를 조성하는 데 중요한 역할을 했다는 이야기다.

"이 상회가 가장 믿을 만한 가게예요."

도마는 큰 길가에로 출입문을 내고 있는 한 가게를 가리키며 안으로 들어가자 한다. 육중한 흑 단목으로 간판을 만들어 단 것을 보니 돈푼깨나 들인 가게임이 틀림없다. 출입문 양쪽에 방문객의 내방을 알리는 손잡이가 달려 있다. 왼쪽에 달린 문고리는 백통으로 만든 사자 모양이고 오른쪽 문고리는 청동으로 만든 코끼리 문양이다. 이 문고리를 두들겨 소리를 내면 안에서 문을 열어준다. 그런데 왼쪽의 것은 여자 전용이고 오른쪽 것은 남자 전용이다. 가끔씩 장난기 많은 짓궂은 아이들이 지나가며 장난삼아 이 문고리를 두드리고 달아나는 경우가 있지만 대부분 이 문고리를 두드리는 사람들은 금은방을 찾는 고급고객이라 안에서 문을 여는 사람도 복장을 제대로 갖춘 종업원이다.

"이리 오너라."

이번에는 압바네스가 위엄을 갖추고 이 문고리를 두드린다. 세상 여러 곳을 두루 다니며 저절로 체득해 몸에 익은 행동이다. 그러기 위해서는 목에 둘렀던 수건을 머리에 감아 터번을 두른다. 터번은 사막을 건널 때나 뜨거운 햇빛을 막기 위해 밤에 물에 담가두었다가 외출할 때 두르는 용도이지만 상대가 누구인지를 알리는 신분의 표식이기도 하다.

"어서 오세요."

입구에서부터 정중한 안내를 받으며 들어간 금은방에는 눈부신 물건들이 그 빛을 발하고 있다. 도마도 처음 보는 금은 세공품들과 유리구슬들이 진열돼 있다. 금은방 주인은 무슨 물건이 필요한가를 물었고 압바네스는 특별한 주문품이 필요하다 하였다. 압바네스는 그 특유의 언변으로 자기가 온 목적과 주문품을 설명하고 있다. 그런데 어느 한 부분에 가서는 언어가 잘 소통되지 않는 부분이 있었다. 이는 도마가 아람어로 풀이해 주었다.

"한 마디로 말하자면 이런 거지? 새털같이 가벼운 금관…, 영혼의 소리를 들을 수 있는 제사장의 금관…"

압바네스는 이 통역에 만족해했다. 그가 주문하는 금관에는 두 가지가 있다. 하나는 왕이 쓸 금관이다. 왕이 쓸 금관은 금방 이해를 했다. 왕은 평상시에 금관을 쓰고 일을 하지는 않는다. 죽어 저승 갈 때 금으로 만든 금관 신발 요대 등을 착용한다. 더러는 노잣돈으로 쓰라고 금화를 눈에 붙이기도 한다. 때문에 왕관의 장식품으로는 생명나무 문양이나 십장생

같은 짐승 모양을 장식한다. 금관의 모양새는 둥그런 머리테 위에 입식 장식품을 세워 올리는데 山 모양을 거듭 쌓아올려 出자 형태를 만들거나 그 위에 유리구슬이나 곡옥을 달아 더욱 빛나게 한다. 그것도 자손들의 기분에 따라 혹은 죽은 이의 공적에 따라 그 出자 모양의 장식을 3층이나 4층으로 그 문양의 단수를 높이기까지 한다. 꼭 이러한 금관은 아니었지만 죽은 자의 황천길을 위하여 만들어 가는 데드 마스크도 있다. 그렇지만 이러한 까다로운 문양의 주문은 처음이라는 금은방 주인이다. 저들의 주문품은 주로 새 날개 장식이나 얼굴 모양 아니면 나뭇잎이나 동물의 모양으로 아직 세공기술이 발달하지 못한 나라로 간다 했다.

"여기는 그런 나라가 아녜요. 황금이 덩이째 노다지로 굴러다니는 금광이 있단 말입니다."

"그러면 그 금덩이를 좀 갖다 주시구려."

"안 그래도 그럴 작정인데… 그 금덩어리가 워낙 무게가 나가서요."

운반에 문제가 있다는 압바네스다. 주인은 금도 값비싼 무역상품이니 그 금덩어리를 가지고 오면 전량 수매할 것이라는 약속을 하였고 압바네스는 그러한 무역독점권을 따기 위해서는 이번 만드는 금관이 마음에 들어야 한다는 말을 잊지 않는다. 장사 수완이 보통내기가 아니다. 그런데 잘 나가던 주인이 또다시 볼멘소리를 한다.

"아직도 이해가 안 되는 부분이 있어요."

제사장 용 금관은 아직 이 금은방에서도 제작해 본 일이 없는 난생처음의 주문품이라 의사소통에 문제가 있었다. 이스라엘에서도 아직 제사장이 금관을 쓴 적은 없었다는 것이 금은방 주인의 말이다.

"총독조차도 금관을 쓰지 않는데 도대체 어떤 제사장이 금관을 쓴단 말이오?"

왕보다도 더 높아지기를 원하는 제사장이 있다. 그에게 가져다줄 선물이다. 그 나라에서 금관을 쓴 사람은 아무도 없다. 그러니 금관을 쓰면 얼마나 기고만장해질 것인가. 그 붕 뜬 기분으로 내려질 상급을 생각하는 압바네스다. 그러한 금관을 만들어 갖다 바치고 무역권을 독점하고 싶다는 것이다. 도마는 압바네스의 이러한 내용을 주인에게 간단히 전했다. 고객이 원하는 물건을 만들어 주세요. 세공비가 얼마나 들든지 간에요. 그가 원하는 것은 새털처럼 가벼운 영혼을 위해서랍니다.

"그러한 나라가 어디 있느냐?"

"해 뜨는 나라 동방의 한 나라다. 거기에 이스라엘 제사장이 있다."

이들은 바빌론 유수 이후 동으로 또 동으로 이주를 해가다 보니 해 뜨는 나라까지 가게 됐는데 거기서 정착을 하게 됐다. 정착을 한 정도가 아니라 소도를 만들고 제사장 직을 이행해 국가 제례를 쥐고 흔드니 정치가들과 맞먹는 지위에 올랐다. 이번에 그의 위신을 드높일 금관을 제작해 바치고 싶다. 그렇게만 된다면 그 나라에서 나오는 비단은 송두리째 다 손에 쥘 수 있다. 그 나라 왕은 왕관을 쓰고 직무를 행하냐? 그런 건 아니다. 왕이 죽으면 금관과 금으로 만든 신발을 신겨 저승길을 편히 가게 하는데 이는 죽은 자에 대한 일종의 예의다. 이 제례의식을 맡은 자가 바로 소도를 지키는 제사장이다. 제사장은 때로 나라 행사와 왕의 신변이나 앞일에 대한 예언적 신탁을 받아 전하기 때문에 막강한 권력을 쥔 거나 마찬가지다. 어느 정도냐 하면 죄지은 자가 소도로 피신을 하면 병사들이 함부로 소도에 들어와 죄인을 추포해 갈 수 없을 정도로 신성시되는 곳이다.

"거기 그 조문국 제사장은 왕보다 높은 위치에 앉아 왕도 좌지우지할 수 있는 신관이 되기를 바라는 자라…"

그에게 막강한 권력을 쥐어주는 새 깃털 금관이 필요하다는 압바네스다. 신관은 심판을 할 수 있는 판관이다. 저울의 양쪽에 새털과 심장을 올려놓고 어느 쪽이 더 무거운가를 잰다. 새털보다 무거운 죄를 지었으면 여지없이 지옥행이다. 죄인의 죄 무게를 재는 기준이 깃털이다.

"그 저울추를 상징하는 깃털을 한번 생각해 보란 말이오."

금세공업자는 이제야 그 확실한 의미를 깨달았다. 그러면 공작새 깃털을 단 금관이면 되겠느냐? 새 중의 새가 공작새이니까 공작새 깃털을 빼닮은 깃털금관이면 될 것이 아니냐? 압바네스는 대만족이다. 돈이야 얼마가 들든지 최고의 물건을 뽑아달라는 주문이다.

"걱정 마쇼. 여기선 금실도 뽑아내는 기술이 있으니."

솔로몬 금세공 기술자는 금덩어리에서 금실을 뽑아 여인네의 옷을 지어 입혔다 한다. 윗대 할아버지 쩍 이야기이긴 하지만 페르샤 왕비가 돼 수산궁에 살게 된 에스더를 위해서 금실로 꿰맨 옷을 지어 입혔다는 전설 같은 이야기를 하는 세공업자다. 페르시아 왕 아하수에르는 인도로부터 구스 지방에 이르기까지 127개 지방을 다스렸던 대제국의 대왕으로 유대인 소녀 에스더에게 반해 꿰맨 흔적이 없는 혼례복을 입혀 왕후로 삼았다.

"그야말로 천의무봉한 예복이었지요."

그런 전통을 가진 금방이니 걱정 말라는 세공업자를 뒤로하고 둘은 금방을 나온다. 시작이 좋으니 결과도 좋겠지? 그러면서 도마에겐,

"어쩌면 당신도 그 제사장을 만나게 될지 몰라."

그곳이 바로 땅끝이라는 것이다. 도마의 목적이 땅끝까지 가서 복음을 전하는 일이라면 반드시 그를 만나야 할 것이라는 이야기를 한다. 아마도 그렇게 될 것 같다는 소리인 것 같았다. 오늘이 내일 되고 내일이 먼 미래가 된다. 이 깃털 금관이 2천 년 후에 잠에서 깨어나 이 이야기를 쓰게 되는 원인이 되었다면 혹자는 그건 소설에나 있을 법한 일이라고 말할 것이다. 그런데 그건 사실로 남아 역사를 새로 쓰게 만들었다. 실제로 이 금관이 소도가 있던 제사장이 묻힌 옛 조문국 고분에서 발굴돼 박물관에 진열된 것이다. 아울러 이날 함께

주문한 유리구슬도 목걸이로 꿰어져 박물관을 빛내고 있음을 2천 년 후의 사람들이 보고 있다. 그렇지만 관람객들은 이 유물들이 어떻게 여기까지 흘러들어 왔는지 알지 못한다.

"주문은 끝났다."

압바네스의 예루살렘 입성의 목적이 끝난 것이다.

이제 업무를 다 끝냈으니 어디 가서 한 잔 꺾자는 압바네스다. 아까 먹어본 그 양꼬치 같은 맛난 안주를 곁들인 술집이 어디 없느냔 것이다.

"술집이야 많지요."

젖과 꿀이 흐르는 가나안 땅이라고 이 나라를 안겨준 여호와시다. 포도주가 넘쳐흐른다. 그러한 나라에 살고 있는 도마다. 축복받은 땅에 축복받은 민족이다. 목수 일도 그런 대로 괜찮은 직업이고 수입도 꽤 좋은 편이라 일을 마치고 나면 의례히 술집에 가 술을 마시곤 했던 도마다. 그런데 형이란 작자가 이 재미난 생활을 버리고 공생애에 들면서부터는 일상생활에서 오는 즐거움을 송두리째 반납한 금욕주의 생활이었다. 형이 요한에게 세례를 받은 이후 도마는 술집에 드나들어 본 적이 없다. 명색이 그의 열두 제자 중 한 사람이라는 허울 좋은 직책 아닌 직책을 떠맡고 나서부터는 술집 출입이나 여자를 가까이해 볼 여유가 없었다. 까마득하게 잊고 있던 세상이다. 그러한 도마에게 갑자기 술집을 안내하라니 놀랄 수밖에 없는 도마다. 어쩌랴? 그간 잃어버린 시간을 만회할 수 있는 기회이기도 하다. 그러나 순간 이 유혹의 마구니를 떨쳐버려야 한다는 생각이 드는 도마이기도 하다. 좀 더 실질적으로 생각해 보자. 좋건 싫건 이 자와 함께 인도까지 동행해야 한다. 운이 더 좋으면 땅끝 마을 제사장도 만나러 갈 수 있다. 그러자면 이 자의 비위를 맞출 필요도 있을 것이다. 그렇다고 비굴한 행동을 할 필요는 없다. 그저 친구 정도로 대하면 될 일이다. 도마는 이 정도 사회생활에는 익숙하다. 익히 가던 술집으로 압바네스를 안내하는 도마다.

"대 장도를 위해서…"

도마와 압바네스가 한 건배사였다. 형은 이해할 거야, 이건 형의 일을 위함이니까. 압바네스는 지중해의 햇빛을 받고 자란 포도 열매를 으깨어 숙성시킨 시칠리아 산 상표가 붙은 고급포도주를 시켰다. 상표로 병 마개 위를 노란 띠로 두른 약대 가죽이 있었는데 거기 밀랍으로 봉인된 인장이 찍혀 있었다. 이런 유리병이 만들어지고 이런 술을 따라 마실 수 있는 유리잔이 만들어질 만큼 흥청망청한 예루살렘이었다. 물론 이러한 술집을 드나들 수 있는 사람은 극히 제한돼 있었다. 로마 시민권을 가진 금수저이거나 고위 관리층이어야 이런 호사를 누릴 수 있다. 이런 상표가 붙지 않은 지방에서 만들어진 포도주도 있다. 그렇지만 그런 지방포도주 가지고는 성이 차지 않는 압바네스다. 가진 거라고는 돈밖에 없는 부자가 자랑할 만한 곳은 술집뿐이다. 거기서 최상의 포도주를 마시는 일이다.

"포도주가 어떻게 해서 만들어졌는지 아나?"

양치기 소년이 산에서 이상하게 생긴 열매를 따 먹고 바위 위에 남겨둔 채 며칠이 지나 가보니 바위에 물이 고여 있고 이상한 향기가 나더라는 것이다. 이 물을 퍼마신 소년은 취해서 노래를 부르게 되었고 그 향기와 맛에 반해 포도주를 담아 마시게 되었고 급기야는 포도 재배를 시작하게 되었다는 이야기였다. 이 포도주 생산을 기념하기 위해 축제를 벌이게 된 것이 온 그리스 로마를 흥분의 도가니로 몰아넣게 하는 디오니소스 축제다. 압바네스는 이러한 축제가 벌어지고 있는 로마에 비해 아직도 원시시대를 살고 있는 동방의 한 나라에서는 쇠로 만든 칼을 겨우 제작해 만들고 이제 겨우 화살촉을 쇠로 만들어 이용할 만큼 덜 깬 사람들이 있다 한다. 저들은 서방의 전차나 병거 혹은 성을 공격할 때 쓰는 공성용 투석기나 사다리 같은 무기는 상상도 못한다 했다. 성 자체도 없다. 이제 그는 그러한 사람들 사이를 오가며 무기를 팔아 돈을 벌 거라 하였다. 저들에게 제철기술도 가르쳐 줄 것이라 했다. 서양이 철기문화를 자랑하는 시대에 비해 동양은 아직 청동기 시대라는 알 수 없는 말도 썼다. 압바네스의 관심은 오로지 돈뿐이었다.

"덕분에 좋은 포도주 맛을 봅니다."

"이제 우린 동업자 아닌가?"

압바네스의 대답은 활달하다. 동업자라는 것이다. 도마의 지식과 세상을 떠들썩하게 만든 형 예수에게서 받은 능력을 좀 빌리겠다는 속셈이다.

"걱정 말게. 다 잘 될 테니."

뭐가 잘 된다는 말인가. 도마의 부탁은 단 한 가지다. 인도까지의 길 안내였다. 동행을 해주면 더 고맙고 가면서 길동무가 된다면 더할 나위 없이 다행한 일일 것이다. 그런데 압바네스는 한술 더 떠 인도에서의 일자리까지 챙겨주겠다 했다.

"이미 내가 연통은 넣어놨네."

다른 상단이 가는 길에 훌륭한 기술을 가진 목수를 데려갈 것이라는 소식을 전해 놨으니 모든 일이 다 잘 풀릴 것이라는 압바네스다.

"정말 고맙습니다. 그런데 저를 진정한 동업자로 생각한다면 제 목적이 무엇인지 먼저 알아야 할 것 같습니다."

"그 좋은 이야길세. 어디 한번 들어나 봄세."

"제 목적은 돈벌이가 아니라…"

"형 예수의 복음을 전도하러 가는 길 아닌가?"

그건 이미 알고 있다는 압바네스다. 그런데 형의 무엇을 전하러 가는지 알 수 없다는 압바네스를 향해 도마는 이렇게 말한다.

"형은 돈을 멀리하라 했습니다."

도마는 예수가 한 말 중에 가장 심오하다고 여겼던 '부자가 하늘나라에 들어가는 것보다는 낙타가 바늘귀를 통과하는 게 더 쉬울 것'이라 한 그 비유를 이야기했다. 그리고 곧이어 니고데모와 나눈 이야기를 했다. 압바네스는 이 두 가지 이야기를 듣고는 헛치고 웃으며,

"걱정 말게 나는 하늘나라를 바라고 하는 일이 아닐세."

하는 것이었다. 그날이 오기 이전에 이생에서의 삶을 충분하게 누리고 싶다는 압바네스였다. 그러면서 그는 십자가에 매달린 마지막 순간에 구원을 얻었다는 강도 이야기를 했다.

"나는 그 강도가 매력적이야. 그리고 마지막 순간에라도 깨우쳐 회개만 하면 된다는 그 조항이 마음에 든다 이 말씀이야."

압바네스는 더 이상 전도를 할 필요가 없을 만큼 모든 이치를 알고 있었다. 세상살이 잘 하고 놀다가 마지막 순간에 가서 회개하리란 것이다. 더 이상 설명이나 언쟁을 벌일 필요가 없을 일이다. 그런데,

"그건 몰라서 하는 말입니다."

도마는 단호하게 그 말을 부정하고 나선다. 강도는 그 순간 구원을 얻은 것이 아니다. 강도는 이미 30년 전에 선행을 한 적이 있다. 예수가 헤롯 왕의 박해를 피해 애급으로 피신해 있다가 다시 고향으로 올라올 때 강도를 만났는데 그중 한 명은 예수가족을 그냥 보내자 하였고 또 다른 한 명은 이를 거부하였다. 결국 선한 강도가 마흔 드라크마가 든 전대를 풀어 악한 강도에게 건네주어 예수 일행을 통과시켰다. 이에 감사한 마음을 마리아는 '이 은혜를 어찌 갚을까요?'라 했는데 어린 예수가 나서, '어머니 걱정 말아요. 30년 후에는 내가 다 갚아드릴 테니까요' 했다는 것이다. 십자가 위에서 왼쪽에 달렸던 강도는 그 이름이 두마코스로 끝까지 예수를 욕되게 한 사람이고 오른쪽 강도는 그 이름이 디도로 전대를 풀어주고 예수일

가족을 구해주었던 사람이다. 어머니 마리아에게서 수없이 들었던 말이고 야고보 형의 기록에도 있는 이야기다. 그러니까 그 강도의 구원은 하루아침에 생긴 일이 아니라는 뜻이다.

"삼십 년이나 쌓인 공덕이 있었단 말이네?"

"그렇지요. 그러니까 그런 우연 바라지 말고 업보를 쌓아야지요."

모든 건 스스로 결정할 문제다. 이 스스로의 결정 선택이 문제라는 사도들도 있었다. 여호와께서는 왜 인간 스스로에게 결정권을 맡겼을까. 도마 역시 이게 하나의 숙제로 남는 일이었다. 앞으로 수도 없이 겪을 일이다. 이럴 때 할 수 있는 말은 단 한 가지, '그때가 언제인지 모른다'는 것이었다. 어느 순간에 그때가 올지 모르기 때문에 항상 깨어 있으라 하였다. 그러면서 한 형의 이야기는 열 처녀의 비유였다. 그때가 언제인지 모르기 때문에 항상 깨어 있으라 했다. 종말과 구원의 날은 언제가 될지 아무도 모른다. 그날은 밖에 나가 있어도 안 된다 했다.

"그런데 말이지요, 왜 하필이면 이 시대에 이런 일이 벌어졌소?"

"황음무도한 시대라 그렇다고들 하잖소?"

황음무도라면 왕이 처자식을 죽이고 부모를 죽이는 정치 상황과 형제가 형제끼리 서로 피를 부르는 시대적 배경을 두고 하는 사람들의 불평불만이다. 이 불평불만의 소리가 이제 하늘에 가 닿았다는 이야기가 될 것이다. 그렇다면 술집에 앉아 술을 마시고 있는 자신들은 그 사람들 중 하나가 아닐 것인가?

도마는 차츰 마음이 편치 않다. 술집에 와 앉았다고 그런 건 아닌 것 같다. 어디서 어떻게 헝클어진지는 모르겠지만 단단히 꼬인 실타래가 목을 죄고 있는 것 같은 느낌이다. 술 탓인가? 그건 아닌 것 같다. 형도 술 마시지 말란 소린 하지 않았다. 술집은 아니었지만 형도 잔칫집 포도주를 마셨다. 마셨을 뿐더러 모자라는 술을 만들어 술독을 채우기까지 하였다. 술의 문제가 아니라면 뭣 때문에 이런 증상이 나타날 것인가. 요즘 와서 갑자기 모든 일이 복잡해진다. 그저 단순하게 생각할 일도 이 끝에서 저 끝까지 줄을 매 당겨보는 도마다. 줄이 팽팽하고 똑바르지 않으면 그게 발라질 때까지 새로운 줄을 긋고야 만다. 도대체가 살아갈 의미를 모르겠고 어떻게 살아야 할지를 모르는 상태가 돼버렸다.

"형이시여, 당신 삶의 목적은 무엇입니까?"

도마는 갑자기 압바네스를 형이라 부르며 당신은 무엇 때문에 사느냐 묻는다. 전혀 상상치 못한 생뚱맞은 질문이었다. 그런데 압바네스의 답이 걸작이다. 이 역시 예상치 못한 발언이다.

"장사꾼은 돈을 위해 죽고 산다오."

그는 스스로 장사꾼이라 하며 돈이라면 무슨 일이건 다 할 수 있다 한다. 돈을 위해 죽음을 무릅쓰고 동서양을 넘나들며 모험을 즐긴다 했다. 도마는 그의 모험이라는 말에는 동조를 했지만 그게 돈 때문이라는 말에는 동조할 수가 없었다.

"그 돈 다 어디다 쓰게요?"

"이렇게 술 마시잖소? 우아하게…"

그러니 굳이 장사꾼을 전도자로 개종시키려 들지 말라는 압바네스다.

돈 이상도 없고 돈 이하도 없다. 그리고 이 일은 태어나서 지금까지 해온 일일 뿐이다. 뱃속부터 장사꾼으로 태어나 장사 일을 하는 것은 천직이라, 사람이 되어 자기 일에 충실하는 것은 탓할 일도 부끄러울 일도 아니라는 압바네스다.

"알았어요. 더 이상 이야기 안 할게요."

"그래, 이제 나도 피곤해지는구나."

압바네스는 이제 여관으로 돌아가 좀 쉬고 싶단다. 이런 애송이 붙잡고 이야기해 봐야 별 신통한 일이 생길 리 만무하잖은가? 부려먹을 일은 이미 다 부려먹은 다음이다. 금관 주문도 덕분에 잘 했고 맛있는 집도 잘 찾아 음식도 배불리 먹었다. 먹고 마시고 일하는 외에는 아무 쓸모없는 도마다. 인사치레로 술은 한 잔 하지만 더 이상 시간을 빼앗길 이유는 없을 일이다. 그러잖아도 통행금지 시간이 다가오고 있는 중이다. 지금 예루살렘은 자정 가까울 무렵부터 다음날 날이 완전히 밝아질 때까지 통행을 금지시켜 놓은 상태다.

"그렇다면 나는 집에 가 어머니에게 인사를 드리고 올게요."

"그래? 내일 아침에 만나도록 하세."

도마는 술집을 나와 압바네스를 여관으로 보내놓고 어머

니 마리아를 만나 작별인사를 하러 간다. 발이 저절로 여자들이 있는 집으로 향하는 것을 억지로 되돌렸다. 술기운이 청하는 대로라면 발길을 돌리지 못했을 텐데 그는 단호하게 입술을 깨문다. 이 악습들을 버리지 않고서는 먼 길을 떠날 수 없으리라. 머리를 들어 하늘을 바라보니 별이 총총 빛나고 있는 것이 보인다. 그중 하나, 별이 된 이사벨라가 보인다.

"이사벨라!"

그는 나직이 이사벨라를 불러본다. 아직 결혼을 하기 전이었지만 만나던 여자였다. 그가 별이 된 이후 그는 온갖 무분별한 여자들을 수도 없이 만났다. 이 일로 형에게 꾸지람도 들었고 책망도 받았다. 그렇지만 욕망의 불길을 끌 수는 없었다. 도마는 청년이었던 것이다. 이제 이 모든 추억들이 남아 있는 이곳을 떠나야 한다. 어디서 무엇을 어떻게 해야 할지도 모르는 곳으로 정처 없이 가야 한다.

"형, 이제 나 어떡해?"

압바네스는 적당히 술에 취해 여관으로 들어간다. 기분 같아서는 노래라도 흥얼거리고 싶은 심정이다. 말은 동업자라 했지만 도마 같은 기술자를 데려다주면 그 몸값이 얼마인지 헤아릴 수 없다. 억지로 끌고 가지 않아도 제 발로 걸어갈 터이니 이건 거저먹기다. 돈 중에 가장 쉽게 벌 수 있는 돈이 인신매매다. 그는 가슴 저 깊은 속에서 어둠을 헤치고 나오는 한 가닥 어둠의 불빛을 본다. 이 불빛이 한 인간의 운명을 결정지을 줄은 아무도 몰랐을 것이다.

샌들 하나 얻어 신고

도마는 앞마당에서부터 인기척을 내며 집안으로 들어섰다.

"저 왔어요."

며칠 만에 돌아온 집이다. 예루살렘 집은 임시거처로 마련한 집이었지만 그래도 식솔들이 살 부비며 치대며 지내는 곳이다. 그런데 형 예수가 그렇게 처형당한 후부터는 아직도 빈집 같은 썰렁함은 여전하다.

어두컴컴한 방 안에서,

"그래, 어디 갔다 이제 오니?"

마리아가 반갑게 나와 도마를 맞는다. 그야말로 초상집이 되었던 집안이다. 형 시몬은 방안에 깊숙이 처박혀 고개도 들지 않았고 여동생들만이 마리아를 도와 집안 청소를 하다 말고 물끄러미 쳐다보고 있다. 그동안 많은 친인척들이 집으로 찾아와 예수의 죽음을 애도하고 갔다. 그런데도 찬바람이 가시지 않은 분위기다.

"저도 이제 전도여행을 떠날 때가 온 것 같아요."

도마는 어머니 마리아에게 작별할 때가 왔음을 고한다.

"그래, 베드로님은 만났고?"

"아니요. 그분은 벌써 떠나셨어요. 그런데 아버지는요?"

아버지 요셉은 아들이 그렇게 죽고 나자 넋을 잃었다. 처음에는 너무 오래 살아 자식 앞세우는 꼴을 본다며 통곡을 하더니 이제는 아예 정신 줄을 놓고 골방에 처박혀 꼼작도 하지 않으려 했다. 어머니 마리아는 그러한 아버지에게 이게 다 하늘이 준 뜻이 아니겠느냐며 달래도 보았지만 아무 소용이 없었다. 거기다가 엎친 데 덮친 격이라고 하루가 멀다 하고 바리새인들과 사두개인들이 밀어닥쳐 삿대질을 해대며 욕을 퍼붓는 바람에 집에 붙어 있을 수조차 없게 되어 하는 수없이 갈릴리로 떠났다.

"다행히 요셉이 아버지와 함께 내려갔는데 거기가 더 안전하다고 우리를 다 내려오라 하는구나."

"함께 내려가시지 그랬어요?"

셋째 형 요셉은 아버지의 이름을 그대로 따서 그랬는지 아버지와 제일 잘 통했다. 요셉은 이스라엘의 조상 야곱이 가장 사랑했던 아들로 유대민족을 먹여 살리는 실질적 역할을 했던 인물이다. 둘째 형 야고보는 야곱의 음을 그대도 차용해 쓴 이름으로 예수 바로 아래 동생이다. 요셉이 그의 첫아들에게 야곱이라는 이름을 붙인 것은 야곱에서 이스라엘로 바뀐 야곱의 믿음을 본받자는 숨은 의도가 있었을 것이다. 예수는 이미 태어나기 전부터 예수라는 이름을 부여받고 탄생했지만 그가 낳은 아들들인 야고보와 요셉에 있어서는 마음껏 소망을 담는 이름을 지었던 것이다. 그런데 그 뒤를 이어 태어난 "시몬과 유다에 가서는 그 이름에 특별한 신경을 쓰지 않았다. 둘 다 허약하게 태어났기 때문에 생존조차도 가늠할 수가 없어 호적에 올리는 것도 늦었다. 게다가 시몬은 바깥활동을 싫어해 방구석에 틀어박혀 나오지를 않았다. 이러한 시몬에게 형의 죽음에 관한 이야기를 하는 것은 그리 쉽지 않다."

"너무 슬퍼하지 마. 형 예수는 하늘나라로 갔잖아?"

도마는 시몬을 달래려 말을 걸어본다.

"나도 알아."

시몬은 조그만 소리로 답했다.

"그러면 뭘 그리 슬퍼 해? 형 예수는 우리에게 희망을 주었잖아."

"알아, 그런데 야고보 형도 떠났다던데 너는 왜 돌아왔어?"

"응, 나도 이제 갈 거야. 형과 어머니한테 인사하러 들렀어."

도마는 형 시몬이 건강하게 잘 지내기를 바란다고 말한다. 마음 같아서는 이번 전도여행을 함께 가고 싶지만 그럴 형편이 못 된다는 게 아쉽다는 말까지 한다.

"인도는 너무 멀고 험한 곳이라 형이 여행하기에는 불편할 거야."

"나는 괜찮은데?"

도마는 이렇게 말하는 형 시몬이 측은하다. 이전에 가이사

라 신전 건축 공사를 할 때도 몸이 불편한 시몬을 공사현장
에 남겨두고 둘이서만 인도여행을 떠났던 것인데, 그때도 미
안한 마음은 똑같았었다. 시몬 형과는 늘 생각하는 거나 먹는
것이 비슷했다. 그런데도 어디를 갈 때는 한 번도 같이 움직
여 본 적이 없는 형제다. 당연히 시몬의 곁에는 마리아가 있
기 마련이었다. 어머니의 손길을 벗어날 수가 없었던 것이다.

"네 형 야고보가 개종을 했구나."

마리아는 형 야고보가 개종했음을 일러준다. 야고보는 그
간 몸과 마음을 함께 했던 유대교도들이 예수에게 한 태도를
보고 저들과 결별, 차라리 저들과 맞부딪쳐 싸우는 게 더 낫
다는 이야길 했다 한다. 생전 이런 일에 관심이 없어 보였던
야고보 형이 개종했다는 말에 도마는 전율과 희열을 함께 느
낀다. 그사이 무슨 일이 일어났던 것일까? 한꺼번에 너무 많
은 변화가 생겼다. 그동안 같다고 생각했던 것이 같지 않았
던 것이다. 이게 옛 언약과 새 언약의 차이라는 것을 아무도
몰랐던 것이다. 이제 새로운 시대가 열린 것이다. 예수가 새
하늘을 열기 위해 온 사실을 아무도 생각하지 못했다는 사실
이다. 이를 제일 먼저 깨달은 사람이 야고보다.

"야고보는 사방으로 떠난 사도들의 소식들을 도맡아 전하
는 일을 한다는구나."

"그 이야기는 저도 들었어요."

예루살렘에는 이미 전도본부가 들어섰고 제자들 외에도
이에 동조하는 많은 사람들이 모여 서로의 소식들을 전하는

밀집장소를 마련하였다. 이들은 숨어 남몰래 만나는 형편이었지만 두 마리 물고기를 그려 보임으로 같은 편임을 알아보는 암구호로 삼아 서로 소통하는 장을 열었다. 이 비밀스런 두 마리 물고기는 예수님이 살아생전에 두 마리 물고기와 떡 다섯 개로 5천 명이나 먹여 살린 오병이어의 기적을 상징하는 뜻이다. 처음 만나는 사람들끼리 처음 만나는 자리에서 이 물고기 그림을 그려 보임으로써 서로 눈짓이 오가면 다 같이 예수의 제자임을 확인한다는 것이다. 한 사람이 물고기 그림을 그리면 상대가 그 맞은편에 똑같은 물고기 그림을 그린다. 그래서 두 마리 물고기 그림이 형성되면 이 쌍어문을 통해 서로가 예수를 믿는 성도임을 확인한다. 서로의 신분이 확인되면 이때부터는 형제자매가 된다. 이렇게 맺어진 형제자매는 하나의 공동체를 이루어 하늘나라 백성이 된다. 이게 예수가 바라던 새 세상이다.

"그러면 사울이라는 자 이야기도 들었겠구나?"

"그 박해자가 전도자가 되었다더군요."

아직 만나보지는 않았지만 소문은 들어 알고 있다는 도마다.

"드디어 모든 예언이 이루어지는 게지."

마리아는 뭔지 모르지만 알 수 없는 신령한 일들이 계속 일어나고 있다면서 이 이룸의 완성을 위해 기도해야 한다는 말을 한다.

"낙심해서는 안 된다."

예수 제자들이 함께 전도할 인물들을 뽑았는데 이들을 집

사라 불렀다. 이 집사 중에 스데반이라는 이가 있어 예수를 전도하다가 돌에 맞아 죽었다. 첫 순교자다. 이를 지켜보던 사울이란 자는 이를 통쾌하게 여겨 더 많은 예수추종자들을 잡아들이기 위해 다메섹으로 가던 중 갑자기 내려 비치는 빛에 감전돼 시력을 잃고 땅바닥에 엎어졌다. 이후 그는 예수의 음성을 듣고 핍박자에서 예수 전도자로 바뀌어 전도를 떠나기에 이른다. 그런가 하면 예수 시신을 자기 무덤에 안치했던 아리마데 요셉이 어딘가로 잡혀가 소식이 끊어지는 실종사태가 일어났는데 다행스럽게도 살아나왔고, 그의 증언에 따르면 감금상태에 있는 그를 자물쇠 하나 풀지 않고 그대로 꺼내준 사람이 바로 예수였다는 소문이었다. 또 그런가 하면 예수 처형의 감독관이었던 로마 백부장이 예수의 부활을 확인하러 따라갔다가 그의 추종자가 되었다는 소문도 들렸다. 이런저런 믿지 못할 일련의 사태들이 여기저기서 속출해 온 예루살렘은 뒤죽박죽 난리 버꾸통이 되었다. 예수 추종자들과 핍박자들의 격돌이 벌어진 것이다. 처음에는 말로만 하던 입씨름이 급기야는 몽둥이와 돌팔매로 변하였고 사람의 목숨을 앗아가는 폭력으로 변했다. 비상계엄령이 내려진 배경이다. 이러한 와중에 어디 가 무엇을 하고 있었는지도 모를 도마가 나타나 자기도 전도여행을 떠나겠다는 아들에게 어머니 마리아는 할 말이 없다. 그것도 아직 아무도 가보지 않은 해 뜨는 동방이라니…

"어머니, 외롭지 않게 잘 지내세요."

"내가 외로울 게 뭐 있겠니? 어디 가든지 기도해라."

아무리 세상의 구세주가 된 예수 그리스도라 하지만 자기 뱃속에 열 달이나 품었다 낳은 자식이다. 이 아들이 십자가에 매달려 죽었고 또 다른 아들들이 그런 위험을 안고 떠난다는데, 자식을 보내는 어머님이 하신 말씀치고는 너무나 담담하다. 그런데 그의 입술에서 또 다른 새로운 말이 나왔다.

"그 박해자 사울이 개종을 해 예수를 증거하고 다닌다는 게 우연이겠니?"

사울은 길리기아의 다소 출신으로 출생 시부터 로마 시민권을 가진 자다. 그는 독실한 유대교도로서 예수의 공회를 박해하는 일에 앞장섰던 사람이다. 첫 순교자 스데반의 살해 현장에도 있었고, 교당을 진멸하기 위해 교인들을 끌어다가 옥에 넘기는 일을 하던 자다. 이날도 예수 믿는 자들을 잡아 처형시키러 다메섹으로 가는 길이었는데 홀연 들려오는 예수의 음성을 듣고 사도가 되기로 결심했다고 한다.

"저도 베드로님을 만나 그 이야길 들었어요."

"그랬었구나. 베드로님을 만났니?"

"본도로 가기 전에 잠시 예루살렘에 볼 일이 있어 왔댔어요."

마리아는 사방에서 들려오는 제자들의 정보를 수집해 알고 있었지만 요즘은 소식들이 원활하지가 않다. 이미 흩어져 떠난 자들이기에 다시 소통을 하기엔 일정한 장소가 없다. 집합장소가 필요한 까닭이다. 때문에 예루살렘에 남아 있는 사람들은 이런 정보도 교환하고 예배도 할 수 있는 장소를 짓기 위해 사방으로 동분서주했다. 무슨 근거지가 있어야 서로의 소식도 전하고 찬양도 드릴 것이 아닌가. 지금은 감시자들의 눈을 피해 만나는 지하로 숨어든 카타콤베가 고작이다. 이 지하장소가 지상으로 들려올라오는 것이 꿈이다. 사방으로 흩어져 나가 사는 디아스포라를 통하여 예배당 신축을 위한 기금도 모아야 한다. 복음을 전하러 간 사도들의 소임이기도 하다. 예배당을 짓는 일이 시급한 문제다. 마리아는 지금 아들에게 이 임무를 은근히 암시하고 있다. 길 떠나는 목적이 거기 있다는 것을…. 온 세상 끝까지 예수를 알리고 여호와를 찬양하는 예배장소를 만드는 일이 사도의 할 일이라는 것을….

"이제 이렇게 널 보내고 나면 언제 또 볼지 모르겠구나."

마리아는 떠나는 아들에게 마지막 줄 것이라고는 이것밖에 없다며 허리띠를 풀어준다. 낙타 가죽에다가 자색 수를 놓아 만든 장식용 치마끈이었다. 거기 조그만 손칼이 든 칼집이 붙어 있다. 칼집에도 빨강과 노란 색실로 수놓은 샤론의 장미가 매달려 있다. 어머니가 평소 아끼던 장식품 달린 혁대다.

"이거 기억나니?"

마리아는 칼집에서 손칼을 끄집어내 보여준다. 베드로의 칼이다. 겟세마네 동산에서 예수를 잡으러 온 대제사장의 종을 쳐 그 귀를 떨어뜨렸던 칼이다. 예수는 베드로를 나무라며 폭력은 나쁘다며 칼을 집어던져 버렸던 것인데 도마가 주워 가지고 놀던 물건이다. 나중에 돌려주려 했지만 베드로는 그걸 받지 않았다. 부끄러운 물건이라 지니기 싫다 했다.

"이거라도 가지고 가렴. 먼 길 가자면 이런 것도 필요할 때가 있을 거다."

도마는 혁대를 받아 허리에 찼다. 여자의 허리띠는 정조를 의미하는 귀중한 물건이다. 아무데서나 풀지 않는다는 정표를 담고 있기 때문이다. 어머니가 길 떠나는 아들에게 이런 물건을 주는 까닭이 어디 있었을까? 어떻든 몸조심하라는 뜻으로 받아들이는 도마다.

"잘 계세요, 어머니. 가는 곳마다 연락드릴게요."

도마는 한평생 자식들 위해 큰소리 한번 내지 않고 품어주던 어머님 품을 이제 영영 떠나버리는 것이 아닌가 하는 생각이 들었다. 그리고 언젠가 기회가 된다면 그 어머니를 위한 예루살렘의 집도 하나 지어드리고 싶다는 생각을 한다. 어머니는 이제 예루살렘을 중심으로 온 데 사방으로 흩어져 나간 사도들의 중간연락책이 될 것이다. 이미 그러한 여성들의 모임이 조직되어 여 사제들의 활동이 시작되었다.

"기도해라. 자나 깨나 기도해라."

기도는 대화다. 아무리 먼 거리를 두고 있다 할지라도 기도는 통한다. 기도는 시공을 초월한 소통의 방법이다. 이 메시지의 전달방법은 예수가 가르쳐 준 대화법이다. 사람에겐 다른 동물에게 없는 영혼이 있어 기도로 서로 소통하게 된다. 이 전달매체가 성령이다. 창조주가 당신의 형상을 불어넣어 준 바로 그 선물이다. 옛 언약시대에는 제사장을 통하여 선지자 혹은 천사의 입을 통하여 서로 소통을 했지만 예수는 그 통로를 직접 개방하는 일을 하였다. 예수가 그랬다.

예수를 배반하는 일은 용서할 수 있다. 여호와를 배신하는 일도 용서할 수 있다. 그러나 성령을 욕되게 하는 일은 절대로 용서할 수 없다 하였다. 성령은 창조주와 창조물간의 중간다리다. 이미 예수가 죽어 이 다리를 건설하였음으로 특별한 중재자 없이 예수의 이름으로 기도하면 상달되고 소통된다. 기도는 죄악으로 인하여 닫힌 서로간의 마음 문을 여는 빗장이다. 고래는 바다의 이 끝에서 저 끝까지 수신을 보내고 듣는다. 욕심에 물들지 않았기 때문이다.

마리아는 먼 길 떠나는 자식에게 기도할 것을 당부한다.

"네, 어머님!"

도마는 어머니 마리아를 작별하고 압바네스가 묵고 있는 여인숙으로 가려다가 다시 형 시몬이 있는 방으로 들어간다. 사람을 기피하는 자폐증이 있고 말씨도 어눌해 누구와도 잘 어울리지 않는 시몬이다. 그렇지만 도마와는 통하는 데가 있다.

"형, 잘 있어. 나 없어도 잘 지내야 해, 알았지?"

도마는 형 시몬의 손을 가만히 잡았다. 그 누구에게도 보이기 싫어하는 육손이다. 그러나 동생 도마에게는 주저 없이 내미는 손이다. 어머니 마리아가 잡으려 해도 뿌리치던 손이다. 시몬이 뜬금없는 소리를 내뱉는다.

"내 귀에도 그 소리가 들렸어."

"무슨 소리가?"

시몬은 묻지도 않았는데 그 소리들을 들었다 한다.

"형 예수가 마지막으로 한 말, 그 말…, 그런데 그 뜻을 모르겠어."

예수, 맏형 예수가 십자가에 처형당해 죽으며 마지막으로 내뱉은 말이 '엘리엘리라마사박다니'인데, 그 말뜻이 무엇인지 아느냐고 묻는 시몬이다. 도마는 그 자리에 없었기 때문에 이 말을 직접 듣지는 못했지만 전해 들은 말이어서 그 뜻은 알고 있는 내용이다.

"그게 무슨 뜻이야?"

시몬은 뜬금없이 예수가 십자가에 매달려 죽는 순간 한 말들을 다 기억하고 있었다. 예수는 십자가에 달린 오전 9시부터 마지막 목숨을 거둔 오후 3시까지 그의 존재가치를 드러내는 일곱 가지 말씀을 했다. 그 첫 번째 말은 '아버지 저들을 사하여 주옵소서'였다. 자신을 십자가에 매달아 죽음으로 몰고 가는 저들을 오히려 용서해 달라는 주문이다. 무조건적인 사랑의 표현이다. 모르고 하는 짓이니 용서해 달라는 간구다. 십자가 위에서 한 첫 번째 기도가 바로 용서에 대한 말씀이다. 예수가 인간을 바라보는 시선인 것이다. 그가 이 땅에 온 것은 누굴 벌하러 온 게 아니라 용서하러 왔다는 이야기다. 그다음으로 한 말이 기억에 남는다. 함께 십자가 처형을 받고 있는 두 강도 중 하나가 '예수여 당신의 나라에 임할 때 저를 기억하소서' 하니 예수는 그를 불쌍히 여겨 '내가 진실로 너에게 이르노니 오늘 네가 나와 함께 낙원에 있으리라' 하였다. 십자가 위에서 한 두 번째 기도다. 예수가 이 땅에 온 목적이다. 그는 이처럼 죽을 수밖에 없는 죄인을 구하러 온 것이다. 예수 왼편에 매달렸던 게스타이는 죽으면서도 자기 죄를 못 보았고 오른편에 매달렸던 데스마이는 죽음 직전에 죄를 자복하고 회개함으로 구원을 얻었다. 구원은 이렇듯 순간적으로도 올 수 있다는 이야기다. 돈오돈수다.

그러나 여기엔 이론도 있을 수 있다. 도마가 본 형 야고보의 글에는 데스마이의 30년 전 선행이 기록돼 있었던 것이다. 헤롯 왕의 박해만행을 피해 애급으로 피신해 있던 예수 가족이 다시 이스라엘로 돌아올 때 강도를 만나 통행이 불가하게 되었는데 저 데스마이가 가진 돈을 다 내어 이들을 구해주었다는 이야기가 있었던 것이다. 그렇다면 철저하게 계산된 인과응보의 구원계획이다. 어쨌거나 죄를 깨달아 자복하면 그걸로 끝인 게 용서구원이다. 이것으로 그가 이 땅에 온 목적은 다 이루었다.

이제 정오가 지나고 오후 3시가 되었다. 예수는 제자에게 '어머니를 부탁한다'는 말을 하고는, 갑자기 큰 소리로 부르짖었다. '엘리엘리라마사박다니' 번역하면 '나의 하나님 나의 하나님 어찌하여 나를 버리시나이까?'가 된다. 이 고통스런 절규 뒤에 이어진 말은 '다 이루었다'이시며 '아버지 내 영혼을 아버지 손에 부탁하나이다' 하며 숨을 거두었다. 예수는 마지막 순간까지 여호와 하나님께 의탁하는 모습을 보였다. 믿고 의지할 때만이 기도의 응답을 받을 수 있다는 것이다. 이와 때를 같이하여 성소와 지성소를 막고 있던 휘장이 찢어졌다. 이로써 하늘과 땅이 하나 되는 문이 열린 것이다.

이 와중에서도 말을 타고 창을 든 로마병사 롱기누스는 예수의 옆구리를 창으로 찔러 그 죽음을 확인하였다.

"그런데 이상한 일이지? 그 롱기누스가…"

롱기누스가 신었던 샌들에 예수의 피가 한 방울 튀어 묻었는데 시몬은 그걸 보았다 한다. 그렇다면 예수 부활을 확인하러 갈릴리까지 따라간 그 백부장이 바로 이 동일인물이 아닐 것인가? 그 백부장은 모든 직책에서 물러나 예수전도자가 되었다. 예수의 피 한 방울이 그를 거듭나게 한 것이 아닐 것인가? 그렇다면 이야말로 보혈임에 틀림없을 일이다. 뒤죽박죽이 된 머릿속을 다시 한번 내려치는 어지럼증이 도마를 괴롭힌다. 어찌 이런 일이 있을 것인가.

도마는 형 시몬의 이 말을 듣고 깜짝 놀랐다. 어찌 방 안에만 처박혀 있는 시몬에게 그런 소리들이 들렸으며 그 작은 핏방울이 보였을까. 영안이 열린 것인가. 영혼의 눈이 열리면 볼 수 없는 것들도 볼 수 있고 들리지 않는 것들도 들을 수 있다 했는데 이게 바로 성령의 신령한 힘인가. 성령의 임재를 입증하는 사실이다. 성령은 시공을 초월한다. 여호와 하나님이 나와 함께 할 때, 애초에 내게 부어준 그 입김을 되찾을 때, 소통과 영성에 이르게 된다. 그런데 어찌하여 갇힌 생활을 한 시몬에게 그런 신령스런 영안이 열렸을 것인가. 어린아이 같은 순수함 때문이다. 시몬은 바깥 활동이라곤 거의 해본 적이 없고 방 안 생활만 했다. 순수하다는 이야기다. 그거 아니라면 특별히 은사를 받을 까닭이 없을 일이다. 그렇

다면 장애로 인하여 마음대로 활동하지 못하는 수많은 장애
우들에게도 이런 영성이 충만해 있을 것이 아닌가. 그러니
세상을 너무 많이 안다고 좋아할 이유가 없을 일이다. 도마
는 이제 확실한 하나의 실체를 찾은 느낌이다. 이 실체를 전
하기 위해 길을 떠나는 것이다. 어린아이 같지 않으면 그 나
라에 들어갈 수 없다 한 그 말이 바로 이 뜻일 것이다. 그 나
라의 신민이 되자면 어린아이 같아야 한다. 세상에 물들지
않은 순수함을 가져야 한다. 이러한 이치와 논리를 가르쳐야
한다. 보고 들은 사람이 보지 않고 듣지 못한 이웃에게 이 복
음을 전하는 것이다.

"형, 시몬 형은 정말 천사야."

도마는 생전 처음으로 형을 천사라 했다. 얼떨결에 예수를
나의 주님이라고 했을 때와 비슷한 감동 때문이었다.

"그게 무슨 소리야?"

"마음에도 없는 소리…"

언제 들어왔는지 여동생 둘이 골방 안으로 들어서며 도마
에게 화살을 꽂는다. 마음에도 없는 소리라는 것이다. 여동
생들은 늘 시몬의 곁을 지키며 돌봐오던 터라 도마보다는 더
가까운 사이였을 것이다. 평소 시큰둥하던 시몬에게 천사라
는 찬사를 보낼 이유가 뭐 있을 것인가, 입에 발린 소리라는
이야기였다.

"시몬이 가라사대 '맏형 예수가 마지막 한 소리를 다 들었
다'고 하지 않겠니?"

그건 영안이 열린 자만이 할 수 있는 비밀스런 능력이란 도마다.

그러나 막내 마리아의 말은 다르다.

"오빠도 참, 그게 무슨 큰 대단한 일이라고?"

그렇게 추켜세울 일이냐, 자기들도 그 소릴 들었다 한다. 큰 마리아도 그렇게 말했다. 도마는 동생들을 큰 마리아 작은 마리아라 불렀다. 따로 호적에 올린 이름으로 아시야와 리디아라는 이름이 있었지만 그냥 어머니 이름을 그대로 따서 부르는 게 보통이었다. 아니면 그냥 첫째나 둘째로 불렀다. 유다라는 이름을 두고 그냥 쌍둥이라는 뜻을 담은 도마라 부르는 것도 그런 의미에서다. 유다를 호적에 올리지 않은 이유는 인두세를 면하기 위함이기도 하였지만 자칫 잘못했다간 부역에 소집당하거나 전쟁에 징집당할 일이 염려스러웠기 때문이기도 하였다. 이즘 들어 전쟁은 안 했지만 부역은 비일비재하였다. 젊은이들은 시도 때도 없는 부역에 시달려야 했다. 도로를 건설한다든지 수로를 만들 때마다 젊은이들을 끌어다 부려먹었다. '세상 모든 길은 로마로 통한다'며, 로마는 옛 바빌로니아였던 페르시아까지를 집어삼키려고 군대가 움직일 수 있는 군사도로를 개설하였다. 거기엔 군데군데 역참도 있었다. 이름이 좋아 역참이었지 일단 유사시에는 군대를 주둔시키고 보급물자를 실어 나르기 위한 전쟁 길이며 초소 같은 것이었다. 일명 왕의 길이다. 이스라엘 사람들에게는 과거 바빌론 유수기를 상기시키며 그때 그 식민지 시대의 복수를 해주겠다는 감언이설로 부역을 시키는 로마제국이었다. 이러한 시점에 예수 부활 사건이 일어났으니 예루살렘은 온통 술렁거리기 시작하였다. 일부 열심당원들은 이 틈에 예루살렘 되찾기를 시도했고 반대로 로마군은 이들을 색출하여 모반의 빌미를 잡기 위해 길거리마다 병사들을 깔았다. 이럴 때 자칫 잘못 걸려들면 곤욕을 치를 것은 불을 보듯 뻔한 일이다. 지금 도마가 형 시몬과 이야기를 나누며 시간을 노닥거리고 있는 것은 저들 검문하는 병사들이 교대하러 가는 식사시간에 맞추기 위한 시간 때우기이기도 하였지만 형 시몬의 이야기에서 이상한 점을 발견했기 때문이기도 하였다. 그런데 여동생들까지도 그 소리를 들었다니 이게 다 무슨 일인가 싶은 도마다.

"참말이야. 그 소린 나도 들었거든?"

그렇다면 예수의 마지막 울부짖음은 온 데 사방 사람들이 다 들었다는 이야기일 것이 아닌가? 예수는 분명 해골 골짜기로 불리는 골고다 언덕에서 처형당했다. 예루살렘 시내하고는 거리가 멀다. 죽어가는 사람의 절규가 예루살렘까지 들릴 리 만무다. 그렇다면 여기에 또 무슨 특별히 별다른 뜻이 숨어 있지 않을까? 도마는 사사건건 모든 일에 의미를 부여하는 새로운 버릇이 생겼다. 자꾸 캐고 묻는 버릇이다.

"그 소리를 집에 앉아 들었단 말이야?"

도마는 형이나 동생들이 들었다는 이 소리에 대해 캐고 묻는다. 이 모든 버릇들은 형 예수의 비유법 때문이었다. 형은 무어거나 비유로 말했고 그 참뜻을 찾아 알자면 한참 잔머리를 굴려야 했다. 생각이 여기에 이르자 떠오르는 말이 하나 생각난다. 이미 죽어 '무덤 속에 묻혀 흙으로 돌아간 죽은 자들의 뼈까지도 다시 맞춰 일으켜 세우겠다'는 그 말이었다. 그날이 오면, 이 세상 마지막 심판의 날이 오면 산 자는 물론 죽은 자들까지도 심판대에 세워 쭉정이와 알곡을 가리겠다는 말이었다. 지금 형과 동생들이 들었다는 이 마지막 십자가 위의 절규는 예수가 이 땅에 온 목적일 것이다. '내가 목마르다' 한 것이나 '내 영혼을 아버지 손에 부탁하나이다'나 '다 이루었다' 하심은 예언을 이루기 위한 공적인 말씀이라고 생각되지만 그중에서도 '여자여 보소서 아들이니이다' 하며 요한을 불러 마리아를 부탁한, '보라 네 어머니니라' 했다는 이 한마디 말은 도마의 가슴을 찌르고도 남았다. 자식들이 얼마나 제 구실을 못했으면 요한에게 어머니의 앞날을 부탁했을 것인가? 그 당시 어머니는 아들이 참척을 당하는 꼴을 보면서도 아무 소리 못하고 숨죽여 울 뿐인 불쌍하고도 슬픈 신세였다. 그러한 어머니를 보는 예수 역시 슬픔을 견디지 못했을 것이다. 누가 부모 앞에서 죽는 꼴을 보일 것인가? 그것도 온 세상 사람들이 다 보는 앞에서 십자가에 매달리는 처참한 형벌을 당하는 참형 장면을 보일 것인가? 마리아는 아들이 당한 그 수난과 참혹함을 보고 겪었다. 누이동생들도 마찬가지였다. 그러니,

"유다 오빠는 어디 있다 그 소리도 못 들었어?"

하는 막내의 빈정거림을 들어도 유구무언으로 할 말이 없

다. 꼭 집안에 중요한 일이 있을 때마다 유다 오빠는 집에 없었다는 이야기겠다. 평시 자주 듣던 볼멘소리였다. 그런데 이날따라 이 말이 너무나 듣기 싫은 도마다. '유다'라는 이름 그 자체가 메스껍다. 왜 그랬을까? 도마가 제 이름자인 유다라는 말에 신경이 곤두서는 건 딱 두 가지 이유에서였다. 첫째는 자기 며느리와 매춘행위를 하고도 그 며느리가 임신을 했다 하자 '여자를 불에 태워 죽이라' 한 야곱의 아들 유다 때문이다. 그는 가문의 수치를 저질렀지만 버젓이 족보에 남아 있다. 족보에 남아 있을 뿐더러 자신의 직계선조로 기록돼 있다. 홍수 이후 족보로 아브라함 야곱 유다 다윗 예수로 이어지는 이 한가운데 유다가 있는 것이다. 하필이면 그 유다라는 이름을 얻은 도마다. 어릴 때부터 그게 싫어 도마라는 별칭을 더 선호했다. 더 따져 보면 도마의 할아버지 되는 유다는 며느리 다말과 동침하는 불륜을 지질렀고 그 사이에서 쌍둥이 베레스와 세라를 낳았다. 아이를 낳을 때 보니, 쌍태라 산파가 먼저 나온 손목에다가 분홍색 실을 감았는데 어찌된 일인지 이 손은 다시 자궁 속으로 들어갔고 나중 나올 아이가 먼저 나오는 이변을 낳았다. 하여 베레스는 먼저 터뜨리고 나왔다는 뜻의 이름을 획득하였다. 동생이 형이 되었다는 이야기겠다. 어머니 마리아는 그런 이야기를 안 했지만 이모들에게서 들은 이야기로는 도마 역시 이런 비슷한 전철을 밟았다 했다. 이번에는 반대로 형이 동생이 되었다. 그런데 주목해야 할 점은, 이 아이 베레스의 후손이 다윗을 통하여 예수에 이르게 되는 계보를 이룬다. 이스라엘 열두 지파 중에 가장 강력한 유다지파의 족보다. 예수를 팔아넘긴 가롯 유다 역시 이 계보 중의 한 인물이다. 다 같은 핏줄을 타고 난 인물들인데 어찌 이런 서로 다른 결과를 낳았을 것인가? 그런데 여기엔 두 가지 예표가 있다. 다말은 시아버지 유다를 꾀어 동침을 하며, 그 대가로 무엇을 줄 것인가를 묻는다. 유다는 외상 매춘의 대가로 새끼염소를 줄 것을 약속한다. 다말은 그 증표의 담보물로 당신의 도장과 그 끈과 지팡이를 요구했는데 이들 담보물 중 도장과 끈은 하나님의 말씀이며 지팡이는 나무 십자가를 표상한다는 깊은 뜻을 가졌다는 것이다. 다말이 이렇게라도 해서 그 씨앗의 혈통을 이으려 했다는 것은 여호와와의 약속을 지키려 했다는 통설이다. 그럼으로 이 문제는 도덕적 문제가 아니라 계획의 일부라는 해석이다. 그런데 가롯 유다의 배신은 무엇을 뜻하는 것인가? 이 역시 구원 역사의 일부라는 것이다. 형 예수는 예수를 판 유다를 어찌할 것인가를 묻는 베드로에게 네가 상관할 바 아니라 하였다. 앞서의 유다사건은 다말의 몸을 통하여 어린 양 예수가 태어날 것을 미리 보여준 예표이며, 후자의 유다 사건은 이러한 어린양을 내치면 어떤 결과가 나타날 것인가를 보여주는 예표라는 것이다. 가롯 유다는 양심의 가책을 못 이겨 목매 자살하였다. 그렇다면 가롯 유다의 배역이 너무 잔인하지 않은가? 여호와께서는 모든 인간을 이렇듯 마구 부려먹어도 된다는 것인가? 한 사람은 패륜아로 또 한 사람은 배신자로…, 또다시 도마의 의혹이 증폭된다. 자신에게 주어진 역할이 미리 정해져 있다면 그게 운명이라면, 그 운명적 역할을 벗어나고 싶은 도마다. 예언자는 앞날은 내다볼 수 있지만 그에 대한 대책은 세울 수 없다. 도마는 자신에게 다가올 앞날을 어렴풋이 내다보고 그 두려움에 떨었다. 이미 너무 많은 것을 알아버린 도마의 두려움이다.

"모든 일은 그분의 뜻에 따라 이루어진단다."

한 사람의 일생이 미리 예정돼 있단 말인가?

언제 들어왔는지 마리아가 다시 도마의 곁에 서 있다. 이로써 예루살렘에 남아 있는 가족들이 컴컴한 골방에 다 모인 셈이다.

"이걸 깜박했구나."

마리아의 손에 샌들이 하나 들려 있다. 새 신발이 아니다.

"땅끝까지 가자면 여분의 신발이 필요할 거다."

약대 가죽을 꼬아 만든 신발 끈이 달린 것으로 보아 형이 신던 그 샌들임에 틀림없다. 예수는 약대 가죽을 꼬아 만든 그 샌들 하나로 살았다. 밑창이 닳아 해지면 밑창을 갈아댔지만 그 신발 끈 하나만큼은 튼튼하고 실해 떨어지지 않던 샌들이었다. 세례자 요한은 이 신발 끈에다 입을 맞추며 감히 이 신들메도 감당하기 어렵다는 고백을 했다. 이런 끈 달린 샌들은 아무나 신는 게 아니다. 랍비나 고위층 인사들만이 신는 값비싼 신발이다. 샌들은 그 끈의 길이로 신분을 나타내기도 한다. 신발 끈의 구멍 수가 많을수록 고위급 인사

다. 최고위급 인사는 그 끈을 꿰는 구멍이 무릎에 닿을 정도
다. 장군이나 왕 정도 되면 아예 샌들 대신 가죽으로 만든 통
장화를 신기도 한다. 샌들 끈이 복숭아 뼈 정도 올라와야 광
장에 나가 군중을 향해 연설을 하는 지도층 인사가 된다. 아
테네에서는 아고라라 불리는 광장에서 연설을 하던 사변가
들이 있었는데 이들을 철학자라 했고 노래하는 시인이나 배
우들과 함께 이들이 신는 샌들 끈으로 감을 수 있는 높이가
대략 복숭아뼈를 덮을 정도였다. 그러니까 대중들 앞에서 말
할 정도 되자면 샌들 끈이 어느 정도 길어야 한다는 이야기
다. 그런데 형 예수가 신었던 샌들 끈도 복숭아뼈를 덮을 정
도였으니, 어떤 연유에선지 모르겠지만 형 예수도 그 정도의
위치에 있었던 게 아닌지 모르겠다. 그건 누가 정해서 그러
는 게 아니라 저절로 생긴 문화다. 그런데 세례자 요한이 약
대 털로 만든 옷을 입었다는 점과 예수가 약대 가죽을 꼬아
만든 신발 끈을 가진 샌들 사이에는 아무 연관도 없을 것인
가? 왜 세례 요한은 예수의 신발 끈에다가 입을 맞추며 그의
신들메조차도 감당할 수 없다며 그의 길을 예비하라는 말을
남겼을 것인가. 도마는 새삼스럽게 이러한 의문에 사로잡힌
다. 갑자기 모든 게 더욱 더한 미궁에 빠져드는 도마다.

"이 샌들…"

형이 신던 이 신발을 왜 들고 나왔느냐 물으려는 도마의
입을 막으며 작은 마리아가 그에 대한 의문을 풀어준다.

"큰 오빠가 골고다 언덕으로 끌려 올라갈 때 길바닥에 벗

겨져 뒹굴던 것을 내가 주워 챙겼지.”

십자가의 무게에 짓눌려 더 이상 걷지 못하고 쓰러지던 예수를 향해 병사들의 채찍이 가해졌고 보다 못한 구레네 시몬이 대신 십자가를 지는 일이 벌어졌다. 그때 벗겨져 길바닥에 버려진 신발짝을 주어서 챙겨둔 샌들이라는 이야기다. 도마가 궁금해하던 또 하나의 의문이다. 어찌하여 그의 이름이 또 시몬이란 말인가? 힘이 없어 쓰러진 형 대신 십자가를 지고 간 사람이 형 시몬과 같은 이름의 ‘구레네’ 시몬이라는데 엉뚱한 상상력이 가 닿는 도마다. 거기에 유다라는 이름이 또 두 겹 세 겹으로 겹쳐진다. 요즘 와서 부쩍 이 상상력이 늘어났고 이 상상력은 환영이 되어 과거와 현재와 미래가 한꺼번에 뒤섞여 나타난다는 이야기를 베드로에게 털어놓았을 때 그는, ‘걱정 마라. 그것이 영감이니라.’ 베드로는 그 영감이 영적작용을 하는 매개체라고 했다. 그게 내면의 소리라는 것이었다. 자신의 내면 깊숙한 곳에서 들리고 보이는 환상과 꿈같은 소리는 예언자들이나 갖는 예지의 힘이라 하였다. 사도가 되려면 그 소리와 환상에 대해 민감해야 한다. 늘 깨어 있지 않으면 그 빛과 소리를 놓칠 수 있다. 선택받은 자의 역할이다. 여호와께서는 무조건적 선택을 한다. 대홍수 이래 믿음의 조상으로 선택받은 아브라함이 그랬고 야곱도 모세도 당신의 무조건적인 선택에 의해서 중책을 떠맡았던 것이라 했다. ‘나 같은 사람은 거기 낄 자격도 안 되지만 꼬맹이 너는 당당한 야곱의 후예가 아니냐, 거기다가 너는 예수

님의 동생이 아니냐?' 이미 족보가 다르니 쓸데없는 걱정 말
고 맡은 일이나 잘 하라고 타일렀다. 그 베드로의 말에 따르
자면 형 예수가 죽고 난 뒤부터 계속해서 시달리는 이명이며
환청이며 온갖 잡생각이 다 내면의 정리라는 것이었다. 일단
마음속에 있던 것들이 정리가 된 후엔 평안이 찾아올 것이라
는 이야기였다. 사람의 마음속에는 두 가지 영혼이 있다. 하
나는 태초로부터 타고난 영이요 또 다른 하나는 태어난 이후
교육에 의해서 생겨난 혼이다. 이 영혼이 함께 이루어내는
게 사람의 행동이다. 이를 자의식이라 하는데 보통 때는 잠
자고 있는 무의식 상태로 존재한다. 이들이 혼란을 일으키는
번뇌상태는 어떤 결정을 낳게 하는 소용돌이다. 이때 올바른
결정을 하도록 교육을 받아야 한다. 가장 좋은 교육은 늘 깨
어 기도하는 상태다. 기도에는 거짓이 속할 수가 없기 때문
이다. 그 기도를 가르쳐 준 이가 예수다.

도마의 눈앞에 갑자기 베드로가 나타났다가 사라진다.

눈앞이 멍한 도마에게 마리아가 이렇게 말한다.

"네 형이 신던 헌신발이지만 이거라도 봇짐에 매달고 가
거라. 땅끝까지 가자면 필요할 때도 있을 것이다."

사막 길에서는 신발 끈의 높낮이가 중요한 역할을 한다.
바닥만 있고 끈 없이 발가락에 끼우는 샌들은 전갈이나 독충
에 쏘일 염려가 있다. 어떤 사람들은 낙타의 발바닥을 벗겨
다가 신발 밑창으로 깔기도 한다. 그런가 하면 말총으로 발
바닥을 엮기도 한다. 어쨌거나 마리아는 집 떠나는 아들에게

무언가 필요한 물건을 하나라도 더 챙겨주고 싶은 마음이다. 그러나 눈에 띈 것이 예수가 신던 신발 하나뿐이었는데 나중에 이 신발은 도마를 위험에서 구하는 큰 역할을 한다. 지금은 그러한 앞날을 상상도 할 수 없다. 아마 이 샌들을 주는 마리아 역시 나중 일은 생각지도 못했을 것이다.

"어머니, 제 걱정은 마세요."

도마는 부슨 말로 위로를 해야 할지 모르겠다. 그저 입에서 나오는 말로 어머니를 안심시키려 할 뿐이었다. 오죽했으면 요한에게 어머니를 부탁한다 했을 것인가.

"기도하자."

마리아는 언제나 하던 것처럼 가족이 다 모였으니 기도를 하자 한다. 기도야말로 그분과 생각을 같이하는 유일한 통로다. 기도를 통하여 그분의 뜻을 전해 듣고 그분의 뜻을 이행할 수 있다. 이 소통의 길이 막히면 안 된다. 예수는 그러한 길을 예비하러 인자로 온 당신의 아들이며 그분의 분신이다. 동정녀인 처녀의 몸을 통해 나온 그분의 아들이다. 이 세상에서 유일하게 아담의 혈통을 받지 않고 인간의 몸을 빌려 나온 인간이다. 그분과 소통하는 길은 당신의 아들 이름을 빌리는 과정을 거쳐야 한다. 때문에 기도의 끝에는 반드시 '예수 이름으로 기도합니다' 하는 말을 넣어야 한다. 그리고 '아멘'이다. 예수는 그리스도이며 메시아다. 이러한 관계를 직접 맺은 그분의 역사, 그 자체가 하는 말씀이다. 마리아는 지금 그 이야기를 하고 있다. 각자의 분깃대로 할 일이 따로 정해져 있으니 그 일에 따르면 될 일이라는 것이다. 지금이 가장 중요하고 지금이 나중을 만든다.

"미리 걱정하지 마라."

마리아는 차마 길 떠나는 아들에게 더 이상 권고의 말은 덧붙일 수가 없다. 그러나 한 가지 말이 남았다. 그것은 마리아 자신의 말이 아니라 예수에게 세례를 준 세례자 요한의 어머니 엘리사벳이 마리아에게 한 말이라 했다. 세례요한이 참수를 당하는 사건이 일어났을 때 위로차 들린 마리아에게 엘리사벳은 이렇게 말했다. '슬픔이 역사를 가로막게 해서는 안 돼요.'

"엘리사벳 이모가 한 말이 지금에 와서야 내 가슴을 울리는구나."

슬픔이 역사를 가로막게 해서는 안 된다? 역사에는 큰 역사와 작은 역사가 있다. 큰 역사는 영웅이나 왕들이 세운 나라의 기록으로 대서사시가 된다. 작은 역사는 소소한 개인의 가정사나 이름 없는 자들의 기록이다. 엘리사벳이 말한 슬픔의 역사가 무엇을 뜻할 것인가? 이름 없는 자들의 기록이 남아 이름값을 하게 하는 기록이다. 엘리사벳이 그랬다. 내 뱃속에서 열 달을 품어 길러낸, 내 자식이 청천벽력 같은 처참한 죽음을 당해, 그 머리가 쟁반에 담겨 헤롯 왕에게 전해졌는데 무슨 역사기록을 운운하는가? 처음에는 마리아도 그렇게 생각했다. 그렇지만 수태고지를 받았을 때부터 함께 기뻐했고 애들 기르며 다 같이 즐거워 웃었던 날들을 떠올리며 곰곰이 생각한 결과 그 말에도 일리가 있다는 생각을 하게 되었다. 두 여자들은 선택된 여자들이라는 것이었다. 이렇듯 선택된 여자들은 또 있다. 아브라함의 아내 사라가 그렇고 삼손을 낳은 마노아의 아내가 또한 그랬다. 이 여인들 역시 수태고지를 받아 아이들을 낳게 되었고 하나같이 이스라엘의 역사인물로 남았다.

그러나 한편으로 좀 더 깊이 생각하면 엘리사벳과 마리아의 경우는 그 목적이 다르다. 이스라엘 민족의 구원에 목적이 있는 게 아니라 전 인류를 향한 원대한 구원계획이라는 것이다. 게다가 엘리사벳과 마리아는 같은 경우인 것 같으면서도 또 다른 경우임을 알 수 있다. 엘리사벳은 남편 사가랴와 더불어 둘 다 높은 직분을 가진 신분이고 아들을 점지해 달라고 간구한 다음이었고, 마리아는 아무 직분 없는 목수의 정혼녀로 자식을 원한 바도 없을 뿐더러 아직 남자를 모르는 처녀의 몸이었다. 그러한 그녀에게 천사가 나타나 수태고지를 했을 때 그 두려움이 어떠했을 것인가? 그런데도 마리아는 당당히 천사의 말에 순종해 따르겠다 하였다. 사가랴는 천사의 말을 믿지 못해 벙어리가 되는 벌을 받았다. 배운 사가랴는 믿음이 없었지만 못 배운 마리아는 믿음을 가지고 순응했다. 때문에 마리아는 순종과 믿음의 표상이 되었다.

한 여인은 원했지만 다른 한 여인은 원하지도 않았는데 일방적 통보를 받았다. 이는 블레셋의 압제에서 이스라엘의 해방을 가져온 삼손을 낳은 마노아의 아내도 마찬가지 경우를 당했다. 그녀 역시 느닷없는 천사의 수태고지를 받고 사자도 맨손으로 때려잡는 삼손을 낳아 이스라엘 민족을 구한 기록을 가지고 있다. 그러나 그녀는 역사에 이름 석 자도 등재시키지 못한 무명의 여인이었다.

"그게 그분의 뜻이라는 게야."

"…"

"그분은 큰 역사보다 작은 역사를 통해 역사하신다는 거야."

"엘리사벳 이모가 그렇게 말하셨어요?"

어머니를 무명의 여자라고요? 이렇게 말하려다가 그다음 말을 꿀꺽 삼켜버리는 도마다. 차마 그다음 말을 함으로써 마리아를 더 이상 무식쟁이로 만들고 싶지 않았기 때문이다. 엘리사벳 이모의 말 속에는 자신들은 아브라함과 같은 명예로운 족속이고 마리아는 이름 없는 마노아의 여자와 같은 존재라는 뜻이 내포돼 있질 않는가?

"맘에 담아 두지 마라."

말은 마음에 상처를 남긴다. 그냥 흘려버릴 물도 담아두면 앙금이 생기기 마련이다. 마리아는 다른 이야기를 한다.

"우리는 그래도 선택받은 여자들이야."

세례요한을 낳아 길렀다가 무참한 꼴을 본 엘리사벳이 한 말의 핵심요지였다. 우리는 그분의 도구로 사용되었다. 그분이 사용한 그릇인데 그냥 버리겠느냐? 그러니 너무 슬퍼 말란 위로였다. 그게 그분의 뜻이요 계산이라는 것이었다. 이러한 위로의 말을 한 엘리사벳과는 다 같은 천사로부터 수태고지를 받고 이를 확인하기 위해 만남까지 가졌던 두 사람이었다. 마리아가 엘리사벳을 찾아갔을 때 엘리사벳은 이미 복중에 태아를 가진 지 6개월이었고 마리아의 방문을 받은 복중 아이가 발길질을 하여 이를 반겼다. 어찌하여 '주님께서 변변치 않은 나를 찾아오셨나이까?' 성장한 뒤 세례를 받으러 나온 예수께 요한은 다시 한번 저는 '감히 당신의 신들메를 매기에도 부족'한 사람이라며 그의 앞에 엎드려 절하였다.

"아무튼 우리는 왕족이지 않니?"

언젠가 했던 어머니 마리아의 농담이다. 예수가 왕 중의 왕이라면 우리는 왕족 중의 왕족이라는 것이었다. 이럴 때면 어머니 마리아가 기분이 좋을 때다. 마리아는 지금 어떻게든 길 떠나는 막내를 즐겁게 보내고 싶은 것이다.

"이 모든 일이 그저 일어난 것 같으냐?"

이미 이 일련의 일들을 예언한 예수의 말이 있다. 죽기 며칠 전 이야기다. 예수는 포도원의 비유를 통하여 이렇게 이야기했다.

—어떤 사람이 포도원을 일구어 울타리를 치고 포도즙을 짜는 확을 파고 망대를 세웠다. 그리고 그것을 농부들에게 세를 주고 멀리 떠났다. 때가 되어 주인은 포도원 소출의 얼마를 받으려고 한 종을 농부들에게 보냈다. 그런데 그들은 그 종을 잡아서 때리고 빈손으로 돌려보냈다. 주인이 다시 종을 농부들에게 보냈다. 그랬더니 그 종의 머리를 때리고 그를 능욕하였다. 주인이 또 다른 종을 농부들에게 보냈더

니 그들은 그 종을 죽였다. 그래서 또 다른 종을 많이 보냈는데 더러는 때리고 더러는 죽였다. 이제 그에게는 단 한 사람 곧 사랑하는 아들이 남아 있었다. 마지막으로 아들을 그들에게 보내며 말하기를 '그들이 내 아들이야 존중하겠지' 하였다. 그러나 그 농부들은 서로 말하였다. '이 사람은 상속자다. 이를 죽여 버리자 그러면 유산은 우리 차지가 될 것이다'. 그러면서 그들은 그를 잡아 죽이고 포도원 바깥에다 내던졌다. 그러니 포도원 주인이 어떻게 하겠느냐? 그는 와서 농부들을 죽이고 포도원을 다른 사람들에게 줄 것이다.

"너도 이 이야기를 듣지 않았더냐?"

"들었었지요."

"그런데도 생각나는 게 없느냐?"

"왜 없어요. 생각이야 많이 했지요."

여기서 포도원 주인은 여호와시요 그 아들은 예수를 비유한 것임을 안다. 그날 거기서 그 이야기를 들은 사람들은 모두 이 비유로 하신 말씀을 듣고 자기 죄를 깨닫고 숙연해졌다. 심지어는 예수를 잡으러 왔던 측들도 이 말에 감동받아 물러섰다. 자기 얼굴을 들여다볼 수 없는 게 인간이다. 거울이 있어야 얼굴을 볼 수 있다. 비유로 말씀하신 이 예수의 말은 포도원 주인은 세상을 창조한 창조주 여호와시고 그 포도밭에 세 들어 사는 사람은 피조물인 인간들임을 누구나 깨달아 알 수 있는 비유의 말씀이었다. 세 받으러 온 종들은 선지자나 예언자들일 것이며 그 주인의 아들은 저들에게 이야기를 비유로 들려주신 예수였던 것이다. 이 미리 하신 말씀대로 이제 그는 죽었다. 이 사건을 보고 들은 사람들은 아는 이야기이지만 나머지 사람들은 듣도 보도 못한 생경한 이야기다. 이제 도마가 할 일은 이러한 일련의 사실을 가서 전하는 것이다. 이 세상은 창조주 여호와의 것이고 인간들은 그의 세상에 세 들어 사는 것이다. 그가 바라는 바 소득의 얼마를 바쳐야 한다. 그가 바라는 바 소득이란 물질이 아니라 그가 애초에 불어넣어준 생령이란 것이다. 신성한 그 기운을 잃은 자에게 그 기운을 되찾아 다시 화목하게 지내자는 주문이다. 모든 것을 만들고 모든 것을 가지고 모든 것을 주관하는 분이 물질을 요구할 리가 없다는 것을 널리 알리는 것이다. 포도원을 만들어 울타리를 치고 돌확까지 만들어 준 포도원 주인이 뭐가 모자라 돈을 요구할 것인가? 이미 그 농부들에게 마련해 준 포도밭이다. 마리아는 지금 그 비유의 말씀을 상기하며 아들을 위로하고 있다.

"우리 모두는 그분의 일꾼인 게야."

포도밭 일꾼이 주인의 아들을 죽인 이 마당에 할 일이 뭐가 있을 것인가? 한시라도 빨리 이 사실을 전해야 한다. 추수할 날이 머지않았다. 심판의 날이 곧 올 것이라는 이야기다. 예수는 그랬다. 그가 다시 올 때는 인자가 아니라 심판자로서 올 것임으로 그날을 대비하라고. 그러한 역사의 또 다른 한 장을 쓰기 위해 먼 길을 떠나야 하는 사도 도마를 위하여 마리아는 조용히,

“기도하자.”

한다. 인간으로서 할 일은 기도 외에는 없다. 기도는 예수를 통한 그분과의 소통의 장이다. 그분이 누구인지는 아무도 모른다. 이를 알아가기 위해 살아가는 것이다.

“…우리에게 주어진 일이 무엇인지를 알아가게 하시고 그 일을 충실히 이행할 수 있도록 늘 깨어 있게 하소서.”

기도는 간단했다. 기도가 끝난 후 마리아는 두 동생들을 위해서도 한 말씀 남긴다.

“이 어미는 배 아파가면서 너희들을 낳아 길렀다. 열 손가락 깨물어 안 아픈 손가락 없다고 너희들을 똑같이 사랑했다.”

예수는 이미 가고 없지만 그동안 기른 어미의 정만 해도 충분히 즐겁고 기뻤다는 이야기였다. 예수는 여인의 배를 빌어 태어났지만 여인의 아들이 아니다. 그러니 슬픈 과거에 얽매이지 말고 앞으로 나아가자는 이야기였다. 그 앞날이 예수가 말한 영생의 물이 샘솟는 곳이라면 얼마나 기대가 되느냐.

“너희들은 하나같이 내 자식들이고 그분의 형제자매들이다.”

형제끼리 아각이 생겨서는 안 된다. 생판 모르는 땅으로 떠나는 도마의 장도를 위해 다 같이 힘을 모아야 한다.

마리아의 담대한 위로의 말씀에 이들은 서로 눈물을 보이지 않았다.

“오빠, 몸조심하고 잘 다녀와.”

“그래, 오라비 걱정은 말고 어머니와 시몬을 잘 돌봐드려라.”

시몬이 말했다.

"내 걱정은 마. 나도 항상 네 곁에 있을 거야."

도마는 이제 가족들과 헤어져 길 떠나는 일이 자기가 할 일임을 생각한다. 그 일을 잘할 수 있도록 도와달라는 부탁도 한다. 그렇지만 낯설고 두렵다. 길 떠나는 사람은 오로지 혼자뿐이라는 현실 앞에 두려움을 느낀다.

"네가 갈 길은 험난한 노정이 될 것이다."

항상 곁에 있는 형제들이 있을 것이라는 마리아의 마지막 말이다. 형제들 중에서도 구세주가 된 예수가 있으니 든든하지 않느냔 것이다. 그러면서 또 부탁하는 말, 그 결과는 한순간에 일어나는 일이 아니라 몇백 년 혹은 몇천 년이 걸릴 수도 있으니 눈앞에 성과가 나타나지 않더라도 낙담하지 말라는 이야기를 덧붙인다. 당신의 계획은 너무나 커 후세에 가서야 나타날 수도 있다는 뜻이겠다. 평소에도 자주 듣던 지론이다. 에덴동산을 쫓겨난 이래 지금까지의 역사들은 예수 하나 탄생시키려고 있었던 역사다. 그러니 지금 하는 일의 결과는 언제 어떻게 나타날지 모른다는 마리아다.

"알겠어요. 어머니 말씀 잊지 않고 다 기억하고 있어요."

"그렇다면 다행이다. 길 위에 서면 많은 경험을 하게 될 것이야."

길 위에 서면 기록할 경험이 많을 것이라는 희망을 주는 마리아다.

"너도 보았지? 네 형 야고보는 이미 기록을 하고 있더구나."

야고보가 형 예수의 어린 시절을 회고하는 기록을 하고 있었으니, 너는 이후의 일들을 기록하라는 권고 같아서 도마는 알았다고 말했다. 그렇다면 형 야고보는 겉으로는 무뚝뚝하니 아무 생각이 없는 사람처럼 보였지만 그 실상은 자기 나름대로는 자기 일을 하고 있었다는 이야기가 아닐 것인가?

도마는 바벨론을 지나 페르시아 만을 통한 바닷길을 이용해 인도로 갈 것이다. 그 길을 가자면 옛 선조들의 발자취를 따르게 될 터인즉 그때는 보다 확실한 공부를 하게 될 것이다. 압바네스는 예루살렘에서 아카바로 내려가면 항구가 있고 홍해가 곧바로 열리는데 굳이 더 먼 바벨론을 거쳐 페르시아 만을 통한 뱃길을 택한 이유가 바벨론의 양탄자 수입을 하기 위함이라 하였지만 도마에게는 오히려 그 편이 더 좋았다. 바빌론 유수를 경험해 보고 싶었던 것이다. 오래전 일이긴 했지만 그의 선조들은 포로로 잡혀가 노예생활을 했다. 노래에도 있다. '히브리노예들의 합창', 도마는 가끔 이 노래들을 흥얼거리며 컸다. 그러니 그 길을 걸어보고 싶기도 했던 것이다.

마리아는 어떻게 그 노정에 대한 이야기를 기억했든지 선조들의 길을 걸으며 저들이 했던 여러 가지 잘잘못을 생각하고 기록하라는 이야길 했다.

"넌 선민의 아들이다."

선택받은 아브라함의 자손이다. 믿음의 후손이니만큼 믿음을 가지고 담대히 나아가라는 부탁이다.

막내 마리아는 손목에 팔찌로 매고 다니던 끈을 풀어 도마의 손목에 매어준다. 줄 것이 이것밖에 없다는 작은 마리아다.

"오빠 인도 갔다 오면 난 시집가고 없을 거야."

"데려갈 사람은 있고?"

날이 밝았다. 도마는 이제 정말 이 자리를 떠나야 한다고 생각한다. 가족이 이렇게 뿔뿔이 흩어지는 일은 생각지도 못했던 일이다. 그러나 이 일이 세상만민을 불러 모으는 새로운 일의 시작임을 그 누구도 상상치 못했을 것이다.

집을 나온 도마는 전도본부를 찾아간다.

일단은 가서 인사라도 하고 떠날 일이다. 전도본부는 총독관저의 담벼락 그늘이 드리우는 흐름한 집이었다. 발밑이 어둡다고 총독관저에 가까운 곳이 오히려 감시가 소홀하다는 판단에서 얻은 집이다.

"저 왔습니다."

도마는 언제나 하던 것처럼 문을 들어서면서 인사말부터 먼저 고한다. 그는 항상 막내로 통했기에 '저'라 칭했다. 모여 있던 사람들이 일제히 고개를 들어 문 쪽을 바라보는데 모르는 얼굴들도 더러 있었고, 거기 뜻밖에도 야고보 형의 얼굴이 보인다. 신 새벽부터 모여 있는 걸 보니 여기서 밤을 새운 게 분명하다.

도마는 형 야고보에게 가서 안긴다.

"형, 형이 여기 있었어? 난 또 못 보고 떠나는 줄 알았어."

"가다가 되돌아왔어. 뭘 두고 간 게 있었거든."

"정신머리가 그래 갖고 어떻게 해! 그래, 뭘 두고 갔기에?"

야고보는 파피루스를 꿰매 엮어 만든 종이 책을 내보인다.

형이 늘 무언가를 적고 있던 책이다. 언젠가 몰래 한번 훔쳐 본 적이 있는 책이었다. 거기 예수의 행적과 어록이 적혀 있었다. 야고보 형은 틈틈이 글을 쓰는 게 취미였다. 그중에서 형 예수와 놀던 어린 시절 기억들도 더러 있었고 시편의 시 같은 글들도 있었다.

"너도 어디로 가든 기록을 해두어라."

기록이 없으면 아무것도 아니다. 지금까지는 몰라도 이제 부터는 하나에서 열까지 모두 증인이 될 것이란 말을 하는 야고보 형이다.

"지금 우리는 역사의 산증인이 되는 거야."

말라기 선지자의 활동 이후 근 4백 30년 동안 아무런 기록도 남기지 않은 이스라엘이다. 이제부턴 새로운 약속의 기록을 남겨야 후세에 이를 증언할 수 있다는 야고보 형이다. 형이 언제부터 이런 생각을 다 했지?

도마는 참 알 수 없는 일이라 생각하며,

"무슨 기록을 어떻게 하란 말이야?"

하고 묻는다. 형이 말한다. 지금까지 이스라엘 역사를 기록한 책이 있다. 모세를 필두로 하여 여러 선지자들과 필자들이 여기 합류하여 쓴 기록이다. 이제부터는 새로운 약속의 시대가 열리니 만큼 그에 대한 준비가 필요하다. 새 언약의 시대는 예수의 탄생으로부터 드디어 출발한다. 이에 대한 기록이다. 이 기록은 세세토록 예수 그리스도를 증언하는 새로운 역사가 될 것이다.

"주님에 관한 이야기라면 무어라도 좋아."

그 이야기들을 모아 편집하면 새로운 약속의 책이 된다는 야고보다. 이 전도본부는 각기 흩어져 나간 사도들의 연락장소이기도 하지만 이런 이야기들을 수집하는 곳이 되어야 한다는 야고보다. 야고보가 누구인가? 예수의 동생이다. 예수를 증거하기 위한 장소이니 그의 동생이 하는 말은 당연히 최우선이다.

"그러면 간 데마다 글을 써서 이리로 보내란 말인가?"

"아직 일정하게 정해진 본부가 없으니 지금 당장은 어렵겠지. 일단은 기록을 해두라는 이야기야."

기록이 없으면 달리 전할 방법이 없다. 점토판이건 양피지 두루마리건 파피루스에 쓴 종이책이건 문자로 적은 기록이 있어야 잊어버리지 않고 세세토록 전해진다. 옛 언약시대의 그 많은 역사들이 어떻게 전해져 내려왔는지를 보면 알 것이 아닌가. 그 말씀의 정점은 예수 탄생이고 이제 그 예수는 탄생에서 죽음을 통한 부활소망까지를 다 이루고 가셨다. 이제부터는 그 메시아에 대한 여러 증언들과 기록이 필요하다.

도마는 야고보 형이 이렇게 변했다는 사실에 놀란다. 어찌 보면 변한 게 아니라 이제야 비로소 자기 역할을 드러내 보이는 것이 아닌지도 모를 일이란 생각이 든다. 한 집에 있을 때는 별로 티 내지 않은 형이었지만 처음부터 그런 역할을 띠고 형제의 관계를 맺고 태어났는지 모를 일이다. 그렇다면 자신은 어떤가? 막내라는 위치 때문에 형 예수를 졸래졸래

따라다니기만 했지 별다른 생각은 없었다. 그러면서도 자기는 예수의 제자이고 다른 형제들은 형 예수에 무관심한 사람들이라 여겼던 것이 아니었던가. 지금까지도 이런 생각은 변함이 없었다. 그저 목수 일만 천직으로 알고 돈밖에 모르는 형들로 오해했었다.

그러나 누구에게나 말 못할 사정은 있는 법이다. 위로 두 형들은 목수 일에 전념할 수밖에 없었던 그간의 사정이 있었을 것이다. 목수일은 아버지 요셉의 천직이었고 아버지 일을 도와 가업을 잇는 일 역시 자식 된 도리였을 테니까. 때문에 집안일은 안 하고 밖으로만 나돌아 다닌다고 예수에게 대들었던 야고보다. 이에 도마는 '형은 돈밖에 몰라?' 하고 기어올랐던 기억이 있다. 그런데, 그랬던 야고보 형이 어떻게 만사를 제쳐두고 이 일에 가담하게 되었을까?

"형, 미안해."

도마는 그동안 우쭐했던 일들이 미안하고 송구하다.

"뭐가?"

"그동안 내가 많은 것들을 오해하고 있었던 것 같아."

"괜찮아, 다 지나간 일들이야."

야고보는 도마의 심중을 읽고 있었다. 그 훤히 꿰뚫고 있는 이야기를 이렇게 한 마디로 줄여 말한다.

"그것도 다 자기 역할인 게야."

이제 떠나면 다시 볼 수 없을지 모르는 길이 될 텐데 몸조심하라 한다. 한 가지 덧붙이자면 영세토록 남을 기록으로 이 인연을 완성하도록 하자는 이야기를 한다. 예수의 가족으로서 이 가문의 영광을 위해서라도 거기 걸맞는 앞날이 열릴 것을 바란다는 야고보였다.

"너 기억나니?"

야고보는 알렉산드리아 도서관에서 길 잃어 헤매던 때를 이야기한다. 형 예수는 틈만 나면 동생들 데리고 여행하는 일이 취미였다. 어쩌다가 그 먼 알렉산드리아까지 가게 되었는지 모르겠지만 이들 형제는 세상에서 제일 크다는 도서관 견학을 하게 되었다. 형이 그랬다. 여기 있는 책들만 다 읽어도 세상 이치를 훤히 알 수 있다. 너희들은 반드시 글공부를 해야 한다. 그리고 책을 읽을 줄 알아야 한다. 책이 곧 역사라는 이야기를 했다. 역사를 모르면 짐승이나 마찬가지다. 때문에 억지로 배운 글공부였다. 예수는 동생들이 무식하게 자라는 걸 그냥 넘기지 않았다. 그 덕분에 빡세게 공부를 했던 동생들이다. 그렇다면 형 예수가 동생들을 데리고 여행을 했던 것은 먼 앞날을 내다보고 했던 일이 아니었을 것인가.

"그때 길을 잃었던 건 형이잖아?"

피라미드보다 많은 책들이 있는 속에서 야고보를 잃어버려 한참을 찾아 헤매는 소동이 있었는데 야고보는 태연스레 책을 읽고 있었다. '너 글을 알아?' 예수가 물었을 때 야고보는 '그림이 재미있다'고 답했었다. 이들은 이러한 공통의 기억을 소유하고 있다. 이 하나로 하나가 될 수 있는 형제가 되기에 부족함이 없다.

거기서 형이 말했다.

"이 많은 서책들 중에 가장 중요한 것은 말씀이다."

말씀은 천지를 창조한 여호와 하나님의 역사 이야기다. 다 적을 수가 없어 핵심적 근원만 기록해 둔 책이라 행간을 잘 헤아려 읽어야 한다.

"저기 있는 저 수많은 기록 중에 책에 편집된 이야기는 빙산의 일각이다."

그렇다고 그 역사가 없는 건 아니다. 앞으로 기록될 새로운 이야기 역시 마찬가지라는 이야기를 했던 예수였다. 그때는 그 말을 다 이해하지 못했다는 야고보다.

"그때는 그 말들을 이해할 수가 없었거든?"

지금 와 생각하니 그때 그 여행이 우연이 아니었다는 걸 깨달았다는 야고보다. 세상에 우연이란 하나도 없다. 다 무언가를 이루기 위한 전초작업이다. 다만 그 결과가 있기 전까지는 그 일을 깨닫지 못할 뿐이라는 것이다.

"형이 널 데리고 설산여행을 했던 것도 그게 우연이 아니었던 게야."

그 여행으로 인하여 오늘날 인도파견사역을 맡게 했을 것이라는 야고보의 말이다.

"그렇다면 도서관 견학을 시킨 것도 책에 대한 깨달음을 주기 위해서 그랬었단 말이야?"

"그렇지 않고, 달리 어떻게 해석이 가능해?"

보통 사람들 같으면 책이 무엇인지도 모른다. 책에 대한 인식이 없으면 기록의 중요성도 모른다. 기록이 없으면 역사도 없고 역사가 없는 인간은 그저 살아 숨 쉬는 동물에 지나지 않는다. 창조주께서는 자기형상을 닮은 인간을 만들었지 동물을 만든 게 아니다. 인간을 만들어 만물의 영장이 되게 한 것은 자신의 분신이기 때문이다. 그러니 어찌 인간을 포기할 수 있을 것인가? 예수가 이 땅에 온 목적이자 목표다. 그러한 예수의 형제로 살았던 우리가 아니냐?

도마는 이 뜻밖의 야고보 말에 어둠이 걷히는 한 가닥 빛살을 본다. 도마는 가만히 그러한 형에게 안긴다. 그러고는 그 손을 잡고 입을 맞춘다.

"잘 갔다 올게."

"그래, 나도 이제 떠날 참이야."

도마는 이제부터 해야 할 일이 무엇인지 알 것 같았다. 새로운 눈이 열린 것이다. 시공을 초월한 전도 전략은 기록이라는 것이다. 입에서 입으로 전하는 이야기도 중요하지만 역사적 사실로 전해지는 책이야말로 가장 값진 인류의 보물이다.

바빌로니아 불의 제단

몇 날 며칠을 걸어 옛 바빌로니아의 수도 바벨론에 당도하기 직전까지 도마는 의욕에 차 있었다. 이미 알렉산더 대왕의 군사들이 마차바퀴로 길을 터놓았고 페르시아 제국이 운영하던 역참이 있어 낙타며 대상들이 먹고 마실 물을 제공받을 수 있는 혜택을 누릴 수 있는 황야 길이었다.

그러나 머나먼 여정이었다. 사막과 허허벌판과 메마르고 거친 산을 넘는 나그네 길은 여행자를 여지없이 지치게 했다.

"힘들지요?"

압바네스는 자기는 한평생 이런 나그네 길을 걷는 데 이력이 났다며 무슨 일이건 목숨 걸고 하지 않으면 오히려 그 일에 잡아먹히고 만다는 이야길 한다. 무슨 일이건 하려고 나섰으면 목숨 걸고 하라는 충고였다. 그런데 돈도 안 되는 예수 전도에 목숨 걸고 하는 도마를 이해할 수 없다 한다. 벌써 몇 번째 했던 말이었다.

“도대체가 알 수가 없단 말씀이야.”

뭣 때문에 예수라는 이름을 알리기 위해 목숨 걸고 사막 길을 걷느냐…, 그거 아무리 생각해도 이상하지 않아요? 자신은 장사꾼이니까 이득을 챙기기 위해 행상을 한다지만 ‘예수 부활소망’이 그게 무슨 소용이냐는 것이다.

“그게 돈이 되냐 권세와 명예가 되냐.”

도마는 이 소리를 들을 때마다 ‘자기도 왜 이러는지 알 수 없다’는 말만 되풀이하였다. 생각하면 할수록 그 해답을 찾을 수 없게 된다. 무엇 때문에 예수의 죽음에 대해 알릴 필요성이 있을 것인가? 처음 예수의 죽음을 확인했을 때는 얼떨결에 ‘나의 주님’으로 모자라 ‘나의 하나님’이라고까지 했었지만 점차 그 의미를 알 수가 없게 된다. 처음에는 자그마치 20년이 넘도록 함께 살던 예수가 죽었다가 부활한 모습을 보고 이는 형이 아니라 어머니가 늘 말씀하시던 신격화된 어떤 존재라는 걸 느꼈었지만 그 생각이 점점 퇴색해 가는 것 같은 도마다. 상인들을 따라가는 장사길이라 그런지 사도들과 공동체생활을 하면서 저들과 함께 먹고 보고 생각하고 느낄 때의 각오하고는 차츰 멀어져 가는 자신을 본다. 사람은 환경에 따라 달라진다.

“이게 무슨 짓이야!”

정말 이 사막을 건널 수 있을까? 도마는 자신이 없다. 처음 방울뱀을 만나 혼비백산 소리를 지르는 도마를 보고, 압바네스는 ‘그깟 일로 소리를 지를 바’에야 일찌감치 여행을 포기하고 돌아가도 좋다, 라는 뜻으로 '사내가 돼가지고' 어찌 저리 호들갑스러울 수 있을까 했다. 발바닥은 물집이 생겨 터졌고 발가락도 성한 곳이 없다. 거기다가 독충에 쏘였는지 온 종아리에 종기가 돋았다. 사막은 낮에는 뜨겁고 밤에는 춥다. 하여 추위를 이겨보려고 낙타를 껴안고 자기도 했다. 뿐인가 세수는커녕 마실 물도 제대로 공급받을 수 없다. 극히 제한된 식수다. 거기다가 남의 상단에 껴 붙어 얻어먹는 주제이니 늘 눈치를 봐야 한다. 사도들과 함께 있을 때는 막내라 귀여움을 독차지했던 도마다. 게다가 형의 그늘에 있어 뭐거나 대접받고 지냈다. 사람이 가장 비루하게 느껴질 때가 있다면 먹는 음식을 놓고 눈치를 봐야 할 때다. 상인들끼리야 저들의 목적이 같고 한 통속이지만 유일하게 도마는 압바네스의 손님으로 그저 얻어먹는 주제이니 더욱 조심스러울 뿐이다.

"그 샌들로는 발이 배겨나지를 못해요."

도마가 짓무른 발가락을 주무르고 앉아 있자, 압바네스는 샌들을 갈아 신을 것을 권한다. 지금 신고 있는 신발은 밑창도 다 닳아 빠진 데다가 신들메 없이 바닥에 구멍을 뚫어 큰 발가락과 둘째 발가락 사이에 걸고리를 꿰어 신게 만든 통 샌들이었다. 샌들에는 두 가지가 있다. 통 샌들은 뒤축이나 가장자리 테가 없고 신발을 조여 매는 들메가 없다. 당연히 모래나 흙이 신발 바닥과 발바닥 사이를 파고든다. 발뒤축이 있고 그리 높진 않지만 가장자리 테두리가 있어 여기다가 끈을 꿰어 발목에다가 묶을 수 있도록 만든 샌들도 있다. 이 샌들은 뒤축이 있고 끈을 꿰는 가장자리가 둘러 있어 돌멩이나 흙이 뒤꿈치 밑으로 기어드는 것을 미연에 방지해 제대로 발을 보호할 수 있다. 이 들메가 달린 샌들에도 두 가지가 있다. 하나는 발가락이 나오도록 숭숭 구멍이 뚫린 것이고 다른 하나는 앞을 막아 발가락이 나오지 않게 만든 샌들이다. 후자는 주로 말을 타는 군인이나 높은 신분의 관리들이 신는 신발이다. 어떤 거나 당연히 그 재질도 고급스러워 수명도 길다. 때로는 이 신들메를 여러 색깔로 꼬아 만들어 치장을 하기도 한다. 그리고 그 길이에 따라 발목만 감을 수 있는 짧은 신발 끈이 있고 종아리 위까지 감아올릴 수 있는 긴 신발 끈이 있다. 때문에 이 샌들이 신분을 나타낸다는 것이다.

"봇짐에 좋은 샌들 매달아 놓고 왜 사서 고생이요?"

압바네스는 봇짐에 아무렇게나 매달려 있는 샌들을 가리키며 신발을 갈아 신으라 한다. 도마가 새 신발을 아껴서 갈아 신지 않는 줄 알고 '아끼다 똥 된다'는 말까지 한다. 언제 그런 걸 눈여겨보았을까?

"아 참, 그게 있었군."

도마는 이제야 생각난 듯 샌들을 갈아 신는다. 어머니 마리아가 가다가 발이 불편할 때 갈아 신으라며 넣어준 형의 신발이다. 신어보니 발이 편하다.

"괜한 고생을 했지요?"

아끼다 똥 된다는 압바네스다. 무슨 귀중한 물건이기에 새 신발 놔두고 헌 신발 신고 고생을 자초할 것이냐, 왜 신들메가 달린 샌들 두고 들메 없는 막 신발을 신을 것이냐는 통이다.

"이제 이렇게 해보세요?"

압바네스는 자기 신들메를 풀고 종아리에 약대 가죽을 감은 뒤 거기다 신발 끈을 친친 감아올려 각반을 찬다. 그러면서 신발 끈과 각반의 용도를 설명한다. 압바네스의 신발 끈은 종아리를 다 감고도 남아 무릎 위까지 올라간다. 도마의 신발 끈은 겨우 복숭아 뼈 위를 두어 번 감을 정도다. 그래도 그게 어디냐 발목은 가릴 수 있지 않으냐. 발등이나 발목을 잘 무는 전갈 정도는 막을 수 있다. 낙타몰이꾼들은 하나같이 각반을 찰 수 있는 신들메가 붙어 있지 않아 발가락만 꿰어 신는 통 샌들이다.

"느낌이 다르지요?"

도마 역시 지금까지는 신들메가 없는 통 샌들을 신고 있었다. 들메를 풀어 각반을 차고 보니 벌써 신분의 차이가 나는 것을 느낄 수가 있다. 시내에 있을 때는 잘 알 수 없었지만 사막 길을 걷다보니 신들메의 길이가 신분을 결정한다는 말뜻을 알 수 있을 것 같다.

"사막에서는 살아가는 방법이 따로 있어요."

모래바람을 막기 위해 천으로 입을 가려야 한다. 그리고 햇빛을 막기 위해 머리에 수건을 둘러 터번을 만든다. 때문에 사막을 걷는 사람들은 머리와 입을 한꺼번에 휘감아 덮을 수 있는 긴 천을 가지고 다닌다. 아울러 긴 소매와 바람이 잘

통하는 옷을 입는다. 이는 이미 잘 알려진 상식적인 복식이
다. 그런데 이 복식보다 더 요긴하게 쓰이는 사막을 건너는
법이 있다.

"저 낙타를 좀 보세요. 낙타에게는 육봉이 있어요."

낙타의 등에 솟아오른 산 같은 모양이 육봉인데 그 속에
물이 저장돼 있다. 사실은 기름이지만 이 육봉이 하나인 것
은 단봉낙타, 두 개인 것은 쌍봉낙타라 부른다. 이 육봉에 물
이 저장돼 있어, 정 위급할 때에는 낙타를 잡아 그 육봉 속에
들어 있는 물을 먹고 생존을 꾀한다. 그 지경에 이르면 낙타
나 인간이나 생존의 위기를 맞지만 낙타를 잡아 생존한 대상
들의 이야기는 얼마든지 있다. 낙타 스스로는 이 물을 조금
씩 끄집어 내 몸속으로 공급하기 때문에 최대한 칠십 일 동
안 물을 먹지 않고도 살아갈 수 있다. 낙타의 발바닥이 넓은
것은 모래밭에 빠지지 않기 위함도 있지만 열을 발산하지 않
고도 열을 식히는 역할을 한다. 그리고 그 뜨거운 햇살을 이
기는 방편으로 그 큰머리 그늘을 이용한다는 압바네스다. 거
기다가 긴 속눈썹이 있어 모래바람의 모래를 막는다.

"낙타가 왜 머리가 큰지 알아요?"

그 머리 그늘을 이용해 열을 식히고 햇빛이 눈에 들어오
는 것을 방지한다. 그런데 아라비아 사막에는 단봉낙타가 많
고 고비사막에는 쌍봉낙타가 많다. 아라비아 사막 낙타는 해
상실크로드에 이용되고 고비낙타는 육상실크로드에 이용된
다. 압바네스는 육상과 해상 두 루트를 두루 다녀본 경험이

있다. 하여 낙타에 대해선 누구보다 잘 안다.

"낙타가 없었다면 동서무역로는 있을 수가 없지요."

신이 만든 물건 중에 가장 신비로운 동물이 낙타라는 압바네스다. 그리고 그 낙타를 가장 잘 이용하여 돈을 버는 개척자가 바로 압바네스 일가의 개가라며 자랑을 한다. 압바네스 일가 중의 상인들 대부분은 아직도 천산남로를 이용한 육상 실크로드를 통해 무역을 한다. 압바네스만 유일하게 해상통로를 개척해 누가 더 빠른 길인가를 시험하고 있다. 그런데 해상루트가 물건 실어 나르기가 더 쉬워 앞으로는 이 길을 더 많이 활용하게 될 것 같다는 이야기다.

"처음에는 별로 교환할 물건들이 없었어요."

그런데 차츰 그 나라들이 강성해짐에 따라 철에 관한 관심들이 커져 쇠로 만든 물건들이 팔리기 시작했다는 것이다. 그중에서도 철기로 만든 무기가 인기 있다. 철기문명이라면 단연 로마군들이 쓰는 단검으로, 부르는 게 값이다. 백부장 이상 급의 간부군인들이 쓰는 양날 단도는 담금질이나 장식이 최고라, 없어 못 파는 물건이다.

"그곳은 아직 쇠로 만든 무기제작이 없어요."

로마 병사들이 사용하는 단검 한 자루면 비단이 몇 필이다. 뿐인가, 바퀴 달린 마차며 성을 공격할 때 쓰는 투석기인 공성무기에 관한 정보 같은 것을 넌지시 흘려주면 칙사 대접을 받는다. 로마 군대는 이미 전차까지 갖추고 화약은 물론 투석기로 성을 쳐부순다는 이야기를 하면 그저 지어낸 이야기인 줄로만 안다는 그곳 사람들이다. 저들에게 로마 병사들이 하는 전투방식을 가르친다는 것은 극히 위험한 일이지만 압바네스는 이런 군사기밀을 가르침으로 지지기반을 확보하고 원활한 무역업에 종사할 수 있다는 자랑이다. 한번 이야기를 꺼내놓으면 그칠 줄 모르는 압바네스라 했던 이야길 또 하고 또 되풀이한다.

"그런 짓을 하면 위험하지 않아요?"

첩자로 오인받을 수도 있을 것이다.

"그런 걱정은 없어요. 거기 그 나라들은 아직 전쟁이 뭔지 몰라요. 그저 산과 강을 경계 삼아 서로가 제 농사지은 것을 먹고사는 농사꾼들이거든요."

남의 것을 빼앗아 탐할 만큼 배곯지 않을 농사가 있다.

"농사짓고 사는 사람들은 그저 자기 땅에서 나는 농산물 거둬 먹고사는 데 지장이 없어요."

농민은 유목민들과는 사는 방식이 다르다. 유목민들에게는 드넓은 초원의 땅이 필요해 옮겨 다녀야 하지만 농사꾼은 자기 땅만 해도 충분하다. 땅을 넓히기 위한 전쟁을 벌일 필요가 없다. 그래서 유랑하던 이민족들이 거기 가 정착하기에 이른 것이다.

"가락국이란 나라가 있어요. 아직 나라라 하기엔 부족한 여러 족장들이 모여 만든 연명체이긴 하지만 거기 수장 김수로라는 인물은 영리하고 기민하여 철 생산까지 도모하고 있어요."

이번에 가지고 가는 유리 술잔들은 그에게 갖다 바칠 물건이라는 압바네스다. 이제 그와 무역을 터 상권을 독점하기만 하면 거기서는 금덩어리를 가져오고 여기서는 유리제품을 가져가 팔 생각이라는 것이다. 때문에 이번에 실은 물건 중의 상당 부분이 여기 유리제품이다. 유리제품 중에는 여인네들이 쓰는 유리목걸이가 많이 들어 있다. 이제 그곳도 여인네들의 사치와 향락이 눈에 보인다는 압바네스다. 세상을 지배하는 것은 남자들이지만 그 남자를 지배하는 것은 여자다. 여자들을 향락에 빠뜨려 놓으면 돈은 저절로 굴러들어온다. 압바네스는 상술에 도가 튼 사람이다.

"사람들이 배고픔을 잊고 잘 살게 되면 사치를 부리기 마련이거든요."

사치는 마약과 같아서 사회를 야금야금 먹어 들어간다. 그곳은 황금의 나라, 새로이 비단을 만들어 생산하기 시작한 사로국도 있다. 비단은 누에고치를 생산해 실을 뽑아 짜는 천이다. 천은 가죽보다도 부드럽고 아름답다. 아름다움은 여인들이 추구하는 최상의 목표다. 이제 그 황금과 비단은 다 내 것이라는 압바네스다.

그러나 도마는 이러한 장사꾼 이야기가 귀에 들어오지 않는다. 이런 위기상황을 미리 점쳐 샌들을 챙겨준 어머니를 생각하면 금시라도 달려가 안기고 싶은 생각뿐인 것이다. 그러면서 허리띠에 매달려 있는 베드로의 손칼을 만지작거리며 이 물건은 또 어디에서 어떻게 쓰일지 엉뚱한 상상을 해

본다.

"여기가 어디쯤인가요?"

"왜, 돌아가고 싶어서?"

압바네스는 신들메를 고쳐 매며 눈물을 훔치는 도마를 본 뒤라 그가 고향생각을 한다는 짐작을 했다. 게다가 그 샌들이 어머니가 준 선물이며, 형 예수가 신던 신발이라는 이야기도 들었다. 지금은 인도의 왕에게 잘 보이기 위한 하나의 교환가치밖에 없는 물건으로 데려가지만 어찌 보면 심약한 청년일 뿐인 동생 같은 존재라 생각하니 측은지심이 솟기도 하는 압바네스다. 저 인도의 왕은 새로운 신전 짓는 일을 맡아줄 기술자를 데려오면 큰 보상을 해줄 것이라 하였다. 하여 목수의 아들 도마를 꾀어내 가는 중이다. 겉으로는 도마의 동방 전도를 돕는 척했지만 속셈은 그게 아니었다. 신전을 지어본 경험 있는 기술자를 데려다준 대가로 받을 소개비다. 말이 좋아 데려다준다 했지만 그 실인즉슨 이 청년을 팔아먹는 일이나 진배없는 행위다. 인신매매다. 그런데도 이 순진한 청년은 그저 앞뒤를 가늠할 수 없는 허허벌판에서 여기가 어디쯤이냐고 묻는다. 겉 다르고 속 다른 두 사람의 동상이몽이 이어지는 별 헤는 밤이다.

"머잖아 바벨 문에 도착할 겁니다."

바벨 문은 바벨로니아로 들어가는 관문이다. 바벨론이란 말뜻은 '신의 문'이란 아카드어의 '바빌루'라는 말에서 연원한다. 신의 문이라, 이들이 말하는 신은 불의 신을 두고 하는 말이다. 한때 강성했던 바벨론 제국은 티그리스 유프라테스 강을 끼고 있는 이 중동지역을 재패하고 있었고 찬란한 문화의 꽃을 피웠다. 이 바벨론 제국의 확장정책에 따라 남 유대라 불리던 이스라엘은 멸망하고 70년간이나 이들의 노예생활을 한 역사가 있다.

"바벨 문이라고요?"

도마는 문득 바벨론 유수에 관한 생각으로 머리가 복잡해진다. 예루살렘이 행악으로 가득찬 시기에 선지자 예레미야가 나타나 이스라엘의 패역함에 대한 회개를 외쳤다. 그래도 사치와 음란에 빠진 우상숭배를 계속하자 이스라엘의 멸망과 종살이를 예언하였다. 정확하게 70년을 종살이할 것을 미리 선고했던 것이다. 예언대로 이스라엘은 바빌로니아에 복속되고 나라 잃은 유대민족은 노예생활을 하게 된다.

"이스라엘이 여기서 노예생활을 했다지요?"

압바네스가 묻는다. 오래전 일이긴 하지만 두 나라 간에는 잊지 못할 은원관계가 있다. 민족 간의 전쟁이나 침략행위에 대해선 그 후손 대대로 잊을 수 없는 낙인이 되는 것이다. 이 역사적 사건에 대해선 이민족인 압바네스도 알고 있다. 하물며 조상들이 식민지 노예생활을 했던 나라에 와서 아무런 감정도 없을 것인가. 압바네스는 도마의 기분이 상하지 않을 정도의 한도 내에서 그 이야기를 물어온다. 이왕 말이 나온 김에 그러한 역사도 알고 싶은 것이다.

"여기서 다시 깨어나고 분할되었다지요?"

　이 바벨론 유수기에 예언자 다니엘이 나타나 유대민족을 다시 한번 구원하게 돼 노예생활에서 해방되었지만 그 70년 동안 바벨론에 생활터전을 잡은 포로들도 있었다. 이들은 여전히 바벨론에 남게 돼 바벨론 주민이 되었다. 그런가 하면 고국으로 돌아가지도 않고 바벨론에 남지도 않고 제3국으로 유랑생활을 떠난 자들도 있다.

　도마는 지금 몇백 년 전으로 돌아간 유대민족의 역사를 이야기한다. 달리 할 일도 없는 별밤이니 끝이 없는 이야기다.

　"노아홍수 이후 노아의 아들 셈과 함과 야벳의 후손들은 각기 동서남북으로 흩어졌어요."

　저들 중 북쪽으로 떠난 사람들은 나중에 스칸디나비아로 불리는 북극을 돌아 알류산 열도가 연결된 베링 해를 건너 장차 아메리카로 불릴 대륙으로 가 인디언들의 조상이 되었다. 아마 이들이 함의 후예들이 아닌지 모를 일이다. 함은 술에 취해 벌거벗은 채 누워 있는 아비의 모습을 보고 형제들에게 가서 아비의 벗은 모습을 전했다고 해서 노아로부터 저주를 받은 사실이 있기 때문이다. 또 다른 한 무리는 그리스 로마로 불리는 서방으로 길을 떠났고 나머지 무리들은 동방과 남방으로 떠났는데 중앙아시아에 남은 이들을 인도·이란 족이라 하여 아리안 족이라 부르게 되었다. 이들 아리안 족 중에 먼저 메소포타미아 유프라테스 강 유역으로 남하한 족속들이 만든 나라가 바빌로니아다. 이들 세력이 차츰 강성해져 예루살렘을 점령하고 유대인들을 잡아 포로 노예로 삼은 나라가 바로 바빌로니아 제국이다. 그러나 이들은 그리 오래 가지 못했고 더 동남쪽으로 내려가 파르스에 머물던 일족들이 일어나 다시 바빌로니아를 쳐 복속시켰으니 이들이 세운 나라가 페르시아 제국이다. 같은 지역이지만 이렇게 이름이 바뀌는 역사를 가진 곳이 바벨론이다.

"이스라엘 민족들은 끊임없는 수난의 역사를 되풀이해요."

"왜 그렇죠?"

"그걸 누가 알겠어요? 많은 사람들이 그게 여호와의 뜻이라는데…"

솔직히 말해 그 뜻의 깊은 참의미를 모르겠다는 도마다. 형은 이 끊임없는 부침의 역사를 여호와의 뜻이라 했고, 이러한 뜻 속에는 끊임없이 인간을 연단시키고 각성시키려는 의도가 있다 하였다. 이스라엘을 통하여 각국의 열방은 거울로 삼으라. 그 뜻을 전하기 위해 길을 떠나온 도마가 그게 뭔지 모른다는 이야기를 듣던 압바네스가 다른 이야기 하나를 끄집어낸다.

"그때 바벨론 유수에서 풀려나 유랑의 무리를 지어 떠난 자들 중 일부가 큰 족속을 이루어 사는 나라가 있지요."

저들 중 한 무리가 땅끝까지 가 정착을 한 곳이 조문국 제사장의 나라라는 이야기를 다시 상세하게 하는 압바네스다. 예루살렘에서 새털처럼 가벼운 금관을 주문했던 게 바로 그 제사장에게 줄 선물이었음은 이미 말한 바 있다. 그렇지만 그 제사장이 바벨론 유수 때 제3국행을 택한 그 무리 중 하나라는 사실을 듣는 건 금시초문이다. 압바네스는 이미 그들과 교역을 텄다. 그러니까 웅크리고 있는 호랑이 모양의 그 땅을 통틀어 한반도라 하고, 북녘엔 이미 고구려 백제 같은 큰 나라가 있다. 그 한반도 중 호랑이 등뼈에 해당하는 태백산맥의 준령 아래로 펼쳐지는 남녘 일부를 차지하고 있는 고만고만한 부족나라들이 있다. 그중 조문국 사로국 가락국 등으로 불리는 부족들과는 이미 독점 교역을 하기로 한 압바네스다. 이들은 삼면이 바다로 해상무역로가 아니면 접근이 불가하다.

"여기 오니 또 그 생각이 나네요."

압바네스는 제사장 이야기를 들은 대로 전한다. 제사장 일족은 중원천지를 떠돌면서도 장막에 둘 궤 하나는 목숨처럼 지켜, 지금도 그 믿음 하나로 산다. 저들은 오로지 여호와 하나님이 준 언약궤를 생명처럼 간직하고 지키는 것을 사명으로 여긴다.

"지금 내가 주문해 가지고 가는 깃털금관은 제사장 직을 물려받을 현 제사장의 아들에게 씌어줄 관모예요."

제사장은 자기 아들에게 제사장직을 물려주며 화려한 이 취임식을 하고 싶어 한다. 왕위를 선양하는 일에 버금가는 화려한 예식을 통해 아들의 권위를 드높여 주고 싶은 것이다. 이는 왕권과 신권이 동등한 위치에 있는 경우에만 해당되는 특별한 의례다. 지금 도토리 키 재기 식의 경쟁 관계에 놓인 사로국과 조문국은 명색은 동맹관계이지만 이런 보이지 않는 알력이 존재한다.

"사로국은 정치체제가 어느 정도 갖추어져 있지만 조문국은 그런 걸 선망하지 않아요. 여호와의 율법대로만 살면 그게 곧 축복받은 삶이란 거죠."

그러니 에덴동산 같은 비옥한 땅에서 농사 지어 그걸로 먹고살면 족하다. 하늘에선 때 맞춰 비 내려주지 사철 변하는 사계절 뚜렷하지 더 이상 바랄 게 없는 저들이다. 자급자족이 만족인 사람들이라 더 이상 욕심이 없다. 거기 금성 산이 솟아 있어 에덴동산이 저랬으리라 하고 만족하게 산다는 것이다.

"금관의 하나는 사로국 왕에 줄 선물이고 다른 하나는 조문국 제사장에게 줄 물건이거든요?"

도마는 이 두 집단 사이의 관계를 얼른 짚어내지 못한다. 왕은 뭐고 족장은 뭐며 제사장은 또 뭐란 말인가? 이 과도기적 정치현황을 알 리 없는 도마다. 도마는 벌써 졸음이 음습한다. 압바네스의 이야기가 계속된다.

"저들이 신봉하는 신앙의 대상이 뭔지 알아요?"

저들이라는 그 말속에 든 저들이 소도가 있다는 그 나라 사람들을 이야기하는지 지금 눈앞에 있는 이 나라 사람들을 뜻하는지 잘 알아듣지 못하는 도마에게 그 사람들이나 이 사람들이나 신앙하는 대상은 불이라는 말을 분명히 하는 압바네스다.

"저들은 불을 신봉해요."

저들은 불의 제전에서 예배를 드린다. 태양제단의 성화에 샌달 나무를 태워 불꽃과 연기를 내며 찬송과 기도를 드린다. 이들은 예배의식을 치르는 동안 흰옷과 흰 수건을 쓴다. 그런데 그 머리에 금관을 쓰겠다는 것은 교만에 찬 짓이 아닌가 하는 압바네스다. 그러고 보니 저들이란 저들은 분명 조문국 사람들을 일컫는 말 같은데 그 말속에는 여기 사람들도 포함돼 있는 어법 같았다. 저들은 하루에 다섯 번씩 예배를 드리고 의식에 관한 규례는 아베스타라는 경전에 수록돼 있다. 이 경전에 따르면 선을 행하든 악을 행하든 그건 인간의 의지에 따라 할 자유이지만 죽으면 반드시 심판을 받게 된다. 죽어 사흘째 되는 날이면 누구나 신밧드라는 다리에 이르게 되는데 이 다리 위에 심판관 조로아스터가 있고, 선행을 한 자는 보후만의 영접을 받아 천국으로 가고 악행 판정을 받은 자는 지하에 있는 귀신 집으로 끌려간다.

"그러고 보면 당신네들이 믿는 여호와와 조로아스터가 같은 신관이잖소?"

선과 악 두 신이 있고 어느 쪽을 따르든지 그건 인간의 자유의사다. 그러나 죽은 자는 반드시 그에 대한 심판을 받아 서로 갈 길이 달라진다.

도마는 잠결에 압바네스가 묻는 말에 대답을 한다.

"비슷하긴 하네요."

거기까지는 비슷한데 다른 점 하나가 있다는 도마다.

"그렇다면 내가 하나 묻지요. 그 선악을 만든 조로아스터는 어디서 왔다던가요?”

선과 악을 창시하고 도덕성을 중시한 점은 맞지만 그의 시작은 어디냐는 것이다. 도마는 이미 이 문제에 대해 수없이 많이 들어온 이야기다. 여호와는 알파요 오메가라는 이야기를 하는 도마다. 스스로 생각해도 예기치 못했던 이야기들이 술술 나온다.

“그걸 나한테 물으면 어떻게 대답해요?”

압바네스는 모른다 한다. 그러면서도,

“저들과 한 족속들이 아니오?”

라 한다. 압바네스는 조문국 제사장은 이 바벨론에서 간 마기(magi)라며 그 사람과 같은 종파가 아니냐 한다. 마기란 조로아스터를 전교하는 책임자로서 제 의식을 행할 수 있는 소도장이라는 것이다. 처음엔 마기가 전쟁터나 왕의 행궁 시 수행원으로 따라다니며 일진을 본다든지 꿈을 해석한다든지 천기를 보는 일종의 신탁대행자였지만 나중에 가서는 각 지방에 내려가 제천의식을 행하는 제사장으로 되기까지 했다. 조문국의 그 제사장은 여기서 그런 일을 하던 소도장의 후손으로 거기까지 가서도 당당한 제사장 노릇을 하고 있다는 압바네스다.

“그렇다면 레위 지파 사람들인데요?”

도마는 대대로 제사장의 직분을 가질 수 있는 신분은 레위 지파 사람들로 율법에 밝은 자들이라 한다.

“그런 게 있었어요?”

도마는 이스라엘 민족의 계보에 대한 이야기를 한다. 하나의 뿌리를 가진 민족으로 열두 지파가 있다. 그러나 공통적으로 다 함께 지켜야 할 계율이 있는 사람들이다. 지금은 뿔뿔이 흩어져 산지사방에서 각자도생을 하고 있지만 그 조상들을 이야기하면 다시 하나로 뭉치게 된다는 이야기다.

"그게 이스라엘 민족의 뿌리요 근성이에요."

이들은 유일신을 믿는다. 자신들에게 생명을 불어넣어 준 여호와의 축복을 받은 사람들이다. 지금 도마가 갈 곳은, 가서 할 일은 저들을 만나 새로운 구원의 역사를 전하는 것이다.

"그를 한번 만나보고 싶어요."

그곳이 어딘지는 모르겠지만 그러한 제사장이라면 예수를 전하는 데에 큰 도움이 되지 않을까 하는 도마의 꿈이다. 도마는 별을 향해 그 소원이 이루어지도록 빌어본다. 주여, 그를 만나게 해주세요. 그를 만나면 일이 잘 풀릴 것 같아요.

"소원이 간절하면 이루어진다고 말하지 않았소?"

도마의 연이은 하품을 본 압바네스, 이야기는 또 다음에 하기로 하고 일단 잠을 좀 자두자고 한다. 사실인즉 도마는 지금 자고 있다. 자고 있는 중에 꿈결엔 듯 들리는 소리에 답하고 있는 중인 것이다.

도마는 꿈속에 형 예수를 보았다. 형이 말했다. 네가 수고가 많구나. 너는 훌륭한 기록자가 될 것이다. 이 말에 도마는 지금까지 형과 함께 있으면서 들었던 형의 말들을 기록한 어록을 작성할 것임을 다짐했지만 잠에서 깨어나면서 곧 잊어

버렸다.

다시 아침이 밝자 길 떠날 차비를 하는 상단이다. 그런데 갑자기 압바네스가 도마의 손을 붙잡고 부탁이라며 한 마디 한다.

"여기서 주의할 점 하나가 있어요. 이건 꼭 지켜야 해요."

여기 바벨론에 머무는 동안은 신에 대한 이야기는 일체 금물이라는 압바네스다. 특히 국경수비대 앞에서는 일체 말을 하지 말라는 것이다. 그는 여러 나라를 다니며 얻어 들은 경험으로 '신에 대한 이야기는 아무데서나 함부로 지껄이면 안된다'는 지론을 편다. 불의 신을 믿는 바벨론에서 예수 이야길 꺼냈다가는 자칫 큰 봉패를 볼 수도 있다는 경고였다.

"그러니까 여기선 전도 금지요. 알았죠?"

그러나 도마는 알았다는 말 대신 '나는 여기서도 예수를 팔 건데요.' 한다. 바벨론에도 아직 디아스포라들이 남아 있다.

"저들은 토라를 믿고 그에 따른 신앙이 있기 때문에 배신 행위 같은 건 안 해요. 그리고 저들은 아직 예수의 존재를 알지도 못하고 있어요."

그러니 토라에 나오는 예언들이 새로이 이루어졌음을 전해야 한다는 도마다.

"이들은 예수의 존재를 몰라요. 예수가 어떻게 이 세상에 왔다 갔는지를 알려야 할 임무가 바로 내가 여기 온 목적이니까요."

여기 사는 디아스포라들은 자신들의 선조들이 당한 고초

는 누구보다 더 잘 알고 있다. 또한 방종과 타락으로 인해 그 고초를 겪게 한 여호와의 존재에 대해선 부정하지 않고 있다. 다만 그 여호와의 사랑이 여기까지 미쳐 이제 구원의 새 역사가 시작되었다는 것을 모르고 있는 실정이다. 그 구원의 손길이 당도했다. 이 새로운 소식을 왜 전하지 말란 말인가?

도마는 압바네스를 이해할 수 없다.

"이제 곧 그 말이 무슨 뜻인지를 알게 될 거요."

일행은 어느덧 바벨로 들어가는 관문을 통과하기 위해 차례를 기다리는 행렬 뒤에 서게 되었다. 거대한 성문의 중앙 문루 위에 독수리 날개에 사람얼굴을 한 문양이 새겨진 조각이 위압적이다. 그 그림자 아래 검문하는 병사들이 보였다. 입초가 둘씩 양옆에 창을 들고 서 있고 동초 몇이서 칼을 찬 채 출입자의 몸수색을 하고 있다. 오고 가는 사람들의 짐짝은 물론이고 몸수색까지 하는 모양새로 보아 여기서 트집을 안 잡히고 지나가는 게 오히려 이상할 정도로 보인다.

"악명 높은 국경수비대 놈들입니다."

압바네스는 저들을 일컬어 서슴없이 '악명 높은 놈'들이라 했다. 저들은 불의 종교를 믿는 배화교도들이란 것이다. 그렇다고 배화교도들이 불을 신봉하는 건 아니다. 예배의식을 행할 때 불을 피워놓고 하는데 이 불을 꺼트리지 않게 하기 위해 항상 불을 피워놓음으로 해서 생긴 이름이다. 불은 선과 악을 분명하게 수용할 수 있는 현상이다. 불은 지옥에서도 불타오르고 낙원에서도 빛을 낸다. 하여 이들은 불을 신성시한다. 이들은 사람이 죽으면 햇빛이 잘 드는 바위 위에 눕혀 태양빛을 쐬게 한다. 그 시신은 독수리가 쪼아 먹게 만든다. 이른바 조장이다. 이로써 그 영혼을 가볍게 날려 보낸다는 것이다. 이들의 조장 터에는 세 단계의 바위계단이 있는데 제일 위의 단에는 남자, 다음 단에는 여자 그리고 가장 아래 단에는 어린아이를 눕혀놓게 된다.

그러나 이들이 신봉하는 신은 불이 아니라 조로아스터가 말한 두 가지 신이다. 하나는 선의 신 아후라 마즈다이고 또 다른 하나는 악의 신인 앙그라 마이뉴이다. 이 둘은 하나이면서 둘로 양성이 평등한 위치에 놓인다. 그러나 이 둘을 관장하는 교주는 창조신 아후라 마즈다. 하여 이를 믿는 교도를 마즈다교도나 조로아스터교도로 부른다. 이 종교를 창시한 사람이 박트리아 지방의 조로아스터라는 이름을 가진 사람이기 때문이다. 간밤에 도마가 압바네스에게 물은 질문의 해답이 바로 여기에 있다. 창시자가 박트리아 지방에서 태어난 인물이라면 그를 창조한 이는 과연 어디 있는 누구일 것인가? 전지전능하고 무소부재한 여호와에 비견될 수 없다는 것이다. 그런데 이 교리에 따르면 세상은 이 두 영의 혼인 선악의 전쟁터다. 이러한 내용을 기록한 경전이 '아베스타'로, 힌두교경전 '베다'와 같이 '지식'을 뜻한다. 이 두 경전은 기록된 시기도 엇비슷하고 두 종파 간의 알력도 심해 서로 싸우기까지 한 역사가 있다. 힌두 경전인 베다를 가지고 간 종족은 아리아인들로 인도 방향으로 이주해 갔고 아베스타를 가지고 간 종족 역시 다 같은 아리안 족이지만 이들은 티그리스 유프라테스 강 유역인 바빌로니아 지역으로 이동해 두 파로 나누어졌다. 나중에 이 둘은 각기 다른 조로아스터교와 힌두교로 나누어지지만 그 뿌리는 하나나 진배없다.

조로아스터교는 다리우스 1세 때 그 교세가 막강하여 중동지역에 팽배했으나 페르시아 제국의 발흥 이후 점점 쇠락해 갔다. 이 무렵이 바빌로니아가 이스라엘을 복속시켜 유대민족을 종으로 삼았던 시기다. 신흥 페르시아 제국의 부흥에 따라 한 풀 꺾인 교세이지만 아직도 잔존한 불의 교도들은 그 불씨를 꺼뜨리지 않기 위해 불 당번을 두고 있다. 때문에 '저들의 심기를 잘못 건드렸다간 오늘 내로 이 문을 지나가지 못 한다'는 압바네스다. 저들은 이민족들의 종교를 그다지 좋아하지 않기 때문이다. 그러니 여기 잠자코 앉아 자기가 하는 꼴을 지켜보라 하는 압바네스다.

"오늘은 여기 가만히 계셔요. 나서지 말고…"

이전의 역참에선 조로아스터교도에게 전도를 하려다가 된통 혼이 난 적이 있었고 하마터면 방을 쫓겨날 뻔한 소동이 일었다. 도마가 나무로 십자가를 만들어 목에 걸고 있는 걸 보고, 역관이 '남자가 무슨 목걸이를 하고 있느냐', 놀렸고 도마는 이 말에 이게 무언지나 아느냐, '이건 부활의 상징이다' 하면서 십자가의 의미를 설명하려 했다. 이에 발끈한 역관이 '세상에 그런 게 어디 있느냐?' 죽었다 산 사람이 있으면 손가락에 장을 지지겠다고 응수했다. 이렇게 번진 싸움은

도마의 참패로 끝났지만 하마터면 숙소를 쫓겨날 뻔한 사건
이 되었다. 도마는 이에 할 말을 잃었다. 전도에도 한계를 느
꼈다. 대체 무슨 수로 이런 사람들에게 형 예수의 실상을 알
릴 수 있단 말인가? 역관의 말이 아직도 귓가를 맴돈다.

"나는 대 페르시아 제국의 역관이란 말씀이여, 공무원이
란 말씀이야. 그런 내가 조로아스터를 두고 예수를 믿어?"

그는 예수를 믿으란 말에 발끈 화를 냈다. 뿐만 아니라 예
수를 개뼈다귀 같은 존재라 하기도 했다. 괜히 예수를 욕 먹
였다. 압바네스가 싹싹 빌어 망정이지 하마터면 낙타에게 줄
역참의 물도 못 얻어 먹일 뻔했다. 이번에 도마를 일행과 함
께 기다리게 세워두고 파수꾼들에게 혼자 간 압바네스는 도
마가 또 그런 실수를 저질러 뒤따라올까 봐 겁이 나 뒤까지
돌아보았다. 도마의 성질이 그렇게 괴팍해진 것이었다. 가만
히 있다가도 결정적인 순간에 불쑥 튀어나오는 도마, 전에는
안 그랬었는데, 독충한테 물려서 그러나, 하고 생각하기도
하는 압바네스였다. 이번에 이 바벨문 앞에서 또 그런 성질
이 튀어나오면 통과가 불가능해진다. 그러한 도마의 예측불
허한 행동이 나오기 전에 혼자 가서 수문장을 구워삶는 수밖
에 없다.

압바네스는 수문장을 찾아가 이렇게 말한다. 수문장님 수
고가 많습니다. 우리는 페르시아 카펫을 사러 가는 상인들입
니다. 가게 주인과 해 지기 전에 만나기로 약속을 했는데 오
다가 그만 사막에서 길을 잘못 들어 시간이 많이 지체되었지

뭡니까? 우리가 먼저 통과할 수 있도록 배려를 해주시면 안 될까요? 그러면서 남몰래 금화를 하나 그 주머니에 슬쩍 찔러 넣어주는 것이었다. 로마 시민이나 구경할 수 있는 황제 초상이 그려져 있는 금화다. 그런데 수문장의 표정이 어찌 심드렁하다.

"몇 사람이요?"

"열두 사람이요."

"그 정도 상단이면 이거 가지고 되겠소?"

수문장은 한두 사람도 아니고 열둘이나 통과시키자면 이거로는 안 된다는 것이었다. 요즘은 나라가 비상시국이라 검문도 철저히 해야 한다. 수비대를 만나면 늘 듣던 엄포였지만 이날은 검문검색을 기다리는 줄이 긴 것을 보니 무슨 일이 있어도 단단히 있는 것 같아 이번에는 은화를 몇 개 더 찔러주는 압바네스다.

"아, 네. 무슨 말뜻인지…"

압바네스의 수완 덕에 일행은 무사히 남 먼저 바벨 문을 통과할 수 있는 특혜를 누렸다. 물론 도마는 이 일에 불만을 토로한다.

"그건 부정한 일이 아닙니까?"

"세상에 어디 정직만 가지고 산답니까?"

압바네스의 응수다. 압바네스는 이제 도마와 제법 친숙한 사이가 되었다. 티격태격하면서 서로를 이해하게 돼 가는 것이다. 조로아스터교에서 선과 악 두 일을 관장하는 신이 공존하는 것과 마찬가지다. 이 둘은 항상 함께 붙어 다닌다. 동전의 양면인 것이다. 그러나 그 결과는 선이 주관한다. 그리고 마지막 결정권은 선한 신에게 있다.

"인간이 마지막 죽어 가는 길에 다리를 하나 건너게 돼 있어요."

"그 다리 이름이 신밧드 다리죠?"

죽은 사람은 반드시 그 다리를 건너게 돼 있다. 죽은 사람은 사흘 만에 그 다리에 도착하게 되는데 거기 심판관이 기다린다. 그가 바로 조로아스터다. 여기서 죽은 자의 살아생전 행적이 심판받는데 선한 일을 한 자는 낙원으로 악한 일을 한 자는 지옥으로 떨어진다. 이미 했었던 이야기다. 조로아스터교의 핵심은 이 도덕성에 있다.

"그 다리를 건너 위로 가겠소, 아래로 가겠소?"

"위는 어디이고 아래는 어디인데?"

"위는 낙원의 빛이고 아래는 지옥불이라 하지 않았소?"

"그거나 이거나 다 불이긴 마찬가지네."

도마는 이러한 원리적 도덕성에 따른 압바네스의 행동을 이야기하려는 것인데 압바네스는 이러한 교도주의적 이야기를 농담으로 받아들인다. 거기에는 그만한 이유가 있었다. 두 사람은 이미 친구 이상의 친분을 쌓았던 것이다. 사막을 건너다 보면 낙타를 베고 자기도 하고 사람을 끌어안고 자기도 하는 경우가 있기 때문이다.

"형제여, 너무 고까워 마소."

압바네스는 사람이 좀 유하게 살란 말을 한다. 너무 원리원칙대로 살면 머리카락이 빠진단다. 아무렇게나 허투루 살 순 없겠지만 너무 날 세워 살면 제 명대로 못 살고 죽는단다. 벼린 칼이 일찍 무뎌진다.

"해 뜨는 나라에 삼천갑자동방삭이 살아요."

그는 창세 이래 지금까지 살아온 인물로 신출귀몰하는데 그의 장수비결은 웃으며 사는 데 있다는 이야기를 하는 압바네스다. 인간의 수명이 점차 줄어든 까닭은 마음의 근심 때문이다. 낙원에 든 사람들이 영원한 삶을 누리는 것은 그곳 사람들에게는 근심걱정이 없기 때문이다. 낙원 사람들은 먹을 게 생기면 서로 이웃의 입에 넣어주려고 애를 쓰는 반면 지옥의 사람들은 서로 제 입에 넣으려고 아귀다툼을 벌인다는 이야기다. 이런저런 이야기를 나누는 동안 여관에 당도한 일행들이다.

"오늘은 여기서 묵고 갑시다."

사방으로 벽을 높이 둘러 바람을 막고 집 안에 우물이 딸린 구유간도 갖춘 아주 큰 규모의 객잔이다. 마당 한가운데 서면 하늘이 보이고 하늘이 그대로 내비치는 우물가에는 열매를 주렁주렁 매단 야자수도 있다. 정문 옆에 식당이 있고 그 양옆 사방으로 객실이 있어 방마다 그 문 앞에 얇게 짠 양탄자로 커튼을 쳐 문을 대신하였다. 각기 방이 배정되었다. 커튼에 여러 마리 낙타가 쉬고 있는 그림이 있으면 여러 사람이 함께 자는 객실이고 외로이 한 마리가 걷고 있으면 혼자 묵는 독방, 두 마리면 두 사람이 사용하는 방이다. 먼저 우물로 가 발을 씻은 뒤 식사에 임하라는 전갈이 왔다. 이들은 이들대로 묵고 가는 손님을 대하는 법도가 있어 먼저 발을 씻게 하고 정갈한 몸으로 불의 제단이 있는 방향으로 기도를 하게 한다. 그다음으로 음식상을 대하게 하는데 그때도 또 음식에 대한 감사기도를 하게 한다.

"로마에 가면 로마의 법을 따르라 하는 말이 있지."

아주 큰 객잔이니만큼 객잔 측에서 요구하는 최대한의 예의는 지킬 줄 알아야 한다는 압바네스다. 낙타몰이들은 예의를 모른다. 그저 먹고 싸고 시키는 일만 할 줄 안다. 그러나 일단 유사시에는 적을 제압할 수 있는 비장의 무기 하나는 가지고 있는 싸움꾼들이기도 하다. 그러니 혹시라도 저들과 말다툼을 해서는 안 된다. 저거 봐라, 손도 씻지 않고 더러운 손으로 음식을 먹지 않느냐, 주의를 상기시키는 압바네스다. 종업원이 와서 이러면 다른 손님들에게 불쾌감을 준다며 주의를 주었으면 좋겠다는 말을 한다. 곧 높은 관리들이 올 것인데 이러면 안 된다는 것이다. 식탁에 놓인 양고기를 허겁지겁 뜯으며 떠들고 있는 낙타몰이꾼들을 보며 도마는 저들 곁으로 간다.

"맛있어요?"

"맛있지 않고? 얼마 만에 맛보는 고기요?"

"그래, 맛있긴 하지요. 그렇다고 그렇게 허겁지겁 먹다보면 체할 수도 있어요."

도마는 대체 뭐 하러 일꾼들의 식탁에 와서 이런 소리를 하는가? 자기도 객꾼이란 걸 일꾼들도 알고 있다. 상단을 운영하고 자기들에게 품삯을 줄 수 있는 사람은 오직 압바네스뿐이다. 그러니 객꾼의 잔소리 같은 건 들을 이유가 없다.

"무슨 소릴 하고 싶어서 그러는 거요?"

성질 급하게 생긴 몰이꾼 중 한 사람이 도마를 째려보며 묻는다. 이건 숫제 묻는 게 아니라 시비조다.

"우리한테 바라는 게 있소?"

"바란다기보다는 예의를 좀 지키자는 말이 하고 싶어서 왔습니다."

도마는 아직도 식탁예의가 없는 일꾼들을 지켜보고 서 있는 객잔 종업원들을 턱짓으로 가리키며 저들이 상당히 불편해한다는 이야기를 한다. 그러다가는 객잔에서 쫓겨날 수도 있다. 그러니 좀 얌전하게 먹자.

"이 식당에 고위층 간부가 온다니 좀 조용히 하는 게 좋겠다 싶어서요."

"고위층 간부요? 그게 우리와 무슨 상관이래?"

"이 객잔은 음식을 겸하는 식당이라 음식손님이 많나 봅니다."

도마는 종업원이 와 압바네스에게 한 말을 그대로 전한다. 여긴 남의 나라잖소, 조심해서 손해 갈 일은 없지… 도마는 조용히 일꾼들을 타이르는 데 성공했다. 그런데 뒤돌아서기도 전에 문제가 발생했다. 한 떼거리의 병사들이 들어오는데 칼을 찼다. 그중에 나중에 들어서는 우두머리는 색실로 만든 샌들 끈을 무릎 위까지 둘둘 감았다. 바벨 문에서 본 그 초소장이다.

"아하, 여기들 있었군?"

둘레둘레 살펴보던 눈길이 머문 곳이 압바네스가 앉아 있는 식탁이다. 일꾼들과는 따로 떨어진 식탁에 둘이서만 따로 차려놓은 음식을 보고서는 군침을 삼키는 초소장이다. 몇 사람 초병을 거느린 신분이었지만 지금 여기서는 가장 높은 사람이다. 그가 말한다.

"당신 상인, 아까는 상점 주인과 급한 약속이 있다 하지 않았소?"

그래서 남 먼저 통과시켜 주었더니 여기서 이렇게 노닥거리고 있을 시간이 어디 있을 것이냔, 시비조다. 이건 아예 억지를 부리기로 작정한 사람의 말투다. 그런데 압바네스는 이에 주눅이 들기는커녕 오히려 맞받아친다.

"하, 그러는 수문장 나리께서는 그 알짜한 상납 받아서 부하들 술 사주러 납시었습니까? 집에 가서 애들 과자나 사다주라고 한 닢 찔러주었더니 그거 가지고는 모자란 모양입니다?"

"이것 봐라. 이거 제법인데?"

"안 제법이면? 세상천지 안 다녀 본 곳이 없고 안 만나본 사람이 없는 이 압바네스가 일개 수문장인 당신 손에 놀아날 것 같소?"

내가 지금 만나기로 하고 기다리는 사람이 오면 당신은 다칠 수도 있으니 그만 내가 주는 술값으로 한 잔 마시고 부하들 데리고 어서 나가라는 압바네스다. 눈치 빠른 수문장은 이 말이 긴가민가하다.

"하, 대단한 인물 나셨군? 당신이 그 고위층 인사를 만나고 다니는 사람이라면 나는 왕을 알현하는 사람이요."

"그, 어째 말이 이상하게 흘러갑니다."

압바네스는 나도 그만한 연줄이 있는 사람이니 이 정도에서 끝내고 나가라는 이야기를 한다. 그러면서 종업원을 불러 '저 사람들 저녁 먹여 보내라'는 말을 한다.

"돈은 내가 준다고 하시오."

압바네스는 배짱이 두둑했다. 돈이면 안 되는 일이 없다고 한 그의 말을 그대로 행동에 옮기는 실천가이기도 했다. 그런데 정말로 저들과 실랑이가 채 끝나기도 전에 고위층 인사라는 그분이 나타났다. 나타났을 뿐만 아니라 둘이 얼싸안고 서로 등을 두드리며 양 뺨 부비고 코끝까지 맞추는 인사를 한다.

"어, 이 사람 오랜만일세"

한눈에 척 봐도 배가 불룩 나온 데다 자색 옷을 입고 끈 달린 샌들을 신은 것이 고위층 신분의 부자임에 틀림없어 보였다. 이 요란한 두 사람이 인사를 나누는 동안 시비를 걸어오려던 초소 장 일행은 슬금슬금 눈치를 봐가며 꽁무니를 빼버렸다. 한참 야단법석을 떨던 두 사람이 드디어 인사치레를 마치고 자리에 앉으려다가,

"이 사람은?"

하고, 엉거주춤 서 있는 도마의 존재를 묻는 부자다.

"아, 이 사람…"

압바네스는 도마를 동업자라 소개한다. 그러면서 인도에 왕궁을 지으러 가는 기술설계사라는 말도 덧붙인다.

"인도 왕의 초빙을 받고 가지."

말을 액면 그대로 해석한다면 도마는 압바네스와 동업자고 압바네스는 대상이니까 도마는 그에 소속된 기술자가 된다. 고깝게 듣자면 압바네스의 부하직원쯤 되는 셈이다. 허나, 아주 듣기 싫은 소리는 아니다. 입만 열면 거짓이나 과장된 허풍을 떠는 압바네스에게 이미 길들여진 도마다.

"궁전을 짓는다, 구요?"

"재상님이 생각하는 그런 큰 궁전은 아니고요."

그저 조그만 신전이라 축소하는 압바네스다.

"신전이라면 새로 등장했다는 석가모니 신전인가?"

"그건 아닐걸요?"

잘은 모르겠지만 힌두신전일 거라는 이야길 하는 압바네스다. 인도는 힌두교다. 힌두교는 조로아스터교와 비슷한 시기에 발흥하여 동·서로 나누어진 아리안 족들의 신앙이다. 공통점도 많고 서로 다른 점도 있지만 서로 이해하고 인정한다. 이제 그러한 신전을 짓기 위해 특별히 초빙돼 간다는 도마에게 호의적인 재상이다. 일단 인사가 끝나자 압바네스의 사업 이야기가 시작되었다.

“이번에는 많은 물량은 못 가지고 가요.”

바벨론에서 양모로 짠 카펫을 싣고 강을 따라 바다에 이르자면 몇 날 며칠이 걸릴 것이고 거기서도 또 뱃길로 오랜 항해를 해야 하는 대 장도다. 그러니 뱃길에 익숙해질 때까지 아직은 조금씩 실어 나를 수밖에 없단 이야기다. 바벨론에서 운송할 것은 카펫과 유리공예품이다. 유리공예품은 주로 인도 여인네들의 목에 걸릴 사치품이고 그중 몇 개는 가락국까지 갈 것이다.

“올 때 가지고 올 인도 차와 향신료는 넉넉히 가져다줄 터이니 걱정 마세요.”

두 사람 이야기를 들으며 대충 이들이 무슨 일을 어떻게 해서 먹고사는지 알 것 같은 도마다. 오로지 이들의 관심사는 이 무역품들의 이득을 독점하는 일이다.

“물건이 다른 데로 새서는 안 되네.”

“염려 딱 붙들어 매십시오. 재상님께 독점권을 드릴 테니까요.”

재상은 양탄자 짜는 공장의 노예수를 5백 명으로 늘렸다면서 이제는 로마 시민들이 다 덮고도 남을 양탄자 생산을 하게 될 것이라 호탕하게 웃는다. 그러다 문득 도마의 존재를 인식한 듯,

“설계사는 어디 출신이오?”

하고 묻는다. 어디 출신이면 뭐 하려고? 하려다가 공손하게,

"예루살렘에서 왔습니다."

"예루살렘?"

그는 이건 뜻밖이라며 자세를 고쳐 앉는다.

"동향 사람을 만났구먼."

이미 옛날 이야기이지만 바빌론 유수시절 끌려왔던 할아버지 때부터 정착해 눌러앉은 가계를 이야기한다. 그간 어찌하여 재상의 자리까지 올랐지만 늘 불편한 마음이 사라지지 않는다는 이야기였다.

"허, 참. 까마귀도 고향까마귀라더니 이런 데서 이렇게 만나는 고향 사람도 있네."

"그렇습니다, 정말 뜻밖입니다."

"그래, 어느 지파 사람인가?"

"저희는 유다 지파입니다."

재상은 레위 지파 사람이라 했다. 레위 지파 사람들은 대대로 제사장 직분을 승계할 수 있는 지위를 가진다. 그렇다면 압바네스가 말한 조문국 제사장도 이들 친인척이 아닐 것인가? 혹시 그에 대해 아는 게 있느냐 물었지만 아는 바가 없다는 재상이다. 그 갈래가 어떻든 다 같은 이스라엘 민족이니 한 형제라는 이야길 하며, 선지자 다니엘을 공통화제로 삼는 두 사람이다.

"그 덕분에 이렇게 살아남았지."

재상은 비록 몸은 바벨론에 살고 있지만 아직도 선조들이 겪은 치욕을 잊지 않았다며 '돈을 많이 벌어 고향에 좋을 일을 할 것'이라는 포부도 밝힌다. 한번 유대인은 영원히 유대인이라는 것이다. 도마는 혹시나 싶어 술잔의 포도주를 손가락에 찍어 식탁 위에다가 물고기를 그려 보인다. 그렇지만 이 물고기 암호가 재상에게 통할 리 만무다. 이제 그러한 비밀을 전하려고 여기까지 온 도마가 아닌가. 이쯤 생각하고 있는데 어디선가 종소리가 들린다.

재상은 자리에서 일어나 경건하게 두 손을 모으고 종소리가 나는 방향을 향하여 머리를 숙였다. 그러고는 두 손을 이마에 올려 머리카락을 한번 양옆으로 쓰다듬은 다음 그 손을 코를 중심으로 양 볼을 훑어 내려가는 의식을 행한다. 소리가 난 쪽을 향하여 잠시 예배를 드리는 것이었다. 그러고는 한참 후 두 손을 거두어들이며,

"저쪽에 바벨탑이 있었지."

하면서 불의 성전에 대한 이야길 한다. 지구라트라고 불리던 바벨탑은 대지진과 함께 무너져 내렸지만 아직도 그곳을 향해 절을 하는 전통은 남아 있단다. 그 위쪽으로 공중정원이 있던 왕의 궁전이 있었고 한때 번성했던 왕의 대로가 그 앞으로 나 있다. 뭣하다면 번화가를 한번 구경시켜 드리고 싶다는 재상이다.

"좋지요. 이왕이면 공중목욕탕에서 한 잔 하면 더 좋지요."

압바네스는 사막 길의 피로도 풀 겸 뜨거운 물에 목욕을 하고 싶다 한다. 도마는 생전 처음 들어보는 이야기다. 그저 요단강에 풍덩 뛰어들어 멱을 감을 줄이나 알았지 뜨거운 목

욕탕 물에 몸을 씻고 욕조에 몸을 담근 채 거기서 포도주를 마신다는 건 상상도 못해 본 일이다. 로마의 고위층 인사들이나 번듯이 누운 자세로 음식을 먹고 마시는 줄 알았지 여기도 그런 문화가 있을 줄은 생각지 못한 일이다.

"갑시다. 목욕도 하고 술도 마실 수 있는 곳으로."

재상은 흔쾌히 전용 마차꾼을 시켜 왕의 대로로 갈 것을 명한다. 마차는 곧 왕의 대로에 이른다. 거기가 바로 거기였던 것이다. 아니다, 마차가 그만큼 빨리 달렸다는 이야기일 것이다. 도로는 잘라서 만든 벽돌 같은 돌이 깔려 있고 마차 바퀴가 지나가는 곳은 자국이 패여 있을 정도로 닳아 있다. 유독 한 곳으로만 난 길이 더 뚜렷한 마차바퀴 자국이 남아 있다.

"로마에 버금가지요?"

"향락가로 가는 길이군요!"

압바네스는 이 길이 향락가로 가는 길이라 했다. 재상도 그 말에 동조한다.

"향락도 즐겨야 할 때는 즐겨야죠."

국가 무역을 총괄해 맡은 대신으로서 대무역상을 대접하기 위해 향락가로 내달리는 것은 당연한 처사라는 기염이다.

"오늘은 실컷 놀아 봅시다."

공중정원이 있고 지구라트가 있는 도시에서 실컷 놀아보자는 재상의 말에 압바네스의 호기가 덧입혀진다.

"암, 그래야지요. 그래야 저 갈릴리 촌뜨기도 세상물정을 알죠."

압바네스는 도마를 세상물정 모르는 촌뜨기라 했다. 하기야 드넓은 세상 밖으로 나와 이런 번화가를 보니 촌놈인 건 맞다. 그러나 도마도 깜냥은 있다. 형을 따라 설산까지 갔다 온 경력이 있는 것이다.

"나 보고 촌놈, 촌놈 하지 마요. 나도 저 인도 설산까지 갔다 온 사람이에요."

"아, 그러셔? 하기야 우리가 처음 만난 곳이 오스로헨 왕국이었지."

"오스로헨 왕국이요?"

이번에는 재상이 놀란 듯 묻는다.

"두 분이서 오스로헨 왕국에 갔었다고요?"

자기도 거길 가고 싶었는데 아직 못 가봤다 했다. 오스로헨 왕 아브가르는 아직 만나보지는 못했지만 나라간의 교역이 있어 자기가 아는 사람인데 중병에 걸렸다가 기적적으로 살아났다는 이야기를 풍문으로 들어 안다 했다.

"그런 기적이 있을 수 있어요?"

이야길 듣고도 못 믿겠다는 재상이다. 그런 불치병을 치유할 사람은 없다는 것이다. 여기도 지금 왕의 왕자가 그런 불치병에 걸려 나라 전체가 우울해질 정도로 저기압이란 것이다. 사실은 오늘 이곳에 오는 것도 그런 분위기에는 맞지 않는다는 재상이다.

"나라에 그런 우환이 있어 초비상 사태가 되었어요."

"아, 그래서 바벨 문 초소장이 그 안달을 부렸군요."

이제야 성문통과 과정이 전에 없이 까다로웠던 게 이해가 간다는 압바네스는 그런 문제라면 걱정할 필요 없다 한다. 그러면서 슬쩍 도마를 찔러 본다. 이미 도마의 권능에 대해서 들은 바 있는 압바네스다. 아브가르 왕을 치유할 능력이 있었으면 왕자의 병도 충분히 고칠 수 있을 것이다. 그렇게만 된다면 만사형통이다. 바벨론 상권은 이미 따 놓은 당상이다.

"능력자 도마님…"

능청스럽게 도마라는 이름 자 밑에 '님'자까지 붙여 부르는 압바네스다. 어디 이 문제에 대해 해결책을 말해보라는 뜻이겠다.

그러나 도마는 이 문제에 대해선 입을 다물고 있다. 능력을 아무데서나 남발할 수는 없다. 그것도 될지 안 될지도 모르는 불확실한 일이다. 압바네스도 재촉하지는 않는다. 지금 당장 해결할 일은 아니질 않는가. 우선은 뜨거운 물에 몸을 담그고 모래먼지를 씻어낼 일이다. 왕자 치유 문제는 그다음 일이다. 압바네스는 여유를 부린다.

"목욕탕에 들어와 옷을 벗으니 똑같은 인간이 되어 버렸네?"

압바네스의 장난기 어린 말이다. 재상의 제복과 같은 긴소매에 주름이 여러 겹 깊게 잡힌 자색 옷과 자색 터번을 벗고, 신들메 끈이 긴 샌들을 벗고 보니 벌거벗은 몸뚱어리만 봐서는 누가 재상이고 누가 상인인지 분간이 안 간다는 압바네스다. 그러니 욕실에서는 신분의 차이를 넘어 맞먹고 놀아보자는 압바네스다.

"그러니 지금부턴 신분의 고하를 막론하고 맞먹어요."

이 불평등해제 조약에 재상이 선뜻 동의를 한다.

"여기서뿐만 아니라 어디서건 마음 편하게 대합시다요."

압바네스는 무역업자로서 동업자이고 도마는 같은 고향 사람에다 다 같은 야곱의 후예이니 형제나 다름없는 사이라는 재상이다. 그러니 격의를 차릴 필요 없다. 그런데도 이들 일행이 욕실 안으로 들어서자 안에 있던 사람들이 슬그머니 한 사람씩 빠져나가는 게 눈에 띈다.

"내가 들어와 불편한가?"

재상이 나가는 사람들을 만류하였지만 워낙 높은 신분의 차이를 느꼈든지 사람들이 하나둘씩 빠져나간다. 이 틈새에 도마는 얼핏 재상의 남성에서 표피를 잘라 할례의식을 행한 흔적을 보았다. 재상 역시도 무심결에 도마의 할례의식의 흔적을 보았다. 순간 두 사람의 머리에는 번개가 치는 느낌이 스치고 지나가는 게 있었다. 두 사람은 다 같은 민족으로서 다 같은 할례의식을 받은 동족이었던 것이다. 이거 하나로 동질감을 느끼기에 충분했든지, 두 사람은 서로 빙긋이 웃었다. 이야말로 이심전심이다.

"그대는 모를 거야."

재상은 압바네스에게 '모를 거'라는 화두를 던진다. 역시 압바네스는 재상이 무슨 말을 하고 있는지 그 뜻을 가늠할 수가 없다. 이 기회를 이용해 도마는 손가락에 물을 묻혀 물고기 두 마리를 그려보였다. 아까도 식탁에 그려보았던 물고기다. 이 물고기 그림은 로마 관리들의 눈을 피해 기독교인들끼리 서로의 신분을 묻고 답하는 암구호가 된 그림이다. 여기서 함부로 예수 얘기를 꺼냈다가는 큰 코 다칠 수도 있다는 압바네스의 충고에 따른 행위였지만 재상이 그런 깊은 뜻을 알 리 없다.

도마가 물고기를 그리는 것을 본 압바네스는 혼자 킥킥 웃으며 여기 우리 말고 또 누가 있다고 그런 암구호를 대느냐, 고향까마귀 만나 굳이 그럴 필요 없다면서 이실직고 바른대로 하고 싶은 이야기를 하라는 압바네스다.

"도마는…"

자기 형 예수 전도를 떠나는 길이라 만나는 사람마다 그의 복음을 전하려 한다는 압바네스의 통변이다. 도마는 전후사정을 솔직히 털어놓는다. 이스라엘은 온통 새 물결로 난리가 났다. 그렇지만 이를 알릴 방법이 없다. 사도들이 이 복음을 전파하러 떠났다. 나도 그중 한 사람이다.

"이제 새로운 시대가 열린 겁니다."

재상은 이 새로운 세상에 대해 전혀 모르고 있다. 그리고 이해할 수가 없다. 이해할 수 있는 범위는 고작 또 다른 선지자가 한 사람 나타났나 보다, 하는 정도다. 도마는 입에 침이 마를 정도로 이야기를 계속한다. 예수는 선지자가 아니라 메시아라 하였지만 재상은 듣고 싶은 것만 선택적으로 듣고 있다. 그리고 엉뚱한 이야기를 한다. 태양의 신 조로아스터의 가르침이나 모세의 율법이나 다를 바 없다고, 이 둘이 다 같이 지향하는 점은 선(善)일 뿐이라고, 선행만 하면 신밧드의 강을 건너게 될 때 천국 문으로 인도될 것이라는 이야기만 되풀이한다. 달리 설득할 방법이 없다. 그러다가 문득 형 예수가 랍비들에게 하던 말이 떠오른다. 형은 이렇게 말했다.

'랍비들이여 당신네들이 하는 말은 단일신 이야기다.'

단일신은 여러 신들 중 하나를 택했다는 뜻이다. 선신과 악신 중에서 선한 신 하나를 선택했다는 말이다. 태양신이 선과 악 두 신이라면 그중의 하나를 택했다면 그건 유일신이 아니라 단일신이다. 여호와 하나님은 단일신이 아니라 유일신이다. 스스로 존재하고 처음과 끝이 되는 유일신이라는 것이다. 예수는 랍비들의 귀를 열어보려 했지만 결국 못하고 말았다. 이미 선택적 귀를 가진 사람들한테는 무슨 말이건 소용이 없는 것이 된다.

"예수님께서는 보혜사로 이 땅에 오신 겁니다."

그를 통하여 하늘 문이 열리리라 한 그 이야기를 하는 도마다. 그러나 재상은 이미 귀를 닫아버린 뒤였다.

"보혜사라니요?"

재상은 예수의 존재 자체를 모르고 있다. 모르고 있을뿐더러 지금까지 자기가 가지고 있던 고정관념에서 한 치도 벗어나고 싶지가 않다. 자신은 철저한 유대교도로 지킬 것을 다

지키고 사는 선민이다. 비록 바벨론에 정착한 관계로 관습에 따라 불의 제단에 경배는 드리고 있지만 율법에 어긋난 건 하나도 없다. 철저한 율법주의자였다.

"새로운 계명으로 세례를 받아 거듭나라 하셨습니다."

할례가 죄와의 결별을 선언하는 '죄 자르기'라면 세례는 '씻음 받은 자'의 징표임을 역설하는 도마다. 세례 요한이 물로 세례를 준 것은 죄 씻음을 의미하지만 예수가 말한 '피와 살의 성찬'은 거듭남을 의미하는 부활의 상징이라는 말을 해도 재상은 들으려 하지 않는다. 같은 혈통의 자손들일지라도 살아가는 환경에 따라 이렇게 달라질 수 있다는 것을 여실히 깨닫게 하는 장면이다.

두 사람의 대거리를 보던 압바네스가 기지를 발휘해 한 마디 더한다.

"그 오스로헨 왕의 병을 고쳐준 사람이 누군지 압니까?"

그 사람이 바로 예수의 동생 도마라는 이야기를 하는 압바네스다. 이 사람도 그 형의 능력을 받아 치유의 능력이 있다. 지금 왕자가 아파서 온 나라가 침울할 정도라면 도마의 능력을 발휘해 볼 수도 있지 않겠느냐?

"그래요?"

그렇게만 된다면 팥으로 메주를 쑨대도 믿겠다는 재상이다. 지금 페르시아에는 왕자가 스무 명도 넘지만 왕위를 계승할 태자감이 하나도 없다. 처첩이 열도 넘고 여기저기서 낳은 아들이 어디서 뭘 하고 있는지도 모를 정도로 널려 있지만 왕의 총애를 받던 놈은 어디론가 나가버려 행방조차 묘연하다. 떠도는 소문에 의하면 해 뜨는 나라 어디인가에 가 그곳 공주와 사랑에 빠져 돌아올 생각을 안 하고 있어 수소문 중이다. 남아 있는 왕자들 중 그래도 괜찮다 싶어 태자 자리를 안겨줄까 고려 중인 왕자가 덜커덕 병에 걸렸다. 수많은 의사나 점술가들이 다녀갔지만 별 차도가 없다.

"그 검은 구름만 걷히게 해준다면 나라를 반쪽이라도 떼준다는 이야기 아니겠소?"

압바네스의 농담이다.

"그러고 말고요. 아마 의사가 남자라면 공주라도 내줄걸요."

"페르시아 공주 아름답기로 소문났지요."

그 덕에 갈릴리 촌놈이 페르시아 공주에게 장가드는 게 아닌지 모르겠다는 농담을 하는 압바네스다. 그러면서 얼른 '욕깐에서 마시는 술 한 잔'을 경험하고 나가자는 압바네스다. 이들은 서둘러 '황제의 잔'을 들고, 어느덧 옷을 챙겨 입고, 마차로 돌아와 왕궁으로 갈 차비를 하고 있는 자신들을 발견하고는 스스로들 하고 있는 짓들을 의아해한다.

"내일 가면 안 될까요?"

도마는 이렇게 서둘러 될 일이 아니라 한다. 만약에 능력이 나타나지 않는다면 그땐 죽은 목숨이다. 사전에 준비를 해야 한다. 그런데 준비를 해야 할 것이 뭐가 있을 것인가? 은사를 주실 분은 여호와 하나님이시다. 오로지 그분에게 기도할 일 외에 무엇이 있을 것인가? 생각이 여기에 미치자 두려움이 가시는 도마다. 그분에게 구하고 간구하는 일은 언제 어디서라도 가능하다. 형 예수의 가르침이다.

'언제 어디서나 마음을 다하여…'

간구하면 응답을 얻으리라. 도마는 마차가 달리는 그 위에서 기도를 한다. '형, 나 좀 도와줘. 이게 다 형을 위한 일이야.' 도마는 또 이렇게 기도한다. '이 일이 성공하지 못하면 저들이 날 불의 제단에 던져 버릴 거야.' 또 이렇게도 기도한다. '형만 믿을게 그동안 말 안 들은 거 정말 미안해. 이제 말 잘 들을게.' 도마는 다급해진 심정으로 여러 가지 간청을 한다. 괜히 잘난 척 자랑질을 해가지고 결국 그 허풍으로 인하여 죽게 생겼구나 하는 생각도 들었다. 아무 말 안 하고 있었으면 이런 참담한 시험장에 끌려가진 않았을걸! 온갖 후회를 다하고 있는데 어디선가 빛이 한 가닥 내리는 느낌이다.

'걱정 마라. 네게 준 능력을 의심하지 마라.'

마차가 멈춰 선 곳이 바로 그 공중정원이 있었다던 왕궁이다. 층층이 올려쌓은 계단에 푸른 나무들이 자라고 꽃향기가 은은히 퍼지는 것이 숲속에 든 기분이다. 물이 귀한 곳인데 깊은 산골 계곡을 타고 흐르는 물소리가 들리는 듯하고 어디선가 새소리도 들리는 것 같다. 이건 마치 별다른 세상에 온 것 같은 느낌이다.

'두려워 마라. 이것도 다 주 너의 하나님이 준 것이다.'

도마의 귀에 여호와 하나님은 주기도 하고 거두기도 하는 조물주라는 속삭임이 들린다. 그러니 아프게 하는 것도 낫게 하는 것도 다 그의 능력이니 걱정하지 말라는 것이다. 죽은 사람도 살리는 주께서 병들어 아픈 자 하나를 못 고치겠느냐, 믿고 가서 치유하라는 말씀이다.

"이 방으로 들어오세요."

격리된 병동의 방은 이미 죽음의 기운이 감돌고 있었다. 벽은 싸늘한 습기가 차 있었고 방바닥마저 차가움이 느껴졌다. 이런 곳에 환자를 혼자 눕혀놓고 다들 피신을 했다. 아무리 권세가 있다 하여도 명예나 돈으로 감당할 수 없는 병이 이 나병이다. 왕자는 그렇게 유폐된 채 던져져 있었다.

도마는 문득 나사로의 방을 생각했다. 나사로는 비록 형편없는 집안의 아이였지만 저들의 부모형제가 모두 나서 그의 죽음을 슬퍼하고 간호하기를 멈추지 않았다. 가족애가 있었던 것이다. 그런데 이 왕궁은 세상의 부와 권위를 다 가졌으면서도 아픈 환자를 두고 감염이 두려워 다들 자리를 피해 그 누구 하나 정성들여 간호하는 사람이 보이지 않는다. 어미인 왕비의 그림자조차도 보이지 않는다.

도마가 들어가 보니 왕자는 자고 있었다. 온몸에 병균이 번져 진물이 흐른 흔적이 여실하다. 환부를 긁어 딱지가 붙어 있고 심한 곳은 피고름이 뒤섞여 악취를 풍기고 있다. 그 어미 되는 왕비도 자리를 비우고 없었고 시종 들던 하녀들조차도 입과 코를 막고는 밖으로 나가고 없다. 전염도 무서웠겠지만 우선 악취를 견딜 수 없었던 것 같다. 이런 광경은 예수를 따라다니며 수없이 겪었던 도마다. 세상에서 버림받는다는 것이 어떤 것인지를 여실히 보여주는 현장이다. 이 불치의 병은 천형이다. 천천히 온몸이 짓물러 썩어 들어가는 병이다.

도마는 기도한다.

'주여, 이 자를 불쌍히 여기소서.'

건강을 되찾아 이 나라 이 백성들을 위해 선정을 베푸는 왕이 될 수 있도록 해달라는 기도였다. 왕은 만인지상의 존재다. 그 한 사람으로 인해 수많은 사람이 구원을 받을 수도 있다. 그렇다면 이 일은 우연이 아니다. 정해진 수순에 의한 작정된 계획인 것이다.

도마는 도망간 사람들을 불러 모았다.

"왕자가 낫기를 원하십니까?"

대답을 하는 사람이 없다.

"왕자가 낫지 않기를 바랍니까?"

억지로 불려와 둘러선 사람들은 여전히 대답이 없다.

"왕자가 이대로 죽기를 원하오? 아니라면 나와 함께 기도합시다."

이 말에 어쩔 수 없이 기도에 임하는 저들이다. 이미 여러 마기들이 했던 짓이다. 기도로 될 일이면 벌써 낫고도 남을 병이다. 약으로 될 병이라도 벌써 낫고도 남을 만큼 온갖 약을 다 써 본 뒤라 이제 기댈 구석이라고는 없는 지경이다.

"기도라면 내가 함께 하겠습니다."

어디 있다가 왔는지 왕비가 합심기도라면 자기가 함께 하겠노라 나선다. 이미 왕의 총애를 빼앗긴 왕비다. 그러니 왕조차도 이 자리에 없는 게 아닌가. 재상의 말대로 차기 대권이 유력한 태자가 될 왕자라면 왕이 이 자리에 있어 마땅할 일이다. 그리고 신하들 역시 문전성시를 이루고 있어야 한다.

"왕께서도 함께 하셔야겠습니다."

도마는 불쌍한 한 어린영혼을 보는 것 같아 가슴이 아프다. 왕이 있어야 왕자의 위상이 올라간다. 이 자리엔 반드시 왕의 권위가 함께 해야 한다. 그리고 모든 신하들이 보는 앞에서 일어나는 표적이어야 한다. 그래야 왕자의 권위가 되살아난다. 드디어 왕이 불려왔다. 몹시 못마땅한 표정이다. 이미 소문난 마기들이 수차례 해본 기도술책이라면 믿을 게 못 된다는 생각을 하는 게 역력하게 드러난다. 그러니 함께 들어온 신하들도 못마땅한 표정이 여실하다. 주여, 저를 도우소서.

"여러분들도 함께요."

신하들의 동참을 요구하는 도마였다. 어디서 그런 배짱이 생겼는지 모르겠지만 그는 파라오 앞에 선 모세가 된 듯 우쭐한 기분이었다. 도마는 문득 애급의 파라오 앞에 지팡이를 던져 뱀을 만들어 보이던 모세를 떠올린다. 모세의 뱀이 술사들이 만든 뱀을 삼키는 장면이다.

"다 함께 하는 올리는 기도가 아니면 안 됩니다."

통성으로 기도할 것을 요구하는 도마다. 기도가 시작되었다. 여기저기서 웅성거리는 소리가 들렸고 노골적으로 무시하는 말들이 들렸다. 그러나 왕의 헛기침 소리 하나에 사위는 조용해졌다.

"천지만물의 생사화복을 주관하시는 우리 주님 믿고 간구하나이다. 이 불쌍한 영혼이 주님 곁으로 가기 전에 살아생전 좋은 일 좀 하고 가도록 해주십시오."

간단한 기도다. 기도는 중언부언하면 안 된다. 그 대신 간절한 믿음으로 구해야 한다. 도마는 왕과 왕비 앞에서 이렇게 말한다.

"왕자는 말끔히 치유될 것이요."

도마는 또 이렇게 이른다.

"앞으로 이 아이를 잘 도와주세요. 나라를 크게 안정시킬 것입니다."

주님께서 이 아이에게 앞으로 큰일을 맡길 것을 예시한즉 그 일에 부족함이 없도록 하란 부탁이다. 한 나라의 운명은 그 지도자의 손에 달려 있다는 이야기겠다. 과연 도마의 이 예언은 이루어졌을까? 이후 신라의 역사를 더듬어보면 알 수 있다. 저 찬란한 문화의 꽃을 피웠을 당시 서라벌에 페르시아 왕자가 나타나 신라공주와 사랑을 나누었다는 러브스토리가 남아 전해지고 있다. 우연은 없다. 인연의 끈으로 묶여 돌아가는 수레바퀴 자국이 역사를 만든다는 이야기다.

아유타국의 비밀

도마가 인도차이나 반도의 아유타국에 당도했을 때는 다왈리 축제가 한창이었다. 다왈리 축제는 빛의 축제로 점토로 만든 램프에 불을 켜 밝히는 의식이다. 램프는 어둠으로부터 나오는 내면의 빛을 뜻한다. 흙은 어둠이요 빛은 밝음이다. 빛은 곧 정의와 사랑이다. 이 사랑의 등불을 밝혀 집 밖에 내걸면 악귀가 물러가고 집안에 평화가 온다. 정화의식이다.

축제는 힌두 음력에 맞춰 닷새간 연속된다. 그 첫째 날에는 힌두 신 락슈미를 환영하기 위하여 보석 의류 기구 조명 램프 같은 것을 구입한다. 둘째 날은 크리슈나 신이 악마의 신 나라카수라를 물리친 힌두신화를 기념하는 데 중점을 둔다. 선이 악을 이긴다는 것이다. 이 날을 위해 등불을 계속 켜놓는다. 셋째 날은 가족과 친지를 방문하여 선물을 교환한다. 넷째 날에는 새해 첫날처럼 친구와 친지들을 서로 방문하여 선물을 나누며 잔치를 벌인다. 다섯 번째 날은 형제자매가 서로 공경해 교제하는 날이다. 형제들이 결혼한 자매들을 방문하여 식사를 나누며 형제들의 우의를 다지는 의식을 행하며 서로를 위해 기도한다.

다왈리 축제는 매년 날짜를 달리 하지만 대개 10월 또는 11월 사이이다. 인도는 워낙 큰 나라라 종교도 다양하고 신들도 많다. 하여 이 축제기간 동안 북부에서는 권선징악의 상징인 라마 왕을 기념하고 남부에서는 크리슈나 신을 서부에서는 비슈누 신을 기념한다. 이들 제신들은 모두 힌두 신들로 인간을 위해 헌신한다. 비슈누는 악마 왕 발리를 지하세계에 가두었고 크리슈나는 악마 나라카수라를 물리친 인물이다. 하여 축제를 통하여 이들 제신들에게 감사를 표하고 이웃과 친지들 사이에 음식을 나누며 서로의 행복과 안녕을 비는 것이다. 이럴 때는 음식도 풍성하고 인심도 좋아 이방인들에게도 친절해진다.

"마침 좋은 때에 왔군요."

압바네스는 축제기간 동안은 맛있는 음식도 그저 얻어먹을 수 있다며 싱글벙글이다. 그는 대상답게 배가 불룩 나왔으며 덩치가 큰 덕분에 먹을 것을 밝힌다. 일하는 것도 '먹고 살려고 하는 짓'이라며 세상 진귀한 음식은 다 먹어봤다 한다. 원숭이 골이며 독사의 혓바닥 전갈꼬리 박쥐 똥 거미요리 같은 음식이 어디 있을 것인가, 마는 그런데도 그런 것들을 먹어봤다는 허풍을 떨었다.

"인도에서는 음식을 손으로 먹어요. 그것도 오른손으로."

압바네스는 인도의 음식예절에 대해 알려주었다. 인도에서는 주로 밀가루반죽을 구운 빵이나 쌀을 익혀서 밥을 해먹는 카레, 혹은 닭고기를 구운 탄두리 치킨 같은 것을 먹는데 오른손으로 집어 먹는다. 왼손은 화장실을 갔을 때 이용하는 손이기 때문에 불결하다. 때문에 식사 전에 반드시 손가락을 씻는 습관이 있다. 또 손님들에게는 쟁반에 손 씻는 물 '핑거워시'를 떠다 바치는 게 관습이다.

"난은 손으로 뜯어 먹잖아요?"

"그거야 마른 빵이니까 그렇지. 인도의 카레는 온갖 양념을 곁들여 걸쭉해진 물밥이란 말입니다."

실제로 카레를 먹어보니 그렇다. 쌀밥에다가 온갖 양념에 버무린 비빔밥을 손으로 조물락 조물락 해서 집어 먹는데 손가락에 음식이 묻는다. 이를 입으로 빨아 먹고는 다시 쟁반의 음식을 집는다. 그래도 앞 접시가 나와 따로 덜어먹을 때는 괜찮은데 공용으로 한 그릇 밥을 여러 사람이 집어 먹을 땐 비위생적이다. 이 사람 저 사람 손가락에 묻은 침이 음식에 묻어 섞인다. 음식을 집어 한 손으로 돌돌 말아서 먹는 손동작이 이채롭기는 했지만 좋아 보이지만은 않다. 더군다나 화장실을 갔다 온 뒤 음식상을 대하는 경우는 더욱 더 그러하다. 그러나 로마에 가면 로마의 법을 따르랬다고, 음식 먹는 법을 두고 따질 수는 없을 일이다.

"인도에서 한 가지 알아두어야 할 점은…"

인도는 아리아인들이 주권을 잡아 사는 나라이고 국교로

힌두교가 있다. 힌두교에서는 우주의 창조자인 브라흐마, 우주의 질서를 보존하고 유지하는 비슈누, 파괴자와 재건을 맡은 시바를 섬긴다. 이밖에도 수십 수백 명의 아바타들이 있다. 이 아바타들은 수시로 변하는 세 신들의 또 다른 모습들로 상상을 불허하는 모습으로 나타난다. 하여 삼라만상 모든 존재들이 다 이들 신상이라 보면 된다. 이들이 믿는 신앙관은 각기 지은 업보에 따라 내세의 신분이 결정된다는 미래예정설에 따른다.

"지금 우리가 이렇게 사는 것도 다 전생의 업보에 따른 것이라 말합니다."

전생에 한 업보에 따라 오늘의 내가 있다. 그런가 하면 오늘 한 업보에 따라 미래가 결정된다. 원인에 따라 결과가 결정된다는 이야기다. 이 원인과 결과는 끊임없이 돌아가는 수레바퀴와 같아서 한번 생긴 인(因)은 다함 없는 연(緣)을 만든다. 이를 윤회의 고리라 하는데 이 고리를 잘 채우기 위해서는 남을 위해 선하게 살아야 한다. 이게 신분을 만들기 때문이다. 전생이 현생을 만들고 현생이 다음 생애를 결정짓는다.

"현세에 잘못 살면 내세에는 개돼지로 태어난다는 것이지요."

카스트가 있다는 것이다. 카스트는 신분제도다. 제1계급으로 브라만이 있고 이들은 제사장 직을 맡는다. 제2계급으로 크샤트리아가 있다. 이들은 왕이니 귀족 무사 직을 맡는다. 제3계급으로 바이샤가 있다. 자영농이나 상공업자다. 제

4계급으로 수드라가 있다. 농노나 육체노동자다. 계급 외에 찬달라가 있다. 이들은 가까이해서는 안 되는 불가촉천민이다. 위 세 계급은 아리아인에게 주어지는 등급이고 수드라는 선주민으로 정복한 나라의 노예들이다. 계급에 따라 신분이 다르고 생활수준이 다르다.

"우리가 여기서 일을 한다면 수드라가 된다는 말이네요?"

"잘 하면 바이샤도 될 수 있지 않을까? 그래도 중간쯤은 들잖아요."

압바네스는 웃으며 말했지만 도마는 바벨론에 잡혀가 노예생활을 하던 히브리 선조들을 생각한다. 그에 앞서 애급 땅에서 노예생활을 하던 때도 있었다. 이스라엘의 역사는 부침의 역사다. 떴다 가라앉았다 떴다 가라앉았다…를 반복했다. 그야말로 고난의 역사다. 이 민족이 이제 좀 살 만하다 했는데 또다시 로마의 속국이 되었다. 그중에서도 한 가지 희망이었던 형 예수의 등장으로 자유를 얻는가 싶었는데 형의 꿈은 그게 아니었다. 형의 목표는 이 지상의 것이 아니라 하늘나라의 것이었다. 많은 사람들이 실망했다. 솔직히 말하자면 도마도 이에 실망을 품었다. 그런데 인도에까지 와가지고 그 신분을 논하다니 도마는 울화가 치밀어 오른다. 여기서 아무리 일을 잘 해봐야 중간계급 그 이상은 못 올라간다니 이게 무슨 소리인가. 왕의 초청으로 온 기술자라면 더한 대접을 받을 수 있지 않을까.

압바네스는 까짓 신분이 무슨 문제냐 한다.

"그런 걱정은 말고 하라는 일만 열심히 하고 돈만 받으면 되지 않겠어요?"

도마는 낯선 나라에 온 것을 실감하며 이 난관을 어떻게 헤쳐나갈 것인가가 우려된다. 이렇듯 많은 신들이 있고, 계급이 있고, 식사 예절까지도 판이하게 다른 나라에 와서 무엇을 어찌할 것인가? 어떻게 하여 전도를 할 것인가? 모세의 기적이 일어나지 않는 한 아무 일도 할 수 없다. 모세는 여호와의 인도로 애급에 들어가 저들 민족을 데리고 나왔다. 여호와께서 입을 열어주었고 담대함을 주었다. 과연 도마에게도 그런 능력을 부여해 줄 것인가? 도마는 형 예수께서도 그러한 능력이 있었고 제자들에게 그 능력을 주었음을 상기한다. 그리고 실제로 일으켰던 바벨론의 이적도 생각한다. 능력은 기도할 때만 온다. 기도의 뒤에는 반드시 '아멘'이라는 말을 덧붙인다. 아멘이라는 말은 '참으로 그러하다' '진실로' 같은 뜻도 있지만 기도 뒤에 이 말을 할 때는 '그렇게 되어지이다' 또는 '그렇게 되기를 바랍니다' 하는 의미가 담긴다. 기도는 언제 어디서나 마음을 다하여 저 혼자 하면 된다. 형은 이렇게 기도하라 시켰다.

— 하늘에 계신 우리 아버지 이름이 거룩히 여김을 받으시오며 나라가 임하시며 뜻이 하늘에서 이루진 것같이 땅에서도 이루어지이다. 오늘 우리에게 일용할 양식을 주시고 우리가 우리에게 죄지은 자를 사하여 준 것같이 우리 죄를 사하여 주시고 우리를 시험에 들지 말게 하시고 다만 악에서 구

하시옵소서. 나라와 권세와 영광이 아버지께 영원히 있사옵나이다. 아멘.

이 기도문은 마음의 안정과 평안을 주는 주술과 같은 것이다. 이 기도를 통하여 성령과 교우할 수 있다. 성령은 언제나 마음의 빛을 통하여 창조주 하나님과 대화를 할 수 있게 한다. 이 대화를 통하여 영감을 얻고 앞길을 내다볼 수 있다. 예수는 하나님과 인간의 중재자로 자기 자신을 일컬어 '내가 곧 길이요 진리요 생명'이라 하였다. 기도의 문을 통하여 밝은 빛을 보게 된다는 것이다. 기도는 하늘에 계시는 아버지를 불러 이야기하는 일이다. 그리하여 내 뜻을 전하고 그의 말씀을 듣는 소통의 장이 된다. 옛 언약시대에는 제사장이나 예언자를 통하여 소통이 가능했지만 중재자 예수가 다녀가고 난 뒤로부터는 각자가 그 길을 열고 소통할 수 있게 되었다. 예수의 이름을 통해서 열린 관문이다. 그런데 이 능력과 소통을 위한 기도가 잘 나오지 않는다. 능력은 그저 오는 게 아니다. 기도를 통해서 온다. 기도는 성령을 불러들이는 일이다. 기도는 남 보라고 하는 게 아니다. 자신을 향해 하는 일이다. 기도가 막힐 때는 무언가 막힌 부분이 있기 때문이다. 첫 사람 아담이 무화과나무 잎으로 부끄러운 곳을 가린 그 자각증세가 곧 불통의 시발이다. 애초에 준 온유를 잃어버린 데 대한 수치심이다. 이를 찾아 뚫어야 한다. 무엇이 지금 기도를 가로막고 있는가? 형 예수는 수시로 기도하였다. 겟세마네 동산에서는 땀을 비 오듯 흘리며 기도했다. 하여 응답을 얻었고 실행에 옮겼다. 무슨 일에서건 그 일을 시작하기 전 기도하기를 가르친 형이었다. 어머니 마리아도 이 기도를 부탁하였었다.

'형, 나 이제 어떻게 해?'

사람들로 붐비는 마두라스 항구의 음식점에서 카레를 먹으며 마음속의 기도를 시작하는 도마다. 기도는 밥을 먹으면서 하든 먹기 전에 하든, 먹은 후에 하든 상관없다. 마음속에 있는 이야기를 하는 속삭임 같은 것이다. 이 속삭임은 마치 연인들이 주고받는 달콤한 말과 같다. 아버지와 자식 간의 대화와 같은 것이다. 일단 대화가 시작되면 거짓이 개입될 수 없다. 누가 아버지를 속이며 자식을 속일 것인가. 서로 솔직해질 수밖에 없다. 솔직해져야 한다. 둘만의 대화에 가식이 있을 필요가 없다. 이로써 서로 사랑을 나누는 것이다. 항상 매달리고 구하는 쪽은 이쪽임으로 손해 갈 일은 없다. 예루살렘의 시장 음식점에서 빵과 포도주를 마셨을 때는 하지 않았던 기도다. 그만큼 이곳은 낯선 땅이고 긴장한 탓이다.

'형, 나 인도야.'

인도까지는 간신히 우여곡절 끝에 당도했는데 이제부터 뭘 어찌해야 할지를 모르겠다는 고백을 한다. 그런데 그다음 말이 이어지질 않는다. 금시 눈앞이 하얘지는 것이 손이 떨리기 시작한다. 좀 전에 밥을 먹었던 손이다. 생전 먹어보지 못했던 매운 향신료를 곁들인 카레를 만졌기 때문이었을까, 손이 마비가 될 듯 아프다. 이 손이 왜 이렇듯 떨리고 저려올까?

생각해 보니 이 손은 부활했다는 형의 옆구리를 만져 죽음을 확인하겠다던 그 손이다. 그 손이 지금 저리고 떨려오는 것이다. 보고도 못 믿어져서 직접 옆구리 상처를 만져보겠다고 떼를 쓴 자신이 부끄러웠지만 형은 그걸 허용했다. 이 역시 미리 계획된 섭리의 하나였기 때문이다. 도마의 부활 확인 작업은 이를 통하여 세상에 보여주고 싶은 게 있었기 때문에 일어난 일대사건이다. 후일 이를 두고 수많은 해석들이 내려질 것이기 때문이다. 이 '때문'이 문제요 해답이다.

그 해답은 부활의 소망을 주기 위해서다. 그 때문에 당신이 친히 이 세상에 온 것임을 전하기 위해서는 도마의 손을 빌려 죽음을 이긴 부활을 확인하는 과정이 필요했고 이를 기록해 남기는 증인들이 있어야만 했다. 보고도 못 믿는 세상에 안 보고도 믿게 하려면 그 확인 작업이 반드시 필요했다. 하여, 도마는 삼십 년 가까이 한 지붕 아래 살던 형을 '나의 주님 나의 하나님'이라 고백하였다. 이제 사사로운 형이 아닌, 하늘로부터 인자로 오신 하나님의 영을 본 것이다. 그렇듯 구세주가 된 예수 그리스도가 한 말을 도마는 기억하고 있다. '너는 나를 본 고로 믿느냐, 보지 못하고 믿는 자들이 복 되다' 하였다. 그러면서 '그 이름을 힘입어 생명을 얻게 하려 함'이라 하였다. 이게 기표다. 어떤 사실을 기록으로 남긴다면 그건 기의에 지나지 않겠지만 온 세상에 널리 알리기 위해 공표된 기록으로 남겨두어 증거물로 삼는다면 그건 기표다.

도마는 이제 세상 만민에게 그 이름을 전하여 새 생명을 얻을 수 있는 '기표 된 복음'을 전하러 인도에 온 것이다. 잠시 이 세상살이를 할 때 형제의 연을 가졌던 인자 예수 그리스도를 생각하면 아직도 꿈인가 생시인가 하지만 지금까지의 일들이 전부 사실이었고 꿈이 아니었음을 매일같이 경험한다. 자고 일어나 눈을 뜨면 오늘은 또 무슨 일이 일어날까 궁금해질 정도로 새로운 일들이 펼쳐진다. 지금도 그렇지 않은가. 상상치도 못할 곳에 와 상상도 못했던 일들을 보고 있다.

"저건 무슨 짓이지요?"

방금 전에 음식점 앞을 지나가는 행인 하나가 길 가에서 파는 '짜이'를 마시고는 그 잔을 땅바닥에 던져 깨버리는 광경을 목격한 도마의 물음이다. 압바네스는 이를 두고 인도 사람들은 차를 마시고 그 잔을 깨버리는 관습이 있는데 카스트 제도가 워낙 엄격해 다른 사람이 입에 댄 찻잔을 다시 사용하지 않기 위함이라 했다.

"불가촉천민이라서 그런가요?"

"불가촉천민은 차를 마실 여유도 없지요."

"그렇다면 우리는 어느 정도 계층에 속할까요?"

아까도 했던 질문이다. 만약에 여기서 일을 한다면 어느 정도 계층에 속해 살 수 있을 것인가? 신분과 계층은 삶의 질을 결정한다. 도마는 여기까지 와서 하층민으로 살고 싶지는 않다는 생각이다. 형 예수는 늘 낮은 곳으로 임하라 했지만 그건 아니다. 흙수저보다는 금수저가 나을 것이다. 아버지 요셉도 건축업을 통해 돈을 벌었고 남부럽잖게 살았다. 갈릴리는 번화한 도시였고 새로 지은 집도 번듯하였다. 가난했던 나사렛과는 비교도 안 되는 중류 이상의 생활이었다. 도마는 벌써 왕궁을 짓고 돈을 벌어 풍요로운 생활을 하는 꿈을 꾸고 있다. 배운 재주가 그것밖에 더 있는가? 건축이라면 자신이 있는 요셉의 아들들이다. 토목이며 석공 목공 일까지 두루 섭렵한 솜씨들이다. 그러한 솜씨를 자랑하러 여기까지 왔다면 돈도 벌어 부자도 되어야 할 것이다. 도마는 현실적 계산이 빠른 자신을 두고 놀라워했지만 어쩌면 여기가 마지막이 될 곳인지도 모른다는 막연한 공포심을 떨치려 자꾸 말을 씹힌다.

"어떤 신분을 줄지 그건 모르지요. 우리는 이방인들이니까."

이방인들은 결코 높은 계층에 속할 수는 없을 것이라는 압바네스다. 그러면서 뜬금없는 이상한 말을 꺼낸다. 인도의 세 신 중의 하나인 창조의 신이 브라흐만인데 그 이름을 봐서 당신네들의 조상 아브라함과 비슷하지 않느냔 이야기였다.

"내가 알기로 아브라함은 대홍수 이래 살아남은 자들 중 최고의 덕망을 갖춘 인물로 갈대아 우르 지역에서 살았다지 않아요?"

이 인도 사람들의 선조가 바로 그 지역에서 온 아리아인들이니까 브라흐만이 아브라함과 동일 인물이 아닐 것이냔 이야기다. 세월이 지나며 그 이름이 약간 다르게 불리어지고는 있지만 그게 그거 아니냔 압바네스다.

"브라흐만이나 아브라함이나…"

자꾸 부르다 보면 하나가 된다는 이야기다. 민족의 대이동이 시작되고 지역과 시대가 달라지면서 음운의 변화가 일어났다고 보는 압바네스다. 그렇다면 인도의 개조 신인 브라흐만이 이스라엘의 선조 아브라함일 수도 있지 않겠느냔 엉뚱한 소리다. 힌두의 신화나 길가메시 서사시 이야기에 나오는 인물 사건들을 종합해 보면 그게 그거라는 이야기다. 형 예수도 그 비슷한 이야길 했었다. 설산을 여행하던 중 만난 사람들을 두고 '이들도 다 같은 뿌리를 가진 형제들'이라는 말을 한 적이 있었다. 하여 언젠가는 이들을 찾아 새로운 복음을 전해야 한다는 뜻을 비쳤었다. 그때는 그게 무슨 말인지 이해하지 못했었다. 이제 보니 형은 그때 벌써 사방에 흩어져 사는 디아스포라를 염두에 두고 있었던 것이 틀림없다. 그렇다면 이 모든 일이 판에 놓인 돌에 불과한 것들이 틀림없다. 미리 예정된 수순이 아닐 것인가. 이건 내 뜻대로 되는 게 아니라 보다 더 큰 틀을 가진 그분의 뜻을 준행하는 일에 다름 아니다. 모든 게 예정된 수순에 따르는 것이라고 보면 지금의 이 문제는 걱정될 것이 없다. 거기 따라 순응하면 될 일이지 않은가.

도마는 드디어 마음이 놓이고 긴장이 풀린다. 이미 예정이 돼 있는 일들이라면 예정된 수순대로만 하면 될 일인 것이다. 어디 가서 무엇을 어떻게 할지를 미리 걱정할 필요가 없을 일이다. 내가 하는 게 아니라 그가 한다. 형 예수도 그랬다. 내 뜻대로가 아니라 '당신의 뜻대로 되어지이다' 하였다.

"이제 가봅시다."

　배가 부르도록 먹고 음식 값을 치른 압바네스는 이제 왕을 만나보러 가자며 음식점을 먼저 나선다. 대상답게 걸음걸이가 거만하면서도 점잖다. 항해 도중 배에서 풍랑을 만나 도마에게 '살려 달라' 구원을 요청하던 때와는 판이하게 다르다. 항해 도중 우연하게 바다 위를 걸어오던 예수 이야기가 나왔고 그가 갈릴리 호수를 잠재운 소설 같은 장면을 술회하는 도중 풍랑이 밀려와 위급에 처한 일이 있었다. 그때 압바네스는 그 거대한 몸집을 뱃바닥에 굴리면서 기도해 달라 소리쳤다. 도마는 엉겁결에 파도를 잠재워 달라는 기도를 하였고 그 기도는 상통하였다. 마치 니느웨로 가라던 말씀을 거역하고 다시스로 도망치던 요나가 만난 풍랑 같은 표적이었다. 이 표적을 보고 도마는 능력이 자신에게도 임재해 있음을 실감하였다. 왜 갑자기 그 일이 떠올랐을까? 도마는 그 풍랑 속에 살려 달라고 기도해 달라고 외치던 압바네스의 허둥대던 모습을 그리며 압바네스의 걸음걸이를 흉내 내며 걸어본다. 뒷짐을 지고 두 다리를 팔자로 벌려 걸으니 어느덧 부자가 된 것 같은 느낌이다. 그런데도 도마는 위축감을 떨쳐버릴 수가 없다. 왕궁은 왕이 거처하는 곳이다. 설사 인도의 왕이 신이 된 로마 황제 옥타비아누스처럼 거만하게 굴지는 않을 것이라 하더라도 신분의 차이는 어쩔 수 없을 것이라는 압박감이다.

　군다포러스 왕은 예수가 태어날 때 동방박사를 보내 축하 경배를 드렸던 사람 중의 하나로 이미 이스라엘에 대해 해박한 지식을 갖춘 인물이라 했다. 그 때문에 예루살렘 재건에 일했던 건축가를 원한다 했다. 압바네스는 지금 그 왕의 청탁을 받고 기술자를 구해오는 역할을 한 자부심으로, 한 시라도 빨리 왕을 만나고 싶어 안달이 났다. 처음부터 그 이야기를 듣기는 한 도마다. 그런데 여기까지 오는 내내 한 번도 그 일에 대한 구체적 계획을 머리에 그려본 적이 없다. 자신이 건축 기술자로 팔려 간다는 생각 대신 예수 전도자로서의 일만 생각했던 것이다. 이제 정작 왕을 만나러 간다 생각하니 갑자기 머리에 통증을 느끼는 도마다. 무슨 일을 어떻게 할 것인가? 설계도면 하나 없는 맨손이다.

"왜요? 왕을 만난다 하니 떨려요?"

왕도 사람이니 겁낼 것 없다는 압바네스다. 게다가 초청돼 온 기술자이니 대접이 소홀하지는 않을 것이란다. 바벨론에서도 잘 해내지 않았느냐? 왕자를 치유하고 칙사 대접을 받고 원하기만 했다면 공주까지 선사받을 뻔하지 않았느냐, 여기서도 그런 행운이 따를 것이라는 압바네스다.

"겁낼 것 없어요. 장차 왕궁을 지을 기술자들이잖아요?"

압바네스는 먼저 상인들을 시켜 페르시아 산 유리공예품을 챙기게 하였다. 유리잔이며 생활용품은 조심해서 다루어야 했고 여성들에게 어울리는 목걸이며 귀고리 같은 장식품은 포장을 예쁘게 해야 했다. 항해 도중 내내 이 포장을 했다. 인도에서는 이 유리공예품을 팔고 향신료를 얻어 간다. 인도의 향신료는 로마의 생고기를 부드럽고 향기로운 일등요리

품으로 둔갑시키는 역할을 한다. 그런가 하면 서역에서 온 유리공예품들은 인도의 여성들에게 날개를 달아준다. 서로가 필요에 의해 이루어지는 무역이요 상거래다. 이 일에 압바네스가 주도권을 잡고 있다.

"엘리엇 뭐하고 있어? 너도 같이 가야지."

압바네스는 엘리엇을 불러 함께 가자 한다.

"엘리엇은 이미 아는 사이지요?"

인도는 아직 유리공예품을 만드는 기술은 없다. 산지에서 나는 옥과 자마노 같은 보석들은 흔하지만 그 가공기술은 아직 세련되지 못했다. 하여 그 기술을 가르칠 만한 인물도 함께 데려왔다. 페르시안 세공사다. 세공사는 혀를 잘려 말을 한 마디도 못한다. 거기다가 일자무식이라 글자도 쓸 줄 모른다. 그러니 의사소통을 할 수가 없다. 같은 배를 타고 오면서도 도마와는 눈인사 외에는 서로 의사를 전할 방법이 없었다. 그런데 기적이 일어났다. 그가 자기 이름을 밝힌 것이다. 자기는 보석을 가공하는 세공기술자며 훔치지도 않은 보석을 훔쳤다는 누명을 쓰고 혀를 잘렸다는 사연을 글로 적었다. 파르티아 왕궁에서 있었던 일이라 했다. 그는 일등 세공사였는데 그의 밑에서 일을 배우던 수련공에 의해 모함을 받아 처벌당했다.

그와 의사소통을 하게 된 것은 실로 우연한 일이었다. 아니다, 그건 걸 우연이라 하면 안 된다. 그건 필시 우연을 가장한 필연이었다. 도마가 편지를 쓰고 있는데 그가 와 그 펜을 달라더니 글을 쓰기 시작했던 것인데 아람어였다. 그는 평생 글이라곤 배워본 적이 없는 사람인데 글을 쓰는 자신이 신기하다면서도 자기 신변에 일어났던 일들을 구구절절이 글로 써서 전하는 것이었다. 도마는 이보다 더한 이적들을 많이 봐왔으면서도 이게 권능이라는 것은 미처 생각지 못했다. 예수를 따라다니면서 숱한 사람들의 방언을 들었고 이적들을 체험하기도 했다. 그러나 벙어리 기술자와 필담을 나누리라고는 생각지도 못했던 일이었다. 또한 이 자가 인도로 팔려가는 기술자라는 것도 까마득하게 모르고 있었던 사실이었다. 나중에야 압바네스로부터 인도에 가서 함께 일하게 될 기능공이라는 이야기를 들었지만 압바네스가 소개도 하기 전에 이런 식으로 의사소통을 할 수 있으리라고는 상상도 못했던 일이었다.

'내 이름은 엘리엇이야.'

그가 그랬다. 엘리엇이라면 야곱의 조상과 같은 이름이다. 야곱이야말로 도마의 직계 조상이니 엘리엇 역시 피를 나눈 같은 혈통일 수도 있을 일이었다. 이런 우연스런 만남이 있을 수 있나? 도마는 배를 타고 오면서 내내 이 생각을 했었다. 무엇 때문에 이 기술자를 옆에 두게 되었을까. 여기에도 무슨 까닭이 있지 않을까? 압바네스를 만난 일이나 엘리엇을 만나게 된 데에는 숨은 뜻이 있을 것이라는 생각이 머릿속을 떠나지 않는 도마다. 동방 전도를 위한 길 안내인으로서의 장사꾼 압바네스…, 여기까지는 작정된 일이라고 볼 수 있겠는데 세공사 엘리엇의 등장에는 그 깊은 뜻이 무언지를 잘 모르겠다. 모든 일에는 미리 계획된 계획이 있다. 지금까지 경험으로 봐선 그렇다. 손바닥도 마주쳐야 소리가 나고 불빛도 어둠이 있어야 빛이 난다. 엘리엇은 무슨 소리를 내며 무슨 빛을 낼 수 있을 것인가. 이 만남에는 분명히 무슨 연관이 있을 법한데 그걸 알 수 없는 도마다. 지금 이 상황을, 형 예수라면 어떻게 타개해 나갔을까? 예수는 살아생전 일어난 그 모든 일에 대해 옛 언약시대부터 내려온 그 예언을 이루기 위한 표적이라 했다. 그러나 이제 그 모든 예언이 이루어졌기 때문에, 지금 이후로는 그 어떤 표적도 필요 없다 하였다. 다 이루었기 때문에 그 이후의 일은 그 이룸에 대한 사실을 믿기만 하면 된다 하였다. 새로운 약속의 시대가 열린 것이다. 새로운 약속은, 구원의 약속이다. 부활의 약속, 이 새로운 약속을 전하기 위해 떠나온 사도의 길이다.

"너희는 가라. 이 구원의 새 언약을 전하라."

예수는 땅끝까지 가 이 복음을 전하라 하였다. 이것이 하나님의 사랑에 대한 보상이다. 하나님의 사랑은 무조건적이다. 도마는 이제 자기가 할 일이 무엇인지 대충 정리가 된다. 지금까지는 압바네스의 안내로 여기까지 왔지만 이제부터는 스스로 일을 처리해야 한다. 이 일처리를 위해서 엘리엇을 곁에 두게 한 것이 아닐 것인가. 어디에 어떻게 쓰여질지는 아직은 잘 모르겠지만 엘리엇 역시 필요에 의해 미리 준비된 자가 아닐 것인가 하는 생각이다. 그렇지 않고서야 어찌 권능의 힘으로 그의 입을 열었을 것인가? 비록 필담이긴 했지만 의사소통에는 아무 문제없는 사이가 되었다.

"엘리엇은 말을 못하니 가만있으면 될 테고…"

도마에게는 왕 앞에 서면 턱 아래 두 손을 모으고 공손히 '나마스테'라고 말하면 된다는 인사말까지 가르치는 압바네스다. 나마스테는 존경한다, 혹은 존중한다는 뜻이란다. 이스라엘에서 샬롬이라는 말로 인사를 하는 것과 마찬가지다. 왕을 배알함에 있어서 인사말 정도는 나눌 수 있어야 한다.

"왕의 권위도 생각해 주어야 한다니까."

압바네스는 사실상 이 두 기술자를 팔아넘기기 위해 여기까지 데려왔다. 겉으로는 아무 내색을 안 했지만 두둑한 소개비와 몸값을 기대하고 있다. 그러니 장차 주인이 될 왕에게 잘 보이게 하려면 이 정도 인사말은 가르쳐야 한다.

"잘 해낼 거야."

왕궁은 바다가 한눈에 내려다보이는 언덕 위에 자리 잡고 있었다. 얼른 보아도 잘 지어진 건축물이다. 이보다 더 호화스런 궁전을 꿈꾸는 것을 보면 대단한 권력자임이 틀림없다. 그렇다면 이 자가 새로 지으려 하는 건축물은 왕궁이 아니라 신전이 아닐까? 대개의 권력자들은 궁전을 짓고 나면 신전을 짓는다. 신전을 통해 자신을 신격화시키려는 것이다. 아니면 자신의 무덤이다. 사후 세계가 불안하면 무덤을 숭상한다. 이미 애급의 파라오들이나 로마 황제에게서 봐온 권자의 면모다. 만약에 신전을 건축하기 위해 기술자를 불렀다면 어떻게 할 것인가? 도마는 신전건축을 피하기 위해 아버지의 사업장을 떠났던 형 예수를 생각하며 주변을 살펴본다. 더 이상 궁전을 증축할 필요는 없을 정도로 잘 지어진 건축물이 이미 있다. 여기다가 무슨 건축을 더할 것인가? 왕의 권위를 내세우자면 신전일 수밖에 없을 일이다.

인도 사람들은 더없이 새까만 피부를 가졌고 나름대로의 맡은 일들을 하는 모습이 진지해 보였다. 가끔씩 회랑을 어슬렁거리는 긴 꼬리의 원숭이들도 보였다.

"왕궁을 이렇게 잘 지었는데 또 무슨 왕궁을 지어요?"

"모르지, 신전을 짓는다 했든가?"

압바네스는 시큰둥하다. 이제 왕이 무엇을 짓든지 이들이 어떤 처우를 당하든지 상관할 바 아니다. 몸값만 받아 챙기면 그뿐일 일이다. 이게 장사꾼의 속셈이다. 사촌을 속이지 못하면 장사를 못한다는 이야기가 있다. 그런데 장사꾼의 속임수보다 더한 계책이 떠오르는 도마다. 이러한 생각은 계책이랄 수밖에 없는 신기한 영감이다. 만약에 왕이 신전을 지으라 하면 예수를 위한 신전을 지으면 그만일 일이었다. 이미 오스로헨 왕국의 아브가르 왕이 교회당을 짓고 벽에다가 예수 능력을 기념해 벽화를 그리게 했다는 이야기를 들은 도마다. 여기서도 예수 탄생 시 동방박사를 파견하였다 하니 그를 이용하면 될 일이 아닐 것인가? 동방박사를 만나면 해결될 문제라는 생각이다. 갑작스런 이런 영감이 어디서 나온 것일까? 이전 같았으면 어림도 없는 생각이다. 도마는 앞길이 열리는 것 같은 어렴풋한 하나의 길을 본다. 불현듯 예루살렘 성전에서 있었던 일이 떠오른다. 오순절이었든가 유월절이었든가? 처음으로 갈릴리 가나의 잔치 집에서 물을 포도주로 만드는 이적을 행하고 난 후 올라간 성전에는 소와 양과 비둘기를 파는 사람들과 돈 바꾸는 사람들로 북적였다. 예수는 이들에게 '내 아버지의 집을 더럽히지 말라'며 채찍을 휘둘러 내쫓았다. 유대인들이 말했다. 네가 무슨 근거로 그따위 소리를 하느냐, 증거를 대라 했다. '이 성전을 헐라, 내가 사흘 동안에 다시 일으키리라' 예수가 답했다. 이게 무슨 뜻이던가. 예수는 자기 몸이 곧 성전임을 갈파했던 것이다. 예수의 몸은 어떤 몸인가? 십자가에 매달려 죽어 장사한 지 사흘 만에 다시 산 부활의 산 증거가 된 몸이었다. 이 몸과 피를 먹고 마시면 영생부활을 얻는다. 성찬의 의미다. 이를 보고 들은 사람들은 다 이 사실에 놀라움을 금치 못했다. 처형을 지휘했던 백부장도 창을 들었던 병사들도 이를 지켜본 시민 모두도 이 사실을 보고는 떨었다. 그러고는 예수의 가르침을 받아들였다. 그 완악했던 사울조차도 그 이름을 바울로 바꿔가면서까지 예수 전도자로 나섰다. 진실로 진실로 이만한 복음이 없다. 그 복음 전파인 것이다. 불의성전에서도 성공을 거두지 않았는가? 겨우 원숭이를 섬기는 이곳에서 겁낼 일이 무언가.

도마는 이미 성전을 다 지었다. 성전은 건축물이 아니라 마음에 있다.

압바네스 일행은 긴 회랑을 돌아 왕이 있는 곳으로 안내를 받았다. 코끼리 문양이 새겨진 붉은 카펫이 깔리고 야자열매가 주렁주렁한 주렴이 걸린 드넓은 홀에 왕의 보좌가 있다. 둥근기둥은 황금으로 칠해졌고 천정은 빛나는 보석으로 장식돼 있었다.

"그대들이 이스라엘궁을 지은 기술자들인가?"

도마는 압바네스가 가르쳐 준 대로 턱 밑에 두 손을 모으고 '나마스테'라는 인사말을 하고는 왕을 바라보았다. 왕은 턱수염을 기르고 있었고 서글서글한 눈매를 가지고 있는 인자한 기품을 풍겼다.

"예, 그렇습니다. 우리는 왕을 돕기 위해 이스라엘에서 왔습니다."

도마는 말이 술술 풀려나왔다. 자신도 생각지 못했던 일이었다. 그러나 이미 벙어리 엘리엇이 글을 써 소통을 하게 해 준 이적을 본 이후이니 말도 풀어줄 것으로 믿은 도마였다. 주님은 모든 걸 만드신 분으로, 그 모든 걸 할 수 있다는 걸 본 도마다. 도마는 그 주님의 사명을 갖고 온 사도다. 형으로서의 예수가 아니라 주님으로서의 예수 그리스도를 믿고 의지하면 이 세상에 못할 일이 없다.

"어떻게 그대는 우리 힌디어를 할 줄 아는가?"

"나를 보내신 내 주님께서는 못하는 일이 없습니다."

도마는 그분은 세상을 만드신 이로 세상 언어도 만들었기 때문에, 그분의 권능을 입은 자는 무슨 일이건 할 수 있다는 대답이다. 그러면서 그때 동방박사를 보내 경배드리게 한 그

장본인이 바로 예수라는 이야기를 한다. 인자로서 이 세상에
왔던 예수의 막냇동생이 바로 자기라는 말도 한다. 오스로헨
왕국에선 차마 하지 못했던 말들이었다.

왕의 보좌 뒤에 서 있던 동방박사가 이 말에 끼어든다.

"인자로서의 그분 생애는 다하셨군요?"

동방박사는 그분이 지상의 생애를 마치고 하늘나라로 간
사실에 대해 묻고 있었다. 이미 천문에 그렇게 적혀 있었지
만 그게 언제인지는 모르고 있었다는 말을 한다.

"그분의 생애는 이미 천문에 적혀 있었습니다. 그분은 예
언을 이루기 위해 잠시 지상에 머물다 가셨지요."

"그 예언이 무엇이던고?"

이번에는 왕이 동방박사에게 묻는다.

"이는 천기에 해당하는 사항이지만…"

왕의 하명이니 천기누설을 할 수밖에 없다는 동방박사다.
예수는 창조주 여호와의 한 분신으로 이 땅에 왔다. 사람의
몸을 입고 이 땅에 나타난 목적은 그동안 소원해진 인간과
여호와의 관계 회복이다. 조물주인 여호와는 자기 형상대로
인간을 만들고 에덴동산에 살게 했지만 인간은 자기 의지대
로 여호와가 하지 말라는 일을 저질렀다. 동산 가운데 있는
선악과를 따 먹은 것이다. 이에 진노한 여호와는 인간을 동
산에서 내쫓으셨다. 그 벌로 남자들은 수고하고 일한 대가만
큼 먹고살게 만들었고 여자들에게는 해산의 고통을 주었다.
인간들은 이러한 형벌에도 아랑곳없이 날로 타락해 갔다. 육

신의 향락과 어둠의 역사가 시작된 것이다. 이후 인간의 패역이 하늘을 찔러 홍수로 멸하는 벌을 내리셨다.

"선한 백성 노아를 통하여 일차 품질개량을 하였지요."

그런데도 인간은 점차 악에 물들어 또다시 여호와의 진노를 사기에 이른다. 이제 다시는 물로 세상을 멸하지 않겠다는 언약을 한 뒤라 여호와의 고심이 컸다. 이를 해결하기 위하여 여호와의 또 다른 한 분이신 예수께서 친히 지상에 내려와 관계회복을 시도했다. 이러한 이야기가 예수의 탄생과 죽음, 그리고 부활승천의 이야기라는 동방박사다.

"박사가 그런 걸 어떻게 알고 있었지?"

"제가 박사가 된 까닭입니다."

박사는 그동안 숨겨왔던 이야기라며 예수에 대한 설명을 한다. 대홍수 이전에 선택받은 자로 에녹이 있었는데 그는 대홍수 이전에 하늘로 들려올라가 여호와와 동행하게 되었다. 그다음으로 산 채 하늘로 들려올라간 자가 있는데 대홍수 이후 가장 큰 일을 한 선지자였다. 에녹이 범죄와 타락에 대한 가장 명징한 징표로 들려올라갔다면 엘리야는 우상숭배에 빠져 허우적거리는 이스라엘 민족을 구한 표상으로 부르심을 받아 산 채 하늘로 들려올라갔다. 이 두 사람은 홍수로 인간의 죄를 응징한 여호와의 사랑에 대한 징표다. 한 사람은 홍수 이전의 죄악, 또 한 사람은 홍수 이후의 우상숭배에 대한 징계를 상징하기 위한 기표라 했다.

"이렇게 해도 저렇게 해도 인간의 타락을 막을 수 없으니까 마지막으로 예수님을 내려 보내신 거죠."

예수는 그동안 여러 가지 악순환으로 끊어지기 직전까지 간 창조주와 피 창조물간의 관계회복을 위해 희생양이 되기로 작정을 했다. 예수 자신이 인간의 몸을 입고 세상에 내려가 인간의 잘못을 깨닫게 하고 그 죄를 용서받고 구원에 이르는 길을 몸소 가르쳐 주고 오겠다는 것이었다. 말로만 해선 안 되는 인간들에게 직접 죽었다 다시 사는 모습을 보여주겠다. 이렇게 해서라도 당신의 사랑하는 인간들을 구원하겠다. 이게 예수가 지상에 내려온 목표요 목적이다.

"그때 동방박사들이 그 아이의 탄생을 경배하러 예루살렘까지 갔었지 않습니까?"

박사는 예수 탄생을 경배하러 갔었던 당시 이야기를 한다. 마치 그가 엘리야 선지자인 것처럼…. 도마는 그에게서 엘리야의 냄새를 맡았다. 대홍수 이후의 인간들에게는 우상숭배가 가장 큰 죄악이 되었다. 잘 살고 잘 먹게 되니까 온갖 우상들을 만들어 놓고 저들을 숭배하여 여호와를 '나 몰라'라 하였다. 이에 맞서 싸운 이가 바로 엘리야 선지자다. 그는 족보에 내세울 만한 집안내력도 없었지만 여호와 보시기에 합당하여 산 채 하늘나라로 들려올라갔다. 아마 지금 이 자리에서 이렇게 사용될 목적으로 예비된 인물인지 모를 일이다.

"여호와는 뭐고 예수는 또 뭐고?"

왕은 여호와와 예수의 관계가 궁금하다.

"힌두 신들에 브라흐만과 시바 비슈누가 있어, 하나이면서 셋이 각기 그 하는 일의 속성이 다르듯 여호와 신의 속성에도 여호와 예수 성령 셋이 있다는 것이지요."

동방박사는 힌두 신이 셋이면서도 하나이듯 여호와 역시 성부 성자 성령 세 속성이 하나라는 이야기를 한다. 그런 면에서 두 종교가 유사하다는 동방박사다. 하나님 이야기는 말씀에 적혀 있는 이야기이고 또 다른 하나인 힌두 신들에 관한 이야기는 베다와 우파니샤드 바가바드기타 등에 적혀 있는 이야기다. 왕은 힌두경전에 대해선 읽은 바 있어 잘 알고 있다. 그런데 말씀에 관해선 금시초문이다. 그러니 당연히 예수에 대해 궁금증이 생길 수밖에 없다.

"예수라는 작자는 누구인가?"

"죽은 자 가운데 다시 살아났다 하니, 이 자에게 직접 들어보는 것이 좋겠습니다."

동방박사는 천문에 그렇게 나타나기는 했지만 그게 사실로 실현될 줄은 자기도 몰랐다는 이야길 한다. 어떻게 죽은 자 가운데서 다시 살아날 수 있단 말인가? 병들어 죽은 자를 살리는 일은 가능할지 모르나 죽은 자가 다시 살아 부활을 한다는 것은 본 적이 없다. 그래서 궁금하던 참이다.

"제가 이 손으로 직접 죽은 자의 손발 못 자국이며 창에 찔린 옆구리 자국을 만져보았습니다. 그런데 그분이 부활했고 다시 승천하셨습니다."

이를 보고도 못 믿었는데 어찌 안 보고 믿을 수 있겠느냐는 도마다.

"예수는 그 본 것을 전하라고 저를 보내신 겁니다."

"왜? 무얼…"

"인간은 누구나 죽을 수밖에 없는 죄인인데 그분이 대신 그 죗값을 치르고 다시 살려내겠다는 것이지요."

"그건 또 왜?"

"창조주 여호와께서는 당신이 만든 인간을 그토록 사랑하시기 때문이라고 하셨습니다. 사람을 당신의 숨결로 만들고 아들로 삼았기 때문입니다."

도마는 생각지도 않았던 말이 술술 풀려나온다. 그것도 통변이 필요 없는 힌디어로.

"아하, 또 한 사람 아바타가 나셨나 보군."

왕은 한 오백 년 전에 힌두의 아홉 번째 신 붓다가 이 땅에 오셔서 힌두의 아홉 번째 아바타가 되었다는 이야길 하면서 이제 마지막으로 올 열 번째 신 칼키를 기다리는 중이라 했다. 그렇다면 그 예수라는 자가 장차 올 열 번째 신 칼키가 아니냐는 이야길 한다.

"그 자가 칼키가 아닌가?"

"그럴지도 모르지요."

인도에는 여러 신들이 있다. 그중 첫째가 비슈누 신이다.

비슈누(Visnu) 신은 우주의 유지자, 보존자이다. 항상 자애로우며, 진리를 수호하고 그것을 적극적으로 실현시키는 자이다. 비슈누는 하늘에 살면서 지상을 내려보다가 이의 질서가 흔들리게 되면 최대한의 역량을 발휘하여 바로잡는다.

비슈누는 세상의 상황에 따라 10가지의 변화된 모습으로 지상에 내려온다. 이를 아바타라 한다. 비슈누 신의 아바타로는 전통적으로 열 가지가 꼽힌다. 그리고 이 제신들은 인간 각자의 취향대로 모습을 바꾸어 그 아바타가 수천 수만이 넘어 한 사람당 하나씩의 신이 된다.

비슈누의 첫 번째 화신은 큰 물고기 마트스야다. 그 기원은 브라흐마나의 홍수 신화로 거슬러 올라간다. 인류의 시조 마누가 물고기로부터 조만간 발생하게 될 대홍수에 대한 이야기를 듣는다. 그 말대로 큰 홍수가 났다. 마누는 미리 준비한 배를 타고 큰 물고기의 도움을 받아 히말라야의 가장 높은 봉우리에 도착하였다. 세상을 삼켰던 물이 빠진 뒤에 마누는 산에서 내려와 제사를 지내고 다시 인류를 창조하기 시작했다. 물고기가 마누를 구제한다는 이 홍수 신화는 서사시나 푸라나에 전수되어 지금에 이르게 되었다.

두 번째 화신은 쿠르마로 거북이다. 거북이의 화신도 그 기원은 만생물의 주인인 프라자파티가 거북이의 모습으로 세계 창조를 하였다는 신화에서 비롯된다. 신화에 의하면 세계가 파멸할 때, 큰 홍수가 나서 신들은 많은 보물을 잃어버렸다. 이때 비슈누는 거북이가 되어 바다 밑으로 잠수하여 그의 등에 만다라 산을 짊어지고 대지를 지탱하였다. 그리고 악마의 신들로 하여금 바다를 휘젓도록 하였다. 이처럼 비슈누는 거북이로 변신하여 신들이 우유의 바다로부터 만들어낸 불사약 암리타 등의 여러 귀한 물건을 지키는 일에 일조했다.

세 번째 신은 멧돼지 바라하다. 황금의 눈을 가진 히란냐 약사가 대지를 바다 밑으로 침몰시켰을 때 천년 동안의 끈질 긴 싸움 끝에 대지를 그의 이빨로 물고 다시 끌어 올렸다. 이 처럼 대지를 지탱하여 인류를 구제한 이 멧돼지는, 왼쪽 겨 드랑이에 대지를 나타내는 여성을 끼고 있고, 양발로 용과 거북이를 밟고 있는 모습으로 표현된다.

네 번째 신은 사자 느리싱하로 반은 인간, 절반은 사자의 모습으로 변신하고 악마 히란니야카시푸를 퇴치하는 비슈 누를 나타낸다. 브라흐마의 은총에 의해 신, 인간, 야생동물 의 어느 것에도 살해되지 않는 힘을 부여받은 이 악마는 그 의 아들 프라홀라다가 비슈누를 신앙한다 하여 아들을 살해 하려고 한다. 이때 비슈누 신이 절반은 사람 절반은 사자의 모습으로 나타나서 이 악마를 가볍게 퇴치해 버렸다. 이 악 마는 라바나로 재생했다고 한다. 10가지 화신 가운데 이들 네 동물의 화신은 소멸기(kali-yuga)인 우주가 파괴되는 시기 에 나타나 다음에 오는 생성기(krta-yuga, sata-yuga)를 맞게 된다 고 한다.

다섯 번째는 난쟁이 바마나다. 이것도 앞의 네 화신과 같이 우주의 창조와 관련이 있다. 우주의 제2기 유지기(treta-yuga)에 악마 발리가 삼계(三界)를 지배하고 있었다. 이때 비슈누는 난 쟁이가 되어 나타나서 발리에게 세 걸음만큼의 땅을 달라고 요구하였다. 자신의 힘을 과신한 발리는 이를 허락하였다. 그 러자마자 왜소한 난쟁이는 거대한 모습으로 변하여 세 걸음을 걸었다. 그의 세 걸음으로 인해 우주의 삼계가 창조되었다.

여섯 번째는 용사 파라슈라마다. 파라슈라마는 도끼를 가진 라마라는 뜻이다. 그는 도끼를 휘둘러서 교만한 왕족을 넘어뜨리고 브라만에게 승리를 안겨주었다. 우주의 제2기 유지기에 비슈누는 브라만인 자마드아그니의 아들로서 인간의 모습으로 나타난다. 크샤트리아의 카르타비르야에게 아버지가 살해되자 그는 도끼를 휘둘러 아버지의 원수를 갚는다. 크샤트리아 족을 완전히 멸한 파라슈라마는 마헨드라 산의 숲으로 고행의 길을 떠난다. 그러고는 아슈바메다(馬祀祭; 말의 공희제)를 거행하고 모든 땅을 카시야파에게 돌려준다.

일곱 번째는 라마왕자다. 라마는 2대 서사시의 하나인 라마야나의 주인공으로서 마왕 라바나를 죽인 영웅이다. 이 아유타(Ayodhya) 왕국의 다샤라타(dasaratha) 왕 게게는 왕위를 계승할 왕자가 마땅치 않아서 자식의 탄생을 기원하는 말의 희생제를 지냈다. 이때 천계(天界)에서는 온갖 나쁜 짓을 일삼고 있는 악마왕 라바나를 퇴치하는 일이 문제였다. 그래서 브라흐마 신의 은총으로써 불사신이 된 라바나를 멸망시키기 위하여 비슈누는 다샤라타 왕의 아들 라마의 모습으로 이 지상에 나타난다.

여덟 번째는 크리슈나다. 힌두의 신들 중에서 가장 인도 대중에게 인기가 있고 친숙한 신이 바로 검다는 말에서 유래한 크리슈나신이다. 그리고 비슈누의 화신 중에서 크리슈나는 가장 중요하다. 라마도 널리 숭배되고 있지만, 크리슈나는 비슈누의 화신으로서 혹은 개별의 신으로서 라마 이상으로 널리 숭배된다.

아홉 번째는 붓다(Buddha)다. 아홉 번째 화신은 이 세상에 마지막으로 나타난 비슈누의 현신이다. 그는 왕좌를 버리고 스스로 고행의 길을 택해 수행함으로 윤회의 고리를 끊는 모습으로 남아 있다.

열 번째는 칼키(Kalki)다. 칼키는 암흑의 시대인 파괴기(kail-yuga)가 끝날 무렵에 손에는 빛나는 불 칼을 든 채 백마를 타고 나타나는 미래의 화신이다. 그는 사악함을 물리치고 정의를 재건하여 생성기(krta-yuga)의 법인 옴금을 따르는 자를 구원한다고 한다. 결국 칼키는 현 상태로서의 우주의 파괴기에 나타나 자신 속에 모든 선(善)을 거두어들인 후 다음 단계의 우주 생성기가 될 때 다시 선과 질서를 우주에 펼쳐 내는 임무를 맡고 있다고 할 수 있다. 그래서 칼키는 일반 민중으로부터 미래의 구세주로 추앙받고 있다.

동방박사는 인도에는 이런 제신들이 있다 한다. 그리고 동방박사가 가서 보고 듣고 온 바로는 예루살렘에서 태어난 그가 바로 칼키일 거라는 이야기를 한다.

"이미 칼키가 등장했으니 그를 위한 신전을 지어야지요."

도마는 귀가 번쩍 뜨인다. 지금까지 나열한 인도의 제신들 이야기는 이미 말씀에 적힌 기록과 흡사한 내용들이 많다. 홍수 이야기에서부터 시작해 여러 제신들의 무용담이 말씀에 기록된 것과 너무나 비슷하다. 비록 이름은 서로 달랐지만 선과 악에 관한 이야기의 주제는 한결같이 같은 내용이다. 이는 불의 제전을 행하던 바빌로니아에서도 이미 보고 들었던 이야기들이다. 이들 제신들 역시 인간을 이롭게 하기 위해 여러 가지 전쟁을 치른다.

도마는 조심스럽게 예수 이야기를 한다. 이미 동방박사를 통해 그의 탄생을 경배하고 온 사람들이기 때문에 예수에 관한 이야기를 해도 괜찮을 것이란 생각이 들었기 때문이다.

"이스라엘 역사에도 인도의 신화하고 비슷한 점이 많습니다."

태초에 여호와께서 천지를 창조하셨다는 부분이나 인도의 브라흐마가 창조신이 된 것이 흡사하며, 서로 이름은 달라도 그 과정이나 내용은 비슷하다. 시간과 공간이 달라 이야기 내용과 그 이름들이 변했지만 유대 경전이나 인도 경전이 뜻하는 바 스토리는 비슷하다는 것이다.

"모세가 쓴 창세기에 의하면 노아 홍수 이래 많은 사람들이 동서남북으로 흩어져 민족의 대이동이 시작되었는데 저들이 가지고 간 기억들과 풍습이 아직 남아 있어 하나의 문화가 되었다고 합니다."

문화란 그 민족 속에 흐르는 고유한 전통을 말함이다. 힌두의 경전 이야기를 들어보니 이스라엘 민족의 이야기와 흡사한 점이 너무나 많다. 어쩌면 같은 족속들이 뿔뿔이 흩어지면서 서로 다른 이름들이 되었고 남겨진 이야기 역시 조금씩 변형되어 기록되었을 수도 있다. 그러나 큰 흐름은 같다.

어쩌면 인도의 주류를 이루고 있는 아리아인들이 대홍수 이후 산을 넘고 물을 건너 이동해 온 노아의 후손들일지도 모를 일이다. 노아의 아들로는 셈과 함과 야벳이 있다. 그리고 세 아들은 모두 16명의 아들을 낳았다. 이들 후손들이 동서남북 흩어져 그 영역을 넓혀 '바닷가 모래알처럼 창성하게' 돼 나갔을 것임은 말하지 않아도 짐작이 가는 사실이다. 그러니까 결과적으로는 한 형제자매의 후손일 수밖에 없는 같은 민족들이다. 그러니 기억하고 있는 역사가 비슷할 수밖에 없다. 바벨탑 사건 이후 언어가 서로 다르게 된 채 뿔뿔이 흩어져 나갔으니 서로의 기록이 다를 수밖에 없을 일이다. 그러나 그 뿌리는 같다고 할 수 있겠다.

도마는 형 예수와 함께 인도여행을 할 당시 석가모니불이 된 싯다르타가 태어난 카필라바스투에 가본 적이 있었다. 카필라바스투는 가비라 성으로 히말라야 산맥의 기슭에 자리 잡은 샤카 공화국의 한 지방공동체였다. 가우타마 싯다르타는 정반왕과 마야부인 사이에 태어난 왕자로 그 이름의 뜻은 '소원성취' 혹은 '모든 것을 이룬 사람'이란 의미를 가지고 있다. 왕자는 자라 청년이 되면서 인생무상을 느끼고는 수행의 길로 들어섰다. 그가 천착한 화두는 '무상한 이 세상의 괴로움을 어떻게 해결할 것인가?'였다. 그는 오랜 고행 끝에 마침내 깨달음을 얻었는데 그 해답은, '열반'이었다. 생로병사의 본원을 끊어 없애는 것이다. 그는 열반에 들며 '스스로를 섬으로 삼아 스스로에 의지하며 살아라. 다른 것에 의지하지

말고 진리를 섬으로 삼아 진리에 의지하라. 다른 것에 의지
하지 말고'라는 대열반경을 남겼다.

'그렇구나. 그게 그의 방법이었구나.'

예수는 그때 그의 제자들을 만나 이야기하던 중 고행의 수
고로움을 이야기하였다. 인간을 창조하신 여호와께서는 당
신의 피조물을 무조건적으로 사랑하신다. 거기엔 이유나 조
건이 없다. 당신이 만든 당신의 피조물이기에 사랑하지 않을
수 없다는 것이었다. 그 사랑은 받아들이기만 하면 된다. 그
어떤 대가를 바라는 사랑이 아니다. 이 깊은 뜻을 모르고 밥
굶고 수행한들 약해진 틈을 타고 마귀가 설쳐 이간질을 시킬
뿐이라 하였다. 이를 시험해 보기 위해 실제 광야에서 시험
도 해보았다. 인간은 자기 의지대로 되는 게 하나도 없다. 모
든 건 이미 계획돼 있는 대로 흘러가기 마련이다. 이 크나큰
역사하심을 이루고 보여주기 위해 십자가에 매달려 죽었고,
죽었다가 다시 사는 부활의 권능을 보여주었다. 그것들을 실
제로 보여주기 이전에 이미 죽음을 예상하고 '나는 길이요
진리요 생명'임을 강조하였고, 동생 도마에게 친히 보여주어
믿게 하였다. 그러니까 예수가 이 땅에 오심은 그 믿음 하나
전해주려는 큰 뜻이 있을 뿐임이다. 이 역시 창조주 여호와
의 구원계획 일부다.

도마는 이 전후사정을 소상히 이야기함으로 왕의 신전건
축의 방향을 잡아준다.

"이미 생로병사의 해결을 위한 고행이 필요 없는 해결책

이 아닙니까?"

　깨달음을 얻은 석가모니가 한 평생을 바쳐 고행한 결과로 얻은 결론을 예수는 단 한 마디로 해결했다. 붓다가 평생 고행으로 얻은 '진리의 섬'이나 예수가 '말한 진리가 너희를 자유롭게 하리라'는 같은 맥락이다. 붓다는 수행을 통해 진리를 깨달을 수 있다 하였지만 예수는 아무 대가 없이 그 진리를 주겠다 했다. 주겠다가 아니라 이미 주었다고 말한다. 이미 인간에게 주어진 이 값진 선물인 창조주 여호와의 사랑을 받기만 하면 된다. 받는다는 것은 무엇을 뜻하는가? 그 관계를 인정하는 것이다. 창조주 여호와께서 나를 만드셨고 나를 구원할 주님인 것을 믿기만 하면 되는 일이다. 이 관계를 부정하자면 내가 어디서 어떻게 왔는지를 규명해야 하는데 답이 없다. 나를 낳아 길러주신 아버지 할아버지 증조할아버지 고조할아버지… 계속 거슬러 올라가 그 첫 할아버지에 이르면 그는 어디서 어떻게 왔을 것인가? 라는 의문만 남게 된다. 답은 단 하나, 창조주가 있다는 사실이다. 이 사실은 믿을 수밖에는 없는 질문이요 해답이다.

　"그 첫 할아버지를 만드신 손길이 여호와라는 것입니다."

　그 첫 사람을 만든 여호와를 부정하고는 역사가 성립되지 않는다. 인간은 대체 어디서 왔을 것인가?

　"자, 그 첫째 의문은 잠시 접어두고라도 말입니다."

　인간은 죽을 수밖에 없는 존재다. 어디서 어떻게 왔건, 이제 좀 살 만하면 죽는다. 이제 좀 알 만하면 죽는다. 이 죽음이 인간을 하찮게 만든다. 불사신이 되기 위해 온갖 노력을 다 해보지만 인간이 영원히 산다는 이야기는 들어본 적이 없다.

"대홍수 심판 이후 죽지 않고 산 채로 하늘로 들려올라간 엘리야가 있지요. 그는 우상숭배와 맞선 선지자로 죽지 않고 영원히 살 것 같지만 그 역시 마지막 심판의 날에는 죽었다 다시 사는 심판을 겪어야 합니다."

이게 계획된 여호와의 시간이라는 이야기를 하는 박사다. 인간이란 죽을 수밖에 없는 존재이고 누구나 죽음을 피해 갈 수 없다. 그렇다면 세상 부귀영화란 무슨 소용인가? 잠깐 동안 누리는 꿈이다. 남가일몽이다. 때문에 죽음 준비를 잘 해야 한다. 죽어도 살 수 있는 영생의 길이 있다면 이를 따라야 한다.

도마는 열심히 성전을 짓고 있는 박사를 본다. 이 이야기 들은 도마 자신이 해야 할 말이다. 그런데 박사의 입술이 술 술 잘도 풀려나간다. 성령의 입을 빌려 나오는 박사의 말은 거침이 없다. 놀랄 일이다. 제가 해야 할 이야기를 박사가 하고 있질 않는가. 아무리 생각해도 박사는 엘리야의 현신임에 틀림없다.

동방박사가 계속해서 말한다.

"아기 예수 탄생을 경배하러 갈 때 함께 갔던 그 첫 번째 동방박사는 죽음에서 완전히 벗어난 사람이었어요."

그 사람 이름은 에녹으로 삼천갑자동방삭으로 통한다 했다. 삼천갑자를 산 사람이라면 도대체 몇 살을 살았다는 이야기인가. 하나의 별이 탄생해 그 빛이 지구까지 오는 거리의 시간이다. 인간의 머리로는 계산할 수 없는 시간이라는 이야기다. 그는 첫 사람 아담과 함께 이 지상을 걷던 사람으로 대홍수 심판 이전에 여호와의 동행자가 되었다. 그러니 마지막 심판의 계획까지도 알고 있다.

"그 박사가 말하기를 베들레헴에서 태어난 그 아이가 인류를 사망의 어둠으로부터 구원해 낸다 하셨지요. 하여 우리는 유향을 선물로 바쳤던 겁니다. 유향이란 신성을 의미하지요…."

왕은 더욱 궁금해진다. 어찌 이런 일이? 새로운 복음이다. 이미 그의 탄생에 즈음하여 예물을 보내 동참한 공로가 있다. 여태 모르고 있었지만 자신은 이미 그 구원의 대열에 동참하고 있었던 공로가 있다는 자부심이 생긴다.

도마는 박사의 이야기에 곁들여 부활에 관한 이야기를 한다.

"죽어도 다시 사는 부활의 소망, 간단하지 않습니까?"

도마는 인간의 최대관심사는 죽음을 이기는 것이라, 누구나 최종목표를 죽음을 이기는 길에 둔다는 이야기를 한다. 중원의 춘추전국시대를 종결시키고 통일제국 진나라를 세운 진시황제도 불로초를 찾기 위해 동남동녀를 해 뜨는 나라 동해로 보냈지만 성공하지 못했다. 신들에 필적했던 길가메시 역시 마찬가지였다. 인간은 인간이기에 죽음으로 끝이다. 금은보화도 권세도 죽어 없어지면 그게 다 무슨 소용일 것인가. 이제 이 나라에는 그러한 소망을 품을 수 있는 새 신전이 필요할 것이란 이야기다. 왕은 순순히 그 말에 동조를 한다.

"사람이 살면 얼마나 살겠습니까? 백 년, 이백 년? 그렇게 살다 죽으면 그게 다 무슨 소용?"

재물도 권력도 사라지기 마련이다. 때문에 인간들은 불로초를 구하기 위해 온갖 수단과 방법을 다 썼다. 죽음을 이길 장사는 없다. 왕도 신하도 죽음 앞에서는 별 볼 일 없게 된다. 그런데 그 죽음을 이기는 절대 진리를 두 눈으로 똑똑히 보았다는 도마다. 그의 말을 믿으면 죽음을 뛰어넘을 수 있다. 그의 탄생을 미리 알고 축하 사절단을 보낸 왕이 아니신가? 도마는 저 오스로헨 왕국의 아브가르 왕 이야기를 한다.

"그 역시 베들레헴 아기 탄생의 사절단을 보낸 왕이었지요."

그는 죽었다 다시 살아나는 부활 이전에 다시는 고칠 수 없는 나병의 고침을 받고 지금은 건강한 몸으로 나라를 다스리고 있다. 뿐인가, 세례를 받음으로써 심판의 날 무사통과 할 수 있는 천국열쇠까지 받아 쥐었다. 무역상 압바네스가 바로 그 왕국을 통하여 무역 거래를 한다. 도마는 어디서 이런 말주변이 생겼는가 싶게 유창한 힌디어를 구사하며 왕을 설득시키고 있다.

"그대가 직접 두 눈으로 보고 그 손으로 확인한 일이라면 내 안 믿을 수 없지."

이제 그 복음을 전할 장소를 짓는 일에 적극 지원하겠다는 왕이다. 세례가 뭔지 잘 모르겠지만 그 세례까지도 받겠다는 군다포러스 왕이다. 압바네스는 불의 제단 바벨론에서 있었던 이야기를 하였고 왕자의 치유에 따른 상급으로 얻은 카펫을 선물로 바치겠다는 이야기를 한다.

"칼키가 왔다. 칼키가 왔음을 알려야지."

왕은 예수가 힌두의 열 신 중 마지막에 올 미래신이라는
데 크게 고무돼 새 신전건축에 열을 올린다.

"그러나 그가 칼키는 아니지요."

예수가 칼키일 수는 없다. 예수나 붓다가 추구하는 바 그
궁극적 목적이 선과 진리에 있다 하더라도 그 둘을 같은 반
열에 올려놓을 수는 없을 일이다. 예수는 창조주의 여호와의
독생자이고 붓다는 정반왕의 왕자로 인간의 몸으로 태어났
다. 예수는 인간의 몸을 입고 태어나긴 했지만 동정녀 마리
아를 통해 성령으로 잉태되었다. 도마는 이 점을 분명히 해
야 한다고 생각한다.

"그는 사람의 아들로 이 세상에 오긴 했지만 아울러 신이
었으니까요."

도마는 예수의 신성에 대한 이야기를 간단하게 이렇게 이
야기한다.

"하나님이 예수를 일컬어 '나의 아들'이라 하였으니, 그는
하나님의 아들임이 틀림없죠. 또한 예수께서 하나님을 '아버
지'라 하였으니 그는 하나님의 아들이 틀림없죠. 이 말들이
틀렸다면 하나님이나 예수님은 거짓말쟁이겠죠. 하나님이
거짓말을 하겠습니까? 또 아니면 예수님께서 거짓말을 했겠
습니까?"

하나님은 천지만물을 지으신 존재 그 자체다. 따라서 예

수는 첫 사람 아담보다 먼저 스스로 존재했던 여호와의 속성 그 자체다. 거짓말쟁이가 지으신 세상이라면 이토록 질서정연하게 돌아갈 수 있을 것인가? 천체운행이 너무 정확하지 않은가? 그런데 붓다는 오고감이 분명하다. 열반에 든 이후 그의 존재 확인이 불가하다. 도마는 신성과 인성을 이야기한 다음 저들을 위한 성전건축에 대한 이야기를 한다.

도마는 오래전부터 존재해 왔던 이스라엘 민족의 성막이나 유대교의 회당인 성전의 양식을 설명하며 성전건축의 방법을 이야기한다. 성막이나 성전은 이미 그 규례가 나와 있다. 그렇지만 한 가지 의문이 남는다. 예수가 힌두 신의 열 번째 아바타인 것처럼 되어 남게 된다면 이건 우상이 되는 일이 아닐 것인가? 형 예수는 신전 짓는 일을 회피하기 위해 아버지 요셉의 심기를 불편하게 해가면서까지 그 일을 하지 않았다. 그렇다면 동방박사에게 자문을 구해야 한다. 그가 만약 짐작했던 대로 선지자 엘리야의 현신이라면 그에게서 답을 구할 수 있을 것이다. 엘리야는 우상숭배에 맞선 선지자로 산 채 들려올라간 자가 아닌가.

밤중만 하여 도마는 박사를 은밀히 찾아가 만난다.

"박사님, 박사님이 만약…"

"자네 궁금증이 무언지 내 다 알고 있네. 칼키의 이름으로 신전을 짓는다면 그게 우상숭배가 될 건지 아닌지가 궁금한 거 아닌가?"

박사는 이미 도마의 심중을 읽고 있다. 지금은 그 계보가 중요한 게 아니라 이 일을 하다 보면 또 다른 일이 생길 것이라는 전혀 상상하지도 못했던 이야길 하는 박사다. 박사는 인도 신전 공사는 도마가 할 일이 아니라면서, 어영부영 시간을 때우고 지내다 보면 또 다른 일이 열릴 것이란 뜻밖의 말을 한다.

"그대의 임무는 땅끝에다가 무지개 뿌리를 심는 일일세."

"땅끝에다가… 요?

땅끝은 여기서도 얼마나 더 가야 하는 동쪽에 있다 한다. 해 뜨는 나라, 세상의 시작점에 가면, 거기 이미 터를 잡고 있는 첫 번째 동방박사가 있다. 거기 가면 그가 할 일을 일러줄 것이라는 박사다. 이미 다 짜여 있는 포석이다.

"여기서의 일은 왕의 의사에 따라 하자 하는 대로 하면 될 것이야."

뿌리는 자 있고 거두는 자 따로 있다는 이야기다. 시작했다고 끝까지 책임질 필요는 없다. 그간에 변수가 생긴다. 박사의 이야기는 변수가 생길 그때까지만 어영부영하면 된다는 언질이다. 도마의 목적지는 인도가 아니라 가야라는 것이었다.

도마는 숙소로 돌아와 곰곰이 생각한다. 박사의 이 말은 또 다른 곳으로 떠나가야 한다는 뜻이겠다. 박사의 말대로라면 또 다른 전도 개척지 가야 땅으로 가야 한다. 거기 가면 장차 신라(新羅)로 불릴 비단생산국이 있고 철의 생산지인 가야(伽倻)땅도 있다. 이제 앞으로 해야 할 일은 거기 가서 예수가 이 땅에 온 것을 알려야 한다.

"아직 거기 사람들은 예수가 누군지 알지 못하지."

옛 언약의 시대에 사는 사람들에게 새 언약의 메시지를 전하는 게 도마의 할 일이라는 이야기겠다.

"거기가 바로 땅끝인 게야."

"인도에서의 신전건축은 문제될 게 없네. 왕이 허락한 일이니까 신하들이 아무리 반대해도 소용없지."

그러나 신하들은 지금까지 있었던 건축양식을 고집한다. 인도 고유의 전통건축양식을 따라야 한다는 것이다. 도마는 이오니아식 둥근 기둥을 고집한다. 그래야 기둥에 힘이 실린다. 기둥 가운데 부분을 약간 도톰하게 둥근 양식으로 깎으면 아무리 무거운 하중도 받아낼 수 있는 힘이 실린다. 이미 로마신전 건축에 이용했던 건축양식이다. 여기까지는 새로운 공법에 따르던 건축물 관계자들이었지만 내부에 모실 신상(神像) 문제에 있어선 한 치의 양보도 없는 저들이다. 저들이 원하는 힌두신전에는 반드시 힌두의 세 신 중 어느 한분이 모셔져야 한다. 그 대표적인 신상은 비슈누 상으로 남근을 상징하는 형상이다. 이는 돌이나 나무를 깎아 만드는데 그 밑에는 여성성을 상징하는 요니를 받침돌로 사용하게 된다. 이 링가와 요니는 쌍을 이루어 남녀합환상의 형상을 이룬다. 이 남근 상을 보고 절함으로써 인구생산성을 높인다는 것은 지극히 타당한 상징성을 가진다. 이상한 논리로 들릴 수 있겠지만 노동력이 절대 필요한 현 시점에서 본다면 필요불가결한 요구사항이다. 노동력과 생산력을 일치시켜야 한

다. 그러자면 늘 보는 곳에 이러한 신상을 만들어 세움으로
써 욕구를 충동질할 필요가 있다. 이게 이들 지배계층 브라
만이 생각해 낸 다스림의 철학이다. 한 마디로 출산율을 높
여 산업생산성을 높이기 위해 만들어 낸 신상이다.

도마는 이에 맞선다.

"이미 여호와께서는 '바닷가 모래알처럼 창성하라'는 축
복을 내려주었소."

그 말을 믿고 따르면 인구증가 문제는 저절로 해결이 날
것이요. 굳이 신전에 남근상과 여성상을 만들어 합환하는 신
상을 세워놓고 밤낮으로 이를 보고 따라하지 않아도 남녀가
서로 사랑하게 된다면 아이들은 저절로 생겨날 것이라는 주
장이다.

그러나 도마는 차마 이 신상을 세워서는 안 된다는 말을
대놓고 말할 수는 없다. 그렇다고 지금까지의 전통적 조각양
식을 하루아침에 바꿀 수도 없다. 열 사람의 동지보다는 한
사람의 적이 더 무서운 법이다. 적을 만들어서는 안 된다. 갑
자기 신상을 바꾼다면 지금까지 기득권을 가지고 있던 브라
만들이 그냥 있을 리가 없을 것임을 잘 아는 도마다. 굳이 마
찰을 빚어가면서까지 공사를 서두를 필요는 없을 것이다. 이
문제는 두고두고 더 생각해 볼 숙제다. 박사의 언질에 따르
면 어영부영 이 일을 하는 척 지내다 보면 또 다른 길이 열린
다는 것이었다. 그러니 신전은 세우되 신상 세우는 일은 미
루라는 이야기겠다.

“신전공사는 언제부터 시작할 수 있겠소?”

이미 터는 닦아놓았고 일부 자재들도 준비가 돼 있는 참이다. 그 건축양식만 새로우면 된다. 역사에 남을 건축물을 기대한다는 것이 왕의 요구였다. 그러면서 설계도를 그려오라 한다.

도마는 이미 가이사랴 빌립보 지역에 올라선 신전들의 건축 양식을 설명하였고 그 기둥모양새에 따라 이오니아식 코린트식… 여러 건축양식이 결정된다는 이야기를 한 뒤끝이라 신전건축 문제는 큰 어려움 없이 진행되었다.

“로마식 건축물에는 창문이 많습니다. 거기 여러 가지 그림들이 그려지지요.”

신전 내부 벽화는 물론 창문과 천정에 그려질 모자이크를 설명하는 도마다. 그 자신도 아직 실행해 보지 않은 작업이었지만 엘리엇이 이 일을 해본 경험이 있다 해서 자신만만하게 설명을 하는 도마다. 이 일을 위해 딸려 보낸 엘리엇이 아닐 것인가. 엘리엇은 그 벽화의 내용을 예수의 일생을 그릴 것을 준비하고 있다. 이미 아브가르 왕이 만든 오스로헨 왕국의 성전벽화를 그 모델로 삼으면 될 일이다.

왕은 생전 처음 듣는 건축양식 이야기에 매우 흡족한 표정이다. 인도의 여러 나라 중에서 가장 화려하고 권위 있는 신전이 이 아유타에 설 것이라는 포부와 자긍심이 군다포러스 왕을 들뜨게 하고 있었다.

“좋아, 당장이라도 일을 시작하게.”

도마는 형과 함께 인도여행을 하며 알렉산더 대왕이 인도 서북부 지역까지 정복했고, 유화정책의 일환으로 피지배 지역에 화려한 헬레니즘 문화를 남겼던 예를 본 적이 있어 그 이야기를 한다. 동방에도 이미 서양 문물이 들어와 있었던 것이다. 그중에서도 벽화로 그려진 역사적 기록물들은 그 의미도 깊을 뿐더러 화려함 그 자체임을 역설한다.

"이미 북부지역에는 새로운 건축양식들이 들어섰지요."

말로만 백 번 하면 무슨 소용인가. 행동으로 보여 달라는 왕이다.

"아무튼 자네만 믿네."

왕은 도마를 신임하는 듯했다. 그러나 동상이몽이다. 도마의 머릿속에는 이미 오스로헨 왕국의 조지아 예배당 안에 예수 그리스도 스토리를 그려 넣은 동방교회처럼 인도의 교회에도 예수 이야기로 그 벽면을 채우고 싶은 환상이 가득 차 있었고, 이를 위하여 세공사 엘리엇을 여기까지 동행시킨 것이 아닐 것인가? 하는 확신까지 드는 도마였기에 다른 생각이 들 틈이 없다.

"저와 함께 온 기술자로 엘리엇이란 자가 있는데 벽화를 전문적으로 조각하는 세공사입니다."

인도에는 옥을 비롯한 마노 비취 홍옥 등 빛나는 보석들이 많이 나고 그 빛나는 보석들로 천정과 벽면을 조각한다면 이 세상 어디에도 없을 훌륭한 작품으로 뒤덮인 성전이 될 거란 도마다. 그중에서도 특히 아유타 지방에서 나는 분홍색 돌은 모자이크에 사용하기 아주 좋은 석질을 가졌다. 이 돌을 본 엘리엇은 흥분을 감추지 못했다. 이 돌은 석질이 부드러워 만지기 좋고 닭 볏의 피를 섞어 문지르면 사라지기까지 하는 신비의 돌이다. 어디서 이런 즉흥적인 발상이 떠올랐는지 모르겠다. 새 건축물을 지어 만왕의 왕을 모시고 그 왕의 이야기를 보석으로 치장하는 모자이크로 장식한다. 그게 구세주 예수의 행적이라면…, 문자를 모르는 일반인들에게는 그림이 가장 잘 통하는 전달력을 갖는다. 창조주와 예수의 행적에 관한 이야기를 벽화로 만들어 장식한다면 이보다 더 훌륭한 걸작이 있을 리 없을 일이다. 아직 신전 한가운데 모실 주신상은 결정하지 않았지만 그건 차츰 시간을 두고 생각해 볼 일이라는 것이 도마의 주장이었다.

"기대가 되네."

왕은 도마의 이야기에 솔깃해 있다. 동방박사 역시 이야기에 귀를 기울이고 듣고 있다. 우선 낯선 이방인이 유창하게 힌디어를 구사하는데 넋을 잃은 압바네스는 장사가 크게 성공한 것을 알고는 희색이 만면이다. 자기가 구해 온 목수가 허실미실 했다면 그 보상이 보잘것없었겠지만 이토록 유창함에 있어서랴. 그 상급이 클 것을 기대해 한 마디 거든다.

"왕이여, 이토록 유능한 목수를 어디 가서 구해오겠습니까?"

왕은 흡족해했고 중매꾼도 대만족이다. 이렇게 해서 군다포러스 왕의 신전건축이 첫 삽을 뜨게 되었다.

나무닮아살래

도마는 왕궁 짓는 일이 싫다. 딱히 왕궁이라기보다는 왕궁에 딸린 신전이었다. 다행스럽게도 왕을 설득해 힌두신의 신상인 링가를 모시진 않았지만 신전은 신전이다. 여호와의 성전이 아니다. 칼키의 신전이다. 페르시아에서는 그래도 사람들이 모여 불의 제단 앞에 엎드려 예배드리는 모습들을 볼 수 있었다. 경전을 읽고 찬양도 했다. 그리고 예배를 주관하는 사제가 있었다. 그런데 인도에서는 사람들이 모여 예배를 드리는 장소가 아니라 모셔진 신상에 대고 절만 꾸벅하고 혼자 소원을 비는 형태다. 그 신에 대해 가르쳐 주는 스승이 없다. 전문적인 지식을 가지고 신앙에 대한 참 지혜를 전해주는 스승이 있어야 할 터인데 그런 게 없다는 이야기다. 그러니 누가 누구에게 왜 예배를 드리는지조차 알 수 없다. 철저한 계급사회라 가르치는 신분에 있는 사람들만이 서로 저들끼리 가르침을 주고받고 그 이하 사람들은 이에 대한 지식을 갖출 기회가 없다. 그러니 일반 민중들이 대화를 나눌 수 있는 신전도 없거니와 설사 그런 곳이 있다 해도 신앙의 참뜻은 알 수가 없다. 예루살렘의 회당에는 랍비가 있고 불의 성전에는 사제들이 있었다.

인도에는 신전만 있고 이를 가르치는 영적지도자가 없다. 전에는 이러한 교육을 맡은 선생인 구루가 있었지만 수행을 평계로 산 속으로 달아나 버렸다. 자유가 그리웠던 것이다. 그러니 우매한 일반 백성들은 잘 살게 해달라고 비는 기복신앙밖에는 있을 게 없다.

"왕이시여, 저들에게 이 신전에 모셔져 있는 이의 참뜻을 전하게 하소서."

신전에서 예배와 찬양을 하도록 허락해 달라는 도마다. 이미 새 신전건축을 허락한 왕이었다. 그리고 새 건축물엔 새로운 신상도 세우기를 허락한 왕이다. 새로운 신전의 새로운 신상은 물고기 두 마리와 떡 다섯 개를 그린 문양이었다. 이건 신상이라기보다는 우연하게 만들어지게 된 암호 같은 그림문양이었다. 그런데도 왕은 신전 입구의 문설주 위에다가 이 문양의 그림을 새긴 편액을 걸게 하였다.

하루는 도마가 일을 하다가 쉬면서 땅에다가 물고기를 그렸는데 왕이 지나가다가 그 그림을 보았다.

"이게 뭐지?"

"물고기입니다."

"물고기인 줄 몰라서 묻는 게 아니라 이 그림을 왜 그렸지?"

라는, 왕의 물음이었다. 도마는 사실대로 이야기하였다. 예수의 설교를 들으러 온 군중들에게 떡 다섯 개와 물고기 두 마리로 배불리 먹게 했다는 오병이어에 관한 이야기였다.

"지금 이스라엘은 로마 속국이 되어 마음대로 움직일 수도 없고 더군다나 저들이 잡아 죽인 예수 이야기를 함부로 해서도 안 되지요."

그래서 모르는 사람을 처음 만났을 때 신분을 확인하는 절차로 물고기를 그려 보이게 되었다. 이를 알아보고 상대도 물고기를 따라 그리면 터놓고 이야기를 할 수 있는 사이가 된다. 물고기 그림은 그리스도인들끼리 서로의 신분을 알리는 암구호로 사용하는 일종의 표식이다. 도마는 숨김없이 비밀 이야기를 했다. 왕이 이미 예수에 관한 이야기를 들었고 그리스도인이 되었기 때문이다. 왕은 깜짝 놀라, 어찌 그런 일이 다 있을 것이냐며 이번에는 자기 이야기를 한다.

"우리는 본시 한나라 사람들이었어요."

나라가 망하자 뿔뿔이 흩어져 유민이 되었는데 어쩌다 흘러들어간 곳이 중원의 서남쪽인 보주라는 곳이었다. 여기서 한겨울을 나는데 양식은 떨어지고 날씨는 춥고 굶어 죽기 십상이었다. 그런데 이상하게도 얼지 않고 샘솟는 우물이 하나 있었고 거기서 뛰노는 물고기가 있어 이를 잡아 연명을 하였다. 고기는 꼭 쌍으로 두 마리씩 나타나 잡아도 또 잡아도 그치지를 않았다. 이곳 사람들은 이를 하늘이 내리는 선물로 여겨 이를 감사하는 마음으로 쌍어문양을 바위에 그림으로 새겨 기리고 있다.

"우리 집안은 차 장사를 하기 위해 이리로 이주해 정착하게 되었지만 아직도 우리 허씨 일족들은 거기 보주에 살지."

왕의 집안은 대대로 제례의식을 주관하는 제사장 직분을 맡아 왔기 때문에 여기 와서도 브라만 계층에 속하게 되었다. 지금도 이주민들이 계속 이동하고 있고 안정된 주거가 결정되지 않은 혼란기이기 때문에 이럴 때일수록 민간신앙을 돈독하게 해야지만 정착을 돕고 인심을 얻을 수 있다는 왕이다. 그러니 이웃을 사랑하라는 그 말보다 더 좋은 가르침이 또 있을 수가 없다는 것이다. 게다가 서로 말하지 않았는데도 동시에 그 뜻이 통하는 두 마리 물고기그림을 발견하였으니 이거야말로 왕실을 상징하는 문양으로 충분하다는 것이다. 왕실의 문양이 곧 신전의 간판이다.

"어찌 이런 일이?"

왕은 아이들처럼 기뻐하였다. 그 겨울 허씨 일족을 먹여 살리게 한 보주의 물고기와 예수가 먹여 살린 오병이어의 물고기 이 모두가 배고픔을 딛고 일어서는 풍요로움을 위한 축복이라는 왕이다. 그렇다면 이 신전에서 무엇을 가르칠 것인가? 이웃사랑이다. 그보다 더한 것은 없다.

"무엇을 어떻게 전할 것인고?"

"예수의 가르침을 전할 것입니다."

왕은 이미 예수의 가르침에 대해 들어서 알고 있다. 네 이웃을 네 몸과 같이 사랑하라가 아닌가. 이런 이웃사랑을 국시로 삼는다면 그게 곧 바로 덕치가 아닐 것인가? 왕은 아직도 저 공자의 가르침을 잊지 않고 있다. 춘추전국시대를 거치면서 많이 황음해지기는 했지만 아직도 저들 성인들의 가르침은 숭덕의 대상으로 남아 있다. 아무리 먼 나라까지 와 새로운 종족을 이끌게 되었지만 나라를 다스릴 덕목으로 삼아야 할 기준은 있어야 한다. 그 기준을 이웃사랑으로 삼겠다는 군다포러스 왕이다.

"그렇다면 그런 그림도 그려 넣게."

도마는 팔려온 일개 건축기술자에 지나지 않는 신분이었지만 이제는 왕의 측근에 선 왕의 재사다. 명색으로는 건축기술자였지만 팔려온 노예나 마찬가지인 도마다. 말로는 기술자 초빙이었지만 압바네스가 이미 두둑한 소개비를 챙겨 떠났기 때문에 도마는 얽매인 몸이 되었다. 그러나 왕은 도마를 대놓고 억압하거나 무시하지는 않았다. 이날도 왕은 무엇을 할 것인가를 묻는다. 명령이 아니다.

"그래, 오늘은 무얼 할 겐가?"

"돌산에 좀 가볼까 합니다."

"붉은 돌 광산?"

"예."

왕은 붉은 돌이 나오는 광산까지는 꽤나 먼 길이라며 말을 타고 가라 한다.

"아주 먼 길이지. 말을 타고 갔다 오게."

머나먼 강가에 붉은 돌이 생산되는 광산이 있다. 이 붉은 빛을 띠는 돌은 갈아서 가루를 낸 다음 그림을 그리는 물감으로도 쓰이고 옷감을 물들일 때 염료로도 이용된다. 신전에 나아갈 때 이마에 붉은 점을 그려 치장을 할 때도 쓰이고 배 아플 때 갈아서 마시는 약재로도 쓰인다. 하여, 이 붉은 돌은 아무데나 굴러다는 돌이 아니라 금값이다. 벽화를 그리자면 미리 많은 물량의 안료를 확보해 두어야 한다. 그리고 벽에 붙여 모자이크도 해야 한다. 이 기술이 엘리엇의 전문이다.

"미리 많이 갖다 두게. 요긴하게 쓰일 때가 또 있을 것이야."

왕은 돌을 실어 나를 코끼리까지 준비해 주었다. 코끼리에 실려온 이 돌이 나중에 어떻게 사용될지는 아무도 알 수 없는 일이었다. 그렇지만 일은 이렇게 진행되었다. 한 치 오차도 없는 시간의 바큇살은 돌고 돌아 이날의 이 대수롭잖은 일이 2천 년 후의 역사를 기록하게 된다.

"엘리엇, 붉은 돌 광산으로 간다."

도마가 엘리엇을 대동하고 붉은 돌을 캐는 광산이 있는 곳으로 가는 길에는 수없이 많은 산과 강들이 앞을 가로막았다. 이들은 이 강들을 건너고 산을 넘고 들판을 가로질러 걷고 또 걷는다. 이 수없이 많은 강들은 흘러 흘러서 큰 강을 이루게 되는데 그 길이가 장장 몇 천 리이다. 이 강을 사람들은 '빠르게 흐른다'는 뜻으로 '강가' 혹은 '갠지스 강'이라 불렀다. 이 강의 발원은 지구의 지붕이라 일컫는 히말라야 산맥의 강고트리에서 만년설인 빙하가 녹은 물이며 바다에 이르는 동안 수백 개의 작은 지류들이 합류하게 된다. 이 합수머리 같은 곳에 사람들이 모여 살며 촌락을 이루는데 그 촌락 중의 하나가 아요디아다. 돌은 거기서 생산된다. 아유타에서는 아주 머나먼 곳이었지만 그 이름이 말해주듯 아요디아는 아유타와 혈맹관계다. 아요디아 광산주가 아유타 왕국의 군다포러스 왕의 사촌 동생이기 때문이다. 그런 관계로 인하여 머나먼 길이지만 그 돌을 구하러 거기까지 가는 것이다. 당연히 몇 날 며칠이나 걸리는 길이다. 돌을 싣고 운반하자면 한 달도 더 걸리는 여정이다.

"엘리엇 힘들지 않냐?"

"힘들지만 어쩌겠어요? 그래도 전 도마님보다는 강해요."

돌을 실어 나르기 위해 동원된 일꾼들도 힘들고 지치기는 마찬가지였지만 도마는 엘리엇을 유독 챙긴다.

"엘리엇, 네가 있어 다행이야."

엘리엇에게는 돌을 보는 눈이 있다. 건축에 쓰일 돌은 겉으로 보기엔 다 같은 돌이지만 그 속살을 들여다보면 금이 가 있는 것들이 있다. 보통 사람들로선 가늠하기 힘들다. 때문에 지난번 가지고 온 돌들은 갈아서 가루로 낸 다음 물감으로나 염료 혹은 약재로나 쓸 수 있는 폐석으로 버려졌다. 좋은 건축자재가 못 되어서다. 이번에 필요한 돌은 적어도 벽에 붙여 그 위에 그림을 그려 조각을 새길 수 있는 큰 석판이어야 한다. 도마도 이 석판에 대해선 일가견이 있다. 예루살렘 신전을 만들 땐 아테네에서 가지고 온 대리석으로 바닥을 깔았다. 대리석은 자칫 잘못 다루면 그 먼 길을 운송해 온

값을 못하고 깨져버린다. 따라서 그 석질을 잘 아는 석수장이가 필요하다. 아버지 요셉은 대목장이어서 모든 건축분야에 통달했다. 그 아들들이 돌을 보는 눈을 기르지 않았을 리없다. 그런데도 엘리엇을 데리고 다니는 데에는 그만한 이유가 있다. 이번에야말로 제대로 된 석판을 가지고 가서 그 돌위에 예수의 생애를 그려보자는 심산인 것이다. 그러자면 직접 석수장이 가서 그 원석을 골라와야 한다. 그 그림조각에들어갈 인물이 예수임에랴. 그리고 그 주변을 둘러칠 주인공들이 예수 열두 제자의 인물이다. 도마는 벌써 벽화의 밑그림을 머릿속에 그려놓은 뒤였다. 예수의 행적을 사방 벽에다그려 전하겠다는 것이 도마의 꿈이다. 그리고 그 주변을 에워싼 제자들 얼굴 중에는 자신의 모습도 들어 있다. 그림은글이나 말보다 백배 많은 사람들이 보고 느낄 수 있다. 글자는 모르는 사람들이 많고 말은 또 그 자리에 없으면 들을 수없다. 두고두고 이야기 내용을 전할 수 있는 방법은 그림이다. 이런 일들을 시키자면 어떻게 해서든 엘리엇을 잘 부추겨 힘이 나도록 해야 한다.

"엘리엇 힘 내. 지치면 안 돼."

"알았어요. 걱정 말아요. 나 안 쓰러져요."

사막 길도, 험난한 뱃길도 함께 헤치고 온 사이가 아니냐. 그러고도 모르느냐, 는 엘리엇이다. 엘리엇은 강인한 체력을가졌다. 그러니 걱정 말라는 엘리엇이다.

"나보다는 도마 형제가 먼저 지쳐 쓰러지겠어요."

엘리엇은 이제 도마를 형제로 부르고 있었다. 그동안 많이 전도가 된 모양이다. 모든 사람들이 형제자매가 된다면 얼마나 좋은 세상이 될 것인가.

"걱정 마. 내가 누구냐?"

이들이 이러는 동안 말몰이와 코끼리몰이꾼들은 어느 정도 풀어진 틈을 타서 제 각각 마음이 완악해지기 시작하였다. 통제하는 사람이 없으니 마음대로 해도 되는가 보다 생각하였든지, 꾀를 부리려 들었다. 도마와 엘리엇이 그저 마음씨 좋은 목수로만 보였던 모양이다.

"오늘은 여기서 묵고 가면 안 될까요?"

아직도 해가 많이 남아 있는데 야영을 하고 가자는 몰이꾼들이다.

"그래? 아직도 해가 많이 남았는데?"

"숲속에 들어가 밤이 어두워지는 것보단 밝을 때 잘 곳을 준비하는 게 더 좋아요."

일꾼들이 살살 수작을 부리기 시작한다.

"그래? 그렇담 그렇게 하지."

저들의 말투에서 전에 느껴보지 못했던 적의가 섞여 있음을 감지한 도마는 오늘은 여기서 자고 일찌감치 떠나자는 저들의 말에 동의를 한다. 일찌감치 잠자리를 마련하고 불을 피우는 것도 괜찮을 것이다. 일단 관용을 베풀자, 도마는 그렇게 생각했다. 나와 의견이 다르다고 우격다짐을 할 필요는 없을 일이다. 그것은 권위다. 권위가 교만을 낳는다. 일은 언

제 해도 할 일이다. 족친다고 안 될 일이 될 일 없고 될 일이
안 될 일도 없을 것이다.

"여기쯤이 어떨까?"

큰 바위가 있는 옆에 솥을 걸고 밥 지을 준비를 했다. 인도
에는 쌀농사를 지었고 여행 중에도 밥을 해먹는 일이 일상화
되어 있다. 사막의 유목민들과는 달랐다. 쌀은 물을 넣고 끓
이기만 하면 음식물이 된다. 자연에서 나는 여러 가지 풀잎
들이나 풀뿌리도 반찬거리가 된다. 나무나 풀잎에서 채취한
향신료도 있고 물을 끓일 때 함께 넣어 마시는 식음료도 있
다. 유목민들 생활하고는 또 다른 일상이다. 먹거리에 있어
선 단연 로마를 능가한다. 로마인들이 번듯이 몸을 눕힌 채
식도락을 즐긴다지만 음식의 다양성은 인도사람들을 따라
가지 못한다. 숲속에 자연 속에 먹을거리가 널려 있다. 나무
마다 열매가 주렁주렁 달려 있고 땅이 곧 채소밭이다.

도마는 이러한 야외생활을 즐겨보고 싶기도 한 것이다. 이
미 오래전에 이 땅에서 그런 여행을 경험해 본 도마다. 그때
는 형 예수가 일용한 음식 마련을 다 해주어 편하게 지냈었
다. 이제는 그러한 일들을 직접 해보고 싶다.

"여기서는 온갖 식물들이 다 찬거리가 돼."

도마는 쌀을 씻어 밥을 안치고, 여기저기서 풀잎과 나뭇잎
을 뜯어 스프를 만들고 카레를 만든다. 엘리엇도 놀라는 도
마의 요리솜씨다. 아무거나 가지고 뚝딱뚝딱 잘라서 끓이면
그게 일용할 식재료가 되는 것이었다. 세상 만물은 사람이

먹고살기에 적합하도록 만들어 놨다는 형의 이야기였다. 그러니 알기만 하면 이 땅에서는 어딜 가도 배곯을 염려는 없다. 몰이꾼들도 도마가 해준 음식을 먹는 데 대한 불만은 없다. 상상도 못했던 일이었다. 누가 자기네들 음식까지를 만들어 줄 줄 상상이나 했을 것인가? 그중에는 불가촉천민도 있었다. 그런데,

"우릴 좀 가만히 놔두면 안 돼요?"

식사를 끝내자 한 사람이 불만을 토로했다. 예상은 했었지만 이렇게 단도직입적으로 대들 줄은 몰랐던 일이다.

"뭘 어쨌길래 불만이요?"

도마가 되물었다. 도마도 이제 당당한 청년이 돼 있었다. 우리가 뭘 어쩌는데? 하긴 그 말에도 일리는 있다. 기껏 밥해 먹였더니 오히려 토악질이다. 도마 역시 저들과 같은 노예 신세다. 다만 기술자인 관계로 왕과 이야기를 나눌 수 있는 특권을 가졌을 뿐이다. 그런데도 저들은 그걸 모른다. 저들을 감시 감독하고 구속하는 지위에 있는 감시 감독자로 파악한 것이다. 그래, 감시 감독자면 또 어때? 각자 제 할 일만 하면 그뿐 아닌가. 그런데도 인간은 잘해주면 오히려 기어오르려는 버릇이 있다.

"우리도 당신네들과 똑같은 일꾼들일 뿐이요."

도마는 지금 도망을 간대도 아무 소리 안 하고 그냥 보내 줄 것이니 가고 싶으면 이대로 떠나도 잡지 않을 것임을 약속한다. 그러면서 한 마디 덧붙인다.

"산에 가서 산적이 되겠소?"

바다에 가서 해적이 될 수도 있다. 어디 가서 무엇을 하건 지금 일하고 있는 아유타 왕국만 한 곳은 없다. 옷 밥 걱정 없지, 처자식이 있질 않느냐? 누가 가족들 먹여 살리며 산짐승한테 물어뜯기지 않을 집을 마련해 줄 것인가? 뭐가 모자라 반역을 꿈꾸는가, 도마는 일장연설을 한다. 다른 곳에 가서 지금보다 더 좋은 생활이 보장돼 있으면 가라. 그렇지만 군다포러스 왕처럼 덕으로 선정을 베푸는 나라는 없을 것이라는 이야길 하는 도마다.

"나도 여러분들과 같은 입장이요."

도마는 신분에 대해 이야기한다. 우리가 오늘 여기서 다 함께 도망을 간다면 나도 따라서 도망갈 것이요. 그러나 도망가 살 곳이 없는데 어디로 가겠소? 저 산 속에 들어가 숨어 살기를 원하오? 사람은 짐승이 아니기에 사람 사는 데 모여 살아야 한다. 지금 집에 남아 있는 가족들을 생각해 보시오.

도마는 여기까지 와 왜 이런 이야기를 해야 하는지 알 수가 없다. 모두 간이 배 밖으로 튀어나온 인간들이다. 그래도 왕실에서 일을 하는 정도면 괜찮은 신분들이 아닐 것인가? 정말 복에 넘쳐서 하는 과분한 인간들의 불만이다.

"자기 입장들을 잘 생각해 봐요."

도마는 어떤 결정을 하든 어디로 튀든 일체 관여하지 않을 테니 마음대로들 하라 했다. 저들에게 결정권을 맡겨버리면 제 알아서 할 것이다. 형은 항상 그랬다. 모든 결정은 네가 알아서 해라. 그렇지만 최종 책임은 본인이 지게 될 것이다. 이게 인간에게 주어진 자유의지다. 결정과 행동은 쉽지만 그 최종책임은 혹독하다. 몰이꾼들의 불만이 쑥 들어갔다. 만약에 도마가 이를 저지하려고 했다면 필시 싸움이 붙었을 것이다. 도마는 여기서 관용과 용서의 미덕을 본다.

"나도 힘들고 지치긴 마찬가지예요."

그래도 왕의 명을 받들고 붉은 돌을 가지러 왔으면 그걸 가지고 가야 한다는 도마다. 말인즉슨 옳은 말이다. 그 일을 위해 녹봉을 받고 산다. 아무리 형편없는 녹봉일지라도 그 대가로 먹고사는 가족이 있다. 그게 사는 거 아닌가? 저들은 차츰 각성하기 시작한다. 지금까지 아무도 이런 이야기를 해 준 사람이 없다. 그저 부려먹는다는 불만에 차 있기만 했던 저들에게 도마의 말은 한없는 위로가 되었다.

"고마운 말이요. 젊은이…"

아직 나이도 젊은 사람에게 위로의 말을 들으니 부끄러움이 앞선다는 코끼리몰이꾼이다. 그는 불가촉천민의 신분이었지만 그래도 코끼리를 잘 다루어 사육하고 있는 덕분에 이런 일에까지 뽑혀 다닌다. 그러니 그에게는 코끼리가 신이다.

도마는 이렇게 변해가는 자신의 모습을 보고 스스로 놀란다. 아직 한 번도 남을 감동시킨다거나 논리적인 이야기를 해본 적이 없다. 모든 일은 형이 다했고 형의 그림자처럼 붙어 다녔을 뿐인 그였다. 그런데 이런 변화를? 놀랍다.

별이 돋아나는 밤이다. 밤하늘별은 하늘 저 높이 떠 있으면서도 마음속까지 들어오는 빛을 가졌다. 어둠이 없었으면 알 수 없었을 빛이다. 그 빛 한 줄기를 흡입해 들이면 하늘의 별과 이야기를 나눌 수 있게 된다.

'형, 나 이렇게 좋은 모습으로 변하고 있어.'

'그래, 너는 잘 할 거야.'

'뭘 해야 해?'

'천지를 창조한 그분에게 감사를 해야지. 그분이 바라는 건 그것뿐이야.'

'아까 그 몰이꾼들처럼?'

이제 세상 이치를 깨달아가는군… 바로 그거야, 그 일꾼들 괜히 배부른 트집 잡아 반란을 일으키려고 했었지? 저들이 갈 곳이 어디 있다고, 또 그만한 나라가 어디 있을 것이라고? 인간은 좀 살 만하면 반항하지. 쓸데없는 반항이야. 더 좋은 대안이 없지. 이미 그렇게 살도록 천형을 받은 거야. 에덴동 산을 쫓겨날 때 이미 천벌을 받은 게지. 이제 그 벌에서 벗어 날 기회를 준 거 아냐? 그 기회를 세상 만방에 알리는 게 네 임무야. 방금 봤지? 어떻게 그 일을 하게 되는지, 사랑으로 감싸안는 게 상책인 게야. 아까도 봐, 저들에게 큰소리 쳤다 간 오히려 일이 빗나가지 않았겠어? 그래서 용서와 화해가 필요한 거야. 그런데 그것처럼 어려운 게 없지. 누구나 나를 먼저 내세우게 되거든? 나를 죽여야 산다. 나를 낮추는 법을 배워. 도마는 어디선가 들려오는 형의 목소리를 들으며 밤하 늘의 별을 우러러본다.

막상 사건은 그다음날 아침에 생겼다. 도마가 뱀에 물렸다. 뱀은 모든 사람들이 보는 앞에서 도마의 발목을 물었는데 도마는 멀쩡하였다. 도마를 문 뱀은 일꾼들에게 잡혀 불에 던져질 뻔했지만 도마는 오히려 그 뱀을 살려 보낼 것을 일렀다. 도마의 목숨은 이제 경각에 달렸다. 독사에 물리고 살아난 사람은 없다. 그런데 이게 웬일인가? 죽어야 할 도마는 시간이 가도 멀쩡하다. 뱀이 문 곳은 도마의 샌들 끈이었던 것이다. 끈 중에서도 마리아가 장식으로 달아준 무화과 열매 장식이었던 것이다. 어찌하여 이런 일이 벌어졌는지 알수가 없을 일이다.

그러나 도마는 이 일련의 사건이 주는 의미를 알 것 같았다. 이 사건을 통하여 일꾼들에게 새로운 눈을 열어주려는 계시가 아니겠는가? 도마는 생 처음으로 자신이 보통 사람이 아니라 하늘이 점지한 사람이라는 걸 느낀다. 형도 그랬었다. 계시의 능력을 통하여 소기의 목적을 달성했던 것이다. 형이 그랬다. 삼라만상 모두가 여호와 창조물이라 만든 이도 여호와시오 운행하는 이도 여호와라 모든 것들에 그분의 손길이 깃들여 있다고. 다만 어둠의 기운에 물든 뱀은 사탄이 된지라 영원히 인간과 등져 땅바닥을 기어다니는 저주받은 생을 살 것이라고. 이제 그 기어다니는 길짐승의 공격을 받았으니 앞으로는 더욱 조심에 조심을 거듭하자는 도마다.

"여러분 걱정하지 마세요. 이는 천사가 우리 편이라는 것을 보여주는 증거입니다."

도마는 천사와 악마에 대한 이야기를 한다. 선과 악에 대한 이야기다. 선한 마음은 세상을 이롭게 한다. 다른 사람을 위해 일을 하는 게 선이다. 다른 사람에게 한 일의 결과는 결국 자기에게로 되돌아온다. 예컨대 지금 우리가 힘든 노동으로 붉은 돌을 운반해 사원을 짓고 거기 그림을 그려 장식을 해놓으면 결국 그 후손들이 그 그림을 보고 마음의 평안을 얻게 된다. 악은 그 반대다. 악은 악을 낳고 악업이 쌓이면 결국엔 멸망에 이른다.

"여러분들이 산적이 돼 보세요. 우선은 남의 것을 빼앗아 잘 먹고 배불리 살 것입니다. 그렇지만 그다음은 어떻게 되겠어요?"

결국에는 붙잡혀 벌을 받고 말 것이 뻔하다. 세상에는 세상을 지키는 법도가 있다. 그 법도에 어긋나면 질서가 무너진다. 무질서 속에선 평안이 없다.

"나무가 숲을 이루는 것을 보세요."

처음 이 나무는 저 혼자였다. 바람이 불고 어디선가 홀로 선 나무의 꽃가루가 날아와 풍매가 이루어지고 열매가 맺어 그 씨앗이 사방으로 흩어져 숲을 이룬다. 처음에 혼자였던 나무가 숲을 이루듯 인류는 번창해 간다. 여호와가 만든 피조물이기 때문이다. 그분의 뜻이 거기 있기 때문에 이에는 한 치의 오차도 없다.

"그래서 나는 여러분들께 '나무닮아살래'를 입에 달고 살기를 바랍니다."

자나 깨나 '나무닮아살래'를 암송하면 그 정신을 받아 살 수 있다는 도마다. 나무닮아살래, 는 결코 어려운 주문이 아네요. 그저 입속으로 중얼거리기만 하면 그대로 이루어진다. 사람은 무얼 바라느냐에 따라 그 인생이 달라진다. 그러자 코끼리몰이꾼 하나가 이렇게 말한다.

"요즘 한창 유행하는 염불 중에 '나무아미타불'이라는 게 있어요."

이 주문을 주창한 사람은 깨달은 자 석가모니로 그의 가르침이 많은 사람들의 입에 오르내리고 있다 한다.

"이분은 과거불로부터 벗어나 현재불이 되었죠. 머잖아 미래불이 오실 거고요."

코끼리몰이꾼은 처음부터 이 일을 한 것은 아니다. 어릴 때 승려가 되기 위해 출가를 했지만 육욕을 못 이겨 여자를 알았다. 처자식들을 먹여 살리기 위해 이 일 저 일을 하다 보니 어쩌다 여기까지 오게 되었다. 그러면서도 부처의 가르침에 대해서는 아직도 버리지 못하고 있다. 사람은 선하게 살아야 한다는 것이다. 결국은 선이 이긴다. 사방정토는 선행을 행하는 사람이 갈 수 있는 곳이다. 그 믿음에 대해선 변함이 없다. 그런데 그걸 다 지켜낼 수 있는 사람은 모든 걸 다 버리고 자기 자신까지도 희생해야 한다. 소신공양을 하기 전에는 그 많은 계율을 지키고 자기번뇌를 벗어던질 수 없다는 것이다.

"그분의 업적은 저도 들어서 알아요."

　　도마는 형과 함께 석가모니의 행적을 찾아 설산을 다녀왔던 이야기를 하며, 그분은 '그렇지만 신은 아니'란 말을 한다. 그분도 결국은 인간의 아들인 왕자였고 죽음을 해탈하였다지만 지금 어디 있는지 알 수 없다. 그가 말한 해탈은 영원한 미궁에 지나지 않는다. 그러나 예수는 죽음을 이기고 다시 사는 모습을 보여주었다. 모든 인간은 죽음에서 자유로울 수 없고 죽음의 공포를 벗어날 수도 없다. 이게 인생을 괴롭히는 가장 큰 불안요인이다. 그런데 예수는 그 불안요인을 없애주기 위해 부활한 모습을 직접 보여주었다. 도마는 그 현장을 보고 또 확인도 했다.

　　"여기 죽음을 이길 수 있는 길이 열려 있어요."

　　'나무닮아살래'를 암송하라는 도마다. 그 나무가 무엇을 뜻하는 것일까? 예수가 진 나무십자가다. 예수는 나무십자가에 매달려 죽었고 죽어도 다시 살 수 있는 소망을 보여주기 위해 부활한 몸으로 다시 나타났던 것이다. 도마는 이러한 일련의 사건들을 죄다 보고 들은 사람임을 역설한다.

　　"내가 왜 뱀에게 물리고도 안 죽은 줄 아세요?"

　　이 샌들이 바로 형 예수가 신었던 그 샌들임을 보여주는 도마다. 희한하게도 샌들 끈에 무화과 열매를 만들어 매단 장식품이 있는데 뱀은 그 무화과를 물었던 것이다. 무화과는 생명의 과일을 상징하기도 한다. 세상 모든 나무는 다 꽃이 피지만 무화과는 꽃이 없다. 그래서 이름이 꽃 없는 과일이라는 뜻의 무화과다. 그런데 정말로 꽃이 없을까? 꽃이 없는

데 어떻게 번식을 할 수 있을 것인가? 무화과나무에도 꽃이 핀다. 다만 그 꽃잎이 겉으로 드러나 보이지 않을 뿐이다. 무화과의 꽃잎은 과일 안쪽으로 피어나 있다. 모든 과실이 꽃이 피고 난 다음에 열매를 맺거나 꽃과 열매를 동시에 만들어 내는 데 비해 무화과는 그 열매의 과육 속에다 꽃을 피우게 한다. 이를 수정시키기 위해서는 화분을 교미시키는 씨받이 방법이 따로 있다. 침이 긴 대롱을 과육 속으로 찔러 넣어 그 화분들을 수정시키는 무화과벌이 있다. 인도에도 무화과나무가 있고 이들도 그 열매를 따 먹고살아 무화과에 대해선 잘 안다. 그렇지만 무화과 벌에 대해선 처음 듣는 이야기라 귀가 솔깃하다.

"나의 형이었던 예수는 무화과처럼 태어나 무화과나무로 만든 십자가에 매달렸단 말입니다."

이 말뜻을 알아듣는 사람은 아무도 없었고 도마 자신도 이 말의 깊은 뜻을 다시 되새겨보지 않았다. 허나, 도마는 지금 의미심장한 말을 하고 있다. 정말 그 십자가가 무화과나무로 만든 십자가란 말인가? 지금 도마가 다듬고 있는 십자가는 무화과 나뭇가지가 맞다. 조각에 사용하고 있는 칼 역시 베드로의 칼이다. 지금 도마가 허리띠에 차고 있는 이것들은 모두 예루살렘을 떠올리게 하는 물건들이다. 예루살렘은 머리를 들어 바라보아야 할 곳이다. 그곳에 예수가 머물다가 갔다. 성역인 것이다.

도마는 그쪽을 한번 바라보고는 허리띠에 차고 있던 무화과 나뭇가지로 깎아 만들고 있는 나무십자가를 들어 보이며 십자가의 의미를 설명하려고 애썼다. 저들이 도마의 이야기를 올바로 이해했을지는 의문이다. 그런데 질문이 있다. 질문이 있다는 것은 알아들었다는 이야기가 아닐 것인가.

"그렇다면 그 예수가 가르친 가르침은 무엇이요?"

코끼리몰이꾼이 다시 연이어 말한다.

"나무아미타불을 가르친 분은 '자비'를 말씀하셨소."

그는 자기 구루에게서 들은 이야기를 이렇게 한다. 구루는 불교를 가르치는 선생을 일컫는 말이다. 어떤 사람 둘이 눈길을 가다가 쓰러져 있는 이웃을 발견하고는 한 사람은 그를 보고도 못 본 척 그냥 지나갔고 또 한 사람은 그를 들쳐 메고 갔다. 못 본 척 지나간 사람은 길을 얼마 더 가기 전에 추위를 못 견뎌 얼어 죽었고 쓰러진 자를 등에 업고 간 사람은 그 체온으로 추위를 이겨 살아날 수 있었다는 이야기였다.

"그게 이타심이라지요?"

나보다 남을 위한 배려심이 있어야 한다. 그게 자비심이다. 이 자비가 세상을 살 만하게 만든다는 가르침이다.

"예수의 가르침도 그와 마찬가지인 '사랑'입니다."

어떤 사람 둘이 강도당해 다 죽어가는 사람을 길에서 만났다. 한 사람은 그냥 못 본 척 지나쳤고 다른 한 사람은 이를 데려다 치료를 해 보냈다. 누가 바람직한 이웃인가? 예수는 이웃 사랑하기를 내 몸과 같이 하라 가르쳤다. 그게 살 만한 세상을 만드는 참삶이다.

"이 두 분의 가르침이 다 같지 않습니까?"

"참으로 그러하네요."

도마가 그에게 묻는다.

"그렇게 되기 위해 뭘 어찌해야 한다는 가르침은 없던가요?"

"몸을 수행해야 한다고 했소."

"그러면 생업은 누가 종사하고요?"

코끼리몰이꾼은 여기서 답변이 막혔다. 누구나 자신의 수행을 위해 일생을 바친다면 그 자신은 성불을 할지 몰라도 그에 딸린 가족이라든지 이웃 친지들과는 결별할 수밖에 없다. 이 또한 눈에 보이지 않는 계층이 된다.

"출가하지 않고도 해탈에 이를 수 있을까요?"

해탈을 위해서는 혼신의 힘을 쏟아 수행 정진해야 한다. 이를 위해 일신상의 모든 것들을 떨쳐버리고 오로지 그에게 귀의해야 한다. 그래도 모자란다. 오체투지를 해가며 잘못을 뉘우친다. 이미 채워진 나를 비운다. 도마는 이미 형과 인도 여행을 하며 저들의 여러 가지 신앙생활을 봐온 터다. 형 예수가 그랬다.

—왜 저 고행을 해야 하는가?

석가모니가 깨우친 행적들을 살피는 여행길에서 줄곧 했던 말이다. 어떤 수행자는 토굴 속에서 또 어떤 수행자는 폭포 아래에서 좌정한 자세로 이미 마음속에 들어와 기생하고 있는 마구니들을 물리치기 위해 일생을 투쟁으로 산다 했다. 마구니들은 물리쳐 떨칠 존재가 아니라 존재 자체를 인정하면서 동조하지 않으면 안 될 존재다. 마구니들은 저들이 부추기는 흥심에 함께 놀아나지 않으면 아무 일도 할 수 없는 반쪽이다. 이들은 몸에 난 사마귀와 같아서 긁어 부스럼 내지 않으면 활동할 수가 없다. 존재는 있지만 내가 부화뇌동하지 않으면 스스로 존재능력을 발휘할 수가 없다. 모든 건 내 맘 먹기에 달렸다. 저들은 유혹의 명수다. 그렇지만 항상 깨어 있는 보초병을 세워둔다면 있으나 마나 한 존재가 된다. 기도가 필요한 까닭이다. 기도나 수행이나 그 행위는 같다. 그러나 기도는 창조주에게 하는 말이고 수행은 자기 자신에게 하는 말이다.

그런데 저들이 한 가지 간과한 사실은 온 곳을 몰랐다는 데 있다. 온 곳을 알았다면 갈 곳도 알았을 것이다. 조로아스트나 붓다는 스스로 의사를 결정하고 각성해 깨닫는다는 믿음을 가진다. 이는 결과적으로 스스로를 고문하는 일에 지나지 않는다. 인생이 고행이라는 말은 언어도단이다.

"여호와께서는 당신이 만든 인간을 괴롭게 하지 않아요."

오로지 사랑으로 껴안고 싶은 것이 인간이라는 존재다. 왜냐면 자기 형상대로 만든 자기 자녀들이기 때문이다. 누가 자기 자녀들을 괴롭히고 싶은 사람이 있겠는가? 자식들이 아무리 잘못을 저질러도 용서해 주고 돌아올 때를 기다리는 게 부모의 도리이다. 그래서 이에 감사하는 마음으로 이 염불을 외워야 한다. 나무닮아살래.

물론 이때의 나무는 땅에 뿌리를 박고 사는 식물로서의 나무를 뜻한다. 그리고 더 나아가서는 나무로 만든 십자가에 매달려 죽음을 맞은 예수의 처형과 부활을 상징하는 나무십자가 은혜를 뜻한다. 이것이 도마의 나무닮아살래다. 결국 예수는 십자가에서 보혈을 흘림으로 속죄양이 되었다. 구원의 역사다. 이를 믿고 따르는 자들에게 부활의 소망을 준다는 이야기다.

그러나 코끼리몰이가 말한 '나무아미타불'은 그 뜻이 같으면서도 다르다. 여기서의 나무는 '귀의한다'나 '돌아간다'는 의미로 그 뒤에 붙은 '아미타불'이라는 말과 합성해 아미타불에게로 돌아간다는 뜻이 된다. 아미타불은 다시 '아미타'와 '불'로 나누어지고 아미타는 '무량수'나 '무량광'으로 해석이 된다. 무량수는 무한한 생명을 가져 그 끝이 없다는 뜻이니 무한한 생명을 가졌다는 의미다. 무량광은 그 빛이 끝이 없다는 뜻이니 영원한 빛이라는 의미다. 이 말들을 다 합한다면 '무한한 빛과 무한한 생명력을 가진'이라는 뜻이 된다. 불(佛)은 산스크리스트어로 '부처'나 '붓다'를 뜻한다. 결국 무한 빛인 부처에게로 귀의한다는 이야기다.

그런데 부처 혹은 붓다, 그가 누구인가? 부처는 '눈을 뜬 자' 혹은 '깨달은 자'로 통칭된다. 그렇게 눈을 뜨고 깨달은 자가 바로 석가모니다. 석가모니는 사카국 카팔라스투 룸비니 동산에서 태어나 향년 80세로 사망한 실존인물이다. 그러나 후세 사람들이 고타마 싯다르타의 성불 후 이름으로 석가모니불이라는 존칭을 붙여 부르게 되었다. 그는 죽음에 이르렀을 때 보통 사람처럼 죽지 않고 열반에 들어 서방세계인 무량정토로 옮겨져 살게 되었다. 무량정토야말로 무량수 무량광하여 영생복락 하는 곳이다. 하여 그를 본받아 해탈하고자 하는 사람들이 수없이 많이 생겨났다. 그는 말했다. 누구나 해탈할 수 있다. 눈을 크게 뜨고 깨달은 자는 누구나 부처가 될 수 있다는 논리에 따라 수백 수천의 부처가 생겨났다. 그야말로 활불이며 생불이다. 부처님의 가르침인 계율을 잘 지키고 바르게 이해하여 실천함으로써 깨달음을 얻는다. 즉 바른 견해로 올바르게 사유하고 몸과 입과 뜻으로 열심히 정진하며 지혜롭게 살라는 사성제만 지켜 행하면 누구나 부처가 돼 불국정토에 이르게 된다. 그러니까 부처는 수행정진의 각성을 통하여 서방정토로 가는 길을 열었고, 예수는 본시 있던 곳을 알려줌으로 제 집으로 돌아가는 길을 열었다. 지향하는 바는 같다. 다 같은 하늘나라다.

"다만 스스로 찾아가는 길과 데리고 가는 길이 다를 뿐이지요."

도마는 스스로가 생각해도 이렇게 신통한 말을 할 수가 없다는 생각이다. 한쪽 길은 가시밭길이고 또 다른 한쪽 길은 뿔 나팔의 행진소리에 발을 맞추기만 하면 되는 탄탄대로다. 희망에 대한 이야기다.

낙타몰이꾼의 질문이 하나 더 이어졌다.

"결국 예수나 부처나 갈 곳은 같은 곳이라는 이야기 아니요?"

낙타몰이꾼은 두 성인이 말한 그곳이 같은 곳이 아니냔 질문이다. 그곳이 서방이든 동방이든 결국은 하늘나라가 아닐 것인가? 말인즉슨 옳은 말이다. 죽어야 갈 수 있는 또 다른 세계인 것만은 분명하다. 산 자는 갈 수도 알 수도 없는 곳이다.

"같지만 다른 곳이라고 봅니다. 부처는 스스로가 갈 길을 결정할 수 있다 가르치고 예수는 심판을 통해서만 간다고 가르치지 않소?"

심판자는 오직 예수다. 그래서 여호와 하나님은 유일신이다. 인간은 이 유일신이 만든 피조물이다. 태어난 존재 그 자체가 다르다. 다 같은 현상이지만 그 배운 학식에 따라 구분법이 다르다는 것이다. 이게 세인의 논란거리다.

도마는 이 어려운 근본뿌리를 이야기하면서 조금도 떨지 않았다. 이제 조금씩 자신감을 얻어가는 중이라는 생각이다.

"사람 나고 죽는 문제는 하루아침에 다 알 수는 없어요."

인간의 근원적인 문제는 생사고락에 있다. 이 난제를 갑자기 다 말할 수는 없을 일이다. 그렇지만 말이 나온 김에 몇 가지 이야기를 더한다. 광장에서 외치는 소리는 아니었지만 도마가 여러 사람들 앞에서 이야기하는 첫 시험대다. 그는 형이나 베드로처럼 체계적으로 말하는 언변술은 없었지만 조리 있게 말을 잘하였다.

"결론은 예수 믿고 천당 가자는 이야기입니다."

말이 어쩌다가 이렇게 나와 버렸는지 모르겠지만 틀린 이야기는 아니었다.

"여러 가지로 많이 배웠어요."

일꾼들은 뱀 사건 이후 고분고분해졌다. 더군다나 오고가
는 길에서 줍는 노다지나 자마노 같은 보석들을 자기 수중에
넣어도 아무 제제를 가하지 않는 도마의 태도를 두고 감복했
다. 산사태가 나 흙이 무너져 내린 벼랑을 지날 때 햇빛에 반
짝거리는 노다지를 두고 이전 감독들 같았으면 손도 못 대게
엄벌을 내렸을 텐데 도마는 이를 그냥 눈감아 두었다. 그냥
두었을 뿐더러 챙겨 갈 수 있을 만큼 챙겨 가용에 보태 쓰라
했다. 여기 온 목적은 붉은 돌 운반이니 그 일에 지장을 가져
올 일이 아니라면 자유롭게 행동하라는 것이었다. 일꾼들이
말했다. 사리사욕이 없는 공의로운 분이라고. 그러니 맡은
바 소임은 순조롭게 잘 이루어질 수밖에 없었다.

붉은 돌은 협곡의 폭포 옆에 있었다. 깎아지른 암벽을 켜
켜이 수놓은 바위벽은 그 색깔이 서로 달랐다. 파랗고 빨갛
고 노랗고 검고 흰 돌이 다 있다. 음양의 기운이 생겨나 하늘
과 땅이 되고 두 기운이 만나 나무는 파랑 불은 빨강 흙은 노
랑 쇠는 하양 물은 검정 색이 된다고 보는 그 색이다. 이들이
여기까지 와서 색깔 있는 돌을 캐가는 이유다. 실제로 이 돌
들은 그런 영험한 효력이 있는 것인지도 모른다. 민간이 믿
는 신앙에는 오랜 세월 동안 쌓인 근거가 그 밑바탕을 이루
기 때문이다. 그중 붉은 돌은 화기가 타오르고 있어 모든 잡
스러운 것들을 태워버린다. 하여 이 신령스런 돌이 나는 채
석장은 임자가 따로 있게 마련이다.

"아유타에서 왔소."

도마는 아유타국에서 주문해 둔 돌을 가지러 왔다고 통보했다. 채석장은 이미 이를 지키는 보초가 서 있을 정도로 경계가 삼엄하다. 그 돌이 보배라는 이야기겠다. 아유타국의 재정적 뒷받침을 해주는 광산이다. 여기서 나는 붉은 돌이 인도 전역으로 팔려나가 약재와 안료로 쓰였으니 부대가 주둔하고도 남을 보물창고였다.

도마의 뱀 사건은 채석장에서도 화젯거리가 되었다. 몰이꾼들이 채석장 석수들에게 그 이야기를 하였고 실제로 이를 확인하기 위해 신들메에 매달린 꽃술을 만져보는 사람도 있었다. 본시 거칠기 이를 데 없다는 돌산인부들이 이렇듯 살갑게 구는 일은 드문 일이라 했다. 돌을 채석해 싣는 동안 내내 석수들과 운반을 맡은 인부들이 합심해 일을 하는 모습이 눈에 띌 정도였다.

도마는 여기서도 인부들을 모아놓고 일장설교를 했다.

"그런 일이 다 있었나?"

예수의 처형장면에 가서는 탄식소리까지 들렸다.

채석장 인부들이 이렇듯 돌을 실어주는 일은 이전에 없었던 처사였다 한다. 도마는 이 일이 점점 재미있어진다. 부흥사가 된 느낌이다. 남 앞에 선 느낌이 이런 거로구나. 그는 이제 부끄러움을 떨쳐버린 전도사가 돼가는 자신의 변모를 본다.

돌을 싣고 돌아오는 길은 갈 때와는 또 다른 난관이 있었다. 기다란 나무를 코끼리 등에 엮어 묶고 땅에 끌리게 한 다음 그 위에 돌을 포개 얹었는데 이게 무게를 감당하지 못해

끌대가 부러지거나 돌이 굴러 떨어지는 사건이 발생했다. 수레바퀴를 단 마차가 들어갈 만한 길이 아닌 숲에서는 이 방법밖에는 없는데 길이 더디다. 하는 수없이 짐을 줄여 두 행보를 할 수밖에 없게 생겼다.

"오르막에는 한 번에 한 개씩만 싣고 가자."

이 과정에서 사고가 일어났다. 경사진 산언덕에서 돌을 나누어 싣다가, 그만 돌이 굴러 내려가 개굴창에 처박혀 버렸는데 여기까지 운반해 온 공력이 아까워 이를 다시 끌어올리려 하다가 인부가 다치는 사고가 일어났다.

"어떡해, 이를 어쩌지?"

겨우 돌을 들어 그 밑에 든 발을 빼내긴 하였지만 인부는 '나 죽는다', 고함을 질러댔고 우시두시 하는 동안 인부는 입에서 피를 토한다. 아무래도 내장 어딘가가 상한 모양이다. 사고가 나도 크게 났다. 그런데 코끼리몰이의 우두머리 되는 자는 그를 채찍으로 후려치며 일하기 싫으니까 꾀병을 부린다며 호되게 나무라고 있었다. 돌에 치인 곳은 발등인데 어찌 입에서 피가 나올 것이냔 것이었다. 듣고 보니 그렇긴 한 일이었다.

"여기 일하는 놈들의 근성이 그래요."

별일 아니니 걱정 말라는 우두머리다. 그런데도 도마는 그를 코끼리 등에 태웠다. 발을 다쳤으니 어찌 걸을 것이냐?

그가 돌아와 사람들에게 말했다.

"그는 구루보다 더한 성자다."

구루란 성직자를 뜻한다. 경전을 가르치고 종교적 도덕적 윤리를 가르치는 스승이다. 다친 사람을 두고 가버리자는 코끼리몰이 우두머리는 이 일을 못마땅해 하며, 이런 자비를 베풀면 계속 그런 일이 일어날 거라며 일벌백계를 주장했지만, 도마는 이를 보살펴 주기로 했던 것인데 이게 이제 이 마을에서 큰 화젯거리가 되었다.

"그래, 그 성자가 뭐랬는데?"

도마는 일약 성자가 돼버렸다. 이렇게 해서 성자의 스승이신 예수 이야기가 자연적으로 퍼져나갔다.

하루는 이런 일이 있었다.

도마가 일을 마치고 바닷가 언덕에 올라 쉬고 있는데 소문을 들은 사람 몇이서 찾아왔다.

"당신이 사람들한테 '나무닮아살래'를 외라 했다면서요?"

그런데 그 '나무'라는 말이 깨달은 자 석가모니불이 말한 '나무아미타불'의 그 '나무'하고 같은 말이냐는 것이었다. 나무아미타불의 '나무'는 예배를 뜻하는 말로 바꾸어 말하면 '귀의'를 의미하기도 한다. '아미타'는 잴 수 없는 무량의 수명이라는 뜻이고 불은 부처이니, 통 털어 해석하자면 '헤아릴 수 없는 아미타부처님께 귀의합니다'라는 의미가 된다. 그렇다면 도마가 말한 나무와는 거리가 멀다.

도마는 이들이 그 말을 트집 잡으러 온 사람들임을 금시 알아챘다.

"그 나무는 나무아미타불의 나무처럼 그런 깊은 뜻은 없습니다.”

여기서의 나무는 산에 들에 있는 나무를 말하는 것이라 했다. 그런데 그 나무는 살아서는 열매와 그늘을 주고, 죽어서도 사람들에게 몸 보시를 하는 땔감이 되거나 숯이 되어 빛과 온기를 전하는 역할을 한다. 사람들이 다시 물었다. 도마를 난처하게 하기 위한 질문이었다.

“사람이 어찌하여 나무를 닮아 살 수 있습니까?”

나무는 그 뿌리가 있어 죽도록 한 군데 서 있는데 사람이 그렇게 움직이지 않고 살 수 있느냔 것이었다.

“나무는 움직이지 않아도 여기저기 씨를 퍼뜨려 번식을 해 숲을 이루지 않습니까?”

사람들이 이 대답에 의아해했다.

“그거야 바람이 불어와 꽃들의 화분을 맺게 하기 때문이지요.”

제법 유식한 소리다. 꽃들이 촉매해 씨앗을 영글게 하는 이치를 아는 사람들이다.

“그 바람을 보았습니까?”

이 뜬금없는 질문에 사람들이 서로의 얼굴을 바라보았다. 무슨 이런 질문이 있을 것이냔 거였다.

도마가 계속했다.

“나무는 움직이지도 말하지도 못합니다. 그런데도 종족을 보존하며 숲을 이루어 더불어 살기를 하며 산을 푸르게 만들기도 합니다.”

“그야 그렇지요. 그걸 누가 모릅니까?”

나무가 숲을 이루고 숲이 산을 가꾸는 것은 누구나 안다. 그렇다고 나무를 닮아 나무처럼 살란 말은 무슨 생뚱맞은 이야기인가?

“그런데 사람이 어찌 나무를 닮아 살 수가 있습니까?”

한 사람이 볼멘소리를 한다.

“나무가 불평불만을 하는 걸 보았습니까?”

도마는 아주 쉽게 설명한다. 나무는 자기가 어떤 환경에 떨어졌든지 그 자리를 불평불만하지 않는다. 애초 씨앗이 떨어진 그대로 뿌리를 내려 죽을 때까지 거기 산다. 이 자리가 불편하니 더 좋은 자리로 옮겨달라고 발버둥 치지도 않는다. 묵묵히 참고 견디는 삶을 사는 게 나무다.

“이걸 본받아 산다고 어디가 덧날까요?”

묵묵부답이 이어진다. 도마가 다시 묻는다.

“나무를 닮는다고 안 될 일 있나요?”

이미 태어난 생명은 어떻게든 살아야 한다. 그 환경을 불평해 봐야 아무 소용없다. 나무처럼 말 없이 살 일이다.

“나무는 혼자 바람을 견디기 어려워 숲을 이루지요.”

사람도 마찬가지다. 혼자 살기 힘들어 이웃과 함께 모여 산다.

“나무처럼 모여 산다고 어디가 덧납니까?”

모여 살 바에야 이웃이 서로 정답게 살아야 한다. 이게 나무 닮아 살자는 참뜻이라는 도마다. 그런데 정작으로 중요한 사실은 나무나 사람이나 만든 이의 손길이 있을 것이 아니냐?

"생명이 우연히 생겨났을 것 같아요?"

천지간 만물이 어떻게 생겨났을 것이냐? 그리고 이것들이 죽은 다음에는 어떻게 될 것이냐? 태어나고 살다 죽는, 이 일에 대해 생각해 봤느냔 도마다.

"사람이나 나무나 그 생명들이 어디서 왔다고 생각해요?"

저절로 생겨났다고 생각하는 사람 있으면 손들어 보라니까 아무도 손을 들지 않는다. 도마는 그 보라며,

"그러면 사람이 죽어 어디로 간다 생각해요?"

죽는 것으로 끝인가? 이 질문에는 한 사람이 이렇게 말한다.

"윤회를 해요."

사람이 죽으면 또 다른 생명체로 태어난다. 한번 태어난 생명체는 소멸하지 않음으로 다시 태어나기 마련인데 살아 생전 행한 업보에 따라 다음 생애가 결정된다. 때문에 잘 살아야 한다. 잘 산다는 게 무엇인가? 이에 지켜야 할 계율을 만들어 그 테두리 안에 살기를 권고한다.

"맞습니다. 맞고요, 그렇게 살자는데 무슨 이의가 있겠습니까?"

사람들은 도마의 이 이상한 어법을 어떻게 해석해야 할지 몰라 주저하고 있다.

도마는 이미 저들의 의구심과 해결책을 알고 있다. 형과 함께 설산을 여행할 때 구루들과 논쟁했던 문제였다. 그때 형이 그랬다. 다른 건 다 같은데 하나만 틀리다 했다.

'저들은 내 아버지의 존재를 믿지 않아.'

창조주 하나님을 믿지 않는다는 것 외엔 모든 이론이 다 같다는 형이었다. 그렇다고 저들의 주장을 묵살하거나 강요해서도 안 된다던 형이었다. 인간이 인간다운 것은 모든 일을 스스로 결정한다는 점이다. 자유의지야말로 인간의 특권이다.

도마는 이들과 더 이상 언쟁을 하거나 설득을 할 필요는 없다 생각한다. 다만 알아들을 수 있는 귀를 가진 자를 위해 마지막으로 한마디 하는 것은 잊지 않는다.

"온 곳을 모르면 갈 곳을 어찌 알리요."

형도 했던 이야기였다.

그 머나먼 불국정토를 바라 설산수행을 하던 구루들 중 한 사람이 이스라엘까지 따라온 사람이 있었다. 늘 먼발치에서만 예수 언저리를 맴돌아 기록에는 남겨지지 않았지만 나중에 돌아간 뒤 설산에서 큰 깨달음을 얻은 자가 되었다는 후문이 있었다. 이 시대는 혼란의 시대라 무어건 하나로 정립되는 것은 없다. 이설과 이견이 많다. 그렇다고 이를 하나로 통폐합 하려 들 필요는 없을 일이다. 때문에 자유의지라는 말이 생겨난 것이다.

도마는 지금 여기 온 이 사람들 중에 한 사람이라도 말귀를 알아듣는 사람이 있기를 바란다. 그러면서 하는 말이,

"사람은 어디서 왔을까요? 그리고 어디로 갈까요?"

한다, 이 근원적인 질문에 답할 사람은 아무도 없다. 누구나 정확히 알 수 없는 일이기 때문이다. 어떤 사람들은 흙으

로 돌아간다고 말한다. 또 어떤 사람들은 흙으로 빚어낸 게 인간이라 한다. 그렇다면 그 흙이 온 곳은 어디란 말인가? 이 끊임없는 질문과 답이 논쟁을 불러일으키게 만든다.

"흙에서 왔으니 흙으로 돌아간다는 말이 있지요."

그러나 육신이 흙으로 돌아간 다음에도 혼백은 남아 윤회를 거듭한다는 이야기가 수행하는 구루들의 이야기다. 결국 이를 벗어나기 위해 해탈이 필요하다. 해탈이 곧 열반이다. 불국정토에 이르는 길이다.

"선생님의 말씀은 결국 자기 수행으로 열반의 경지에 들어야 한다는 말씀 아닙니까? 그런데 그런 수고 없이도 그곳에 갈 수 있는 길이 있다면 어쩌겠습니까?"

그 수행정진으로 일생을 보내기가 너무 힘들지 않느냐, 이미 그 해탈의 자리를 마련해 놓고 그저 오라는 곳이 있다면 어찌 할 것이냔 말을 던지는 도마다.

"그런 정토가 그저 올 리가 있나요?"

"그건 모를 일이지요."

도마는 형이 말한 하늘나라의 한 장면을 이야기하며, 그런 곳이 이미 준비돼 있다 한다. 그곳으로 가기를 원하기만 하면 누구나 갈 수 있다는 이야기다.

"나무닭아살래를 외기만 하면 돼요."

그러면서 나무십자가에 대한 이야기를 하는 도마다. 이들에게 거는 마지막 승부수다. 한 사람이 이렇게 말한다.

"그렇게 쉬우면 나라도 가겠네."

"쉬워요. 이렇게 두 손 모으고 기도해 보세요."

도마는 기도에 대한 이야기를 한다. 이렇게 하나씩 차근차근 예수 전도가 시작되는 인도의 밤이다. 별이 하늘에서 내려다보는 밤마다 이들은 이렇게 바닷가에 모여 친교를 쌓아나갔다.

낮에는 신전 짓는 일을 하고 밤에는 사람들을 모아놓고 이야기를 하는 이 생활이 도마에게 익숙해지기 시작했다.

가난한 네 이웃을 사랑하고 모든 사람이 평등하게 살자는데 누가 뭐랄 것인가? 돈을 내고 사라는 것도 아니다. 살기 좋은 천국을 그저 준다는데 이보다 더 좋은 조건이 어디 있을 것인가? 부자의 것을 내놓으라는 것도 아니고 가난한 자에게 굴종을 요하는 것도 없다. 천국을 그저 들어갈 수 있다는 것이다.

도마는 생 처음으로 하는 이 가르침이 올바른 것인지 아닌지를 모르겠다.

그런데 그날 밤 도마의 꿈에 형 예수가 나타났다.

"뭘 그리 혼란스러워 하느냐?"

예수는 '나는 사랑이다. 사랑은 신전 벽화 속에 있는 것이 아니라 사람들 각자의 마음속에 있다' 하였다. 꿈을 깨고 나서도 선명하게 남아 있는 목소리였다. 살아생전 그 음성 그대로의 말씀으로 이렇게 말하는 소리가 들렸다. '나는 영이니 영으로 다가오는 자마다 내 음성을 들으리라.' 그러니 그게 누구의 이름으로 된 성전이건 어떤 그림을 그려 그 인물을 부각시키건 그런 외적인 일에 신경 쓰지 말라는 이야기다. 진리는 겉에 있는 게 아니라 사람의 마음속 깊은 내면에 있다. 이 마음의 소리를 일깨워라. 퍼뜩 잠에서 깨어서도 이 소리는 귓가를 맴돌아 사라지지 않는다.

'그렇다면 이것들이 다 허상이란 말인가?'

도마는 밤새 이 소리들을 곱씹어 보았다. 이제 여기서의 일은 끝났다. 사람들 각자의 마음속에 들어가 영을 일깨우는 일을 해야 한다면 또 다른 영혼을 찾아가야 한다. 세상은 넓고 찾아야 할 영혼들은 많다. 아직 한 번도 이 복음의 소식을 듣지 못한 디아스포라를 찾아가야 한다. 그러자면 깨어 기도해야 한다.

다음날 아침 해뜨기 전 일찌감치 바닷가로 나간 도마는 부글부글 끓어오르며 떠오르는 해를 보며 이렇게 빌었다.

'나를 보내소서. 저 타오르는 햇빛이 시작되는 곳으로…'

아요디아 공주 허황옥

아요디아 공주 허황옥이 도마를 찾아왔다.

"이제 성전건축도 어느 정도 그 윤곽이 드러났으니 저와 함께 어디 좀 다녀오시면 안 될까요?"

허황옥은 수로 왕의 청혼을 받은 터라 가락국으로 가야 한다. 중매쟁이 압바네스는 이렇게 편지를 썼다. 서신을 가지고 온 사람의 말을 빌리면 도마가 만국 언어에 능통하니 그에게 가지고 가면 내용을 자세히 읽어 줄 것이라 했다 한다.

해 뜨는 나라 동방에 큰 강이 흐르고 강 옆에 가락국이 있습니다. 이 나라 왕이 된 김수로는 젊은 용사로 따르는 무리가 많은 청년입니다. 말 타기를 좋아하고 철을 생산하여 바다 건너로 수출도 하고 있습니다. 공주님의 배필로 손색이 없는 유능한 인물인 것 같아 소개드립니다. 무엇보다도 두 사람 이미 만난 언약이 있는 것 같아 설명해 드립니다. 공주님과 만났던 사람이 이 청년이 맞으면 한 시라도 빨리 이곳으로 와주시기를 바랍니다.

수로는 그 조상이 스키타이족이고 몇 년 전에 아유타를 거쳐 해 뜨는 동방으로 왔다고 합니다. 수로의 가족이 아요디아에 머물고 있을 때 공주를 만나 양가의 부모들이 서로 정혼한 일이 있다 합니다. 두 집 아들딸들이 성장해 적령기에 이르면 어디에 어떻게 살고 있든지 서로 찾아 결혼을 시키자는 언약이었다는 것입니다. 그 증표로 옥으로 만든 목걸이와 활깍지를 서로 교환했다는군요. 거기 서로의 성을 새겨두었는데 '허'씨와 '김'씨라 합니다. 공주님께서 '김'씨 성이 새겨진 목걸이를 가지고 계시다면 틀림없이 맞는 이야기입니다. 수로 왕은 아직도 '허'씨 성이 새겨진 활깍지를 끼고 활을 쏩니다.

모험심에 가득 차 해 뜨는 나라까지 먼 여행길에 올랐던 수로는 여기가 좋아 눌러앉았지만 이제 혼인할 나이가 되고 보니 정혼한 배필을 두고 다른 여인을 맞이할 수 없다는 생각이 들었다 합니다. 어쩌다 그를 만나 아요디아 공주님 이야기를 하였더니 아마도 같은 인물임에 틀림없을 것이라 하여 서신을 보내오니 이 말이 사실이라면 하루속히 오셔서 수로 왕과 혼사를 치르기 바랍니다. 이곳은 사계절이 뚜렷하고 살기에 좋은 곳입니다. 왕은 이런 좋은 곳에 공주님을 모시고 싶어 하십니다.

서신을 읽어나가는 동안 공주는 목에 찬 목걸이를 풀어 거기 적힌 글자를 본다. 무슨 그림인 줄 알았던 것이 '김'씨라는 글자임을 처음으로 안 모양이다. 김씨는 중앙아시아에서 이동해 온 스키타이 부족들의 성이고 '허'씨는 저들보다 먼저 이주해 온 아리아인들의 성 씨이다. 이들은 다 같이 대홍수에 살아남은 아브라함의 후예들이었지만 그 갈래를 달리해 서녘으로 간 사람들은 성을 이름 뒤에다 두고, 동녘 땅으로 간 사람들은 성 씨를 앞에다 붙였다. 예컨대 로마인 중, 유다 벤 허라는 사람이 있다면 그는 성 씨가 허씨이고 이름이 유다 벤이라는 것이다. 반면에 김수로는 성 씨가 김이고 이름이 수로라는 뜻이 된다. 지금의 인도에는 성 씨를 앞에 두거나 뒤에 두는 두 갈래뿐만이 아니라 아예 성 씨조차 없는 여러 종족의 인구가 혼재한다. 알렉산더 대왕의 정복전쟁이 휩쓸고 간 뒤로는 그 문화가 뒤죽박죽이 되어 동서양이 마구잡이로 합해진 독특한 양상을 이루고 있기 때문에 인도에는 카스트제도가 엄격히 구분된다. 신분과 계층에 따라서 서로간의 자리매김을 하자는 것인 바 전쟁 없이 서로 다른 족속끼리 공존하자는 일종의 평화주의의 표방이기도 하다. 주어진 계층대로 거기 맞는 삶을 살자는 것이다. 이런 모순을 해결하기 위해 붓다는 스스로 왕좌를 버리고 인류평등을 갈구했다. 인간은 다 같이 평등하다. 남녀 누구나 하나같이 존귀하다. 무릇 태어난 생명은 다 귀한 것이다. 싯다르타가 깨달은 자 붓다가 될 때까지 그는 고행에 고행을 더해 하나의 도를 얻었다. 중도와 자비다. 그 가르침으로 인해 이민족 간에 서로 죽이지 않고 사는 지혜를 설파했다. 이른바 자비를 실행함이다. 이 자비행(慈悲行), 이웃 간에 서로 사랑하며 살라는 이 사상이 다 퍼지고 실행되기도 전에 또 다른 세상을 찾아 떠난 사람들이 있다. 개척자들이다.

"그는 개척자였던 거예요."

지금 인도에는 여러 민족들이 뒤섞여 살지만 크게는 인도 아리아인과 스키타이인의 공존이다. 본시 이들은 노아의 후손들인 유목민들로서 대홍수 이래 천산산맥의 높은 산악지대에 살다가 점차 남하하여 한 무리는 유프라테스 강이 있는 서쪽으로 흘러갔고 또 다른 한 무리는 인더스 강이 있는 동쪽으로 흘러들어가 정착하기 시작했다. 또 다른 한 무리가 있어 천산을 넘어 동진하여 뿔뿔이 흩어져 살게 되었다. 이들 세 무리들은 자연스럽게 이동에 이동을 거듭하며 나라를 세우고 후손을 퍼뜨리기 시작했다. 그러다 보니 다시 만나기도 하고 같은 땅을 밟게도 되어 섞이기도 하였다. 이러한 기록이 인류역사다. 때문에 어디를 가나 대홍수 이야기가 전해져 내려온다.

"내가 태어난 곳은 저 중원의 보주라는 곳이에요."

보주(普州)는 한(漢)나라가 망하고 그 유민들이 피신해 정착한 중원의 서남쪽 지역이다. 추위와 굶주림이 도사린 피난터에 그 많은 난민들이 마음 놓고 정착하기엔 너무나 열악한 환경이었다. 그러나 허씨 일족이 자리 잡은 골짜기엔 겨울에도 얼지 않는 샘물이 솟고 있었고 잡고 또 잡아도 자꾸 나타나는 물고기가 있어 연명을 할 수 있었다. 이 물고기는 항상 쌍으로 나타나 흔쾌히 보시를 했다. 동네 사람들은 이 은공을 보답하기 위해 우물 가 바위에다가 신성한 물고기 두 마리가 우물을 보호하는 조각상을 새겨 기념했다. 보주 사람들에게 구전되는 전설의 한 토막이다. 이러한 사실은 아유타

왕으로부터 이미 들은 이야기다.

공주의 부모 세대들이 보주에서 인도로 넘어오게 된 데에
는 차마고도가 열리고 동서양의 교역로가 열린 덕택이다. 보
주에서는 특별히 차 농사가 성행해 녹차와 흑차라고도 불리
는 발효차 생산이 급증하였고 발 빠르게 교역로를 탄 사람들
은 돈을 벌어 부를 축적하였다. 보관과 운반이 쉬운 흑차를
보이차(普洱茶)라 부르는 까닭은 보주에서 생산됐다는 이야
기겠다. 공주의 부모는 한나라에서 무속(巫俗)을 지낸 인물로
무당은 곧 의술을 겸한 의사로 아픈 사람들을 치유해 인심을
얻기로는 아주 좋은 직업이었다. 반면에 김수로의 집안은 말
달리기와 검을 쓰는 무사출신 집안이라 이들 일가들이 협동
으로 아요디아로 이주를 해와 살면서 부와 인심을 얻어 권력
자가 되는 데에는 별 어려움이 없는 수순을 밟았다.

"지금 이 목걸이에 있는 이 물고기가 바로 그 쌍어문이에요."

공주는 목걸이를 풀어 두 마리 물고기가 보호하고 있는 그
사이에 있는 글자가 김수로의 성 씨를 새긴 '김'씨라는 비밀
을 풀었다는 이야길 한다. 나중에 수로 왕의 왕비가 된 허황
옥의 무덤에 새겨진 비문에 '보주태후'라는 명문이 새겨진
까닭이다. 공주는 아유타에서 시집을 갔지만 태어난 곳이 보
주이기 때문에 그 출생지를 비문에 새겨 남긴 것이다.

이렇듯 인도를 스쳐 지나간 사람들 이야기는 얼마든지 있
다. 일부는 산을 넘어 중원으로 간 사람들도 있고 또 일부는
배를 타고 먼 동쪽으로 간 사람들도 있다. 이들은 한 군데 오

래 머물지 못하고 계속 움직이는 유목민들로 모험에 가득 찬 사람들이다. 편지글에 적힌 수로 왕이라는 작자가 바로 그러한 인물로 세상을 떠돌아다니기를 좋아하는 모험가 중 한 사람이라는 사실이다. 이들 기마민족들은 유목민과는 또 다른 개척생활을 즐기고 있는 집단이다. 힘 있고 기동력이 있어 정착생활보다는 이동하기를 좋아한다. 하여 바다 건너 해 뜨는 나라까지 가 새로운 세상을 찾게 된 것이다.

도마는 압바네스가 이 서신을 통하여 말하고자 하는 뜻을 충분히 알고 남을 것 같았다. 아요디아 공주를 데리고 오라는 의미가 담겨 있는 편지다. 그 말 속에 숨은 뜻은 이 편지를 빌미로 인도를 떠나 해 뜨는 동방까지 올 기회를 얻으라는 이야기일 터였다. 압바네스가 비단 길을 떠날 때 도마는 그에게 '나도 해 뜨는 나라 동방에 갈 수 있는 기회를 마련해 달라'고 부탁했다. 이스라엘에서부터 페르시아를 거쳐 인도에 오는 동안 내내 압바네스는 도마의 여행 목적을 들었고 여행 중 여러 가지 이적들을 보아 도마가 보통 사람이 아닌 것을 보았다. 이제 압바네스는 세례까지 받은 그리스도교도가 되었고 사도의 일이라면 적극 도울 의무감까지 가지게 된 인물이다. 추신으로 이렇게 적혀 있다.

공주님이 혹시라도 뱃길이 무서우시다면 도마를 데리고 함께 오십시오. 그는 바다를 잠재우는 능력을 가지고 있습니다. 내가 이 두 눈으로 똑똑히 보았거든요.

"바다를 잠재우신다고요?"

허황옥이 묻는다. 자신은 말 타는 것은 좋아하지만 물이 겁이 나 바다는 물론 강물에도 들어가 본 적이 없단다. 그러니 수로의 청을 받아들이고 싶어도 물길이 겁이 나서 어쩌나 생각했단다.

"저는 물이 겁나요."

공주는 초원에서 자랐기 때문에 물을 겁낸다 하였다. 게다가 섣불리 아무 준비도 없이 항해를 시작했다가 낭패를 보고 되돌아온 후였다.

공주는 압바네스의 편지를 받기 전에 막연한 짐작으로만 알고 있던 가락국을 향하여 밀항을 시도한 적이 있었다. 차마 친아버지도 아닌 계부에게 부탁하여 뱃길을 열어달라 하고 싶지 않았기 때문이었다. 솔직히 말하자면 아버지가 살아 계실 때 그 신하였던 숙부에게서—현재는 국왕에서 계부까지 된 왕의 손아귀에서—벗어나고 싶었던 일념이 있었기 때문이었다. 아직도 공주는 아유타 공주라 불리기보다는 어릴 때 불리던 아요디아 공주라 불리기를 더 원했다. 나라 이름까지 아요디아에서 아유타로 바꾼 왕이라 별로 마음에 들지 않는 관계다. 이런 점에서는 왕도 마찬가지였다. 이제 다 성장한 양딸을 옆에 두고 보고 싶지 않다. 다른 사람 앞에선 공주 대접을 했지만 사실은 눈엣가시 같은 존재였던 것이다. 하여, 멀리 떠나보낼 작정으로,

"애야 어젯밤 황천이 나타나 '가락국의 왕 수로는 하늘이

내려보낸 왕인데 아직 배필을 정하지 못했다. 경들은 하루속히 공주를 시집 보내라'고 말씀하셨다. 꿈을 깬 뒤에도 황천의 말씀이 쟁쟁하구나."

이렇게 말했다. 지금의 왕은 부왕이 수로와 정혼을 해준 사실을 모르는데 어찌 이런 말을 할 수 있었을 것인가. 이러한 사실을 보면 그 어머니 역시 딸을 떠나보내려는 마음이 있었던 것이 아닐까. 왕비는 왕이 세상을 뜨자마자 곧바로 부왕의 동생이었던 지금의 왕과 재혼을 했다. 자의건 타의건 숙부가 아버지가 된 이 현실이 당혹스러운 공주다. 공주가 한 시라도 빨리 이곳을 벗어나고 싶었던 이유였다. 숙부에서 계부가 된 왕과 자기를 낳아 기른 어머니 사이에 은밀한 이야기들이 오가지 않고서야 어찌 그런 꿈 이야기가 나올 수 있었을 것인가. 이에는 틀림없는 생모와 계부 사이의 묵계가 있었을 것이라는 짐작이다. 이제는 믿을 곳도 발붙일 곳도 없는 공주다. 공주는 속마음을 터놓고 이야기했다. 도마는 이 점이 좋았다.

"솔직히 말씀드리자면 궁을 몰래 빠져나가 나 혼자 그이를 찾아가고 싶었어요."

그러나 밀항은 실패했다. 왕은 모르는 척 공주의 출궁을 눈감아 주었지만 바다가 이를 용납하지 않았다. 풍랑을 몰아와 뱃길을 막아버린 것이었다. 공주는 자초지종을 다 털어놓는다. 솔직함은 그 무엇보다 더 큰 무기다. 믿음을 주기 때문이다.

"그러니 저를 꼭 도와주셔야 해요."

도마는 물 위를 걸은 사람 이야기를 한다. 예수라는 사람이 있었는데 그는 물 위를 걷고 풍랑을 잠재웠다. 잠시 이 세상에 사는 동안 사람의 몸을 입고 지냈지만 이제는 하늘나라로 가 보좌에 앉으셨다. 물도 풍랑도 이 세상 모든 것들이 그가 지으신 바 자연물이기 때문에 그를 따르고 믿으면 아무것도 겁낼 게 없다는 도마다.

"천지만물은 그가 주관하십니다. 그러니 그만 믿으면 두려울 게 없습니다."

"자연을 주관하신다고요?"

"세상 만물을 지으시고 주관하시는 창조주 여호와가 계시지요. 그렇지 않다면 이 세상 모든 것들이 어떻게 운행되겠습니까?"

힌두교에서는 브라흐만이 이를 주관한다 하지만 그는 이름이 서로 다를 뿐 근본뿌리는 같다. 우주만물의 질서를 바로잡는 신은 하나다. 알파요 오메가이신 창조주 하나님이 계신다.

"바벨탑 사건 이후 모든 종족의 언어가 흩어져 서로 각기 다른 말을 하게 되었지만 그 뜻하는 바 근본뿌리는 하나인 것입니다."

도마는 왕에게 했던 말을 공주에게도 그대로 이야기한다. 천지간 모든 것은 창조주가 있고 운행하는 이가 있다. 그가 가장 사랑하는 피조물이 인간이다. 인간이 비록 죄를 짓고 그가 내어준 동산에서 쫓겨나긴 했지만, 그는 여전히 인간을 사랑하여 용서하고 함께 하고 싶다. 그 용서의 중재자로 예수를 보내 희생양을 삼으셨다. 그러니 이제부터는 창조주 여호와에게로 돌아가 그 품속에서 평안하게 살면 될 일이다. 이러한 사실은 이미 예언서를 통하여 말하였고 실제 역사함으로 증명해 보였다.

도마는 만나는 사람마다 똑같은 이야기를 하는데 질렸지만 달리 이를 알릴 방법이 없다. 때문에 사람들이 모이는 회당에 이를 설명할 그림이 필요한 것이다. 이제 막 그런 벽화를 그려 붙일 시점인데 공주가 바다를 건네줄 것을 부탁한다.

'형, 이제 나 어떡하지?'

어느 일이 더 급선무일 것인가? 응답은 금방 왔다.

'판을 넓혀라.'

판을 넓히라는 것이었다. 일단은 땅끝까지 갈 수 있는 기회를 놓치지 말라는 것이었고 지금 잡은 고기도 놓치지 말라는 직감이다. 공주를 감화시키면 그로 하여금 수많은 고기를 낚을 수 있다는 예감이 떠오른 것이다.

"그 역사적 사실이 이루지는 것을 하나에서 열까지 다 본 사람이 여기 있습니다."

도마는 지금까지 있었던 일들을 이야기한다. 그 보고 듣고 느낀 사실을 전하기 위해 여기까지 왔다. 지금부터 내가 하는 말은 다 사실이다. 그는 인간을 벌하러 온 것이 아니라 구원하기 위해 왔다. 누구든지 이 말을 듣고 믿기만 하면 영생을 얻을 것이다. 보라, 이 말을 전해 들은 사람들은 감사기도를 할 수 있는 예배장소를 만들어 서로 모여 기쁜 찬송을 할 때이다. 그런 깊은 뜻을 서로 전하고 뜻이 통하는 사람끼리 모여 살아야 한다. 그러면 평화와 사랑이 깃드는 새로운 세상이 열릴 것이다. 그러자면 이전의 죄업을 씻고 새로 거듭나야 한다. 그 묵은 마음을 버리고 새 마음을 가지는 의식으로 세례를 받아야 한다. 세례는 묵은 때를 씻고 새 옷을 갈아입는 것과 같다. 깨끗한 사람으로 거듭나는 것이다. 첫 번째 세례는 노아의 홍수에서 찾아볼 수 있다. 하나님은 대홍수를 통하여 배신에 대한 진노를 표하고 징치했다. 진노를 통하여 죄악에 물든 인간에 대한 일대물갈이를 했다. 그래도 비교적 순수한 혈통을 보존한 노아의 후손을 통하여 믿음의 자손을 삼았던 것이다.

그러나 이들조차도 말을 듣지 않았다. 시간이 흐름에 따라 대홍수의 징계를 잊어버리고 다시 죄악에 물들기 시작했다. 이 징계를 다시 상기시키기 위해 세례요한으로 하여금 세례의식을 행하게 하였다. 주의 길을 예비케 한 것이다. 다시는 물로 인류를 멸망시키지는 않겠지만 죄에 대한 벌은 멈추지 않을 것이라는 창조주의 의지를 나타냄이다. 세례의식의 상징성은 물을 통하여 깨끗함을 입고 첫 번째 홍수를 기억하라는 것이다. 더럽혀진 옷을 깨끗이 씻어 갈아입는 행위와 같은 의식이다. 인자로 오신 예수께서 이 세례를 직접 받음으로 세례의 중요성을 본으로 보이셨다. 세 번째는 물의 세례가 아닌 예수께서 친히 행하신 성령의 세례다. 이 성령의 세례는 죄 사함과 함께 하늘 문을 여는 열쇠가 된다. 처음 듣는 사람에겐 어려운 이야기이지만 도마는 차근차근 물의 의미에 대해 이야기하고 있다. 물은 단순한 자연물이기도 하지만 그 속에는 깊은 뜻이 숨겨져 있다.

"물은 생명이라 하였습니다. 그게 그 뜻인가요?"

허황옥은 힌두교에서도 물의 중요성을 강조하고 있다면서 물은 생명의 근원이라는 이야기를 한다. 힌두신화에 의하면 대홍수 이후 물속에 잠긴 보물을 찾기 위해 여러 영웅들이 활발한 움직임을 보인다. 그중에서도 유해교반 때에 만들어지는 암리타 이야기가 유명하다. 애써 찾아낸 암리타를 결국에는 악마 라프가 가지고 가게 되지만 이 불로장생하는 약은 결국 사람의 사랑에 의해 만들어지는 체액에 다름 아니다. 다시 말하자면 영생불로약이 따로 있는 게 아니라 남녀 사랑의 결실로 맺어지는 번식에 있다는 것이다. 때문에 힌두신의 신상이 둥근 돌기둥인 남근석으로 표현되는 것이다.

인도에 이 힌두교 성전 이야기가 전해지기 전에는 브라만교가 있었다. 브라만교에서는 다르마와 카르마가 주된 사상으로 그에 따른 윤회가 전부였다. 다르마는 사람이 지켜야할 덕목이고 카르마는 말과 행동과 생각으로 지은 업보를 뜻한다. 자신의 위치에 따른 다르마를 지키고 선한 카르마를 쌓으면 후세에는 보다 행복한 삶을 누릴 수 있는 존재로 태어난다. 이를 계승한 게 힌두교다.

"저는 이를 한층 더 발전시킨 석가모니 이야기를 들었어요."

"저도 석가모니 이야긴 들었습니다."

도마는 그 석가모니의 발자취를 따라 설산여행을 갔던 이야기를 한다. 거기서 형 예수는 이 모든 이야기들의 근본은 하나라 하였다. 결국은 인간을 위한 삶의 방식이다. 어떻게 살 것인가? 선하게 살아야 한다. 이 세상 그 누구도 악하게 살아야 한다는 이야기는 없다. 인간의 본성이 선이기 때문이다. 그런데 석가모니는 그 본성이 어디로 왔는지 어디로 가는지에 답하지 않고 있다. 스스로 찾아 깨달으라 한다. 그 근본과 행동강령은 같은데 그 원인과 결과가 다르다. 거기 비한다면 여호와의 창조와 하늘나라에는 처음과 끝이 있다.

"여호와는 전능한 분이라 하였습니다."

시간과 공간을 뛰어넘어 어디에도 있고 무슨 일이든 할 수 있는 존재, 그는 알파요 오메가인 동시에 '루아흐' 그 자체다. 루아흐라는 뜻은 어머니 자궁 속과 같은 가장 안전하고도 온전한 곳이며 시작과 끝 같은 생명의 원천이라는 뜻으로 전능하다는 의미를 내포하고 있다. 전능하신 여호와께서는 이 생명의 근원인 입김을 불어넣어 인간을 창조하였다. 그러니까 전능하신 이의 입김이 인간생명의 근원이며 시작이다. 이를 만드신 이가 모든 사물의 시작과 끝을, 인간의 시작과 끝을 주관하지 못하겠는가, 탄생과 죽음, 생명 그 자체가 그의 손에 달렸다는 이야기다.

이러한 이야기는 비단 인도에만 있는 게 아니다. 인류 최초의 문학작품이라는 길가메시 서사시에도 나온다. 천신만고 끝에 불사약을 찾아 돌아오던 길가메시가 뱀에게 이 약을 도둑맞는 길가메시 이야기나 힌두성전인 리그베다의 스토리가 다 같은 내용이다. 이 신화들을 통하여 각기 다른 환경에서 각기 다른 의식을 치를 뿐이지 근본이치는 하나다. 악을 버리고 선을 취하라는 것이다. 선은 창조주의 속성이다. 창조주의 바람은 악에 물든 인간들이 선의 속성을 찾기를 바라는 데 지나지 않는다.

도마는 이미 이들 신화에 대한 이야기들을 줄줄 꿰고 있다. 형과 함께 이들 지역을 두루 다닌 적이 있었고 각기 다른 지역에서 각기 다른 사람들의 언어로 기록돼 서로 다른 것 같지만 따지고 보면 결국은 하나라는 것을 여러 가지 서책들을 통해서 보았다. 천의 아바타가 있는 것 같지만 결국은 하나다. 열 왕국이 사방으로 흩어지면서 빚어낸 시간의 산물이 혼란을 야기시켰을 뿐이지 그 근본은 하나로 똑같다.

"듣고 보니 그런 것도 같네요."

공주는 도마의 말을 경청하고 있었고 도마의 말을 수용한다. 왕에게 세례를 줄 때도 똑같은 이야기를 했었다. 이제는 공주에게 그 세례를 주어야 할 때가 온 것이다. 거듭난 자라야만 하나가 될 수 있다. 그런데 공주는 왕과 달리 궁금한 게 더 많다.

"여호와라는 말이 무슨 뜻이에요?"

"여호와는 하나님이라는 말과 같아요."

여호와의 이름은 그때에 따라 달리 불리어졌다. 아브라함이 모리아산에서 그의 아들을 번제물로 드리려 할 때 여호와 께서 그 대신 미리 양을 준비해 두신 것을 기념하기 위해 아 브라함은 그 산을 '여호와 이레'라 불렀다. 이게 무슨 뜻인가. 창조주는 무엇이든 미리 준비해 두신다는 의미이다. 아말렉 사람에게 대한 이스라엘의 승리를 기념하기 위해 모세가 세 운 제단에 붙인 이름은 '여호와 닛시'다. 창조주는 승리하게 하시는 분이라는 뜻이다. 또 창조주는 치료하시는 자라, 그 분의 뜻에 따라 살면 질병의 고통도 치유될 수 있다는 뜻으 로 '여호와 라파'라 한다. 창조주는 평강이다. 기드온이 창조 주로부터 '너는 안심하라 죽지 아니하리라'는 말씀을 듣고 쌓은 제단 이름이 '여호와 살롬'이다. 창조주는 어디에고 계 신다는 뜻으로 '여호와 삼마'라고도 한다. 에스겔은 이스라 엘의 죄로 인해 창조주의 영광이 떠난 것을 보았으나 이제 새로운 언약을 통해서 창조주의 영광이 영원히 자기백성들 가운데 거할 것을 보았을 때, 여호와 삼마라고 외쳤다. 그러 고 보면, 여호와 창조주의 이름이 이레 닛시 라파 살롬 삼마 등으로 불리어진 것을 알 수 있다. 이제 예수 그리스도가 옴 으로 여호와는 하나님으로 불린다. 새로운 시대가 열렸기 때 문에 새로운 이름을 부여한 것이다. 창조주는 '여호와'나 '하 나님', 그 어떤 이름으로 불리건 하나밖에 없는 유일한 존재 다. 그렇다고 그게 이상할 것은 없다. 이와 같이 하나님의 역 사는 여러 갈래로 나누어 기록될 수 있다. 또한 기록에 남아 있지 않는 기록도 얼마든지 있을 수 있다. 이 일들을 다 기록해 남겨두자면 책을 쌓아두는 서고가 하늘에 닿아도 모자랄 것이라 하였다.

도마는 지금 아요디아 공주에게 물에 대한 공포심을 거두라고 말한다는 것이 너무 깊고 먼 곁길로 빠져나간 것을 알아차린다. 물은 결코 사람을 빠뜨려 죽이는 물질이 아니라 사람을 살리는 물질이 될 수도 있다는 이야기를 한다는 것이 천지창조의 역사로까지 번져나가 버린 것이다. 그런데도 공주는 이 아득한 이야기를 재미있게 듣고 있다.

"물이 사람을 거듭나게 합니다."

도마는 세례에 대한 이야기로 되돌아온다. 공주가 이 말을 알아들을 리 없다. 왕도 처음엔 이 말을 알아듣지 못했다. 도마가 처음 왕이 신전을 짓겠다고 했을 때 사흘 안에 신전을 지어줄 것을 약속한다 했고, 왕은 그 말을 믿지 않았다. 그러나 밤낮주야 사흘을 예수 이야기로 밤을 새우고 난 다음에는 그 말뜻을 깨달았다. 신전은 마음속에 있는 것이지 건물이 아니다. 인간은 태어날 때부터 원죄를 가지고 나와 누구나 죄인일 수밖에 없다. 이 죄스러움 때문에 괴로움을 달고 사는 것이다. 사후에 대한 불안감 때문이다. 이 번뇌에서 벗어나고자 고행을 해가며 해탈을 기원하는 것이다. 그러나 그렇게 해서 자유를 얻을 수는 없다. 해탈이 끝이 아닌 것이다. 윤회의 고리는 끝없이 돌고 또 돈다. 그렇다면 해탈의 끝은 어디일 것인가? 깨달은 자 붓다도 이 문제를 풀지 못했다. 이를 법륜에다가 비견했을 뿐이다. 윤회의 고리를 끊는다고 해탈한다고 죽음의 문제가 풀려 해결 나는 것은 아니다. 온 곳을 모르니 갈 곳도 모른다. 이 죽음에서의 해방을 위해 예수가 와 부활소망과 영생의 길을 열어주었다. 온 곳이 있으니 갈 곳도 있다. 이 사실을 믿기가 어려운가, 믿기만 하면 된다. 그 믿음의 증표로 세례를 받는다. 대충의 이야기는 이랬지만 이를 설명하고 이해시키기에는 사흘도 부족했다. 다행스럽게도 동방박사의 천문에 대한 지식이 가미되고 그의 훈수가 보탬이 되어 왕의 깨달음은 이루어졌다. 그러나 한번 마음 문을 닫아버린 공주의 심안은 쉽게 열리지 않았다. 숙부가 왕좌를 차지하고 어머니를 취하게 되는 과정에서 너무나 많은 상처를 입어버린 탓이다. 열여섯 어린 나이로는 차마 감당할 수 없는 상처다. 이 상처를 치유하기 전에는 그 어떤 말로도 마음을 열고 세례를 받게 할 수는 없을 것 같은 도마다.

"간단하지 않아요? 인간은 하나님이 만든 피조물이다. 에덴동산에 살기까지는 영생복락을 누렸다. 어쩌다 뱀에게 꼬여 금단의 열매를 따 먹은 죄로 동산에서 쫓겨나 노동과 출산의 고통을 겪으며 살게 됐다. 이게 인간의 현 상태다."

그러한 진노의 하나님이 인간을 불쌍하게 여겨 에덴동산으로 다시 불러 모으고 싶으시다. 이에 하나님의 아들 예수가 지상에 내려와 창조주의 그 뜻을 전한다. 이 말을 믿고 감사한 마음으로 따라가기만 하면 된다. 여기엔 수행도 고행도 필요 없다. 이 말을 믿고 따라가기만 하면 된다. 어디로 가는가? 이 말뜻을 믿고 전하는 사람들과 동행하면 될 일이다. 그

동행하는 곳이 어딘가? 새로운 세상, 새로운 공동체다. 이러한 소망을 가진 사람들끼리 모여 만드는 세상이다.

"이처럼 간단한 구원의 세상이 어디 있겠어요?"

이 말을 믿고 따르는 사람들의 공동체가 바로 이 기쁨을 찬양할 수 있는 예배당이 된다. 그건 누가 주는 것이 아니라 우리가 만들어 나가야 한다. 과거의 세상이 아니라 미래의 세상인 것이다.

"이제 이러한 새 세상을 만들기 위해 공주님은 바다를 건너는 것입니다."

저 바다 건너에 기다리는 사람이 있다. 이미 어린 나이에 정혼을 한 사이다. 비록 어른들끼리 한 약속이지만 그 증표를 서로 간직하고 있다. 그런 사람을 만나러 항해를 해야 할 사람이 아무런 준비도 없이 신랑을 만날 것인가? 금은보화 같은 혼수품이 있을 것이지만 보다 새로운 그 뭔가, 세상에 없는 희망을 가지고 가야 할 것이 아닌가? 그 새로운 희망 중에 영생을 얻는 천국 소유권보다 더 귀한 것이 있을 것인가? 뿐만 아니라 모세에게 내린 율법처럼 좋은 법도는 없다. 이 법령을 가지고 가서 그 나라를 통치하는 데 이용한다면 그 나라는 반드시 흥하게 될 것이고 백성들 역시 평화로울 것이다.

"이제 공주님은 혼자 몸이 아니십니다. 나라를 통치할 분의 영적 지도자가 되어야 합니다."

"내가 과연 그러한 사람이 될 수 있을까요?"

"되어야지요. 그 나라 사람들은 공주님을 떠받들어 모실 것입니다."

"좋아요. 도마 사도의 말이 힘이 됩니다."

공주는 무엇을 어떻게 해야 할지를 묻는다.

"이제 이 복음을 전하라는 예수 그리스도는 그러한 일체의 형식과 의례보다는 하나님과 직접 이야기할 수 있는 기도를 하라 하셨습니다."

기도야말로 하나님과 내가 바로 통할 수 있는 대화의 지름길이다. 이 지름길을 통하는 소리가 성령이다. 성령은 내 마음속에 있는 하나님의 숨결이다. 이 성령이 살아 숨 쉬는 한 나는 하나님의 자녀로 남을 수 있다.

"이 성령의 숨결을 느끼기 위해 기도해야 합니다."

도마는 기도야말로 길이요 진리요 생명이라는 말을 한다. 이는 예수에게서 노상 듣던 이야기다. 그런데 오늘 여기서 이야기를 하니 곧바로 그게 복음이 된다. 여기서는 전혀 새로운 새 소식이 되기 때문이다. 이제 땅끝까지 가 이 복음을 전하라던 말씀의 참뜻을 알 것 같은 도마다.

"이제 이 말씀을 듣고 알았다는 뜻으로 세례를 주는 것입니다."

세례에는 물로 주는 세례가 있고 성령을 부어 주는 세례가 있다. 요한이 준 세례는 물로 주는 세례였지만 예수 이름으로 주는 세례는 보혈의 피로 내리는 성령의 세례다. 물로 주는 세례는 단순히 죄를 씻는 의식에 지나지 않았지만 예수보혈로 주는 세례의식은 구세주 예수 이름으로 받는 피의 세례라 반드시 '아멘'이라는 말을 덧붙여 죄 사함을 받음과 동시에 천국 문을 여는 열쇠를 받는 감사의 뜻을 표한다.

"세례를 받아 거듭남으로 예수가 이제 나의 구세주가 되는 것이지요."

예수는 세상을 구하기 위해 세상 죄를 다 짊어지고 십자가형을 당했다. 이는 그가 못 박혀 죽었다가도 다시 살아나는 부활의 증표를 실제로 사람들에게 보이려 하심이다. 말로 해서 듣지 않는 사람들에게 직접 두 눈으로 보게 함으로써 이를 믿게 하려 함이다. 인간은 죽으면 무주고혼으로 떠돈다. 심판의 날이 올 때까지 암흑가를 떠돌며 외로운 나날을 보낸다. 괴로움과 고통의 연속이다. 그러나 구원 받은 사람들은 어둠의 사슬을 끊고 빛 속에 거한다. 인생의 날이 백 년이라면 이 고통의 날은 천 년 만 년이 될 수도 있다. 빛 속에 거한다는 것은 이 고통 대신 주님과 하나 되는 광명 세계다. 벌써 수십 번도 더 했던 말들이다. 왕에게도 같은 말을 했고 왕의 세례의식을 본 또 다른 신하들이 있는 곳에서도 한 말이다.

"세례를 받겠어요."

공주는 드디어 결심한 듯 세례를 청했다. 세례를 받고 '아멘'을 한 후 새로운 기운이 돈 공주는 장차 만날 왕에게도 이 새로운 복음을 전하겠다고 한다.

"김수로라는 그분은 어떻게 성장했을까?"

어릴 때 본 기억은 있지만 어렴풋한 그림자에 불과할 뿐 떠오르는 모습이 없다.

"하나님은 인간을 만들어 놓고 너무 기뻤어요. 자기의 형상대로 입김을 불어 그 영혼을 만드셨지요."

때문에 사람은 영혼이 있고 영혼을 담는 육신이 있다. 영육 간의 조화로운 공생체가 인간이다. 그러나 인간은 혼자 살 수 없는 고독한 존재다. 처음 여호와께서 인간을 빚어 영·육간 하나 됨을 보고 기뻐하다가 그걸로는 부족함을 느껴, 그 외로움을 덜어주기 위해 남자의 갈비뼈를 취해 여자를 하나 더 만든다. 그러고는 부부의 연을 맺게 하여 함께 살기를 축원한다.

"때문에 남녀가 성장해 때가 이르면 제 배필을 찾게 되지요."

지금이 바로 그때라는 도마다. 어째서 이 말이 나왔는지 참 알 수 없는 이야기다.

공주의 즉각 반응이 있다.

"수로에 대한 기억은 아주 희미해…."

그렇지만 목에 걸고 다니던 이 목걸이는 한 시도 놓아본 적이 없다는 공주다. 어머니가 말씀하시기를 언젠가는 그가 널 찾을 것이니 그에게로 가라 했다 한다. 지금의 군다포러스 왕은 숙부로서 어머니의 새남편이 된 자로, 생부는 아니다.

"그러니 저를 한 시라도 빨리 그에게 데려다 주세요."

도마는 일이 잘 풀려나간다는 생각을 한다. 처음부터 계획한 일은 아니었지만 어쩌면 거기가 땅끝일 거라는 생각이 들었고, 땅끝까지 가라는 말을 이루기 위하여 이미 작정된 수순이 아닐까 하는 생각이다. 형 예수는 세상 모든 일은 이미 예정된 수순에 의해 움직여 나간다고 했다. 그 계획은 한 치한 획도 어긋남이 없다 했다. 인간은 그러한 신의 한 수를 알 수 없는 머리를 가졌다. 그걸 다 아는 날은, 그걸 다 알려고 하는 그 자체가 바로 에덴동산 가운데 심겨진 금단의 과실나무 과일을 따 먹는 행위와 같은 짓이라 했다. 그게 인간의 한계다. 형은 누누이 설명했다. 동생 도마에게 천계의 이치를 한 가지라도 더 알려주고 싶었던 때문이었으리라.

그러나 도마는 그때 형의 심정을 이해하지 못했다. 지금 돌이켜 생각해 보면 살아생전 형과 함께했던 그 하나하나 일들이 의미심장해지는 교훈으로 남는다. 그렇지만 다 이해할 수 있는 것은 아니었다. 그러니 앞으로의 일도 그럴 것이다. 예루살렘을 떠나 지금까지의 여정은 준비기간에 지나지 않는다. 일은 이제부터다. 땅끝까지 가서 복음을 전하라던 땅끝은 아직 더 먼 곳에 있질 않은가? 그런데 그 땅끝으로 가는 길이 저절로 열리고 있는 것을 보면 신기하다 못해 놀라울 따름이다.

도마는 문득 홍해를 가르던 모세의 지팡이를 보는 것 같은 환영에 사로잡힌다.

"공주님의 뜻이 그렇다면…"

도마는 순순히 항해 준비를 서둘러 보겠다 한다. 항해의 원칙 같아서는 다음 계절풍이 불 때까지 기다려야 한다. 돛배는 바람을 타야 움직인다. 해류를 거슬러 배를 움직일 수는 없는 노릇이다. 그러나 도마는 계절풍을 기다리지 않고도 무역풍을 이용한 운항을 할 수 있다 한다. 무역풍이란 무엇인가? 다 같은 계절풍의 다른 이름이다. 계절풍은 자연스런 바닷바람을 이야기하는 것이다. 다시 말하자면 순풍을 이용한 항해다. 무역풍은 순풍이건 역풍이건 뱃사람들이 바람을 자유자재로 운용하는 기술적 용어다. 무역을 위해 돛배를 만들었으니, 배에다가 돛을 만들어 단 이상 바람을 자유자재로 활용해 이용한다는 항해술이다.

도마는 이미 인도로 오면서 이 무역풍을 이용한 항해술을 본 적이 있다. 항해에 대한 아무런 지식이 없는 그로서는 알 수 없는 일이었지만 바람의 방향과는 관계없이 돛을 좌우상하로 움직여 항로를 지향할 수 있었던 것이다. 심지어는 바람이 잠든 무풍지대에서도 이 항해술은 유용했던 것이다. 갈릴리 그 바다 위를 걸었던 예수 이야기를 하던 중이었다. 배를 타고 있던 모든 사람들이 이 신비한 일에 놀랐다. 그때 도마는 고래 뱃속에 들어갔다 살아나온 요나 이야기도 했었다. 지금도 똑같이 그런 이야기들을 한다.

"바다도 그분의 것이에요."

그러니 그분의 뜻이라면 무어거나 가능하다는 이야기다. 대신에 거기 가기 전에 약속을 하나 하자 한다. 공주님께서 세례를 받고 온전한 주의 사람이 되었으니 앞으로 만날 수로왕에게도 이 법도를 꼭 전해야 한다는 약속이다.

"사도의 뜻이 그렇다면…"

공주는 도마를 사도로 칭하며 장차 남편이 될 왕에게도 세례를 받게 하겠다 한다. 직분을 맡은 사도는 또 다른 사도를 임명할 수 있고 그 사도는 또 다른 사도를 임명할 수 있다. 하여 이 일은 영속적이 된다. 일이 너무 쉽게 풀려나간다.

공주의 소식은 금방 왕의 귀에 들어갔다.

"우리 공주가 드디어 배필을 찾아 떠난다고?"

군다포러스 왕은 순순히 공주의 청을 들어 혼수준비를 한다. 왕은 형이 살아생전 정한 정혼이니만큼 이 혼사에 대해선 자기가 왈가왈부할 입장은 못 된다는 처지였다. 또한 형수를 취해 아내로 삼은 이상 더 이상 그 딸에 대한 책임이나 체면을 구기고 싶지 않았다. 그렇지만 그에게는 전 왕비에게서 낳은 공주가 또 하나 있어 그의 눈치도 봐야 한다.

"뱃길로 그 먼 나라까지 너를 보내야 한다니 걱정이 앞서는구나."

뱃길 걱정을 하는 척했다. 그러면서 도마가 항해에 함께 할 것이라는 말을 듣고서는 안심이 된다 하였다. 페르시아 만을 건너 인도로 오는 길에 노한 풍랑을 잠재운 이야기를 압바네스에게 들은 바 있고, 박사에게서 홍해를 가른 모세의 기적과 솔로몬 왕의 해상무역에 대해서도 들은 바가 있기 때문이다.

"이스라엘 민족은 바다의 왕이 아닌가?"

왕은 흡족해 했고 신전 공사는 갔다 와서 해도 된다 하였다.

"안전제일이야."

도마는 배의 안전운항을 위해서 큰 돌을 몇 개 실어둘 것을 뱃사람들에게 당부하였다. 이 돌들이 균형을 잡도록 할 것이라는 생각에서다. 물결이 심하게 일 때는 배 밑창에 무게 중심을 잡을 수 있는 큰 돌들이 필요하다. 어떤 배들은 물이나 다른 물건을 채워서 중심을 잡도록 하지만 돌이 여러모로 편리하다. 게다가 낯선 땅으로 가는 공주를 위해선 고향의 일부와 같은 돌도 필요할 것이다. 이왕이면 다홍치마라고 도마는 모자이크 용도로 쓰려던 그 분홍색 붉은 돌을 몇 개 실도록 하였다.

바빌론에 공중정원이 있다. 바빌론의 왕 네부카르네자르 2세는 사랑하는 아내를 위하여 아내의 고향인 아미티스 산에서 나무와 꽃, 돌들을 가져오게 하여서 궁중에다가 공중정원을 꾸며주었다 했다. 비록 정략결혼을 하긴 했지만 사막의 한가운데로 시집온 아내를 위로하기 위해 정성껏 정원을 만들어 바친 남자 이야기였다. 이 이야기는 금시 입소문을 타고 인근나라에까지 전해졌다. 당시 바빌론은 아시리아 제국을 멸망시키기 위해 메디아왕국과 혼인동맹을 맺어 전쟁에 승리한 역사를 가지고 있다. 그런 전쟁 와중에도 아내를 위해 아내의 고향 땅에서 가져온 물건들로 정원을 꾸몄다는 것은 대단한 로맨스가 아닐 수 없어, 인구에 회자되는 이야기다.

도마는 비록 정략결혼은 아니지만 낯선 이국땅으로 가서 살 공주를 생각하니 고향땅 물건이 하나라도 더 있다면 위안이 되지 않을까 하는 생각이 든다. 까마귀도 고향 까마귀랬다고 돌도 고향돌이 좋을 것이다. 이왕 배의 중심을 잡기 위해 무게 있는 물건이 필요할 것이라면 그 분홍색 붉은 돌을 몇 개 실어라 한다. 돌은 나중에 정원을 꾸미는 정원석으로도 쓰여질 수 있고 약재로도 쓸 수 있다. 도마는 이미 수많은 건축물을 만든 경험이 있고 거기 정원을 꾸민 이력도 있다. 그렇다면 돌 옆에 심을 꽃나무도 가져가야 한다. 아유타의 특산물로 차나무가 있다. 차나무는 사철 푸른 잎도 싱그럽고 모든 꽃이 진 다음 겨울철에야 피는 하얀 꽃도 아름답지만 그 나뭇잎으로는 차를 우려 마신다. 우려낸 녹차는 정신을 맑게 하고 몸의 신진대사를 도와 건강을 이롭게 하는 성분이 있다. 특히 잎이 큰 이 대엽녹차는 다려 마시면 기운이 치솟는다 하여 장군차라 불리기도 한다. 어떤 지역에서는 이 녹차가 바로 불로장생약 암리타라는 선전까지 하여 상품화시키고 있는 실정이고 보면 장군 차나무 옆에 분홍색 붉은 돌이 놓인다는 것은 조화롭다 못해 천상의 화원이 될 것이라는 상상이다. 이게 바로 공중정원이다. 돌 위에 돌을 포개 얹어 모양새를 내는 정원석에는 교훈이 될 만한 뜻도 새겨두어야 할 것이다. 다시는 돌 위에 돌을 얹는 바벨탑 쌓기 같은 어리석은 짓은 하지 말라는 뜻도 새겨둘 일이요, 야곱의 돌베개 같은 기도교훈도 새겨둘 일이다. 바벨탑은 인간의 방종과 교만을 벌하신 여호와의 진노에 대한 교훈을 담고 있는 이야기이고 야곱의 돌단은 기름부음을 받은 자의 표상이다. 배가 무사히 그곳에 도착해 안주할 곳을 마련하게 된다면 이 돌을 세워 작은 돌단을 만들 것이고, 그 돌단의 의미를 새겨놓으리라. 돌단은 여호와께 드리는 감사기도의 상징물이다. 야곱이 아버지와 형을 속이고 장자의 축복을 얻은 후 외가가 있는 하란으로 피신을 가던 중 허허벌판의 상수리나무 밑에서 잠을 자다 깨어 일어나 여호와를 뵙고는, 베고 잤던 돌베개를 기둥 삼아 돌단을 쌓은 게 그 시초다. 선택 받은 자는 어디를 가나 보살핌을 받는다. 하여 그 땅을 벧엘이라 이름하였으니 그곳이 곧 하나님의 집이요 하늘의 문이라는 뜻이다. 하늘의 문은 땅 위 하늘에 존재한다. 하늘로 오를 수 있는 그 사닥다리는 기도로서만 통하게 된다.

도마는 이 모든 역사를 가르치기에 바쁘다.

"공주님의 수행원들도 이 이야기들을 함께 들어야 합니다."

도마는 항해를 위해 배를 타기 전에 먼저 해야 할 일이 있다며 사전교육을 시킨다. 공주를 수행해 갈 모든 사람들이 교육에 참석했다.

배의 무게 중심을 잡기 위해 실은 이 돌들은 그렇게 활용할 작정이고 그 뜻은 그때 가서 설명할 작정이다. 아니면 후세 사람들이 이를 깨달아 그 깊은 뜻을 새기게 할 작정이다. 이름하여 '파사의 석탑', 파사라는 말은 '진실한 도리'라는 의미다. 파사의 범어(梵語) 해석은 파(婆)는 바(bha)이며 그 뜻은 유(有)이고 사(娑)는 발음이 사(sa)로서 그 의미는 체(諦)로서 진실한 도리이다. 진실한 도리란 무엇인가? 진리이다. 진리란 무엇인가? 형 예수가 도마에게 말한 '나는 길이요 진리요 생명이다'라는 말의 그 진리다. 도마는 이제 그 진리를 신고 바다를 건너 땅끝으로 가려 한다. 후세 사람들은 이를 파사의 석탑이라 부르겠지만 그 이름이 무슨 상관인가. 이 파사의 돌단은 진리의 보급을 상징하는 기표가 될 것이다. 믿거나 말거나 한 이야기가 되겠지만 이 돌은 약효가 있어 떼어먹으면 약이 되는 성분도 지니고 있다. 또한 이 돌은 가루를 내어 물 반죽을 한 채 화장을 하거나 양미간 사이에 점을 찍어 귀신을 쫓는 양법을 하기도 한다. 힌두교도들이 양미간 사이에 붉은 점을 찍는 도료가 바로 이 분홍색 사암이다. 이 점을 보고 악귀가 물러난다는 속설이 있다. 나중의 일이 되겠지만 신라 처용이 귀신 쫓는 분장을 하고 춤을 추었던 그 분장용 돌가루가 바로 이 분홍색 돌의 가루분이다.

"이번에는 실패하면 안 돼요."

이미 한번 항해를 떠났다가 풍랑을 만나 되돌아온 공주의 혼사 길이다. 왕이 아직 신전공사도 다 끝나지 않은 상태에서 도마를 함께 딸려 보내는 이유는 간단했다. 압바네스로부터 전해 들은 도마의 능력을 믿었기 때문이다. 도마는 성난 파도를 잠재우는 권능이 있다. 그 형 예수는 물 위를 걸었다. 그러한 자연의 지배자 도마가 있었기 때문에 무사히 페르시아 만과 오만 만을 거쳐 인도까지 올 수 있었던 압바네스 상단이다. 그 거친 아라비아 해를 통해 새로운 해상비단길을 열 수 있었으니 신라로 가는 길은 이제 걱정 없다. 신라는 새로운 비단 생산지로 부상하였고, 때문에 나라 이름도 대상들은 벌써 서라벌을 '신라'(新羅) 새로운 비단길로 부르게 되었다. 압바네스 상단이 바로 그 선두주자다. 그 선두주자가 보내온 소식은 낙동강 가에 새로 부상하는 가락국의 왕이 된 수로가 공주를 기다린다는 전갈이었다. 1차 서신을 받은 공주 일행은 섣불리 항해를 하려다가 풍랑에 휩쓸려 죽을 고비를 넘기고 돌아왔다. 이 역시 계산된 수순이 아닌가? 도마는 일이 이렇듯 순조롭게 잘 풀려나가는 데에는 반드시 자신이 알 수 없는 큰 뜻이 내재해 있다고 믿는다. 1차 항해 실패가 아니었다면, 그리고 지금이 그 계절풍이 부는 시기가 아니었다면, 신전공사를 중단하고 도마를 가락국으로 보낼 리가 있을 것인가? 이런 일을 두고 섭리라 하는 것이다. 잘 짜여진 각본이요 구원역사가 아닐 수 없다.

"항해에 대한 걱정은 하지 마십시오."

도마는 홍해를 건너게 한 모세의 출애굽 이야기를 한다. 그리고 지중해를 주름잡던 솔로몬 왕의 무역상단을 이야기한다. 여호와는 바다와 바람을 만드신 하나님이다. 그러니 운용도 그의 소관이다. 당신의 큰 뜻을 이루기 위해서는 어떤 방법을 쓰든 그 목적을 이루고야 마는 분이 하나님이다.

"나는 이제 그분의 뜻을 알겠어요."

"나는 그러한 사도를 믿어요."

왕은 도마의 말이라면 팥으로 메주를 쏜대도 믿게 되었다.

도마는 치밀한 성격이다. 때문에 왕의 신임을 얻는 게 먼저였다. 말보다는 실천이 앞선다. 신전을 지을 때도 그랬다. 왕의 마음을 먼저 움직여야 했다. 신전에 모셔질 신상이 문제였을 때도 그랬다. 건축물보다는 안에 모셔질 신상이 주체인데 힌두교 신전의 가장 대표적인 신상은 시바 신으로 둥근 돌기둥인 남근의 상징이다. 보다 많은 생산력이 요구되는 현실에서 당연한 기표다. 매일같이 남근 상을 보면서 무엇을 떠올릴 것인가. 보는 대로 느낄 것이고 느끼는 대로 행동한다면 자손이 번창할 수밖에 없을 일이다. 농사일이나 전쟁에서 필요한 인력을 구하자면 생산력이 절대적 국가자원이다. 이 자원 조달을 위해 이용되는 것이 제의식이다. 정치와 종교가 유착해 움직이는 까닭이다.

"이제는 전쟁을 막고 평화를 유지해야 할 때입니다. 왕께서는 만백성들의 자유와 행복을 생각하셔야 할 때이지요."

그러니 전쟁 준비를 위한 인구증가정책보다는 만인의 행복과 자유를 우선해야 한다. 인간은 죽을 수밖에 없는 유한한 존재이고 다음 생에 올 행복을 준비해야 한다. 도마는 그 나라의 의를 구하라는 예수의 말을 전하는 데 성공하였다. 왕은 마침 태평성대를 구가하고 있는 주변 정세에 마음이 편하였고 때마침 일고 있는 미래의 신 칼키에 대한 열망이 있어, 도마가 설하는 이가 바로 그 칼키라고 믿는 데 의심의 여지가 없었다. 그리고 또한 지금 배에 실으려는 붉은 돌들도 그렇듯 유용한 곳에 쓰일 것이라고 상상한다. 돌은 각기 그 크기가 다른 열두 개로 위쪽을 둥글게 파고 아래쪽을 거기 맞게 들어가게 제작해 요철을 만들었다. 아래 윗돌은 서로 끼어 맞추게 되어 떨어지지 않게 하였다. 그런데 이 열두 개의 실체는 무엇인가? 왜 하필이면 그 개수가 열두 개인가.

"이 열두 개는 무슨 의미가 있소?"

동방박사가 이를 설명한다. 이스라엘 민족들은 열두 지파에서 그 뿌리를 찾고 있지요. 예수 탄생 때 동방박사들이 경배를 드리러 간 것도 그러한 점괘를 보고 찾아간 것이라 한다.

"점괘에 확실히 그렇게 나온다 이 말이지?"

군다포러스 왕은 박사의 말을 전적으로 신뢰하고 있었고 박사 역시 신탁을 신봉하고 있었다. 왕은 동방박사로 택함을 받아 서역을 다녀온 그를 전적으로 신봉하고 있었고 그는 왕의 제사장으로 절대 군림자였다.

"별이 빛나고 있습니다."

왕을 상징하는 푸른 행성이 초롱초롱 빛나는 것은 태평성대를 뜻한다. 게다가 미래 신 칼키의 등장을 알리는 사신이 온 이상 그걸 의심할 필요는 없다는 박사다. 무엇보다도 벙어리 조각가 엘리엇이 만들어 낸 벽화를 보고는 놀라움을 금치 못하는 왕이다. 엘리엇은 신전의 벽을 장식하는 그림으로 십자가에 매달린 예수를 조각했는데 그 고통 속에서도 평화로운 죽음을 맞이하는 느낌을 그대로 전달하여 섬세한 생동감을 일으켰다. 사람이 어떻게 죽으면서도 평안한 모습을 보일 수 있지? 보는 사람들의 느낌이었다. 엘리엇은 보지도 않은 형상의 작품을 만들어 냈다. 거기다가 죽음 이후에 다시 사는 부활의 장면은 한 줄기 빛다발 속에 승천을 하는 모습이라 장엄하고 신성하기까지 하였다. 그런가 하면 한쪽 벽에는 그의 탄생을 축복하는 동방박사 일행의 모습도 그려 넣었다. 이 그림을 조각할 때는 박사의 조언이 큰 역할을 했다.

때마침 인도 북부지역에는 부처의 진신사리와 이빨을 서

로 가지려는 '이빨 전쟁'이 일어나고 있는 판국이라 이 신전 벽화는 더욱 새로운 의미가 있었다. 인도차이나반도의 서북부 지역에서는 깨달은 자 붓다의 몸에서 나온 뼈 부스러기인 진신사리와 그의 이빨을 서로 가지려는 전쟁이 벌어졌다. 심지어는 손톱과 발톱의 쟁탈전까지 벌어지고 있는 현상이 일어나고 있었다. 진리에 통달해 열반에 든 부처의 일부를 간직함으로 나라의 안녕과 평안을 비는 새로운 신상이 생기기 시작한 것이다. 이들 신상은 주로 탑사라는 형태를 통하여 그 속에 사리나 이빨 혹은 그가 남긴 어록을 넣어 보관해 둔다. 때로는 사원을 지어 사원의 벽에다 그의 일생을 나타내는 그림을 그려 그의 행적을 기리는 곳도 생겼다. 이러한 신흥 불사에 비한다면 이 새로운 예수성전은 대중이 훨씬 손쉽게 다가갈 수 있는 예배당이 되고 있었다. 그야말로 한발 앞선 미래 신에 대한 기도의 처소가 된 것이다.

"부처 사후 5백 년도 더 지나 이제 그의 가르침이 나타나기 시작하는데 예수는 죽어 몇 년도 채 안 돼 이렇게 빛을 봅니다."

"그게 부활의 소망이기 때문입니다."

도마가 설명한다. 예수는 죽음을 영생으로 바꾼 인류의 새 역사라고…. 때문에 예수 이전의 시간과 예수 이후의 시간이 달라질 것이라고. 예수 이전의 시간이 죽음과 고통의 시간이라면 예수 이후의 시간은 영생과 소망의 시간이라고.

"인생은 고통이 아니라 기쁨인 것입니다."

도마는 이전의 신전이 죽음을 두려워하여 죽음을 벗어나

기를 소망하는 장소였다면 이제부터의 신전은 부활의 소망을 가지는 기도와 찬송의 노래가 흘러나오는 예배의 장소가 될 것이라는 이야길 한다. 그게 예수가 예루살렘 성전에서 보인 예배의 모습이었다. 예수는 예루살렘 성전에 대한 대청소를 하였다. 기존의 허례허식에 빠진 율법주의자들에게 새로운 세상이 올 것을 명하여, 사흘 만에 이 건축물을 헐고 다시 짓겠다 하였다. 이는 단순한 건축물에 관한 이야기가 아니라 부활에 대한 예언이었던 것이다. 부활소망이 이루어지고 난 후에는 그 이전의 모든 계율이 무용지물이 된다. 이전의 계율은 부활소망을 가져오기 위한 준비단계에 지나지 않는 일이다. 이스라엘의 모든 역사, 인류의 모든 역사는 예수 부활을 계기로 달라진다. 죽음을 이기고 영생의 길로 가는 문이 열린 것이다.

"모든 나라 모든 시간 모든 사람들이 바라던 것은 죽음의 허망함을 이기는 일입니다. 이제 예수께서 오셔서 그 허망함을 잠재우시고 영생의 길을 열어주셨습니다."

도마는 이미 사람들 앞에서 일장설교를 하고 있는 자신을 발견한다. 그러고는 공주 일행과 또 다른 지역으로 떠날 차비를 하고 있는 자신을 발견하고는 놀라움을 금치 못한다. 전혀 예상치도 않았던 곳에서 예상치 못한 일들이 일어나고 일이 술술 잘 풀려나간다. 이게 어찌 된 일일 것인가. 여러 선지자들이 성령의 힘을 입어 예수 출현을 예언했다면 이제 자신은 그 예수를 증언하는 일에 투입됐다는 사명감이다. 무엇을 증언할 것인가. 창조주 하나님은 인간을 만들었고 이 피조물을 극히 사랑하여 곁에 두고 싶어 하신다. 이 사실만 믿으면 누구나 그 나라에 들어갈 수 있다. 요약하자면 이 간단한 이치가 전부다. 그런데 사람들은 이 말에 귀 기울이지 않는다. 세상 일이 너무나 달콤하고 죽음에 대한 인식이 부족하기 때문이다. 지금 여기서 이 일련의 일들을 지켜보고 있는 궁중 신하들 가운데에는 도마의 이러한 이적과 행위들이 못마땅한 사람들도 있다. 이들은 뒤에서 도마의 일거수일투족을 감시하며 수군거리는 시기의 눈초리를 보내고 있었다. 왕이 있는 앞에서는 아무 소리 못했지만 돌아서서는 쑤군거리며 수작들을 부리고 있었다는 이야기다.

도마는 이 무자각 증세의 세상 사람들을 향하여 '때가 가까워 왔으니 깨어 있으라'던 형의 외침을 생각한다. 이제 그 외침을 울부짖으며 세상 끝까지 가야 한다. 그게 사명이다. 사도란 사명을 위해 깨어 있어야 할 자다. 밤에 언덕에 올라 기도하는 까닭이다. 언덕에 오르면 하늘의 별이 보이고 별 속 어딘가에서 푸른빛이 쏟아져 내리는 것이 보인다. 거기서 들리는 한 음성, '도마야 네가 수고가 많구나. 그러나 그 상급은 반드시 있을 것이다.' 그것은 분명히 주님의 소리다. 꼬맹이 도마야, 도마야… 하던 그 주님의 목소리를 듣는 날 밤이면 도마는 잠을 잘 수가 없다. 아직도 인자로서의 정을 함께 나누고 다닐 때의 일이었다. 그 한 장면이 떠오른다.

"형, 어디로 자꾸 가는 거야? 오늘은 그만 여기서 자고 가자."

다리도 아프고 배도 고프단 동생을 형은 이렇게 달랬다.

"형은 할 일이 너무나 많아, 쉴 틈 없어…"

"형이 무슨 할 일이 많다고 그래? 지금 놀러 다니는 거 아니야?"

"그런 단순한 유람이 아니야. 그런 유람이라면 나도 좋게?"

"그럼 뭐야?"

"난 아버지와 약속을 하고 이 땅에 왔단 말이다."

"약속은 무슨 약속? 아버지는 또 누구고…"

"꼬맹아, 지금은 몰라도 돼, 나중에 때가 되면 저절로 알게 될 테니까."

형은 그때 땅끝까지 두루 다녀 당신의 형제들이 어디에 어떻게 사는지를 직접 두 눈으로 확인하고 싶어 했다. 그중에서도 천산에 사는 사람들의 근황이 궁금했다. 천산은 히말라야산맥 카라코람산맥 우랄알타이산맥 같은 지구의 중심부를 둘러싸고 있는 가장 큰 산맥의 한가운데 있는 산으로 중심에 있는 산봉우리를 텡그리 토그라 불렀다. 세상의 중심이다. 노아의 방주가 닿은 곳이다. 이 전인미답의 우듬지에 서서 당신이 지으신 바 인간들이 어디서 어떻게 사는지를 보고 싶어 한 형이었다.

형은 세상의 중심에 서서 무엇을 보고 느꼈을까.

형은 거기서 해 뜨는 동쪽과 해 지는 서쪽을 손으로 가리키면서,

"언젠가는 이들 땅끝까지 복음이 전파되리라."

하였다. 그 복음을 전하기 위해 자신은 스스로 이 땅에 오심을 자청했다. 그때는 너무 춥고 배가 고파 아무 생각도 말도 할 수가 없었다. 너무 높은 곳이라 숨 쉬기조차 거북한 상태였다. 인간의 몸을 입고 온 형도 마찬가지였다.

그 산에는 수행자들이 많이 있었다. 고통과 맞서 싸우며 진리를 찾고 있는 자들이었다. 형이 그들에게 물었다.

"그대 수행자들이여, 무엇이 보이십니까?"

"…"

수행자들은 깨달아 본 것이 없다 했다. 계속 도를 구할 뿐이었다. 인간은 아무리 높은 데 올라도 물질세계 그 밖의 것은 볼 수 없다. 깨달아 안다는 것은 허상일 뿐이다. 처음 인간이 따 먹은 금단의 열매에는 그 진상이 들어 있었지만 대를 거듭해 내려오면서 그 유전자가 뒤섞여 제대로 전수될 수 없었기 때문이다. 하나님은 인간에게 남녀가 화합해 그 씨를 받게 하였지만 순수혈통을 남겨두지 않았다. 이것은 순전한 인간의 의지로 결정된 선택의 결과다. 하여 인간에겐 영혼의 저장소인 우뇌와 좌측 뇌를 통하여 한쪽은 하나님이 주신 영을 또 다른 한쪽엔 인간이 선택한 혼을 보관하게 하여 상호 협력을 통하여 행동하게 되는 관계협정을 맺게 하였다. 때문에 인간은 영혼이 중요한 것이지 그 영혼의 집인 육신이 중요한 게 아니다. 하여, 사람을 외모로 판단해서는 안 된다. 설산의 사람들은 비바람에 상해 육신은 다 낡아빠진 가죽부대 같았는데도 정신은 맑았다. 그렇지만 그들은 목표설정이 잘

못되어 헛고생을 하고 있었다. 저들의 목표는 육신을 벗어난 영혼의 거처에 있었는데 영혼은 육신을 벗어나 거처를 얻을 수가 없다. 물질과 비물질의 혼합이라는 것을 모르고 분리시켜 생각하였던 것이다. 왜 창조주께서 인간을 빚어 만든 후 영혼의 입김을 불어넣었을 것인가? 이러한 원리를 먼저 깨달은 애급 사람들은 나중에 그 영육의 화합을 위하여 미라를 만들어 자기 몸에 자기 영이 다시 거처하기를 바랐던 것이다. 설산을 떠나 애급을 여행할 때 형이 했던 말이다.

'꼬맹아 저게 피라미드라는 거다. 고대 왕들의 꿈이 깃든 곳이지.'

왕들이 아무리 깊고 높은 꿈을 꾸어도 그 육신을 가지고 하늘나라에 들어갈 순 없다. 그 머릿속에 든 영혼을 맑게 하여 악한 나를 죽이고 하나님의 입김으로 채워진 성령을 받아야 한다. 성령은 애초에 인간에게 주신 거룩한 영이다. 성령의 불빛만이 그 나라로 들어가는 길을 밝힐 수 있다. 형 예수는 친히 그 불을 밝혀 인류의 등불이 되려고 십자가형을 당했고 다시 사는 희망의 꿈을 보였다. 그 역사는 말씀에 그대로 기록돼 있고 그 역사는 이제부터 이루어져 나가기 시작할 것이다. 형은 이미 그런 것들을 다 보여주었다. 단지 보는 눈이 없어 보지 못했을 뿐이고 들을 귀가 없어 듣지 못했을 뿐이며 느낄 가슴이 닫혀 깨달아 느끼지 못했을 뿐이다.

'너희들은 세상의 빛과 소금이 되라'

왜 지난 일들이 자꾸만 떠오르는 것인지 모르겠다. 기도 도중 잡다한 옛일이 떠오르면 정신이 흩뜨려진다. 이럴 때는 사람들과 섞여 저들과 이야기를 나눈다. 전에는 사람들을 싫어했지만 차츰 그 사람들 속으로 들어가는 자신을 발견한다. 저들이 바로 내 이웃인 것이다. 형은 저 이웃들을 위하여 저들 속으로 걸어들어 가기를 주저하지 않았다. 이웃 속으로 들어가야 이웃을 사랑할 수 있는 것이다.

도마는 물길을 살피기 위해 바닷가 언덕 위로 올라갔다. 한없이 펼쳐진 바다가 그를 부르고 있었다.

'형, 나 이제 바다 건너 땅끝으로 갈 거야.'

도마는 언덕에서 내려와 선창가를 걷는다. 출어를 앞둔 어부들이 거물을 손질하고 있다. 한 어부가 말한다.

"요즘은 통 고기가 잡히지 않아."

이러다간 왕의 수라상에 올릴 큰 고기는커녕 식술들 밥상에 올릴 잔챙이조차 못 잡게 될지 모른다는 소리까지 나온다. 도마는 문득 갈릴리 호수가 생각난다. 거듭되는 그물질이 허탕일 때 주님께서 그물을 던질 곳을 일러주셨다. 그곳으로 그물을 던졌을 때 배가 뒤집어질 정도로 많은 물고기들이 올라왔다. 왜 그 생각이 났을까. 다소 엉뚱한 생각이 들었지만 도마는 어부들에게 다가가,

"저쪽에다가 그물을 던져보시지요."

는 말을 하였다. 어부들은 먼 바다까지 나가도 고기가 잡히질 않아 걱정인데 바로 코앞에 그물질을 해보라는 생뚱맞은 소리에 콧방귀도 뀌지 않았다.

“고기가 잡히지 않아 걱정이라면서요?”

“댁더러 누가 남의 걱정 해달랬소?”

오히려 역정을 내는 어부들에게 도마는 조용조용 설득을
한다.

“때로는 안 될 때도 있지요. 그러나 될 때도 있거든요.”

도마는 내기를 하자 한다. 고기가 잡히지 않으면 고기 잡
는 배에서 허드렛일을 해줄 것이고 만약에 고기가 잡히면
‘내 말을 들어야 할 것’이라는 조건이다.

“밑져봐야 본전이잖소.”

어부들은 별 사람을 다 보겠다며 투덜댔지만 그야말로 밑
져봐야 본전이란 말에 배를 몰고 나가 도마가 지정해 준 곳
에 그물을 던졌다. 그런데 이게 웬일인가? 선착장에서 배가
뒤집어질 정도로 많은 고기가 잡혔다. 게다가 궁중 수랏상에
올릴 수 있는 크고 맛난 고기도 잡혔다. 좋은 고기는 값이 비
싸다.

어부들이 신기해 물었다.

“당신은 누구요?”

“나는 예수 전도자요.”

“예수가 누구요?”

도마는 예수에 대해 증언한다. 이제는 입에 발린 소리가
아니라 제법 이치에 맞는 설교였다. 어부들이 이 말을 듣고
세례를 받았음은 물론이다. 어떤 어부들은 가락국으로 떠날
허황옥의 배에 선원이 되기를 자원하는 자도 있었다.

하루는 또 병든 자를 고치는 이적을 행하였다. 길을 가는데 갑자기 간질환자가 길바닥에 누워 온 전신을 떨며 입에 게거품을 물고 경기를 일으키고 있는데 사람들은 속수무책으로 어찌할 바를 모르고 구경만 할 뿐이다. 도마가 그를 일으키고 병세를 완화시켰다. 흔히 있는 발작 증세라 그리 어려운 일도 아니었다. 그런가 하면 중풍 들어 수족이 마비된 지 오랜 병자도 고쳐 일으켜 세우는 이적을 보였다. 사람들은 무언가 남다른 힘을 보여야 그의 말을 믿는다.

"저 사람이 전도자래…"

도마는 계절풍이 불어 먼 바다로 나갈 공주의 항해 준비가 다 될 때까지 이런 식의 전도를 하고 다녔다. 아직도 계절풍이 몰아닥치자면 시간이 좀 있었다. 그 잠깐 동안 그는 해변 마을을 찾아다니며 예수에 대한 이야기를 전했다. 그야말로 미리 준비된 역사의 이룸이었다. 간 곳마다 역사가 이루어지고 도마를 따르는 사람들이 생겨났다. 도마는 이들에게 세례를 주고 권능을 주어 전도에 힘쓰게 하였다. 사람들이 구름처럼 몰려와 도마의 이야기를 들었다. 목수로 발탁돼 온 인도에서 이런 시간이 날 줄은 꿈에도 몰랐던 일이었다. 이렇게 하여 인도 동북부 지역에 예수라는 새로운 이름이 전파되게 되었다. 그 앞으로는 넘실거리는 인도양의 물결과 벵골만을 통해 나아갈 수 있는 드넓은 바다가 펼쳐져 세상 끝으로 가는 바닷길이 기다리고 있었다.

도마, 바닷길을 열다

아유타 공주 일행이 배를 타고 항해를 시작한 지 며칠 만에 배는 말레이 반도를 지나고 있었다. 말레이 반도는 고구마줄기처럼 주렁주렁 이어진 섬들을 달고 있는 특이한 지형이어서 안개라도 끼기 시작하면 자칫 항로를 잃기 쉬운 곳이다. 세상의 지붕 히말라야 연봉들로부터 흘러내리는 빙하의 물이 그 한 가닥은 갠지스 강과 인더스 강을 통하여 서남쪽 아라비아 해와 벵골 만으로 흘러내리고, 나머지 한 가닥 물은 장강과 메콩강을 통해 동남쪽 타이만과 중국해로 흘러드는데 말레이 반도는 벵골 만과 타이 만 사이를 흐르는 두 강물줄기와 해류를 양쪽으로 분산시키는 역할을 한다. 이 반도를 둘러싼 주변에 수천 개의 섬들이 있다. 그중 가장 큰 섬인 인도네시아를 지나야 월씨국에 당도하게 된다. 나중에 안남이라고도 불리게 된 월씨국 호이안에 가면 해 뜨는 나라 가락국으로 가는 해로가 열린다. 계절풍을 타기 가장 좋은 바

닻길이다. 선장은 이 해로를 잘 알고 있는 인물이라 했다. 그런데 날카로운 해안절벽에 불쑥 튀어나온 코끼리바위를 꺾어 도는데 갑자기 안개가 몰려들어 눈앞이 캄캄해지는 사태가 벌어졌다. 창창하게 맑던 날씨에 갑자기 안개라니?

"여기서 이러면 안 되는데…"

선장은 혼잣말로 구시렁댔다. 이와 때를 같이하여 한 떼거리의 해적들이 물속으로부터 나타나 칼을 들이밀었다. 얼굴은 새까맣고 깡마른 데다가 허연 이를 드러낸 해적이 선장의 목에 칼을 들이대고 또 다른 해적들은 갑판 위에서 일하던 선원들에게 협박을 가했다. 눈앞을 가로막았던 것은 안개가 아니라 이들이 내뿜는 연기였던 것이다. 앗! 해적이다. 누군가 선원 한 사람이 소리를 쳤다. 순식간에 벌어진 일이라 어떻게 감당이 안 되는 상황이다. 해적들은 재빨리 배를 장악해 나갔고 아래층으로 내려가 공주 일행까지를 끌고 나왔다. 이때 도마는 돛대 위에 설치해 둔 감시대에서 혼자 기도를 하고 있었다. 소리에 놀라 내려다보니 상황이 영 말이 아니었다.

'형! 이 일을 어쩌면 좋아?'

도마는 엉겁결에 형 예수를 불렀다. 늘 하던 버릇이었다.

'뭐 그리 겁을 내느냐?'

형은 내려가 저들을 달래라 한다. 배가 고파 하는 짓이니 먹을 걸 줘서 보내라 한다. 지금 저들을 물리쳐 죽일 수는 있어도 그러면 섬에 있는 식인종이 또 나타나고 또 나타나 끊임없는 전쟁이 벌어질 수밖에 없고 결국 해상 비단길은 악순환이 계속될 것이라는 형 예수의 조언이다. 이럴 때는 평화 조약을 맺어야 한다. 기도 응답을 받은 도마는 돛대의 가장 높은 곳에 설치된 전망대에서 줄사다리를 타고 내려와 갑판으로 성큼성큼 걸어갔다. 자색 옷을 입은 도마의 눈에서 광채가 나는 것을 본 해적은 선뜻 칼을 들이대지 못하고,

"넌 누구야?"

한다. 도마는 그의 말을 알아듣고 그를 달랜다.

"너희가 이러는 것은 배가 고파서 하는 짓 아니냐?"

먹을 것을 줄 테니까 칼을 거두라는 말을 하는 도마다. 도마가 어떻게 저들의 말을 알아듣고 저들이 도마의 말을 알아들었을 것인가. 다른 사람들이 볼 때는 이상했지만, 어떻든 해적과 도마는 의사소통을 한다.

"우리가 배를 지나다닐 때마다 먹을 것을 줄 테니까…"

제발 그 서툰 짓을 멈추라는 도마의 당당함에 두목인 듯싶은 해적은 일단 기가 꺾였다. 그런데 부두목이 설친다. 이 배를 접수하겠다는 것이다. 적들에게 붙잡힌 선장도 이대로 당할 순 없다면서 싸우라고 명한다.

"사생결단 싸우면 안 될 것 없다."

살고자 하면 죽을 것이요 죽기로 싸우면 이길 것이라는 선장의 말이다. 어디서 많이 듣던 말 같기도 하다.

도마는 선장을 타일러 이렇게 말한다.

"저들과 싸워봤자 득 될 게 없어요. 항해를 할 때마다 저

사람들과 싸울 순 없잖아요?”

원수를 만들어 놓으면 끊임없는 복수극이 시작된다. 평화협정을 설명하는 도마의 이야기를 해적도 듣고 있다. 도마의 말은 다국적이다. 애초에 온 세상 말은 하나였다. 바벨탑 사건 이후로 온 세상 말이 달라져 서로 소통할 수 없게 되었고 말이 안 통하니 의사전달을 할 수 없고 서로 적이 될 수밖에 없게 되었다. 권능을 받은 자는 이 언어소통 문제를 해결할 수 있는 능력을 부여받은 자들이다. 방언은 만국공통어다.

“너희가 지금 우리 가진 것을 다 털어봐야 한 끼 식사밖에 더 되겠냐, 상선이 지나다닐 때마다 너희에게 일용할 양식을 선물로 주고 간다면 너희는 두고두고 먹을 게 생길 것이 아니냐? 이런 걸 통행세라 하거든⋯”

도마는 통행세를 받고 길을 터주는 방법이 서로에게 이득이 될 거라는 이야기를 한다. 선장도 이 말에 동의를 한다. 해적은 아직 머뭇거린다. 계산이 잘 안 서는 것이다.

“오래 계산할 것 없어 해⋯”

도마는 선원을 시켜 아래층 식품창고에 저장해 둔 양고기를 가져오라 한다. 그러고는 해적들에게 던져주며 ‘이거면 충분하지 않겠느냐’ 이제 배에서 내리라 한다. 그동안에 선원들도 중무장을 한 채 이들을 둘러싸고 있다. 그중에서도 어부 노릇을 하다가 도마를 따라나선 드라비다 인은 몸집이 저들의 두 배나 크고 우락부락하게 생겼다. 그보다는 공주의 호송을 책임진 장유화상은 이 어부보다 더한 근육질의 몸집을 가졌다. 해적들이 보기에 압도감을 느끼게 하기에 충분한 신체조건을 갖추고 있는 데다 허리에 차고 있는 보검이 또 그 빛을 발하였다. 고물과 이물의 아래층 짐칸 방에서 잠을 자던 선원들이 깨어 일어나 나왔고 저들이 무기라고 가지고 나온 나무 몽둥이나 쇠갈고리보다 훨씬 월등함을 본 해적들은 사세가 불리해진 것을 깨달았다. 처음 독을 피운 안개에 눈을 못 떠 우왕좌왕 하던 때와는 달리 선원들이 전열을 가다듬은 것이다. 이 여세에 몰린 해적들은 더 이상 난동을 부릴 수 없어 순순히 배에서 내려 저들이 타고 온 대나무카누로 가버렸다. 순식간에 벌어진 일이라 하마터면 배를 빼앗길 뻔한 사건이었다.

"휴, 다행이다. 어찌 그런 생각을 했지요?"

선장은 하마터면 죽을 뻔한 위기를 넘긴 도마의 기지에 감탄한다.

"기도의 응답입니다."

장유화상은 해적들을 제압할 수도 있었다며 그냥 살려 보낸 것을 아쉬워한다.

"저들을 섬멸할 수도 있었는데."

"이번 한 번만 생각하면 그럴 수도 있었겠지요."

그렇지만 장기적인 안목으로 다른 상단들의 지속적인 항해를 생각한다면 이번 타협이 오히려 잘 된 일이라는 선장이다. 전쟁보다는 조금씩 던져주는 미끼가 더 낫다는 이야기다. 그런데 저들이 그 미끼로 만족할 것인가? 언제까지나…

바닷길은 계절풍이 안내하는 해로가 열려야 한다. 돛을 단 배가 순풍을 잘 만나야 순항할 수 있는 까닭이다. 아유타 공주를 태운 이 배는 본시 그 배 이름이 타밀나두 호였으나 공주가 탄 배라는 뜻으로 아유타 호라 선박 이름을 갈아 붙였다. 낯선 곳으로 떠나보내는 공주의 위신을 생각해서였다. 이 배는 본래 레카다이브 해를 통하여 스리랑카를 정기적으로 운항하던 정기여객선이었는데 군다포러스 왕이 공주를 위하여 특별히 사들였다. 당연히 선장은 노련하고 경험이 풍부한 인물이었다.

그는 학식도 풍부하여 항해하는 내내 재미난 이야기를 하였다.

"대홍수가 일어났을 때 이곳 섬들도 다 잠겼지요. 당연히 섬사람들 역시 물에 잠겨 죽게 생겼습니다. 그런데 한 군데 소용돌이치는 물기둥이 있었다고 합니다. 이 물기둥은 그 가운데가 비어 무엇이나 그 속으로 끌어들이는 힘이 있었다 하지요…"

어떤 사람이 이 검은 구덩이 속으로 빨려 들어갔는데 그 사람은 세상 저쪽 밖으로 튕겨져 나갔다. 이 세상과는 전혀 다른 저 세상으로 공간 이동을 해버린 것이다. 우주공간에는 이 세상과는 또 다른 세상이 있다는 이야기겠다. 이쪽과 저쪽을 통하는 그 검은 공간 통로를 본 사람은 아무도 없다. 후세 사람들은 이를 블랙홀이니 버뮤다 삼각지라고 부를 것이라 했다. 그 한쪽 끝은 동쪽에 있고 다른 한쪽의 끝은 서쪽에 있다 했다. 한번 그 속으로 가면 돌아올 수 없다. 그런데 이 사람은 어찌 된 판인지 그 알 수 없는 시간과 공간을 왕복했다.

"참 알 수 없는 일도 있다 마시…"

선장의 이야기로는 그가 아직도 살아 있고 사람들은 그를 일컬어 '삼천갑자동방삭'이라고 부른다 했다. 한 갑자년은 60년이고 이 60년을 3천 번이나 거듭하는 시간을 살았으니 그는 가히 불사신이라는 이야기였다. 그 삼천갑자동방삭이 사는 나라가 바로 해 뜨는 나라이며 그 나라에는 신단수가 있다는 이야기도 했다. 신단수는 신을 제사하는 신성한 나무를 일컬음이며 그 제단을 의미한다. 블랙홀을 통해 서방정토를 두루두루 구경하고 온 동방삭은 하늘나라 이야기를 전했다. 보고 들은 이야기를 전하는 것을 설화라 한다. 설화는 곧 인구에 회자돼 그 내용을 세세토록 남기게 된다. 이게 곧 역사의 원천이 된다. 세상 사람들은 이 물을 마시고 살면서도 샘물의 용솟음이 되는 그 근원은 알지 못한다. 관심이 없는 것이다.

"내가 어릴 때 일인데 말이지…"

선장의 부친도 선장이었는데 그 삼천갑자동방삭을 싣고 항해를 한 일이 있다 한다. 그의 부친이 배에 실은 그 승객이 바로 삼천갑자동방삭이었는데 동방박사를 자처했던 그는 베들레헴으로 향했다는 것이다.

선장은 신이 나서 이야기를 계속한다.

"그가 별을 관측하는데 보이지 않는 것이 없답니다."

그는 이쪽과 저쪽 세상을 다 보고 삼천갑자를 살았으니 지나간 일은 물론 미래에 닥칠 앞날의 이치에도 훤하다.

"동방박사가 서방으로 간 까닭은…"

장차 이 세상을 구원할 메시아의 탄생을 경배하러 간다 했다. 그렇다면 그가 바로 동방박사 1호가 아닐 것인가? 도마는 동방박사 2호와 3호를 만난 이야기를 하며 1호에 대한 이야기를 계속해 달라 청한다.

"내가 바로 동방박사를 실어다 준 그 사람이라는 이 말씀이지라."

선장은 해 뜨는 나라에서 온 첫 동방박사를 호송해 준 일을 자랑하고 있다. 사실은 자기 아버지께서 하신 일을 자랑하는 이야기다. 선장은 그저 아버지의 하시는 일을 보았거나 들었을 터인데 직접 자기가 한 일처럼 이야기를 부풀려 떠벌렸다. 사람은 누구나 자기가 한 일과 들은 일을 섞어서 말하기를 좋아한다. 거기다 상상력을 곁들이면 사건은 한없이 커지고 부풀려진다. 듣는 사람이 잘 들어야 한다. 이 구분이 없으면 진실과 사실이 흩어진다.

"동방박사는 키가 얼마만 하던가요?"

도마는 장난삼아 한 마디 거든다. '키가 컸지, 키가 컸어.' 선장은 한 손을 머리 위로 높이 들어 올리며 이렇게 키가 컸다는 이야길 한다. 도마가 삼천갑자동방삭의 키를 물어본 것은 압바네스로부터 이미 들은 이야기가 있었기 때문이었다. 압바네스는 동방삭의 인상착의를 이야기할 때 그는 난쟁이라고 하였다. 난쟁이이기 때문에 찾기가 쉬울 거라 했다. 그는 아무도 주목해 보지 않는 신체조건이었음으로 어딜 가나 의심받지 않고 지낼 수 있고 사람들 사이에서도 별 지탄받지 않고 살 수 있다 했다. 아유타 궁궐에서 만난 두 번째 동방박사도 그렇게 이야기했었다. 그런데 오스로헨 왕국의 그 세 번째 동방박사는 그 반대였다. 첫 번째 박사는 키가 크고 귀골이 장대하다 하였다. 어째 같은 사람을 두고 서로 다른 모습을 그렸을까?

"그가 말했지요. 처음이요 마지막인 분이 이 세상에 오셨다고. 그리고 그가 종말의 날을 열 것이라고…"

도마는 선장의 말이 무슨 뜻인지 이해할 것 같았다. 형 예수는 인자의 몸을 벗어나 하늘 영광을 입고 빛으로 화해 승천하며, 그날이 머지않았다고 하였다. 이미 종말의 날이 시작되었다 하였다. 날들의 마지막 날인 이 종말은 메시아가 왔다는 이야기에 다름 아니다. 구세주가 왔음으로 그 이전의 세상은 끝이 났다는 뜻인 것이다. 새로운 세상의 도래를 뜻하는 종말이다. 그런데 그날이 이 지상의 시간개념과는 다른 차원의 시 · 공간인 것을 이제야 새삼 깨닫게 되는 도마다. 삼천갑자동방삭이 계산할 수 없이 오랜 세월을 살아왔듯, 그러면서 자기가 듣고 본 것들을 마치 남의 이야기하듯 술술하는 데는, 차마 이 머리로는 다 계산해 낼 수 없는 무궁무진한 비밀이 숨어 있을 것이라는 생각이다. 시간 속에도 공간 속에도 비밀이 존재한다. 지금 이 머리로는 계산될 수 없는 미지의 세계가 있다. 사람의 머리 안에는 두뇌가 있다. 그 한쪽엔 조상으로부터 물려받은 모든 기억들이 저장돼 있고 다른 한쪽은 태어나 지금까지 체험한 나의 경험이 축적돼 있다. 하나는 타고난 영적 두뇌이고 또 다른 하나는 출생 후 쌓은 나의 아집이다. 이 둘이 모여 하나의 생각이 만들어지고 행동이 이루어진다. 선장은 지금 그 신비 세계의 뚜껑을 열어 보이고 있다. 비록 허황된 망상의 허풍도 들어 있지만 이는 분명히 앞으로 해야 할 일에 대한 예시라는 생각이다.

도마는 선장의 이야기를 들으면서 앞날을 가늠한다. 해 뜨는 나라에 가서 만날 사람은 삼천갑자동방삭이다. 그를 만나 앞으로 해야 할 일을 배워야 한다. 그런데 혹시 이 자가 그 장본인이 아닐 것인가? 도마는 새로운 의구심이 들기 시작한다.

"속히 오실 이가 누구이며 그가 할 일이 무엇인지 알려주시든가요?"

"그야 모르지요. 속 깊은 사람의 뜻을 나 같은 일개 뱃사람이 어떻게 알 수 있었겠소? 나야 모르지요."

한 가지 분명한 사실은 세 사람의 동방박사가 있었는데 그들 세 사람 모두가 장차 오실 그분의 말씀을 믿고 신봉하더라는 이야기를 하는 선장이다. 선장은 마치 아버지에게서 들은 이야기를 자기가 어린 눈으로 직접 본 것처럼 뒤섞어 가며 이야기하는데 그게 꼭 사실인 것 같게 한다.

"삼천갑자 그가 말하기를 자기들이 경배하고 돌아오는 길에서 만난 음성이 하나 있었는데 한결같이 부드럽고 조용한 소리로 '너희들이 경배하고 돌아가는 어린아이가 세상 만백성을 구하리라' 하는 소리였다죠. 그러면서 박사들은 이 일을 누설하지 않기 위해 갈 때와 올 때의 길을 달리했다는 것이었습니다."

이는 천기에 해당되며 천기누설은 있을 수 없는 일이라 함부로 말하면 안 되는 비밀이지만, 이제는 뒤쫓을 수 있는 사람이 없을 항해 중이라 마음 놓고 하는 이야기라는 말을 덧붙이기까지 하는 선장이다. 첫 번째 동방박사에게도 두 번째 동방박사에게서도 들었던 이야기다. 그렇게 쉬쉬 감추고 보호해야 할 예수는 이제 이 지상에 없다. 이미 목적을 달성하고 떠나간 것이다. 그런데 온 세상에 남아 있다. 온 천지에 남아 이렇듯 인구에 회자되고 있다. 이게 무엇일 것인가? 사랑이다. 원수를 사랑하고 네 이웃을 네 몸같이 사랑하라던 사랑의 불빛이다. 그 불빛의 온기인 것이다. 이 온기가 바로 성령이다. 도마가 묻는다.

"선장은 박사가 말한 그 사람의 가르침이 무엇이라 생각해요?"

"나야 잘 모르지요."

선장은 동방박사를 태우고 무사 항해를 했다는 자랑밖에는 할 말이 없다. 선장은 선장의 할 일 그밖에는 모른다 한다. 월권행위는 할 수 없다. 그러니 오늘은 공주 일행을 데리고 순조로운 항해가 되기를 바랄 뿐이라는 선장이다. 뱃길을 책임진 항해사로서 그 소임을 다할 뿐이라는 선장이다. 옳은 생각이다. 누구나 자기 일에 충실하면 그게 최상이다. 도마가 말한다.

"나는 지금 그 박사가 말한 예수의 말씀을 전하러 가는 길이오."

"들어서 알고는 있지요."

선장은 능청스럽게 도마의 행선지를 알고 있다 한다. 겉으로는 공주의 혼사 길을 트기 위해 가는 항해이지만 속으로는 전도여행이 목적이라는 걸 알고 있다는 것이다. 그렇다면 선장은 예비된 자란 말인가? 예비된 자는 수백 년간을 준비한다. 시공간을 초월해 더 나은 미래를 위하여…. 이 모든 것은 미리 준비된 계획에 의해서 움직인다. 형 예수는 그렇게 말했다. 나뭇가지에 부는 바람이 잎을 흔드는 거 하나에도 그 뜻이 있다는 것이었다. 잎이 흔들려 바람을 일으키고 그 바람이 수면 위에 안개를 일으켜 비구름을 만든다. 이 순환에 의해 세상만사가 돌아간다. 그런가 하면 인간사 모든 일에도 이러한 이치가 통용된다. 인과관계요 나비효과다. 도마는 또다시 혼란한 생각을 한다. 지금 일어나고 있는 이 모든 일이 언젠가 한번 겪었던 일 같기도 하고 앞으로 겪을 일 같기도 한 혼미함이다. 그러면서도 혼미한 속에서도 한 가닥 빛 같은 것을 본다. 환상이며 환영이다.

배는 순풍에 돛을 달고 달리듯 미끄러진다.

도마는 이 항해가 무사히 끝나 공주 일행이 가락국에 당도하면 맨 먼저 무엇을 해야 할까를 본 것 같다. 자기는 공주호송원이 아니다. 같은 배를 타기는 했지만 그 목적은 다르다. 그렇다면 공주를 이용하여 목적을 보다 수월하게 달성할 수 있는 방도를 생각해야 한다. 공주를 이용한다고 해서 악용하는 차원이 아니라 서로가 좋은 방향의 이용방법이 있을 것이라는 생각이다. 생각이 안 날 때는 기도를 통하여 그 응답을 얻어야 한다. 기도야말로 응답을 몰고 오는 거룩한 영인 까닭이다.

도마는 조용히 마음속으로 기도한다.

'형님, 아니 주님. 이제야 제가 할 일이 확실해졌습니다. 땅끝까지 가 복음을 전하라던 그 말씀, 이미 그 말씀이 사방에 뿌리 내려져 준비돼 있음을 봅니다.'

도마는 기도 중 한 영상을 본다. 삼천갑자동방삭이 혹시 살아생전에 하늘로 들려올라갔다는 에녹이 아닌가 하는 엉뚱한 생각이다. 에녹은 므두셀라의 아버지로 노아의 증조부이시다. 그는 살아생전 하나님과 동행하였고 홍수를 예언한 인물이다. 노아는 대홍수의 재앙을 피해 살아남은 유일한 하나님의 사람이다. 그렇다면 선장이 말한 블랙홀을 뚫고 하늘나라에 갔다온 그 장본인일 수 있다.

"그가 첨성대라는 제단을 쌓아놓고 별을 관측하고 있다 합니다."

선장은 삼천갑자동방삭이 자기 스스로를 별 박사로 칭했으며 메타트론이 자기별이라는 이야기를 했다 한다. 별은 질서 그 자체다. 헤아릴 수 없을 만큼 많은 별들은 또 헤아릴 수 없을 만큼 먼 곳에 있다. 그런데 이들은 한 치 오차도 없이 질서정연하게 돌아간다. 이 운행이 저절로 될 것인가? 별에는 황도대가 있고 이 황도대의 운행법칙에 따라 세상만물이 움직여 나간다. 때문에 별 관측으로 세상의 변화를 미리 알 수 있다. 이게 천체학이다. 예언자들이 별을 관측하는 이유다.

"별들도 끊임없이 움직이고 있지요."

도마는 선장의 별에 관한 이야기를 들으며 이 자가 바로 별을 관측하는 그 장본인이 아닌가 하는 의구심을 벗어나 확실성을 갖게 된다. 아무리 선장이 별을 보고 항해를 한다 하지만 이렇듯 별에 대한 해박한 지식을 갖추자면 선장 이상의 지식이 필요하다. 그런 지식은 배워서 아는 학식 정도로는 안 된다. 적어도 그 운행법을 옆에서 곁눈질이라도 해봤어야 알 수 있는 특별재능이라야 한다.

"그의 키가 정말 이만큼 크던가요?"

도마는 갑자기 자기 바른손을 머리 위로 들어 올리며 삼천갑자동방삭의 키를 또다시 묻는다. 어쩌면 그를 한번 본 듯한 착각이 들었기 때문이다. 어쩌면 착각이나 환영이 아니라 실제로 그를 본 일이 있었는지도 모른다는 기시감이다.

"아니요, 그는 난쟁이였습니다."

거기다가 꼽추로 양 어깨 죽지에 커다란 혹 같은 것이 붙어 있었다는 이야기를 하는 선장의 말에 도마는 그만 탄성을 내지르고 만다. 아까는 크다고 했다가 지금은 작다고 한다. 이건 또 무슨 수작인가. 가지고 노는 것이다. 놀리고 있는 것이다. 아하, 농담에 휘둘리고 있구나. 그러면서도 도마는 이 혼란 속에서 퍼뜩 떠오르는 것이 있다. 천사 메타트론, 푸른 행성으로 빛나는 메타트론이 바로 에녹의 아바타가 아닐까 하는 생각이다. 따지고 보면 에녹은 직계 선조다. 선조의 유전자는 그 후손으로 이어진다. 후손은 선조의 모든 기억을 지니게 돼 있다. 필요하지 않아 꺼내 쓸 일이 없을 뿐이지 언제라도 꺼내 볼 수 있는 게 선험이다. 도마는 환상으로서가 아니라 유전자를 통하여 교감하고 있다는 확신을 가진다. 영과 혼이 중요한 것은 이 때문이다. 사람은 몸이 중요한 게 아니라 그 뇌 속에 들어 있는 기억의 질이 중요한 것이다. 기억에는 선한 것이 있고 악한 것이 있다. 선한 기억은 천사가 되고 악한 것은 악마가 된다. 이 둘은 늘 붙어 있으며 싸우게 된다. 위로부터 오는 것은 지혜로 겸손과 온유이지만 땅으로부터 오는 것은 귀신적 지혜로 교만과 난폭함이다. 위로 오는 지혜는 천사이며 땅 아래 어둠 속이나 바다에서 오는 것은 사탄이다. 사탄의 모습은 뱀으로 나타난다. 바다의 용 포세이돈이다. 아까 나타났던 해적이 바로 그 뱀 같은 존재의 발현인 것이다.

“그랬었구나.”

“그랬었다니… 요?”

도마는 형과 함께 설산에 갔을 때, 거기서 만난 한 수행자 이야길 한다. 그가 그랬었다. ‘우리가 육신으로 따진다면 내가 선조가 되겠지만 당신은 이미 태초 이전부터 계시던 분이십니다.’ 그는 결단코 형의 예를 갖춘 인사를 받지 않으려 했었다. 그는 천산에서 하늘 사닥다리를 타고 아래위를 오르내리던 일을 했지만 이제는 그 일도 곧 끝난다고 했다. '내 소임은 사실상 아기예수의 탄생을 경배하는 것으로 끝이었습니다.' 자기가 맡은 바 소임은 그걸로 끝이라 하였다. 형은 베들레헴의 그날 밤을 이야기하면서, '그날 내게 준 그 몰약과 사향이 내 죽음의 준비라는 말에 섬뜩했었지요'라고 했다. 그때 그 말이 무슨 뜻인지 몰랐었지만 나중에 들은 이야기로는 형은 이미 태어나는 순간부터 죽어 부활승천 하는 날까지 지상에서의 인생살이가 첫날부터 마지막 날까지 예언의 말씀대로 다 짜여 있는 각본이라고 했다. 태어나면서 죽을 날짜까지를 알고 난 인생이 어디 있을 것인가. 동방박사가 선물한 황금은 '하늘과 땅의 왕'이심을, 유향은 '한 분이신 하느님'을, 몰약은 '참사람'이심을 나타낸다 하였고, 그 몰약을 또 그 참사람의 '주검에 바를 향유'로 마련했다 하니 얼마나 끔찍한 이야기인가. 탄생과 죽음을 동시에 축하하는 경배사절단이었던 것이다.

그때 만난 그 인물이 삼천갑자동방삭이라면 그가 왜 천산을 떠나 첨성대를 쌓아 그 위에 올라 별을 관측하는지 물어보고 싶다. 별을 관측해서 무엇을 알아낼 수 있을 것인가. 그렇다면 좀 전, 선장이 그의 키가 컸다 했다가 작았다 했다가 한 게 거짓이 아니라 사실이라는 생각이다. 그는 키를 자유자재로 조절할 수 있는 능력이 있었던 것이다. 언제 어디서나 무엇을 하거나 마음먹은 대로 변신할 수 있다. 그게 바로 능력이다. 그는 능력의 소유자다. 여호와와 동행하는 자이기 때문이다. 도마는 이제야 새삼스럽게 깨달아지는 것이 있다. 삼천갑자동방삭은 키의 문제가 아니라, 어디에도 있을 수 있고 어떤 모습으로든 변할 수 있고 무슨 일이건 할 수 있는 존재라는 것이다. 전지전능하고 무소부재한 그분의 동행자라면 능히 그럴 수 있을 일이다.

"천문을 관측하는 자들은 별을 보고 세상의 이치를 안다 합니다."

선장은 별을 조금은 볼 줄 아는데 그가 아는 것은 별의 움직임을 보고 방향을 관측하는 정도라는 것이었다. 또 금시, 겸양을 갖추는 선장이다.

"뱃사람들은 낮에는 태양을 보고 밤에는 별을 보고 그 방향을 잡지요."

별은 일정한 궤도를 따라 움직인다. 지구와 달은 태양을 중심으로 돌고 태양 역시 황도대를 따라 움직인다. 한 치의 오차가 있어서도 안 된다. 모든 천체는 일정한 규칙을 두고 운행된다. 따라서 이 반복적 천체의 운항을 보고 시간과 공간을 알 수 있다. 망망대해에서 방향을 잡고 뱃길을 열 수 있는 지혜를 터득하자면 오랜 경륜과 세밀한 관찰력이 필요하다. 선장은 그런 경험을 통하여 항해술을 익혔다. 도마는 선장이 화제를 돌린 데 따라 혼자만의 상상을 접고 화제에 맞추어 나간다.

"지금 여기는 어디쯤이나 되지요?"

“아직도 말레이반도 어디쯤일 겁니다.”

말레이반도는 서로 얽혀서 주렁주렁 매달려 있는 고구마 줄기 같은 지형을 갖고 있어 자칫 방심하면 길을 잃을 정도로 복잡한 섬들이 분포돼 있다. 게다가 맹그로브 숲으로 둘러쳐진 해안가에는 식인종들이 살고 있어 육지에 너무 가까이 가서도 안 된다. 이들은 통나무배에다가 대나무를 엮어 만든 카누를 타고 기습을 할 수도 있고 가까운 곳에는 헤엄을 쳐 약탈을 일삼기도 한다. 이미 한번 해적의 기습을 당해본 이들이지만 식인종이 있다는 소리에는 주눅이 든다.

“식인종이 있다고요?”

언제 잠에서 깨어났는지 갑판으로 올라온 아유타 공주가 이야기에 끼어든다.

“이제 뱃멀미는 좀 나으셨습니까?”

선장이 묻는다.

“아직도 머리는 좀 아파요.”

“해적들 때문에 놀라서 더 그럴 겁니다.”

처음 배를 타고 흔들리면 뱃멀미를 한다. 물결에 흔들려 몸이 요동을 치기 때문이다. 얼마간 고생을 하고 나면 몸이 회복되는 과정을 거치게 되는데 그게 며칠 간다는 선장의 경험담이다.

“저 달이 초승달일 때 우리가 떠나왔으니 이제 한 열흘 지난 셈이지요?”

그러니 안정이 될 때도 됐다는 계산이다. 만월이 되면 바다도 잠든다. 달도 차면 기울고 기우면 또 차오르기를 반복한다. 그 사이사이 물결이 요동을 친다. 만조와 간조 때를 잘 맞춰서 운항을 해야 한다. 육지에 너무 가까우면 수심이 얕은 모래 턱에 걸릴 수도 있고 반쯤 드러난 바윗돌에 부딪칠 수도 있다. 이 위험한 곳을 지나자면 항상 깨어 있어야 한다. 섬이 많은 지역을 항해할 때가 가장 조심스럽다. 망망대해에서야 돛을 올려 바람을 받으면 거저먹기이지만 험한 수로에서는 긴장을 늦출 수가 없다. 하여 항상 별을 보고 상상의 나래를 펼치는 게 뱃사람들의 꿈이다. 한낱 배를 움직이는 선장의 역할이 이러할진데 우주만물을 주관하시는 그분의 노고는 어떠할 것인가, 때문에 그와 동행하는 일을 그만둘 수 없다는 선장의 푸념이다. "너무 오래 살아도 탈이지."

"얼마나 오래 살았기에… 오래 산 장수타령을 하세요?"

도마는 선장의 속마음을 떠보는 말을 한다. 이전부터 자꾸 나타나는 기시감에 대한 질문이다. 선장은 하얀 이빨이 보일 정도로 입술을 벌리고 눈썹을 약간 치떨며 씩 웃는 습관적인 웃음을 웃으며 대답을 회피한다. 어디서 많이 본 웃음이다. 저 웃음을 어디서 많이 보았더라…, 선장이 딴전을 피는 동안, 도마는 천상을 둘러보고 와서 쓴 '에녹서'의 저자 에녹의 모습을 떠올린다. 이 자가 분명 에녹인 게야. 살아생전 여호와의 동행자가 된 에녹이 내려와 나를 돕는 거야.

선장은 도마의 환상과는 별도로 식인종 이야기를 계속한다.

"그때 동방박사를 태우고 이 수로를 지나갈 무렵이었는데 갑자기 물속에서 사람의 머리가 치솟는 것이에요. 그러고는 순식간에 뱃머리로 기어올랐지요."

한바탕 소동 끝에 침입자들을 제압하기는 했지만 뱃사람 하나가 잡혀가 저들의 먹이거리가 됐단다. 사람이 사람을 잡아먹다니?

도마는 아까 있었던 해적 떼의 습격이 참말로 있었던 일인지 아닌지를 구별할 수 없는 착각과 혼란에 빠져들었다. 기시감과 미시감이 일시에 그를 사로잡는 것이었다.

"세상에나, 사람이 사람을 잡아먹어요?"

공주는 명랑 쾌활한 성격이어서 일일이 이야기에 끼어들지 않고서는 가만히 있질 못한다. 공주는 언제 또 여기 와 있었지? 혼란 그 자체다. 뱃머리는 흔들흔들 흔들리고 머리는 천근만근 쪼개지는 듯 아프다. 이제 주변 사람들조차 가물가물하다. 뱃멀미인가?

'이게 대체 어찌 된 일이지?'

도마가 두 눈을 부비며 일어나자 공주가 찻잔을 내밀어 차를 따른다.

"이 차 한 잔 마시고 나면 정신이 번쩍 들 거예요."

아유타 대엽종 차는 장군차라고도 불린다는 공주다. 정신이 벌떡 든다는 건 대체 무슨 이야기일 것인가? 그렇다면 정신을 잃고 있었다는 이야기가 아닐 것인가? 배를 타고 지금까지 뱃멀미에 시달려 꿈을 꾸고 있었단 말인가? 해적을 물리친 일이며 선장과 했던 여러 가지 이야기들이 다 꿈속의 일이었단 말인가? 그는 다시 한번 호접몽에 대한 생각을 한다. 요즘 들어 계속해서 현실과 비현실 사이를 오락가락하는 버릇이 생겼다.

"저들은 아직도 그 버릇을 못 버리고 있잖아요?"

공주는 아까 선장과 하던 이야기를 계속하며, 황금으로 장식된 칼집에서 뽑아낸 단검을 꺼내 달빛에 비춰 보이며 '이놈들 어디 한번 다시 나타나기만 해봐라' 하는 식으로 뽐을 내보이는 공주였다.

"그래도 공주님이 저들을 직접 상대해서는 안 되지요."

"왜요?"

"저들의 패도도 만만치 않아요."

식인종들은 조개껍질을 깨어 그 날카로운 부분을 도구로 쓴다 한다. 실제로 포로로 잡았던 식인종의 몸에 지니고 있던 무기가 조개껍질을 갈아 만든 조개칼이었다는 것이다. 저들은 돌칼보다 조개칼을 더 선호하는데 돌창은 물론 돌도끼도 있다 한다. 지금 도마가 당한 무기가 바로 그 돌도끼라는 이야기가 나온다.

"도마 사도가 얻어맞은 그 무기가 조개칼이거나 돌칼이었다면 상처가 깊었을 겁니다. 다행히 뭉툭한 도끼였으니 상처가 생기지 않았던 게지죠."

"천만다행이었지 뭡니까?"

도마는 지금 사람들의 말이 자기를 두고 하는 말임을 깨닫는 데 오래 걸리지 않았다. 그는 지금 머리 밑에 공주가 베어

준 공주 베개를 베고 선장실 침대에 누워 있는 자신을 발견한 것이다. 이게 대체 어찌된 일인가? 몸을 제대로 가늠할 수 없는 상태다. 온몸이 쑤시고 아프다.

"이제 깨어나는구먼?"

선장의 구레나룻이 천정에 비쳐 보인다. 그리고 공주를 비롯한 여러 사람들의 얼굴이 천정에 박힌 채 나타나 보인다.

"그만하기 다행이지. 천만다행이에요."

해적들과 싸움이 붙었을 때 저들의 일격에 머리를 맞아 쓰러진 채 벌써 몇 시간이 지났다. 그렇다면 해적들을 만난 이후 지금까지 보고 듣고 생각하고 이야기한 모든 사실들은 그게 꿈이었다는 이야기가 아닐 것인가. 비몽사몽간이다. 그런 상태에서 저들의 이야기는 계속되고 있다.

"세상이 하나였을 때, 이 섬들은 서로 이어져 걸어 다녔다 하더군요."

"세상이 하나였을 때라니요?"

선장은 동방박사한테 들은 이야기라며 저 옛날 아주 옛날에는 지금처럼 물이 많지 않아 육지가 더 많았고 날씨조차 추워 그 물마저도 얼어붙은 상태라 온 땅이 하나였다. 당연히 온 세상을 걸어서 오갈 수 있을 정도로 길이 연결돼 있었다.

"지금처럼 이렇게 바다가 넘쳐난 것은 대홍수 이후라는 이야기이지."

선장은 또다시 대홍수 이야기를 했다. 동방박사는 그 이전부터 살았던 인물이라 천문지리에 능통하다며,

“그가 말한 이 세상은 우리 사는 이 땅을 중심으로 갇혀 있어 저 바깥으로는 나갈 수가 없다는 거야. 그러나 분명히 저 바깥세상도 있다는 거지.”

한다. 남의 이야기를 하면서 꼭 자기 이야기를 하는 것 같다.

“무엇이 우리를 가두고 있단 말인가요?”

공주는 호기심이 많다.

“하늘과 땅이지요.”

선장은 우리가 살고 있는 이 세상은 땅이고 우리가 인식할 수 없는 또 다른 세상은 공중에 있다 했다. 지상과 천상 사이에는 서로 끌어당기는 두터운 바람막이 같은 벽이 있어 그 바깥으로는 나갈 수 없다. 밤하늘의 별이 헤아릴 수 없이 많아도 서로 부딪히지 않고 제 길을 가는 이치다. 모든 별들은 서로의 인력에 의해 충돌하지 않는다. 인력은 서로 끌어당기고 미는 힘이다. 이게 천문의 이치다. 천문을 꿰뚫고 보면 우주운행이 보인다.

“밀고 당기는 그 힘이 어디서 생겼겠어요?”

“밀고 당긴다고요?”

공주는 선장의 별 이야기에 관심이 많다.

“천체의 신비는 이루 다 말로 표현할 수 없어요.”

선장은 별들의 생성과 소멸에 대한 이야기를 한다. 사람이 하나 죽으면 별이 하나 생긴다. 그리고 별이 하나 떨어지면 사람이 하나 태어난다. 그런데 아직도 하늘의 별이 지상의 사람보다 훨씬 많다. 그러니 부지런히 별을 따야 한다는 이야기도 있었다. 별과 사람의 수가 같아질 때 하늘 문이 열리고 서로 오갈 수 있는 사닥다리가 놓여진다는 아이들 동화 속 같은 이야기도 있었다. 공주는 선장의 이야기가 재미있다. 선장이 농담 삼아 한 마디 덧붙인다.

"공주님은 이제 가락국의 왕비가 될 몸이시니까 거기 가서 수많은 별들을 낳아야 합니다. 이 고생을 하며 거기까지 가는데…"

그 수고가 헛되어서야 쓰겠는가. 반드시 이 수고에 대한 보람을 얻어야 할 것이라는 이야기다. 그 보람이 뭣일 것인가? 지금껏 도마가 이야기한 하늘나라에 대한 소망을 전하는 일이다. 선장은 간단명료하게 복음 전파에 힘쓸 것을 당부하는 말을 하였다.

"저는요…"

공주는 부끄러움도 잊고 은하수만큼 많은 자녀를 낳을 것이란 말을 한다. 자손을 번성시킬 뿐만 아니라 이들을 통해 그리스도의 복음도 전할 것이란 소망도 피력한다. 사람이 태어나 밥만 축내고 살면 축생과 마찬가지다. 뭔가 할 만한 일을 하고 죽어서도 죽지 않는 영생의 길을 열어야 한다. 공주는 그러한 왕국을 만들 것이라 다짐한다. 선장이 어떻게 공주로부터 이런 이야기를 유도해 낼 수 있었을까? 이런 화법은 형 예수가 즐겨 쓰던 어법이다. 질문을 던지고 그에 대한 답변을 듣고는 툭 한 마디 말을 던지는데 그게 바로 어록이다.

"이게 다 하늘의 뜻인 겝니다."

이 놀라운 힘의 균형에 대해 이야기하는 선장의 입술을 바라보며, 저 입술을 어디서 본 것 같은 생각을 또다시 하는 도마다. 그렇지, 바로 그 설산에서다. 천산에서 만났던 그 도인이 이 사람이 틀림없다.

도마는 바로 이 사람이 동방박사요 삼천갑자동방삭이라는 것을 직감한다. 어디서 들은 이야기처럼 능청스레 꾸며대기는 했지만, 이건 분명 들은 이야기를 전하는 것이 아니라 그 장본인이 하는 말임이 분명하다. 도마도 그 능청을 부리며 묻는다.

"동방박사가 어떻게 이승과 저승을 알았을까요?"

도마는 이승과 저승을 넘나들 수 있는 사람은 오직 예수 한 사람뿐이라는 이야길 한다. 예수는 죽어 사흘 만에 다시 산 모습으로 제자들 앞에 섰다. 그러고는 그 나라에 대해 확고한 신념을 심어주었다. 금방 보고 온 하늘나라 상속에 대한 이야기였다. 이 세상에서 죽음을 겪지 않고 승천한 인물로 에녹과 엘리야가 있다. 에녹은 인간이 저지른 죄악에 대한 응징의 기표로 세워졌고 엘리야는 우상숭배에 대한 응징의 기표로 들려졌다. 여호와께서는 이들을 통해 이 두 가지만 행하지 않으면 죽음을 피할 수 있다는 표적을 내보였다. 그러나 예수는 인간으로서의 죽음을 겪고 승천한 인물이다. 그리고 이 세상과 저 세상을 분명히 구분해 이야기한 인물이기도 하다. 지금 선장이 말하고 있는 이승과 저승의 소재와 성격을 분명히 하여 설파하였다. 이승은 여호와 하나님이 만든 피조물들이 사는 세상이고 저승은 창조주가 그의 백성들을 다시 데려갈 미래세계다. 이승과 저승은 그 시간과 공간이 다르다. 이제 그곳으로 올라갈 준비를 하라는 경종을 울린 예수 그리스도다. 도마는 지금 그 예수 이야기를 전하러 이 배를 타고 먼 여행을 하고 있는 중이다. 그런데 우연하게도 살아서 하늘나라를 오르내리는 에녹의 화신인 동방박사를 여기서 만난 것이다. 그렇다고 대놓고 안다고 할 수도 없을 노릇이다. 동방삭은 삼천갑자를 살면서 온갖 일을 다 겪었을 것이고 그 신분을 숨기기 위해서는 온갖 변신술을 부려야 했을 것이다. 아마 선장도 이러한 도마의 속셈을 눈치는 채고 있을지 모른다. 그러하나, 아무튼 서로의 속내를 숨기고 하는 이야기도 괜찮을 듯하다.

"내가 만난 예수라는 사람은 사람이 아니라 하나님의 한 분이었어요. 솔직히 말하면 그분은 내 형님이기도 했었지요."

도마는 그간의 사정을 전부 이야기한다. 안 본 사람들에게 본 것처럼 믿게 하려면 솔직한 이야기가 제일이다. 오직 목적은 하나, 예수를 믿게 해야 할 일이기 때문이다. 예수의 이 땅 오심과, 그가 가르치고 보여준 행적을 낱낱이 이야기하는 수밖에 없다. 예수를 믿게 한다는 것은 그가 이 세상에 온 목적을 알게 하는 것이다. 그는 죽어도 죽지 않는 영생이 있다는 것을 보여주려 십자가 고난을 당해 죽었다. 그리고 부활했다. 부활의 능력은 창조주가 아니면 불가능하다. 오로지 만든 이만 깨뜨려 부술 수 있고 다시 만들 수 있기 때문이다. 이 원리를 보여주기 위하여 예수는 친히 사람의 몸으로 이 땅에 왔다. 중보자로서의 속죄양이 되기 위해 당한 고통을 도마는 직접 눈으로 본 사람이다. 그 모든 사실을 두 눈으로 똑똑히 보았을 뿐더러 삼십 년 가까이를 형제로 함께 살았다.

"예수는 나를 위해 죽었고 나를 위해 다시 살아났습니다. 죽어도 죽지 않을 수 있다는 것을 보여주기 위함이지요. 예수는 우리에게 하늘나라 상속자임을 알려주기 위해 이 땅에 오신 것입니다. 이 말을 믿고 따르기만 하면 되는 것입니다."

도마는 이처럼 가까운데 사람들을 두고 예수 이야기를 전하고 저들에게 믿음을 주는 일이 앞으로의 할 일이라 생각하니 예수 살아생전 제자들을 데리고 다니며 하던 이야기들이 떠오른다. 예수는 항상 비유로 말씀하셨다. 그렇다면 지금 이 상황에서 무슨 비유를 할 수 있을 것인가. 지금 이들을 전도할 수 있다면 이들은 또 한 알의 밀알이 되어 천 배 만 배 결실을 거둘 수 있으리라. 한 나라의 왕비가 되어 나라를 통치할 공주와 함께 한 자리다. 이런 막강한 힘을 가진 자가 그 입술을 열어 전도를 해준다면 이거야말로 대박이다. 이게 결코 우연한 일일까?

"동방박사가 들려준 그 이야기들 참으로 신기합니다."

도마는 그 박사를 만날 수 있는 방법이 있는가를 묻는다. 박사는 변장술에 달인이고 사람 만나기를 꺼려해 아무나 만날 수 없을 것이라는 선장이다. 그런데 그는 귀 뒤에 검은 점

하나가 있다는 언질을 주는 선장이다. 도마가 언뜻 보니 선장의 귓바퀴에 검은 점이 한 개 있다.

"동방박사를 만나서 뭐하려고 그러시오?"

선장은 남의 이야기하듯 묻는다.

"따지고 보면 그가 우리 조상인 듯해 그곳에 계시는 선조들의 안부나 물어보려고 하는 말입니다."

"동방박사가 그런 천기누설을 할 인물 같소?"

"그게 무슨 대단한 비밀이라고?"

도마는 시치미를 뚝 떼고 예수가 이미 그곳의 상황을 다 설명했다는 이야기를 한다. 그곳을 천국이라 부르며 그곳은 어린아이와 같은 심성을 가진 자들만이 갈 수 있는 곳으로 선한 자들이 살 곳이다. 그곳을 가는 길은 아주 좁아 낙타가 바늘귀를 통과하는 것 같은 어려움을 겪는다 했다.

"낙타가 바늘귀를 통과해요?"

공주의 물음에 그 비유를 풀어 해석해 주는 도마다.

"부자가 욕심스레 너무 많은 것을 취해 가지고 있으면 안 된다는 이야기입니다. 골고루 나누어 가져야 모든 사람이 다 같이 행복해진다는 뜻이지요."

"그분은 그러면 박애주의자이신가 봐요?"

"그렇다고 볼 수 있지요. 그분은 모든 사람들이 다 하나님의 자녀들이라 생각하셨으니까요. 그러니까 서로 사랑을 아끼지 말라는 것이지요."

"그건 석가모니가 설한 자비심과도 같은 이야기 아닌가

요?”

“그렇습니다. 살아 있는 생명은 모두 창조주가 손수 만든 것이라 귀하게 여겨야 하지요. 하물며 인간에 대한 사랑이야 말할 필요가 없겠지요.”

도마는 예수가 설파한 이웃에 관한 이야기를 한다. 이웃이 강도를 당하였으면 그냥 지나칠 수 있겠느냐? 이웃 사랑하기를 내 몸같이 하라 하였다. 사랑 없이는 그 나라에 들어갈 수 없다. 공주는 석가모니의 자비를 이야기하였고 도마는 예수의 이웃사랑을 이야기하였다. 그러고는 결국 그게 그거라는 합일점을 찾았다. 전에도 했었던 이야기다.

이때 저 만치 뱃머리로 가서 돛의 방향을 돌리던 선장이 노래를 하나 부른다.

바빌론 강변 곳곳에 앉아 / 울고 또 울었네. / 시온에서 행복하게 보냈던 옛 시절을 떠올렸지. / 사시나무 옆에 쌓아두었네. / 연주 소리 들리지 않는 우리 하프들을 / 우리를 포로로 잡은 자들이 빈정대고 조롱하며 / 곳곳에서 노래를 청했네. / ‘멋진 시온노래 한 곡 뽑아봐라.’ / 아, 우리가 어찌 하나님의 노래를 / 이 불모지에서 부를 수 있으랴? / 예루살렘아, 내가 너를 잊는다면 / 내 손가락이 낙엽처럼 말라 비틀어지리라. / 오 사랑스러운 예루살렘아, / 내가 너를 기억하지 않는다면 / 내 너를 가장 소중한 것으로 여기지 않는다면 / 내 혀가 부어오르고 까맣게 타버리리라. // 하나님 저 에돔 족속들을 기억하시고 / 폐허가 된 예루살렘을 기억하소서. / 그날 저들은 큰소리로 말하였습니다. / ‘부숴버려, 가루가 나도록 박살 내버려.' / 너희 바빌론 족속들아 파괴자들아! / 너희가 우리에게 한 그대로 되갚는 자는 / 상을 받으리라. / 그렇다 너희 젖먹이들을 잡아다가 / 그 머리통을 바위에 내려치는 자는 상을 받으리라. //

유대 왕국이 멸망하면서 바빌론의 포로로 잡혀 갔던 때를 노래한 '바빌론의 강 가'라는 노래다. 포로로 잡혀가 죽을 고생하던 유대인들이 희망을 갖기 위해 지어 부르던 시편의 시를 선장이 어떻게 알고 이 노래를 부를 수 있단 말인가? 바빌론 유수는 유대인이 아니면 모르는 역사적 사실이다. 유대인들은 애급 땅에서 노예생활을 청산하고 나오던 출애굽기의 역사와 바빌론에서 노예생활을 하다가 해방돼 나오던 출바빌론 시대를 잊지 못할 역사로 기억한다. 이미 5백 년이나 지난 역사이지만 이 사건만은 잊을 수 없다. 나라에 힘이 없으면 이민족들의 노예가 될 수밖에 없는 포로 신세가 된다. 이럴 때마다 하나님을 원망하고 욕설을 퍼붓는다. 왜 우리에게 이런 시련을 주시나이까? 그러나 거기에는 하나님의 뜻이 있다. 그간의 방종과 타락에 대한 경종을 울리기 위한 시련인 것이다.

도마는 지금 선장의 시편노래를 들으면서 이 역시 무언가를 깨닫게 하는 큰 계시가 아닌가 하는 생각을 하게 된다. 창세 이래 모든 역사와 예언을 수록한 그 책에 적힌 일들을 수행하기 위해, 즉 다시 말하자면 예언서의 예언을 이루기 위해 예수는 이 땅에 왔다. 예언서의 예언을 미리 선포한 자가 세례요한이다. 세례요한은 '내 뒤에 올 그이의 길을 열기' 위해 세례를 베푼다 하였다. 역사서의 핵심은 장차 올 예수에 대한 예언에 초점을 맞추고 있다. 그 나머지 이스라엘의 역사 인물들은 장차 오실 예수의 길라잡이에 불과한 자들이다. 도마가 왜 문득 이런 생각을 떠올리게 된 것일까? 형 예수와 함께 다니던 여행이 떠올랐기 때문이다. 형은 세례요한의 활동 소식을 듣고는 여행을 부랴부랴 중단하고 귀향을 서둘렀다. 그때 두 사람은 첫 번째 동방박사를 찾아 해 뜨는 나라로 가려고 하고 있었던 것인데 도중에 요한이 세례를 베푼다는 소식을 상인들로부터 전해 들었다.

'이제는 때가 이르렀다. 돌아가자.'

형의 때가 이르렀다는 말은 이제부터는 이 지상에 내려온 목적을 달성하겠다는 굳은 의지와 사명감이었던 것이다. 도마는 형의 의중을 알 것 같다가도 모를 수밖에 없었다. 그날은 설산에서 내려와 사막을 걷고 있던 중이었다. 천산육로를 통하여 비단길을 오가던 대상들로부터 요단강 가에서 이상한 사람이 나타나 물로 세례를 베푼다는 소식을 전해 들은 형은 태도를 일변하여 귀향을 서둘렀던 것인데 도마는 그러한 형의 의중을 다 알 수도 물어볼 수도 없었다. 형은 짤막하게 말했었다.

'보고도 못 믿는 사람들에게 안 보고 믿으라 하면 믿겠니?'

지금 와서 생각해 보니 그 말뜻인즉, 죽었다 다시 사는 부

활의 복음을 전하자면 사람들 눈으로 이를 확인할 수 있는
사건을 만들어 그 사건의 증표를 남겨야 한다는 이야기였음
을 알 수 있다. 부활한 형을 보고도 못 믿는 동생에게 직접 옆
구리 상처를 만져보게 한 일도, 이 사실을 전할 근거를 마련
해 주기 위한 일종의 계획된 연출이 아니었을까? 사람들에
게 이러한 복음을 전하자면 사건과 그 증거가 있어야 한다.
보고도 못 믿는데 안 보고 어떻게 믿으라고 할 것인가. 형은
끊임없이 이 믿음을 강조했다. 마음속으로 믿기만 하면 된다
는 것이었다. 뭘 믿으란 말인가? 간단하다. 하나님이 천지만
물을 창조하고 인간을 만든 조물주라는 사실을 믿으면 된다.

　도마는 선장의 노래 하나로 벌써 여러 가지를 깨달아 알
것 같았다. 예지의 힘이 생긴 것일까? 이 노래를 통하여 도마
가 알 수 있었던 것은 디아스포라에 관한 역사적 고찰을 다
시 하게 되었다는 사실이다. 바벨론 포로를 벗어난 이스라
엘 족속 대부분은 고향으로 돌아갔지만 돌아가지 않고 바벨
론에 남아 정착한 사람들이 있다. 이들은 바벨론을 멸망시킨
페르시아 제국의 힘을 입어 신진세력이 된 것인 바, 군다포
러스 왕이 이 후예 중의 한 사람이었고 장차 만나게 될 가락
국 김수로 역시 이와 비슷한 경로를 통하여 디아스포라가 된
믿음의 자손들이라는 점이다. 벌써 수백 년 세월을 통하여
유전인자는 뒤섞여 혼혈이 되었을 수는 있었겠지만 뿌리를
같이하는 족속이라는 이야기다. 이 이야기는 결국 '땅끝까지
가서 전하라'는 복음의 주 대상이 디아스포라라는 것이 된

다. 전에도 한번 똑같은 생각을 했다는 기시감이 드는 도마다. 왜 번번이 같은 생각이 떠오르는 것인가. 이전 경험이 있는 유전자가 있기 때문이다.

"선장님은 그 노래를 어디서 배웠어요?"

설마 하니 선장이 시편을 읽고 배운 노래는 아니질 않겠느냐 생각에서 묻는다.

"이 노래요? 동방박사한테서 들었지요."

삼천갑자동방삭이 이 배를 타고 가던 항해 중 이 노래를 불러 귓등으로 배운 노래라 한다.

"아마 여기 어디쯤이었을걸요?"

그래서 문득 그 노래가 떠올라 흥얼거려 봤다는 선장이다.

"그가 또 다른 이야기는 안 했어요?"

"무슨 이야기요?"

도마는 이미 선장이 삼천갑자동방삭임을 눈치챘고 확신한다. 그는 에녹일 수도 엘리야일 수도 있다. 그 둘 중 어느 누구든, 살아생전 하늘로 들려올라간 자라면 저들에게도 무슨 할 일이 주어졌을 것이다. 오늘 이 만남, 혹은 이 항해, 이 일정 자체가 이미 짜여 있는 계획의 일부일 수도 있을 것이다. 창조와 소멸을 주관하시는 분과 동행자가 못할 일이 무어 있을 것인가? 선장이 무슨 이야기요? 라고 되물었을 때는 무슨 이야기를 들었느냐가 아니라 무슨 이야기를 듣고 싶은가, 로 풀이되는 도마였다.

"그 나라에 대해서요."

“그 나라라면?”

하늘나라에 관한 이야기가 듣고 싶으냐 아니면 지금 가고 있는 해 뜨는 나라에 대해서가 궁금하냐는 질문이 되돌아왔다.

“둘 다요.”

“너는 아직도 예수를 네 형이라고 생각하는구나? 그래서 하늘나라에 관한 이야기를 믿지 못해하지.”

도마는 형을 ‘나의 주님 나의 구세주’라고, 말은 그렇게 했지만 아직까지도 확실한 믿음이 없다. 보고 만지고 느낀 사실이면서도 아직까지 형으로서의 체취가 너무 많이 남아 있다. 세례요한의 모가지가 쟁반에 담겨 피를 흘렸다는 소식을 들은 형은 몸서리를 치며 고함을 질렀다. 이미 그렇게 될 줄 알고 있었으면서도 인간적인 고뇌를 나타냈던 것이다. 지금 도마가 겪는 혼란과 번민도 이 인간적인 고통일 것이다. 선장은 도마의 이 번민을 간파하고 이렇게 말했다.

“나는 네가 듣고 싶어 하는 말이 무엇인지 잘 알고 있다. 너는 지금 내 이야기가 듣고 싶은 게 아니라 자신의 혼란을 극복하고 싶은 거야.”

그 혼란은 해 지는 서쪽으로 가고 있는 야고보 역시 같은 상황이라며 예수의 육친 형제들이 다 같이 겪는 아픔이라는 이야길 하는 선장이다. 그 오랜 시간 동안 함께 치대며 살았던 형제가 어느 날 갑자기 구세주가 되었으니 혼란스러울 수밖에 더 있을 것인가? 그렇다면 태어나 지금까지 그 오랜 세월을 죽지도 못하고 살아 있는 자기는 어떤가? 죽고 싶은 충동이 일 때가 한두 번이 아니라는 선장이다. 그가 결국 삼천 갑자동방삭인 걸 드러낸 대목이다.

"나 역시 예언을 이루기 위해 예언자의 운명을 겪고 있는 셈이라네."

그는 예언을 이루기 위해 남모르는 수고를 해야 하는 예언자의 어려움을 이야기하며 별자리를 관측하기 시작한다. 이 천문도를 잘 관찰하면 거기 길이 있다 한다. 시간과 공간은 물질을 가두어 두기 위한 막이라 했다. 우주천체에는 서로가 서로를 끌어당기는 힘과 서로를 밀어내는 힘이 있다. 이 인력이 우주를 지탱하고 운행하게 만든다. 이러한 시간과 공간은 무한대로 이어져 있다. 이 공간 막을 통과해 나가면 또 다른 시간과 공간이 있다. 서로 차원이 다른 세계다. 그러나 물질은 이 공간을 드나들 수 없다. 창조주가 만든 영혼도 비물질인 물질에 속하기 때문에 이 막을 통과할 수 없다. 그러나 언젠가는 이 문을 열어 당신의 영혼들을 한 데 불러 모을 날이 올 것이다. 그날이 언제인지는 모르겠지만 곧 오리라 한 말씀대로 이루어질 것이라는 선장의 말이다. 그곳이 어디일 것인가? 에녹서의 기록이다. 여기까지는 선장과 도마 단 둘이 나눈 마음속 이야기로 일종의 교감이다. 앞서 일어났던 기시감과 미시감 전부가 이 교감에 속한다 할 것이다. 도마는 이 이상한 교감의 세계에서 빠져나오며,

"길이 어디인지 앞길을 분간하지 못하겠어요."

한다. 해적의 돌도끼에 뒤통수를 맞아 쓰러졌다는 이야기

를 들은 순간부터 지금까지 나눈 이 이야기조차도 또 현실인지 환영인지를 분간할 수 없는 도마다. 도대체가 알 수 없는 일들의 연속이다. 이 미로의 통로에서 선장이 모두에게 크고도 똑똑한 어조로 말하는 소리가 들린다.

"지금 당신은 이 말씀을 전하러 가는 길이 아니오?"

도마는 앞으로 자신이 해야 할 말을 선장이 가르쳐 주고 있다는 생각을 하며 일어난다. 주변 사람들은 아무렇지도 않은 듯, 아무 일도 없었던 듯 도마의 일거수일투족을 그냥 무심히 바라보며 각자 자기 할 일들을 한다.

"맞아요. 그 말씀을 전하러 여기까지 왔는데 그걸 어떻게 해야 할지를 몰랐어요."

"먼저 가까이 있는 사람들부터 시작하세요."

"가까이 있는 사람이라면?"

"여기 공주님이 계시잖아요? 공주님이 먼저 그런 믿음을 가진다면 온 나라 사람들이 따라서 믿을 게 아녜요?"

선장은 옆에 있는 공주를 변화시키면 온 나라 백성들이 다 따를 것이라는 전략을 이야기한다. 산 위의 등경이다. 모세가 든 구리 뱀이다. 이게 여호와의 구원계획이라는 것이다. 그러나 하루아침에 되는 것은 아니고 적어도 새 밀레니엄 시대가 두 번쯤 지나야 그 효과가 나타날 것이라는 이야길 덧붙인다. 여호와의 시간은 인간의 시간개념과 다르기 때문이다.

"동쪽에서 해가 뜨면 서쪽에선 별이 뜨지요."

나비효과다.

"이제야 알 것 같아요."

도마는 시간과 공간에 대한 정확한 답을 얻은 느낌이다. 목숨은 그 속에 담겨져 있는 것이 아니다. 시공을 뛰어넘을 수 있는 게 생명이다. 사람은 몸과 영혼이 있다. 몸은 물질이고 영혼은 비물질인 물질이다. 몸은 손에 잡히지만 영혼은 손에 잡을 수 없다. 손에 잡히지 않는다고 없는 것은 아니다. 그게 비물질이다. 물질이건 비물질이건 우주공간의 막을 뚫고 나갈 수 없다. 이 막을 뚫고 통과할 수 있는 힘은 오로지 이를 만든 자만이 할 수 있다. 만들었기 때문에 파괴할 수도 있다는 가능한 이야기다. 여기에 문을 내고 물질을 통과시키는 일은 더욱 더 가능할 일이다. 그 바깥에 또 다른 세계가 있다면… 이게 만약 천국 문이 된다면… 거기에 문지기가 서 있고 통과할 사람과 통과 못할 사람을 가린다면… 그리고 과거이력을 저울질할 수 있는 저울대가 있다면… 이게 바로 형 예수가 말한 심판대인 천국 문이며 천국 열쇠가 아닐 것인가. 영혼은 이 문을 드나들 수 있는 신령함을 가진다. 그래서 영혼이다.

도마는 갑자기 간단한 이치 하나를 터득한다. 형 예수가 꿈꾸듯 말한 하늘나라가 어디이며 어떻게 갈 수 있을 것인가 길이 보이는 것이다. 믿음으로서만 갈 수 있다던 그곳을 왜 아무나 갈 수 없는지 거기 무엇이 가로막고 있는지 자연의 이치를 통하여 깨닫게 할 수 있는 것이다. 스스로 잘 알고 있었다고 생각했던 이쪽과 저쪽의 경계가 허물어지는 느낌이다. 무엇으로 이쪽과 저쪽을 이을 수 있으며 어떻게 그곳으로 갈 수 있을 것인가. 벽이 무너지는 소리가 들린다. 무너지는 것은 한꺼번에 무너진다. 무너지고 난 뒤에 보이는 것은 명확하다. 확실한 깨달음이다. 돈오돈수다.

"이제야 알 것 같아요."

도마는 이제야 눈에 보이는 것이 있다 한다.

"나도 궁금해요."

선원들도 도마의 이 말이 무슨 뜻인지 궁금하다 한다. 자기들끼리만 아는 말 말고 자신들한테도 그 복음을 이야기해 달란다. 도마는 천지가 창조된 날로부터 오늘에 이르기까지의 역사 이야기를 한다. 유대인 역사의 요약본이다.

"세상만물과 인간을 창조한 이가 계세요. 그분을 여호와라 불러요. 그분은 자기가 만든 인간을 너무너무 사랑해 에덴동산에 살게 했어요. 영생복락을 누리는 자격이었었지요. 그러나…"

그가 하지 말라는 한 가지가 있었는데 선악과를 따 먹지 말라는 것이었다. 그러나 인간은 이를 어기고 선악과를 따 먹은 탓에 부끄러움을 알게 되었고 에덴동산에서 쫓겨났다. 그 형벌은 노동과 출산과 사망이었다. 여러 가지 방법을 통하여 인간들에게 그 죄과를 뉘우치기를 바랐지만 인간들은 말을 듣지 않았다. 때로는 진멸을 생각해 보기도 하고 시련도 주고 위안도 줘보기도 하였지만 인간들은 그 사랑을 저버리기 일쑤였다. 틈만 나면 여호와와 맞먹을 태세를 갖추었다. 이제 영영 이 족속들을 멸종시켜 버릴까 하는 생각하던 차에 예수께서 나서서 마지막 결단을 내렸다. '내가 대신해서 인간들의 죄를 깨닫게 하고 그 죗값을 대신 치를 테니까 저들을 용서해 주십시오.' 예수가 속죄양이 된 이야기를 하는 도마다.

"그러면 그 예수는 누구인데요?"

"여호와는 성부 성자 성령 세 분으로 삼위일체라 해요."

도마는 삼위일체를 설명하는 데 시간이 오래 걸렸다. 비유로 이렇게 말했다.

"촛불이 하나 있어요. 초를 이루고 있는 초 덩어리가 초일까요, 아니면 그 초가 타면서 발하는 빛과 온기가 초일까요? 또 아니면 그 촛불과 촛불의 빛과 온기를 느끼는 그 느낌이 초일까요? 이 셋은 하나이면서 셋이지요? 성부와 성자와 성령, 이런 걸 두고 삼위일체라 합니다."

도마는 세상의 빛으로 온 예수의 친동생이었음을 이야기하며 지금까지 함께 살아도 자기 형이 구세주 메시아였음을 믿을 수 없었다 한다. 그래서 형의 말에 토를 달고 사사건건 의문을 제기했다고 한다.

"형제가 여호와의 또 다른 현신이라는 것을 어찌 알았겠나?"

동방박사가 도마의 말을 부연 설명한다.

"2천 년이나 지나야 사람들은 이를 중력의 법칙라고 말할 거야. 지상과 천상의 거리에 대해서 지금은 이해를 못해. 그저 이승과 저승이라는 말밖에는 달리 표현할 수 있는 말이 없지."

선장은 그때쯤 되면 오늘의 이 이야기도 인구에 회자될 것이라는 말을 덧붙인다. 믿거나 말거나 한 이야기일 테지만….

"그렇다면 우리는 뭘 어떻게 하면 되나요?"

"예수가 나 대신에 죄 사함 받게 해준 일을 감사하면 돼요. 간단하잖아요?"

도마는 그걸 못 믿겠으면 이 손을 만져보라 한다. 이 손으로 직접 예수의 옆구리를 만져 창에 찔린 자국을 확인해 보았다 한다.

"십자가형을 받고 창에 찔려 죽은 사람이 사흘 만에 다시 살아나 제자들과 함께 먹고 마시며 수천 수만 이스라엘 사람들이 보는 앞에서 이야기를 하고 하늘로 올라갔지요."

"그가 뭐랬어요?"

이번에는 공주가 묻는다.

"곧 다시 올 테니까 그때까지 준비하고 있으라 했지요."

"뭘 준비해요?"

"하늘나라로 갈 준비를 하라는 말씀이지요."

도마는 이야기를 간단히 줄여 지금 내가 한 이야기를 믿고 그 예수 이름만 부르면 된다는 이야기를 덧붙인다. 십자가형을 받던 날 양옆으로 처형을 받은 도적이 있었는데 그중 한 도적이 예수의 이름을 부른 덕분에 그 자리에서 구원을 받았단 이야길 하는 도마다.

"그렇게 간단하고 쉬워요. 구원이?"

공주는 그 방법이 궁금하다. 지금까지 신봉해 왔던, 그리고 수행해 왔던 수련과는 너무나도 다른 방법이다.

"지금 한 이야기들을 모두 믿고 '예수님의 이름으로 기도합니다' 하고 '아멘'이라고 덧붙이기만 하면 끝!이라니까요."

"그 '아멘'이 뭐예요?"

"이제 내 할 말은 다 했습니다. 예수님이 대신해서 여호와께 전해 주세요, 그런 뜻으로 이해하면 됩니다."

이 기도를 상달하는 전서구가 곧 말씀이요 성령이다. 이 말씀으로 애초에 인간을 만들었기에 이는 여호와의 콧김이요 생령이다. 도마는 기도에 대한 이야기를 하였고 이를 실행하고 증표로 삼는 세례에 대한 이야기도 한다.

"세례는 지금까지의 죄를 씻어낸다는 증표요 의식입니다."

밥 먹기 전 손을 씻어 깨끗하게 하듯 그동안 더럽혀진 영혼을 맑게 씻어 새롭게 한다는 의례가 세례다.

"세례만 받으면 구원을 얻나요?"

공주는 구원에 대한 생각을 한다. 이제 낯선 땅에 가 새로운 생활을 시작할 것이다. 그렇다면 새로운 삶의 방식이 있어야 한다. 듣고 보니 이보다 더 좋은 인생살이가 없다. 지금까지 보고 듣고 느끼던 세상과는 너무나 다른 참살이의 방법이다. 선장도 세례에 대한 이야기는 처음 듣는 것 같았다. 세례는 묵은 때를 씻고 새로운 사람으로 거듭난다는 의식이다. 지금까지는 제사장이 있어 하늘에 계신 이와 소통의 장을 열었다. 하늘에 계신 이는 때때로 장막에 내려와 거하며 제사장을 통하여 인간들에게 그 뜻을 전했다. 예수가 십자가에 달려 속죄양이 되는 순간 이 장막의 휘장이 찢어져 없어졌다. 이제는 장막이 필요 없게 되었다. 여호와 하나님과 맞대면을 할 수 있는 새로운 장이 열렸다. 누구나 거듭나기만 하면 그 나라의 의를 볼 수 있다. 여호와 하나님의 자녀 되는 자격이 주어지기 때문에, 그 자녀 되는 자격의 증표로 세례의식을 치러야 한다. 처음 세례의식은 노아홍수다. 이는 물로 세상만물을 휩쓸어버린 여호와의 진노를 나타낸다. 그러나 다시는 물로 세상을 멸하지 않을 것임을 나타내는 무지개를 징표로 여호와께서는 그 진노를 거두었다. 다시 물로 세례를 주는 의식을 행하는 것은 그날의 기억을 새롭게 하라는 뜻이다. 다시는 진노를 살 일을 하지 말라는 경고이기도 하다. 세례 요한을 통하여 이미 밝힌 이야기다.

"저희들에게도 세례를 주실 수 있어요?"

공주를 수행하러 따라온 여러 사람들이 세례를 받고 새 사람이 되고자 하였다.

도마의 선상복음을 축복하는 듯 하늘의 뭇별들이 유난히 밝은 빛을 내고 있었다. 이런 밤이면 가까운 육지에서 들려오는 닭 울음소리도 더욱 청량하게 들려 물결소리를 잠재운다. 더없이 넓은 바다 한가운데서 돌고래들이 유영하는 모습도 보이고 날치들이 날아오르는 모습도 보였다. 선장은 항해가 이렇듯 순조로운 것은 다 그분의 덕분이라 말한다. 그러면서 이렇게 덧붙인다.

"공주님 신행길이 이렇듯 축복받았으니 이제 가락국에 가서 할 일이 많겠습니다."

"도마님께서 함께 계셔준다면…"

도마는 있는 동안은 공주를 돕겠지만 아직 하던 공사도 남아 있고 그리 오래는 머물지 못할 것이라는 이야길 한다. 그 대신 여기 있는 호위무사들이나 시녀들에게 여러 가지 할 일들을 잘 일러주겠다는 약속을 한다. 그러면서 특별히 장유화상을 불러 사도의 직분을 주며,

"예수 이름으로 그대를 사도로 명하노니, 그대에게 성령이 임할지니라."

하고 축복을 내린다. 이미 사도들이 부여받은 권한이다.

"이를 믿습니까?"

"네, 믿습니다."

"이제 거듭난 그대는 능력의 힘을 발휘하게 될 것이요. 온전히 믿고 따르시오. 그리하면 여호와의 전능함이 그대와 그대의 족속 위에 임할 것이요."

도마는 이미 여러 가지 이적과 표적을 보고 듣고 행하였다. 이제 세례 받은 장유화상에게도 그런 직분을 주어 마땅하다는 생각이다.

"그대를 통해 가락국의 번성이 약속될 것이요."

이렇게 해서 한 사람씩 복음 전파의 전도자로 삼는 일이 무사히 진행돼 나간다. 이는 혼자서 해낼 수 있는 일이 아니다. 아마 이 일을 수행하게 하기 위해 이 항해를 미리 준비해 두었던 것이 아닐까.

도마는 다른 여러 뱃사람들에게도 이 세례의식을 행하였다.

"저에게도 세례를 주십시오."

도마는 선장이 굳이 세례를 받을 필요 없는 인물이라 생각했지만 예수도 요한에게 세례를 받았음을 상기하고는 그에게 세례의식을 베풀었다. 그러면서 다음 여정에서도 함께 해줄 것을 부탁한다.

"육지에 상륙해서도 여전한 가르침을 주시기 바랍니다."

"그래야지요. 나는 세상이 이렇게 변할 줄은 몰랐습니다."

선장은 새로 열린 언약의 시대가 왔으니 이제 자기네들의 할 일은 끝났다는 이야길 한다. 지금까지 창조주 여호와와 동행을 해왔지만 역시 당신의 큰 뜻은 알 수 없는 예상 밖의 일이라 한다. 아마 엘리야 역시 서역 땅 어딘가, 그곳이 땅끝이라 일컬어지는 그곳 어딘가에서 이 같은 일을 하고 있을 것이라는 이야기를 하는 선장이다.

"엘리야는 특히 사치와 우상숭배가 심한 서방세계로 파송받았고 나는 아직 원죄가 무엇인지 모르는 동방 사역을 맡았었지요."

그동안 온갖 변장술과 둔갑술로 사람들을 속여 가며 하늘과 땅을 오르내리며 여호와 하나님의 눈과 귀가 되고 손발이 돼왔지만 이제는 중보자가 왔으니 지금까지 사역자로서의 그 역할은 끝났다는 선장이다. 그는 이렇게 말함으로 그 스스로가 동방박사요 삼천갑자동방삭이었다는 것을 자인한 셈이다.

"이제 여호와와의 동행도 이것으로 끝인가 봅니다."

산 채로 들려올라가, 주어진 사역을 맡아 했지만 저들도 언젠가는 죽을 것이고, 그래야만 '산 자는 반드시 죽을 수밖에 없다'는 말씀을 이루게 된다는 말을 하는 동방박사다. 죽었다 다시 부활해 얻는 생명이 영원한 생명이다. 그러자면 예외로 쳐두었던 두 선지자 에녹과 엘리야도 새 언약에 따라 세례를 받아야 한다. 이것이 새로운 약속의 이룸이다. 그는 그동안 있었던 사연들을 다 말하자면 바다를 메우고도 남을 것이요 산을 쌓아도 모자람 없을 것이나 이 한 가지만은 확실히 해두고 싶다 한다. 도마는 후일 이 에녹의 이야기를 기록으로 남겨 세세토록 전하게 되는데, 유다서의 내용 절반이 이 에녹의 말씀인 까닭이다.

도마는 항해 내내 몽환적인 상태가 계속돼 이게 뱃멀미가 일으킨 환상이었는지 진짜 있었던 현실이었는지 알 수가 없다.

그러나 이 사실은 곧 밝혀진다.

물로 씻은 자가 왕이 된다

붉은 자줏빛 돛을 단 배가 해안으로 접안을 한다.

산과 바다가 맞닿아 이어지는 긴 개펄 너머 야트막한 언덕을 형성한 바위산이 솟아 있다. 산의 우듬지에 올라보니 동쪽으로는 한없이 펼쳐진 땅이 보이고 서녘으로는 손에 잡힐 듯이 바라다보이는 곳에 무수한 섬들이 떠 있다. 섬에서 실려오는 난초꽃향기가 코끝을 벌름거리게 한다. 흰 옷을 입은 사람들이 낯선 배를 구경하기 위해 몰려나와 서 있는 것이 보인다.

도마는 이들에게 가까이 다가가 여기가 수로 왕이 사는 곳이냐 묻는다. 사람들은 고개를 가로젓는다. 모른다는 뜻이다.

붉은 돛을 단 배가 닭 우는 소리를 듣고 한반도 땅에 처음 당도하면서 제일 먼저 나무포구(木浦)에 닿았으나 그곳 사람들은 거기가 수로 왕이 사는 곳이 아니라 하였고, 월출산이 보이는 대호만에 배를 정박시키고 들어가 물었으나 그곳도 아니라 했다. 후일 이 배가 닿았던 목포는 예수사람이 온 곳이라는 의미의 유달산(儒達山)이라 그 산 이름을 붙였고 월출산 아래 사람들은 거룩한 영이 왔다 하여 영암(靈岩)이라는 고을 이름을 붙여 썼다. 후일 왕인박사 같은 걸출한 인물이 여기서 태어난 일을 도마가 물을 뜬 구림의 우물 성천(聖泉)에 서린 거룩한 영의 정기를 받았음이라는 이야기도 있다. 구림이라는 말은 비둘기가 사는 숲이라는 의미로 도마가 이곳에 와 우물물을 얻어갈 때 비둘기들이 내려와 반겼다는 데에서 연유한다는 이야기도 있다.

배가 좀 더 동쪽으로 동진한 곳에 월출산에 비견되는 아름다운 돌산이 하나 있는데 여기가 한반도의 땅끝 마을이라 불리는 곳이었다.

"이제 비로소 땅끝까지 왔구나."

사람들이 배를 구경하러 나와 손을 흔들었다. 이곳 사람들은 한결같이 경계심 없이 소박했다. 여기서도 도마는 배에서 내려 예수를 전했다. 후일 이곳 사람들이 돌배를 타고 온 사람들이 '나무닮아살래'를 외라 한 것을 '나무아미타불'로 잘못 전해 남방불교가 최초로 전해진 곳이라 전했고 뒷산을 달마산이라 했지만 달마산은 달마대사를 지칭하는 달마가 아니라 '닮아'의 동음이다. 사람들은 이곳을 마한 땅이라 했고 동쪽으로 더 가야 변한과 진한 땅이 나온다 했다. 촌장으로 보이는 한 사람이 가락국은 아마도 변한 땅에 있지 않을까 하는 의견을 내놓았다. 그렇다면 아직도 도마가 찾는 땅끝은 아닌 듯하다. 예수는 땅끝까지 가 복음을 전하라 했다.

배는 서서히 한반도 남해안의 섬들을 돌고 돌아 수로 왕이 사는 곳을 찾아간다. 눈을 들어 육지를 바라보는 곳에 한반도 남녘에서 가장 높은 방장산이 눈에 들 듯 가까이 보인다. 산들은 첩첩이 쌓여 푸름을 자랑하였고 바다는 잠잠한 것이 섬들도 아름다웠다.

"그야말로 한려수도로구나."

"이제 서두를 것 없이 천천히 가면 된다."

여기는 큰 파도 같은 것도 없고 해적도 없다.

한 섬에 닿았는데 남해도다. 일행은 여기서 진시황제가 보낸 불로초 사냥꾼들을 만났다. 동남동녀 삼천 명을 거느리고 불로초를 찾아 나선 이들의 우두머리는 서벌이라는 자로 동방으로 불리는 한반도 땅 이곳저곳을 샅샅이 뒤지고 두루 찾았지만 불로초를 찾지 못해 죽을상이다. 서벌은 가는 곳마다 서벌이 지나갔다는 표식으로 〈徐市過此〉라는 표식을 바위에 새겨 남겼다. 이들은 이미 제주도 정방폭포 아래에도 이 글씨를 남겼고 방장산에도 남겼고 가는 곳마다 그 발자취를 남겼다. 이러한 흔적은 후일 그가 다녀간 증거도 되지만 역사가 된다는 것을 그는 알았던 것이다. 그러한 영민함을 지닌 자였기에 진시황제의 분서갱유를 틈타 불로초를 구해다 드린다는 핑계로 자유를 찾은 것이다. 그는 이미 황제의 말로를 예견한 것이다. 이날도 남해 거북바위에 이러한 표식을 남기고 탄식을 하고 있던 중이었다. 도마는 이들에게 세상에 불로초는 없다는 이야기를 하며 한번 태어난 사람은 누구나 죽을 수밖에 없다는 것을 이들에게 전파했다. 그러면서 예수에 관한 이야기를 했다. 지금도 남해 고현 면에 실재하는 도마마을이 있다. 그리고 도마산성이 조성돼 있는데 도마가 마신 도마우물이 재현돼 있다. 이곳은 전쟁을 하기 위한 성터가 아니라 서벌과 도마가 인생 이야기를 나누던 곳이다.

"이제 다 왔나 봅니다."

도마가 탄 자주색 붉은 돛배는 드디어 가락국 수로 왕의 영토에 들어왔다.

일단은 배를 망산도 해안에 정박시키고 산 위에 올라 주변을 관찰하는 공주 일행이다. 산은 야트막했지만 오르기에 숨찼다. 소나무가 푸른 자태를 자랑하듯 바람에 솔잎을 흔들었다. 이스라엘이나 인도에서는 볼 수 없는 나무였다. 다람쥐가 나뭇가지를 타고 오르내리는 것이 귀여웠고 새들이 꼬리를 깝죽거리며 이 가지에서 저 가지로 날아다니는 것이 참으로 평화스러워 보이는 풍경이다.

도마는 먼저 이곳에다가 가지고 온 돌 몇 개로 돌단을 쌓았다.

무사항해를 감사하는 뜻으로 염소를 잡아 번제도 드렸다.

첫발을 들여놓으며 돌단을 쌓고 번제를 드리는 것은 조상 대대로 내려오는 풍습이다. 연기가 나자 동네 사람들이 구경을 하러 왔다. 선원들도 이 사람들 틈에 섞여 도마가 하는 일을 지켜보고 있다. 도마는 이제 이들에게도 조상들의 인습을 가르쳐야 한다는 생각이다. 이에 앞서 기도하는 습관도 가르쳐야 했다.

"주여, 이렇듯 무사항해를 주관해 주셔서 감사합니다. 장차 이 나라를 다스리게 될 공주님에게도 큰 은총을 내려주시고 이 나라를 통하여 하나님께 영광 돌리는 일이 일어나게 해주십사 빕니다."

공주의 입에서 '아멘'이라는 소리가 터져 나왔다.

공주는 입고 온 속옷을 벗어 태워 바람에 날렸다. 새처럼 가벼운 번제의 연기가 하늘을 향해 치솟았다. 이게 이 땅에 있어서의 소지불의 시초다. 소지불은 그간의 좋지 않았던 일들을 불태워 없애고 앞날의 광영을 비는 액땜의 표시다.

이 연기를 보고 왕의 병사들과 신하가 산을 올라왔다.

"아유타에서 오는 배요?"

"맞소."

언덕을 올라온 왕의 신하가 일행을 반가이 맞는다.

"이미 기다린 지 오래 되었으니 어서 갑시다."

신하는 이미 이 배가 올 것을 알고 기다렸다 한다. 붉은 돛을 달고 오는 배에 공주가 타고 올 것이라는 이야길 들었다. 왕도 애가 타도록 배를 기다렸다. 이제 무사히 항해를 마치고 상륙했으니 어서 왕궁으로 가자는 것이다.

그러나 장유화상의 입장은 다르다.

"어서 가자니? 어디를 그리 급하게 가자는 것이오?"

짐짓 당황해하던 신하가 다시 말한다.

"우리 수로 왕이 기다리신다 하지 않았소?"

장유화상은 어조를 낮추어 담담하게 말한다.

"왕은 왜 안 나왔소?"

신하의 답이다.

"왕이 어찌 이런 곳엘 나오겠소?"

그렇다면 왕이 직접 영접하러 올 때까지 기다리겠다는 장유화상이다.

"신랑이 신부를 맞을 준비가 채 안 된 모양이니 우리는 여기서 기다릴 것이요. 가서 그렇게 전하시오. 준비가 온전히 다 될 때까지 여기서 묵을 것이라고."

이것은 일종의 기 싸움이다. 이게 외교다. 두 나라 사이의 기 싸움이 벌어지는 것을 본 선장이 병사를 불러 이렇게 귓속말을 속삭인다.

"이 배에 타고 온 손님은 아유타국 공주요. 장차 이 나라 왕비가 될 분이신데 왕이 직접 나와 맞아야지 이게 무슨 결례란 말이요? 가서 전하시오."

병사는 눈이 동그래지더니 허겁지겁 언덕을 내려가 타고 온 나무배를 끌고 다시 봉황대에 있는 왕궁을 향한다. 수로왕은 미처 그 생각을 못했을 테지만 공주를 모시고 온 장유화상은 처음부터 기선을 제압해 공주의 위상을 높여놔야 체통이 설 것이라는 계산이다. 하나도 꿀릴 게 없는 공주님이 아닌가? 나라간 눈에 보이지 않는 알력이 있는 동안 공주는 도마와 함께 저 멀리 보이는 해 뜨는 나라를 바라보며 장차 할 일을 구상 중이다.

"참 아름답구나."

그동안 배를 타고 오는 도중에 도마로부터 많은 이야기를 들었고 특히 기도에 대해서 좋게 들었다. 기도는 모든 바라는 바를 이루어 주는 하나님과의 대화창구라는 말이 공주를 움직였던 모양이다. 믿는 구석이 있어야 발을 뻗는다. 인간은 나약한 존재고 더구나 여자는 더 나약한 존재라 믿을 구석이 있어야 한다. 그 믿을 바 지향점을 사람에게 두지 말고 하늘에 두라는 말이 특히 공주의 마음을 사로잡았다. 궁중의 숱한 음모와 암투 그리고 권력의 폐해를 누구보다 절실히 보고 듣고 몸소 체득한 공주다. 이 세상 부귀영화는 일시적이다. 영원한 것은 아무것도 없다. 그런데 도마의 가르침을 보면 간단하게 얻을 수 있는 평화와 행복이 있다. 성령의 힘을 입어 새로운 존재가 되는 것이다.

"하늘에 계신 아버지여, 감사를 드리나이다."

이렇게 무사히 가락국 땅을 밟게 해준 항해에 대한 공주의 감사기도였다.

"험한 물길을 헤치고 여기까지 무사히 오게 한 것을 감사드립니다."

공주의 입에서 감사라는 말이 줄줄이 이어졌다. 모두 무탈하게 지낸 것에 대한 감사, 파도를 헤치고 나온 것에 대한 감사, 식인종이 있는 섬을 무사히 통과하게 해준 일에 대한 감사, 감사할 제목은 한없이 많다. 이전 같았으면 이런 생각들을 했을 리가 없는 일들이었다. 항해 도중 여러 가지 일들을 겪었고 도마를 통해 결코 이런 일들이 우연하게 일어나는 일이 아님을 배웠다.

"세상에는 우연이란 게 없습니다. 일어나는 모든 일에는 이미 정해진 순서가 있고 거기 따른 하늘의 뜻이 있는 것입니다."

도마는 공주의 앞날을 축복하면서 마음을 담은 기도야말로 그대로 이루어질 꿈이라 하였다. 바라는 꿈을 소망하고 간절히 원하면 그대로 이루어진다. 그 소망을 이루어 주는 여호와 하나님에게 감사를 해야 한다. 도마가 가르쳐 준 감사기도다.

공주는 육지에 닿자마자 무사항해를 감사드리는 기도를 올리고 앞날을 빌고 있다. 여기까지 온 목적이 가락국 왕과의 혼인을 위한 것인 만큼 왕의 안녕과 나라의 번영을 빈다. 인도에서는 아유타 공주였지만 이제 여기서는 일국의 왕비가 되는 신분이다. 공주와 왕비는 그 신분이 다르다. 지금까지는 공주라는 이름으로 응석받이로 자랐지만 이제부터는 한 나라를 다스리는 군주의 아내로서, 그를 내조하는 중차대한 임무를 수행해야 할 것이다. 이제 그 나라에 왔으니 그 책임에 대한 준비를 해야 할 것인데 막상 기도를 시작하자 그 다음 말이 잘 생각나지 않는다.

"공주님께서 기도를 하고 계셨군요?"

도마가 옆으로 다가오며 묻는다.

“예, 그런데 기도제목을 정하기가 어려워요.”

“기도란 어려운 게 아닙니다. 마음을 솔직하게 이야기하면 됩니다.”

도마는 예수님이 가르쳐 준 주기도문을 외워 보인다. ‘하늘에 계신 우리 아버지 이름이 거룩하게 여기심을 받으며…뜻이 하늘에서 이루어진 것같이 땅에서도 이루어지이다….’ 벌써 몇 번씩이나 가르쳐 일러 듣긴 주기도문이다. 배에서 풍랑을 만났고 배가 뒤집어질 위기에 놓였을 때 도마는 주기도문을 외웠고 기도문 덕분에 풍랑을 잠재울 수 있었다. 적어도 그 배에 탔던 사람들은 그 기도의 힘을 믿지 않을 수 없는 상황이었다. 침몰 직전의 기적적 구원이 눈앞에 나타났던 것이다. 도마는 이미 파도를 잠재우는 예수 능력을 체험하였고 물 위를 걷는 표적을 본 사람이지만 항해를 같이한 이 배의 동승자들에게까지 그 기적의 증표를 보여주게 해줄 줄은 상상도 못했던 일이었다. 통째로 수장당할 뻔한 위기에서 구출된 뒤로는 배 안의 그 누구도 도마의 말에 토를 다는 사람이 없었다. 도마야말로 바다를 잠재우는 능력을 가진 보통 이상의 사람이었던 것이다. 그러니 그가 말하는 예수 능력에 대한 이야기는 거짓이 아닌 사실일 수밖에 없었고 그의 구원에 대한 역사는 절체절명의 신앙이 될 수밖에 없었던 것이다. 그 질풍노도 속에서도 선장은 성급해하지 않았고 이게 다 표적을 행하기 위한 상황 설정이라는 것을 알고 있기라도 한 듯 태연하였다. 하나님 왜 이러십니까, 그는 농담까지 했었다.

그때 도마는 기도의 힘에 대해 이야기하였다.

"기도는 여호와 하나님과의 직접대화다."

사람의 마음속에는 창조주 여호와가 불어넣은 숨결이 있는데 이게 곧 거룩한 성령이다. 영과 혼은 하나이면서 둘로 영은 하나님의 입김 그 자체이고 혼은 부모가 만들어 낸 또 다른 자아다. 이 영혼은 다 같이 육신 속에 깃들어 둘이면서 하나로 붙어사는 쌍둥이와 같은 존재가 된다. 이 둘은 늘 공존하면서도 상충한다. 여호와의 소리를 들을 때는 혼이 고개를 숙이지만 내 내면인 혼이 나부대기 시작하면 영은 갈 바를 잃고 고개 숙인다. 영은 선한 존재이지만 혼은 사탄이 틈타 악이 뒤섞인 영의 뒷면 같은 존재다. 이미 첫 사람 아담으로부터 그 혈통을 타고났기 때문에 아담의 후손은 전부 이 갈등에 시달린다. 이게 번뇌다. 기도란 이 번뇌 속에서 깨어 있기를 바라는 바람이다. 영을 혼에게 휘둘리지 않게 하는 비책인 동시에 나를 가장 나답게 지키는 비방이다. 영은 애초에 여호와께서 만든 작품이고 혼은 그에 끼어 붙은 때 같은 존재임으로 그 어느 하나라도 없앨 수 없다. 때를 완전무결 씻어내자면 살갗을 다 벗겨내도 모자란다. 하여, 이 더러운 때는 시시때때로 씻어 청결을 유지할 수밖에 없는 더부살이 같은 존재로, 절대로 파낼 수 없는 일종의 낙인인 셈이다. 때문에 적과의 동침을 할 수밖에 없다. 다만 사람이 선에 속하자면 여호와와 직결되는 연결통로나 마찬가지인 기도를 통해 늘 깨어 있어야 하고 영이 잠들지 못하도록 붙들고 살아야 한다. 이 불씨를 담은 질화로 같은 것이 심령이다. 이 심령의 불씨를 꺼트려서는 안 된다. 심령이 가난한 자는 복되다 하였다. 심령이 가난하다는 말은 심령을 비워두었다는 이야기다. 빈 잔만이 물을 부어 채울 수 있다. 이미 자기 자신의 아집으로 가득 채운 잔에 어찌 말씀을 부을 수 있을 것인가. 그러니까 온전히 자기를 비워둔 심령만이 복을 받아 채울 수 있다는 뜻이다. 하늘의 해와 달은 각기 하나이지만 그 빛은 온 누리 강을 다 비추는 것처럼 기도의 힘 역시 마찬가지다. 월인천강지곡인 것이다.

도마는 마지막으로 기도에 대한 정리를 한다. 예수의 가르침은 기도다.

"공주님께서도 이미 그 역할의 한 부분을 맡으신 겁니다."

"제가 무슨 역할을 맡았단 말입니까?"

"공주님은 월인천강지곡이 될 것입니다. 다른 그 어떤 왕비보다 더 빛난 인물이 될 터이니까요."

달이 온 누리 강물을 비추듯 만백성 위에 뜰 것이니, 기도하라는 주문이었다.

"세상에 기록은 많습니다. 그 기록들을 책으로 엮어 만든다면 산더미처럼 높을 것이며 둘 곳이 없어 다 적을 수 없을 것입니다. 그렇지만 공주님에 관한 기록은 반드시 천추에 길이 남아 산 역사가 될 것입니다."

"제가 그렇게 특별할 이유라도 있나요?"

"왜냐구요? 공주님은 땅끝까지 복음을 전파하라는 그 첫 임무를 수행한 여사제가 될 것이기 때문입니다."

"그게 그렇게 의미가 있나요?"

"이 땅의 구원에 관한 첫 기록이 될 것이기 때문입니다."

도마는 공주가 장차 이 땅, 이 나라 인류구원의 역사에 기여할 인물로 남을 것임을 천명한다. 때문에 기나긴 항해 끝에 처음으로 밟은 지상에서 어떻게 기도할 것인가를 고민하게 되는 것이다. 이 땅에 처음으로 복음을 전파하는 순간의 기도이기 때문이다.

도마는 조상들의 오랜 관례대로 망산 언덕 상수리나무 아래 바다가 내려다보이는 곳을 골라 돌단을 쌓게 한다. 돌단은 하나님을 향한 기도제단을 뜻한다. 돌단을 쌓자면 돌의 균형을 잘 맞추어야 한다. 먼저 땅을 단단히 골라 반석을 놓고 그 밑돌 위에 세 개의 잔돌을 얹는다. 이 삼각점의 중심에 윗돌의 중심을 맞춘 후 다음 돌을 들어올린다. 이게 삼각법이다. 건축물을 지어 올릴 때는 이 삼각법을 이용한다. 이 삼각점의 중심부에 무게중심을 두면 그 상층부에 아무리 무거운 물건을 올려놓더라도 어그러짐이 없다. 건축학의 기초다. 도마는 이 건축기술을 형에게 배웠고 그 형은 또 아버지 요셉에게서 전수받았다. 더 나아가 이 삼각점이 위를 향하는 것은 불의 기운이며 그 삼각점의 꼭지점이 아래로 향하는 것은 물의 기운이다. 이 두 삼각형을 겹쳐 별을 그린 것이 다윗의 별이다. 이 별의 아래위로 하늘과 땅을 상징하는 두 줄 푸른 선을 그은 것이 이스라엘의 국기다. 태초에 이 물과 불을 만들고 삼라만상 동식물 바다의 물고기를 만든 이후 마지막으로 사람을 만들어 세웠다. 사람으로 하여금 세상만물을 주관하려 하심이다.

도마는 이 창세원리를 공주에게 가르친다.

"이 원리를 배워두면 앞으로 더없이 유용하게 쓰이게 될 것입니다."

"고마워요."

"그리고 차나무는 고향이 그리울 때 바라보고 찻잎을 우려서 드시면서는 거룩한 만찬의식을 생각하세요. 주님께서는 자신의 피와 살로 거듭난 자만이 영생을 얻으리라 했습니다."

도마는 그동안 말하지 못했던 사람 낚는 어부의 기술을 공주에게 전해주며 이 기술을 통하여 수많은 제단과 돌단이 생길 것을 미리 점쳐본다. 그리고 그 제단이 뜻하는 바 궁극적 의식은 성찬에 있다는 이야길 한다. 예수는 속죄양이고 그 양의 피와 살은 믿음의 상징이다. 이러한 성찬식을 행함으로 망각의 늪에서 빠져나올 수 있다. 무슨 일이건 세월이 가면 잊히기 마련이다. 정례적 의식이 필요한 까닭이다.

"이 땅이 하나님나라를 이루는 큰 터전이 될 것입니다."

힌두교의 시바 신의 아바타였던 원숭이를 숭상하던 공주가 하루아침에 이렇게 돌변한 것은 항해 도중의 기적적 구원에도 있었지만 남모르는 하나님의 역사가 임했기 때문이 아닐 것인가. 공주는 꿈에 한 영상을 보았다. 알에서 깨어난 한 청년이 왕이 되어 백마를 타고 오는 꿈이었는데 그가 바로 어릴 때 헤어졌던 수로였다. 수로의 부모는 모험심이 아주 강하여 세상 끝까지 가보자는 사람들이었고 공주의 부모들은 이제 그만 안주하고 싶은 지친 상태였다. 애초 중원에서 인도로 함께 떠나온 동족들이었지만 이들은 끝까지 함께 할 수가 없는 형편이었다. 하여, 언젠가 기회가 닿으면 두 아들딸들을 혼인시키자는 정혼을 하고는 헤어졌다. 비단길을 통해 장사를 하던 압바네스라는 상인이 우연찮게 이들 서로의 소식을 전하기는 했지만 이렇게 구체적으로 일이 성사되어 실제로 항해에 성공할 줄은 꿈에도 상상 못한 일이었다. 그런데 실제로 항해가 시작되었고 바다를 건너 낯선 땅에 당도했다. 그러한 그날 밤 꿈에 알 수 없는 한 무리 사람들이 나타나,

"공주님은 세상에 하나밖에 없는 영광스런 여인이 될 것입니다."

하였다.

"그게 무슨 뜻이지요?"

공주는 홍조를 띄며 물었다. 열여섯 그 수줍은 티가 역력하다.

"공주님은 이 땅의 빛과 소금이 될 것입니다."

"빛과 소금이라니요?"

"이 해 뜨는 동방의 나라를 비출 빛이 될 것이며 이 나라 이 백성들의 영혼을 썩지 않게 만들 소금이 될 것입니다."

"내가 어떻게 이 나라를 비추어요?"

"달은 하나여도 온 세상을 밝게 비추잖아요. 그처럼 공주

님도 세상의 빛이 될 것입니다. 아울러 소금이 음식물을 썩지 않게 하는 것처럼 이 나라 사람들을 악에 물들어 부패하는 것을 막게 할 것입니다."

이때 공주는 구름 속을 흘러가는 한 여인을 보았는데 성모 마리아였다. 도마가 이야기했던 도마의 어머니 상이었다. 도마는 항해 내내 시간이 있을 때마다 자기 집안 이야기를 했었다. 어머니는 동정녀였는데 성령의 계시에 따라 예수를 낳았고, 예수는 예언을 이루기 위해 십자가형을 당해 죽었다가 다시 살아나 승천하였다. 사람의 몸을 입고 이 지상에 머물던 예수와 형제지간으로 지낸 일들을 생각하면 지금도 믿기지 않는 일들이 많지만 죽었다 다시 살아나 부활한 형의 몸을 직접 만져보고 확인까지 한 사실을 보면 그 모든 일들이 진실이었다는 도마였다. 그러니 말씀 역시 사실이라는 것이었다. 창조주 여호와의 역사를 그대로 기록한 책이라 했다. 모세는 이스라엘 민족의 역사를 그대로 적어 남김으로써 창조주 여호와의 역사하심을 기록하였다. 이스라엘 민족은 이 기록을 통하여 지켜야 할 율법과 조상들의 뿌리를 기억한다. 사실상 예수가 이 땅에 올 것을 미리 알리기 위한 예언서다. 이제 그 예언이 이루어져 예수가 이 땅에 왔고 구원의 약속이 선포되었다. 예수가 이 땅에 온 목적은 에덴에서 추방된 인간들을 다시 에덴과 같은 하늘나라로 불러들이는 일이다. 세상 끝까지 하나님의 역사를 알릴 제자들을 구하기 위해 예수는 이 땅에 와 십자가를 지셨다. 이게 여호와의 구원 계획이다. 여호와는 세상을 창조하셨고 예수님은 구원의 길을 열었다. 이러한 중보자 예수를 이 지상에 모셔 구원의 역사를 이루게 하기 위해 처녀의 몸으로 몸소 성령을 받아 잉태함으로 구세주를 낳아 기른 어머니 마리아다. 어찌 두렵지 않았을 것인가? 처녀가 애를 가졌다면 모두가 손가락질 할 일이었을 터인데도 마리아는 이를 알리는 천사의 말에 순종하였다. 그는 믿음과 순종의 여인이었다. 그러니 그 어머니 앞에는 반드시 거룩하다는 뜻의 성모라는 말이 붙어 마땅하다.

"공주는 그의 죽음을 헛되이 하지 말라."

성모의 말이었다. 예수의 죽음이 인류구원을 위한 희생양이었음을 알리는 일에 일조를 하라는 부탁의 말씀을 하는 성모 마리아였다. 이건 숫제 부탁이 아니라 명령 같은 것이었다. 지금 여기까지 온 게 우연이 아니라는 예표였다. 마지막으로 성모 마리아는,

"나는 정견모주니라."

는 말을 남겼다. 정견모주(正見母主)가 무슨 뜻이었을까? 꿈같은 환영에서 깨어나서도 내내 그 생각을 하고 있었는데 도마가 말했다.

"나는 내 어머니가 정말 위대하다고 생각해요."

그 엄청난 비밀을 어떻게 다 감싸안아 감내하고 살았는지 모를 일이란 것이었다. 처녀가 잉태를 하여 아이를 낳았다면 누가 믿을 것인가? 돌 맞아 죽을 것이 뻔하다. 그런데도 마리아는 천사의 말을 그대로 믿고 실행했다. 이 일에 관해선 아

버지 요셉도 마찬가지로 대단한 인물이었다. 그리고 아버지
는 대체로 말이 없었다. 마리아의 말에 따라 그대로 순응한
편이었다. 보통 믿음으로 되는 일이 아니었다. 도마는 두 분
부모님의 신앙에 대해 대단한 존경심을 가졌다. 자식이 부모
를 존경한다는 것은 부모로서 그만큼 성공한 일일 테다. 그
런데 그러한 자식이 부모를 아무렇게나 함부로 대하는 일이
벌어졌다.

“형이 공생애를 살기 전까지는 보통 사람처럼 지냈거든요.”

아직 공생애에 들진 않았지만, 가나의 혼인집에서 처음으
로 맹물을 포도주로 바꾸던 이적을 행했다. 이날 예수는 마
리아에게 ‘여자여 나와 무슨 상관이 있나이까?’라며 어머니
를 여인으로 불렀다. 그날의 충격적인 일을 마리아는 잊을
수가 없다. 집에서는 난리가 났다. 아들이 비로소 자신의 정
체를 드러내려는 순간이었고 육신의 어머니를 떨쳐내려는
순간이었다. 어머니의 아들에서 하나님의 분신으로 변신하
려는 그날의 그 사건 이후 어머니는 정신 줄을 놓았다. 탄생
순간부터 동방박사의 내방을 받아 이 일에 대한 예언을 들었
을 때부터 염려해 오던 일이 드디어 시작된 것이다. 시작은
되었지만 그 결말은 알 수 없는 일이었다. 알 수 없는 일이라
고는 했지만 어머니는 그 전말을 다 알고 있었을지 모른다.
제 자궁 속에 열 달을 길러 출산의 고통을 감내하며 낳은 자
식이 한창 나이에, 그것도 제 명에 죽지 못하고 십자가 형틀
에 묶여 죽을 것이라는 사실을 알았다면 그 고통이 얼마나

가슴을 저미는 아픔이었을까? 어머니는 알았을지 모른다. 탄생의 비밀을 간직했으니 죽음에 대한 비밀도 알고 있었을지 모른다. 이 막연한 불안감은 도마에게도 있었으니, 가족들 모두가 겪어야 했던 어두운 나날의 한때였었다. 그중에서도 가장 애를 태웠던 사람이 누구였을 것인가? 어머니 마리아가 아니었을까? 그런데 그 마리아가 느닷없이 아유타 공주의 꿈에 나타났다는 것이다. 아직 한 번도 본 일도 없는 사람이 본 일도 없는 사람의 꿈에 나타났다면 이는 필시 무슨 곡절이 있을 일이 아니던가. 공주는 도마에게 꿈 이야기를 했고 도마는 기도를 통하여 응답을 받으려 하고 있다.

"기도는 바라는 바 실상입니다."

기도 응답을 통하여 꿈을 해석할 수도, 그 꿈을 이룰 수도 있다는 도마다. 얍복강 가에서 환도 뼈가 부러지도록 기도에 매달려 이스라엘이라는 이름을 얻은 야곱이 있다. 야곱의 아들인 요셉은 꿈 해몽 하나로 애굽의 재상이 되고 이스라엘 민족의 열두 지파를 형성시키는 역할을 했다. 말씀에는 이런 이야기들이 많다. 이야기를 더 거슬러 올라가면 믿음의 자손 아브라함의 후손으로 야곱이 있고 야곱의 후손들이 약속의 땅 가나안에 정착해 살며 인류구원의 역사를 이룬다. 도마는 이 유서 깊은 역사의 한 장을 집필하기 위해 지금 이 일을 하고 있다. 그 책임감이 막중하다. 그런데 그 꿈 해석이 잘 되지 않는다.

"아마 어머니가 꿈에 나타난 것은 공주로 하여금 할 일을 가르쳐 준 것 같습니다."

그 할 일이란 게 무엇일 것인가. 누군가 선몽을 했다면 그 꿈이 예시하는 현몽의 일은 차츰 알게 될 것이다. 그렇지만 그 이전에 그 꿈을 대충이라도 해몽하는 일도 필요하다. 그래야 준비를 할 것이 아닌가. 도마는 지금 공주의 꿈에 나타난 자신의 모친 마리아에 관한 이야기를 보다 구체적으로 말한다.

"내 어머니 마리아는 여호와의 계시를 받아 처녀의 몸으로 형 예수를 낳았지요."

가계에 대한 설명은 이미 배를 타고 오는 동안 여러 차례 말했으므로 다시 더할 필요는 없을 일이겠기에 어머니 마리아의 모성에 대한 이야기만 간추려 한다.

"어머니는 우리 형제들을 똑같이 키웠어요. 우리 형제자매는 한 손에 붙은 손가락들처럼 하나같이 어머니의 사랑을 받고 자랐지요."

그러나 인자로 오신 예수가 공생애로 접어들어 신성을 발휘하게 됨으로 혼란을 겪었다. 이제 자식으로서의 예수가 아니라 인류를 구원할 구세주로서 현현된 자식을 바라보는 갈등과 맞부딪치게 된 것이다. 이는 도마 역시 마찬가지였고 가족들 모두가 겪을 수밖에 없는 대혼란이었다. 지금까지 한 솥밥 먹고 살던 예수가 갑자기 신격화되는 모습을 바라보는 가족들은 모두 이를 이해할 수도 수용할 수도 없었던 일이 되었다. 이적을 행하고 죽은 자를 살리는 표적을 행할 때까지만 해도 그러려니 했었는데 막상 죽었다 다시 사는 부활의 본 모습을 보고는 지금까지의 의구심과 혼란을 버리고 지금까지 막연하게만 알았던 그 모든 예언들을 그대로 수용해 받아들일 수밖에 없게 되었던 것이다. 이미 창세 이래 지금까지 있었던 모든 일들과 앞으로 있을 모든 일들을 기록하고 예언해 놓고 있었던 것이다.

“리브가의 유모 드보라에 관한 기사가 있어요.”

리브가는 아브라함의 아들인 이삭의 아내로 이스라엘 열두 지파의 뿌리를 형성하는 에서와 야곱을 낳은 인물이다. 그를 키운 유모 드보라는 하층민의 여인이다. 그런데 여인으로서, 그것도 한낱 유모에 불과한 신분으로서 말씀의 기록에 유일하게 그의 무덤이 어디인지를 남기는 영광을 안는다. 말씀에는 분명히 벧엘 아래 상수리나무 밑에 그의 무덤을 만들고 비석을 세웠다고 기록하고 있다. 드보라라는 이름 그 자체가 꿀벌이라는 뜻으로 ‘키운 자’라는 의미를 담고 있다. 누구를 키웠다는 말인가? 장차 여호와의 나라가 될 약속의 땅 이스라엘의 뿌리 야곱을 낳은 그 어머니를 돌봐 키운 자라는 뜻이겠다. 말씀은 이토록 세세하게 공과를 구분한다. 하물며 구세주 예수를 낳아 기른 마리아를 소홀히 할 수 있을 것인가?

“내 어머니 마리아가 공주님 꿈에 나타난 것은 공주에게 할 일을 준 것 같소.”

“제가 무슨 일을 어떻게 하라 하시는 말씀인가요?”

공주는 진지하게 물었다.

“모주에 대한 일은 차츰 밝혀질 것이오.”

도마는 '모주'라는 말을 처음으로 썼다. 모주(母主), 주의 어머니… 그를 잘 모셔야 한다. 이때 공주의 맘속에는 언뜻 정견(正見)이라는 말이 스치고 지났다. 바른 눈으로 똑바로 보라는 뜻이겠다. 그렇다면 이 두 말을 합하면 예수님을 낳은 거룩한 어머님을 똑바로 잘 모시라는 뜻이 아니겠는가? 이스라엘을 세우신 야곱의 어머니를 기른 유모 드보라의 무덤에 관한 기록이 있다는 도마의 말에는 장차 공주가 해야 할 일에 대한 예시이기도 할 것이다. 꿈이 예시하는 공주의 할 일이란 게 대체 무엇일 것인가? 성모 마리아는 결코 '무명의 무식쟁이'가 아니다. 마리아는 선택받은 여인이며 순종한 여인으로 자식들을 올바르게 교육시킨 어머니다. 마지막 작별인사를 하면서 들었던 마리아의 그 신분을 격상시켜 줘야겠다는 생각을 하는 도마다. 이게 자식 된 자의 도리가 아닐 것인가.

"공주가 해야 할 일은 이 나라에 많은 공덕을 쌓는 일이에요."

그중 첫째는 처녀의 몸으로 그리스도 예수를 낳은 성모의 이름을 예수와 함께 널리 알리는 일이요, 둘째는 여자의 몸으로 예수의 형제들을 낳아 예수가 메시아임을 땅끝까지 가서 전하게 만든 마리아의 공덕을 더욱 빛나게 하는 일이다. 그러면 공주의 이름도 길이 남을 수 있다는 도마의 말이다. 장작불은 혼자 타지 않는다. 여럿이 모여 서로를 불태울 때 불이 붙는다. 공주는 도마의 이 말을 잊지 않고 실행하였음으로 오늘날까지 그 이름이 전해지는 것이다.

"그렇지만 처음부터 말이 통해야 하는 일이 아니겠어요?"

언어장벽을 염려하는 공주다.

"나도 처음부터 이런 능력을 가진 게 아니었어요."

예수 능력을 얻은 다음부터 이적을 행할 수 있게 되었고 능통하게 여러 나라 방언을 구사할 수 있게 되었다는 도마의 이야기다. 처음 언어가 하나로 통일돼 있었을 때 인간은 교만이 극에 달해 하늘에 닿을 바벨탑을 쌓았다. 저들도 신들의 영역에 가 닿고 싶었던 것이다. 그러나 하늘에서는 이를 용납하지 않아 바벨탑을 무너뜨리고 각기 다른 언어와 말을 섞어 소통하지 못하게 하는 혼란이 벌어졌다.

"아마 공주님은 말의 소통에 지장이 없을 것입니다."

말을 섞는 것도 여호와요 말을 푸는 것도 여호와이니 언어소통 문제는 걱정 말라는 선장이다. 선장도 어느덧 도마의 편이 돼 공주를 격려하고 있다. 아마도 공주를 통해 큰일을 할 수 있을 것이라는 계획이 미리 짜여 있다고 믿는 듯하다. 모든 일은 그저 되는 게 없다. 계획에 의해 움직여진다. 마치 사람 몸속에 얽혀 있는 핏줄과 같은 것이다. 손가락 끝에 있는 혈관이 터져 피가 나오면 발가락 끝에 있던 피가 움직여 그 자리를 채운다. 산 너머 나비가 한 마리 춤을 추면 그 바람이 이쪽 산 나뭇가지를 흔들게 된다. 우주만물은 서로 연결돼 있다. 이 연결된 천체만물은 서로 유기적 관계를 유지한다. 서로 끌어당기고 미는 힘으로 지탱하고 있다는 이야기다. 이 신묘한 세상을 만든 이가 있어 시간이 유지되고 공간이 생성된다. 그렇다면 공주 일행이 앞으로 해야 할 일도 작정이 돼 있을 것인가? 그 해답은 '그렇다'이다. 그렇더라도 이를 운전해야 할 사람이 있어야 한다.

도마는 지금 당장 급한 것은 수로 왕이 공주를 신부로 맞아들이는 절차를 잘 진행시켜야 한다는 생각이다. 무슨 일이건 순차적으로 하나씩, 그러면서 공주가 이들과 말을 소통할 수 있는 능력을 달라고 기도한다. 이미 벙어리 엘리엇과 필담을 나눌 수 있는 소통의 기적을 본 도마다. 또한 선장 같은 든든한 동행자도 만나게 된 보이지 않는 큰 손길이 있다는 것을 느끼고 있는 도마다. 그렇다면 지금 여기서의 일은 도마 자신이 도맡아 해결해야 한다는 생각이다. 그런데 무엇을 어떻게 해야 할 것인가? 막막한 이야기다. 또 한편으로는 공주의 앞날과 자신의 앞날은 각기 그 길이 다르다는 것이다. 이제는 헤어져야 할 시간이 아닌가?

"왕의 행차가 이리로 향하고 있습니다."

이윽고 왕의 사신이 돌아와 왕께서 직접 마중을 나오고 있다 전한다.

공주는 잠시 긴장한다. 왕이 친히 공주를 영접한다고? 인도에서라면 있을 수 없는 일이다. 인도의 남자들은 신부가 오기를 집안에서 기다린다. 더구나 왕이라면 그 허세가 만만찮다. 왕이 친히 마중을 온다는 말에 장유화상이 제동을 건다.

"왕에게 가서 일러라. 장막을 치고 신부를 맞이할 준비부터 하라고…"

인도에서는 신부를 맞이하는 신랑의 혼례의식 준비절차
가 신부의 신분을 결정짓는다. 적어도 왕이라면 신부를 맞으
라 한다고 산 위에까지 올라와서는 안 된다. 점잖게 앉아서
기다려야 한다. 거기 걸맞는 공주의 신분이라면 호화롭고 화
려한 치장을 한 신부차림으로 등장해야 한다. 적어도 결혼이
라면 거기 따르는 예식이 갖춰져야 한다. 거기 따른 예물도
값진 것들이 마련되어 있어야 한다. 왕이 미처 그러한 혼수
를 준비하지 못했다면 인도에서 가져온 이 예물을 사용하라
는 뜻으로 인도산 금수능라 금은주옥 구슬장신구 등을 바리
바리 넣은 예단을 들려 보내는 장유화상이다. 인도산 비단은
비록 신라비단만 못 했지만 그 원산지가 인도다. 여자들 장
신구로 쓰이는 구슬목걸이는 아직 이 땅에서는 구경조차도
할 수 없었던 새로운 유리 제품으로 페르시아에서 가져온 물
건들이었다. 거기다가 말린 장군차도 함께 싸 보낸다. 수로
왕도 이미 이 장군차의 맛이나 효능에 대해서 잘 알고 있을
것이기에 그 유대감을 한층 앞당길 수 있을 것이라는 계산이
있었기 때문이다.

"이쯤 해야 백성들 보기에도 체면이 서지."

장유화상은 처음부터 왕의 기를 죽여 놔야 공주의 기를 살
릴 수 있을 것이라는 계산이다. 나라를 다스리는 것은 남자이
지만 남자를 다스리는 것은 여자다. 이제 그 여자를 통하여
이 땅을 경작해 나갈 것이다. 경작이라는 말에는 문화라는 뜻
이 담겨져 있다. 아직 한 번도 갈아엎지 않은 새로운 땅을 갈

고 뒤집어 씨앗을 뿌린다는 의미다. 무엇을 심고 가꿀 것인가? 장유화상은 배를 타고 오면서 배운 이 새로운 역사적 사실이 머릿속을 떠나지 않는다. 이거야말로 심고 가꿀 만한 사상이요 실천할 덕목이다. 어느덧 장유화상에게도 이 새로운 복음말씀이 뇌리에 박혀버린 것이다. 따지고 보면 인도의 문화란 것은 별스러운 것이 아니다. 모든 게 힌두의 신들에게서 나온다. 그런데 그 사상이라는 게 또한 별 게 아니다. 항해 도중 내내 들었던 저 예수의 이웃사랑이라는 주제와 똑같은 것들이었던 것이다. 모든 신들은 인간을 이롭게 하기 위해 일하는 것으로 나타난다. 그러니까 서로 이름만 달랐지 그 근본 뿌리는 같았던 것이다. 그렇다면 이거나 저거나 가릴 필요가 없다. 더군다나 가장 낮은 곳으로 임한 예수라는 새로운 인물이 더 신선한 인상으로 박혀 들어온 장유화상이다.

"전통혼례를 치를 것이니라."

화상은 신랑 신부 앞에 초동을 세워 기러기를 안고 가는 입장식과 신랑 신부가 서로 맞절을 하며 인사를 한 후 하늘에 고해 혼인서약을 하는 절차를 따르겠다는 것이다. 이때의 기러기는 원앙새여도 상관없는데 이들 새들의 한결같은 사랑과 절개를 본받자는 의미다.

도마는 장유화상이 앞에 나서 진두지휘를 본 이상 자기가 나설 일이 아님을 깨달았다. 공주의 혼인식에는 자신이 없는 편이 오히려 더 홀가분할 수 있겠다는 생각이다. 일개 항해 도우미로서의 역할을 끝내야 할 때가 온 것이 아닐까. 그게 옳은 순서다. 등장보다는 퇴장의 순간이 중요하다.

도마는 이들과 작별인사를 한다.

"이제 내 모든 소임은 다 끝난 것 같소."

무사 항해를 도왔으니 이제 내 볼 일을 보겠다는 도마다.

"저는 이제 해 뜨는 나라를 구석구석 돌아보며 기쁜 복음을 전하려 합니다."

돌아갈 때를 조절할 수 있는 해류를 기다리자면 아직도 많은 시간이 남아 있으니 그때까지는 이 땅의 구석구석을 돌아보고 싶다는 이야기였다.

"그러시지요. 그동안 참으로 많은 것들을 배웠습니다."

장유화상도 그동안 일에 대해 고마워한다. 항해 도중 수많은 일들이 벌어졌지만 그때마다 도마의 기지로 무사히 그 고비를 넘겼던 것을 기억하는 화상이다. 그리고 할 일을 하다가 왔으니 언젠가는 인도로 돌아가야 할 터이고, 뱃길이 열릴 때를 기다릴 수밖에 없다. 그날까지는 마음 놓고 다른 볼 일 보고 와도 좋다는 이야기다. 장유화상은 이미 도마의 여행 목적을 알고 있다.

"공주님의 혼례를 못 봐 아쉽습니다만…"

도마는 공주와도 작별인사를 했다.

신부화장을 하고 있는 공주는 마치 하늘에서 내려온 선녀 같았다. 얼굴은 가무잡잡하였지만 파란 두 눈이 수정을 박아 놓은 듯 빛났다. 거기다가 살포시 웃을 때 드러나는 석류 알 같은 이빨이 건강미를 더한다.

"참으로 아름다우십니다."

이게 영원한 작별일지라도 행복하게 잘 살라는 말을 잊지 않는다. 세상천지에 이런 국제결혼이 또 있을 것인가? 공주는 장차 맞을 왕에게 세례를 줄 것이며 이 나라를 그의 나라로 만들 것을 새삼 약속한다.

"걱정 마세요. 사도님께서 가르쳐 준 일들은 이 머릿속에 다 기억하고 있으니까요."

도마는 마침 길가에 피어 있는 꽃을 한 송이 꺾어 공주의 귀밑머리에 꽂아준다. 이스라엘에 지천으로 피는 샤론의 장미였다. 여기서는 무궁화라 한다 했다. 끝이 없는 꽃 무궁화(無窮花)다.

"샤론의 꽃입니다."

장차 이 꽃이 이 나라의 꽃 무궁화가 될 줄이야 상상조차 했을 일인가.

"공주님은 이 땅의 역사가 될 것입니다."

"사도님께서도요."

해 뜨는 나라엔 길게 흐르는 낙동강이 있어 그 동쪽은 사로국인 서라벌, 서남쪽은 가락국이라 이름 지은 곳이 있고 그 밖의 여러 부족들이 운집해 나라를 이루고 있는 부족국가 세력들이 있다. 지금 아유타 공주 허황옥이 만나러 온 수로 왕의 나라는 강의 서쪽 지역이다. 가락국의 동쪽으로 흐르는 강이라 하여 강 이름을 낙동강이라 이름 한 이 낙동강은 해 뜨는 나라의 젖줄과도 같은 물줄기이다. 이스라엘에 요단강이 있다면 해 뜨는 나라엔 낙동강이 있다. 또한 이스라엘에 샤론의 장미가 있다면 해 뜨는 나라엔 나라꽃 무궁화가 있다.

지금 도마는 그 강물의 시작이요 끝머리가 되는 산등성이에 올라 가락국을 바라보면서 장차 이곳에서 큰일을 할 공주의 안녕과 번성을 빌었다. 거기 돌단을 쌓았고 이 돌단은 장차 이들 일행을 증언하는 영원한 표적이 될 것을 축수한다. 비록 파도를 잠재울 평형석으로 실려 왔지만 먼 훗날의 사람들은 이를 보고 그 의미를 여러 가지로 생각하게 될 것이다.

"사로국으로 가실 작정이신가요?"

도마는 이제 사로국으로 들어갈 작정이다. 가락국 전도는 허황옥과 장유화상에게 맡겨도 될 만큼 제자훈련을 잘 시켰다. 세례를 주었고 세례를 줄 권능도 주었으니 저들은 그들의 능력껏 재주를 발휘하게 될 것이다. 비록 대엽종 녹차이긴 했지만 찻물과 다과로 대신하는 성찬의식을 치르는 법도 가르쳤다. 성찬식은 주님이 제자들과 마지막으로 나누었던 식사로, 이날 주님께서는 그의 몸과 피를 통하지 않고서는 아무도 그 나라와 그 의를 구할 수 없다고 가르쳤다. 실제로 살과 피를 먹고 마실 수 없으니까 빵과 포도주를 대신 사용한다. 대속의 한 의례인 것이다. 인간은 자주 잊어버리는 망각하는 기억력을 가지고 있다. 하여, 정기적으로 그 일을 행함으로 망각에서 구출될 수 있다. 의식을 행하는 것은 잊어버리지 않기 위한 수단이다. 안식일을 지키라는 이유와 같다. 엿새 동안 열심히 일하고 일곱 째 되는 날 쉬라는 것은 이날 천지를 만든 창조주를 기억하고 감사하라는 의미가 아닐 것인가.

도마는 마지막으로 그리스도 예수를 믿는 신도가 지켜야 할 의례에 대한 이야기를 한다. 세례와 성찬이다. 세례는 죄를 씻어내는 의식이고 성찬은 그 죄를 씻게 해준 예수님께 대한 감사의 표시다. 이 감사의 자리에서 음식을 나누며 서로의 이야기를 즐겁게 나눌 수 있다면 이게 바로 지상의 천국이다. 이런 의식은 의식을 행함으로 잊어버리지 않고 전수시키는 한 방법이다. 이게 일상생활화 될 때 하나의 문화가 이루어진다.

"이 고장에선 빵과 포도주가 없으니 녹차와 떡을 사용해도 된다는 뜻입니다."

"이제 그 가르침들의 전후사정을 잘 배웠습니다."

"기도하세요. 기도야말로 잃어버린 신성을 되찾는 일입니다."

"알겠습니다. 가르침 잊지 않겠습니다."

이 정도로 머리가 빨리 돌아가는 장유화상이니 도마는 앞으로의 모든 일을 장유화상에게 일임해도 좋겠다는 생각을 거듭한다. 인도를 떠나올 때 왕은 이 모든 항해 일정을 도마에게 맡겼다. 이미 항해는 끝났다. 필리핀 해역을 지나올 때 만났던 검은 흑류도 무사히 통과하였고 망망대해의 무풍지대 남지나해도 무사히 지나왔다. 일행을 육지에 내려놓은 이상 더 이상 지체할 시간이 없다. 이젠 자기 일을 할 때다.

"그동안 정말로 고마웠어요."

화상은 여기까지 무사하게 항해를 도운 도마에게 감사하는 마음으로 앞으로 가락국 사람들에게도 이 복음을 전하겠다 한다.

"인간을 널리 이롭게 하자는 일인데 주저할 까닭이 뭐 있겠어요?"

도마는 공주의 혼례식을 못 보고 가는 아쉬움이 있었지만 사로국으로 향하기로 한다. 압바네스의 말을 빌리면 해 뜨는 동쪽 서라벌 너머 바닷가에 땅끝이 있다 하였다. 우선 땅끝을 찾아가 삼천갑자동박삭을 만나 아직도 다 풀지 못한 숙제를 풀어보고 싶은 도마다. 그보다 현실적인 문제는 더 이상 공주의 식객이 될 수 없다는 입장이다. 항해를 돕기 위해 동승하기는 했지만 이제 항해가 끝난 판국에 무슨 명목으로 빌붙어 얻어먹을 것인가. 도마는 공주의 권솔이 아니다. 그러니 더 이상 함께 있을 명분도 없다.

"아무튼 몸조심하십시오."

"화상께서도요."

장유화상은 그동안 무사항해를 도와주어 고맙단 인사를 하였고 공주는 눈물을 글썽이면서까지 헤어지기를 섭섭해했다. 오늘은 여기까지이지만 언젠가는 다시 만나길 희망한다는 말을 남기고 서로 각자의 길을 떠난다.

"샬롬!"

"나마스테"

도마는 이쯤에서 공주 일행과 아주 작별을 한다.

“아, 참 잊었네.”

도마는 목에 걸고 있던 나무십자가 목걸이를 벗어 공주의 손에 쥐어주었다. 공주는 목걸이를 받아 목에 걸었다. 아름다운 신부였다. 이제 공주의 목에는 두 개의 목걸이가 걸렸다. 하나는 수로가 준 것이고 또 다른 하나는 도마가 준 목걸이다. 하나는 땅의 것을 또 다른 하나는 하늘의 것을 목에 건 셈이다. 공주는 이 목걸이들이 가진 각각의 무게를 알고 있었을까?

“잊지 않겠어요.”

“기도하세요.”

이제 도마는 엘리엇과 함께 사로국에 들러 삼천갑자동방삭을 만나볼 작정이다. 배에서 만났던 선장이 그일 거라는 추측은 해봤지만 그건 어디까지나 상상일 뿐 구체적인 증거가 없다. 요즘 와서 부쩍 심해진 기시감과 미시감의 혼란스러움 때문에 머리가 아픈 도마다.

‘그가 과연 그일까?’

도마의 의문은 풀리지 않는다. 항해 내내 선장이 그 동방삭이 아닐까 하는 의구심과 환영에 시달렸지만 대놓고 물어볼 수도 없는 일이었고 또 묻는다고 대답해 줄 일도 없을 것 같은 선장이었다. 선장은 이래도 좋고 저래도 좋았다. 속에 능구렁이가 들어앉았는지 그 속내를 알 수가 없는 인물이었다. 그런데 그 삼천갑자동방삭이, 아니 능구렁이 선장이 홀연히 사라지고 없다. 선장이 자기 배를 두고 어디를 갔을까. 공주 일행과 작별인사를 하는 동안 바람처럼 사라져 버린 선장이었다.

"선장은 어디로 갔지요?"

"모르겠어요. 말도 없이 사라져 버렸으니까."

일등항해사의 말이다. 사실 그 선장은 정식적으로 자격을 갖춘 선장이 아니라는 말을 하는 항해사다. 공주의 호송을 위해 배를 산 군다포러스 왕이 선장 자격을 주어 배를 맡겼지만 이전부터 이 배의 진짜주인은 자기라는 항해사다.

"그렇다면 무역풍이 불 때까지 여기 계속 있을 작정이오?"

도마는 이왕 여기서 계절풍을 기다릴 바에야 그때까지 주변을 한번 둘러보는 게 어떠냐고 한다. 이런 기회에 주변 뱃길을 알아두는 것도 다음 항해를 위해 경험을 쌓는 일이 아니겠느냔 이야기다.

앞으로 이 배를 상선으로 활용하자면 이 나라의 항로를 개척해 두는 편이 좋을 것이라는 도마의 선견지명에 놀라는 항해사다. 인도를 떠나 여기까지 오는 항해 도중 도마의 여러 가지 탁견을 본 항해사다. 그렇다면 이 기회에 이 나라의 바닷길을 미리 연구해 둘 필요성을 느끼는 항해사다. 이왕 배를 매어두고 물때를 기다릴 바에야 한 바퀴 주변을 둘러보는 것도 괜찮을 성싶다.

"어디를 가보고 싶습니까?"

도마는 일단 동쪽으로 가보기로 한다. 해가 뜨는 그 시작점이 궁금한 것이다. 배를 타고 오면서 해는 산에서 뜨는 것이 아니라 바다에서 뜨는 것임을 분명히 보아온 도마다. 그렇지만 땅끝 나라의 바다에서 보는 일출광경은 어떠할 것인가?

"엘리엇, 이제 모험이 시작되는 거야."

낯선 땅에서 누굴 잡고 물어봐야 앞으로 나아갈 길을 알려 줄 것인가. 이들은 무작정 해 뜨는 동쪽을 향해 땅끝부터 확인해 보기로 한다.

도마는 생애 처음으로 완전한 자유를 누린다.

"이제 자유야."

모든 속박으로부터 풀려난 기분을 어찌 다 말로 표현할 수 있을 것인가. 설사 여기서 돌아가지 않는다 할지라도 인도에서 누가 잡으러 올 일도 없을 것이다.

"엘리엇, 이제 자유야."

이제부터는 마음껏 돌아다니며 놀아도 누구 하나 간섭할 사람이 없다는 도마다. 엘리엇 역시 완전한 자유인이 되었다는 선포다.

"어디로 가지?"

"정처 없이."

엘리엇도 박자를 맞춘다.

해 뜨는 나라, 무지개의 나라, 동방의 이 나라는 너무나 아름답고 신비로운 것들이 많다. 도마는 형과 함께 설산을 여행했던 그때부터 역마살이 끼었든지 어디든 가고 싶은 충동을 잠재울 수가 없어 그 궁금증을 풀지 않고서는 견딜 수가 없다. 그는 우선 이곳저곳을 다니며 구경이 하고 싶은 것이다.

"저것 봐."

배를 타고 바라보는 산과 하늘은 또 다른 풍광이다. 이들의 배는 서서히 낙동강의 하구가 만들어 놓은 다대포를 지나 몰운대 절영도와 오륙도를 지난다. 다대포에서 절영도를 바라보는 몰운대 지점에 이르니 물빛이 확연히 다르다. 지금까지는 강물이 섞여 희부연 물빛이었지만 이제부터는 푸른 하늘빛이다. 드디어 푸른 물결이 넘실대는 동해로 들어선 것이다. 아무도 이 물길에 대해 아는 사람이 없다. 전인미답의 처녀출항지이다. 가끔씩 일하던 사람들이 이 이상한 배를 구경하느라 넋을 잃고 바라보는 모습도 눈에 들어온다. 뗏목에 가까운 고기잡이 전마선은 보았지만 붉은 돛을 단 배는 처음인 것이다.

섬이 다섯 개로 혹은 여섯 개로 보이는 오륙도를 지나 육지를 휘감아 돌며 꺾이는 해안선을 따라 멀리 가지 않은 곳부터는 동해다.

"저것 봐라, 멋지지 않으냐?"

거기 한반도가 바다를 향해 한 발을 물속으로 내민 장기곶이 있다. 아래 위를 다니며 보아도 거기가 가장 바다로 돌출된 부분이다. 배 주변으로 돌고래가 춤을 추듯 유영을 하며 다녔다. 가끔씩 몸집이 큰 고래도 보였다. 날치의 공중부상도 있다.

"아마도 저기일 것 같아."

도마는 장기곶을 땅끝으로 생각했다. 세상의 지붕이라 했던 설산으로부터 서서히 내려뻗은 반도 삼천리 가장 동쪽으

로 돌출된 부분, 장기곶을 이들은 땅끝으로 보았다. 동쪽으로
는 아무리 봐도 바다뿐이다. 아마 옳은 판단인지도 모른다.

"저기서 해 뜨는 광경을 보자."

항해사도 모험심에 가득 찬 사람이라 장기곶에 올라 해 뜨
는 광경을 함께 보고 가겠노라 한다. 이들은 간단한 준비를
해가지고 해안을 오른다. 그런데 언덕에 올라보니 이곳이 예
사로운 곳이 아니다. 언제인지는 모르겠지만 그 옛날 화산이
터져 흘러내린 용암으로 뒤덮여 팔각형의 기둥들이 형성된
주상절리들이 줄지어 서 있음을 보게 되었다. 인도의 저 붉
은 돌 채취장에서 본 지형과 흡사하단 생각이 든다. 거기도
저런 지형이 있었다. 엘리엇은 엘리엇대로 고향땅 크레타 섬
의 사마리아계곡을 연상했다. 거기도 저런 주상절리지형이
있었다. 주상절리는 이 지구상에서 일어났던 화산폭발의 산
증거물이다. 도처에 화산이 터졌고 새로운 그 불덩이들이 식
으면서 저런 팔각 돌기둥들을 만들었다.

'화산이 터졌던 거야.'

도마는 문득 소돔과 고모라를 연상했다. 하나님의 진노
를 사 불비를 맞은 곳 이야기다. 기껏 자유로운 여행을 하자
며 떠나온 뱃길인데 또 금시 말씀 이야기에 사로잡히는 도마
다. 식자우환이라 했든가? 도마는 형을 따라가 읽은 말씀구
절들이 늘 머릿속을 맴돌아 괴롭다. 그것들이 잊히지가 않으
니 더욱 괴로울 노릇이다. 형이 그랬다. 자신의 족보 정도는
알고 있어야 한다고. 그런데 그 족보라는 것이 송두리째 내

용의 전부인 가문이었으니…. '야, 꼬맹아. 너는 이담에 커서 뭐가 될래? 적어도 까막눈은 되지 말아야지' 그러자면 책을 읽어야 한다 했다. 양피지는 물론 두루마리 파피루스에 적힌 글까지 읽게 하였던 형이다. 어떤 책은 알렉산드리아 도서관에나 가야 볼 수 있을 것이라는 귀중한 책도 있었다. 대개의 책들은 고대 그리스어나 희랍어로 된 문자들이지만 최근 들어 나온 회당의 책들은 아람어로 써진 파피루스 종이책들도 있었다. 형은 랍비들이나 볼 수 있는 이런 서책들을 집에까지 들고 와 동생들에게 읽혔다. 때문에 간 데마다, 사사건건, 그때 읽었던 책 내용과 결부된 상상이 떠오르는 도마다. 언젠가 선장이 말했다. 예언자는 예언을 이루기 위해 남다른 고생을 한다고, 그리고 그 예언자는 미리 보이는 예지 때문에 괴로움을 당한다고….

밤을 새고 일출을 보는 동안 도마에게는 새로운 식견이 열렸다. 땅끝은 따로 있는 게 아니다. 해는 둥그스름한 바다 한가운데서 솟아올랐지만, 그 둥그스름한 바다는 지중해에서도 인도양에서도 있었으며 태평양에서도 있었다. 바다가 둥글다는 이야기겠다. 그렇다면 그 어느 곳을 시작점으로 삼고 그 어느 곳을 끝으로 삼을 것인가? 시작도 끝도 없다는 것이다. 그러니까 형이 말한 땅끝까지라는 말은 이 세상의 어느 지점을 말하는 것이 아니라는 이야기다. 언젠가 형은 이것들 모두가 마음속에 있다는 말을 한 적이 있었다.

—너희 지도자가 '보라 천국이 하늘에 있다 하면' 공중의

새가 너희를 앞설 것이요, '천국이 바다에 있다 하면' 물고기가 너를 앞설 것이다. 차라리 천국은 너희 안에 있고 너희 밖에 있느니라. 네가 네 자신을 알 때 너는 알려지게 되고 너는 네가 살아계신 아버지의 자녀임을 이해하게 될 것이다. 그러나 네가 네 자신을 모른다면 너는 빈곤 중에 살게 되고 네 자신이 곧 빈곤이니라.

그렇다면 시작도 끝도 마음속에 있는 것이 아닐 것인가. 도마는 그 시작점을 마음속에서 찾기로 한다. 땅끝에서 찾은 또 다른 시작점이다.

'형, 이제 알겠어.'

형이 땅끝까지 가 복음을 전하라 한 것은 지도상의 땅끝이 아니라 각자의 마음속을 뜻한 것임을, 그래야만 세상만민이 되는 것이다. 그렇다면 세상 어느 곳이든 사람이 모인 곳이면 그곳이 땅끝인 셈이다.

'이제 알겠어. 세상 어디나 시작이요 끝인 게야.'

도마는 이제 배를 돌려 돌아가도 좋겠다 한다.

땅끝을 찾아 헤맬 게 아니라 지금 있는 곳이 땅끝이라는 생각을 하면 된다. 배를 되돌려 내려오는 길에 사람들이 모여 선 한곳이 보인다. 나중에 장생포라 불리게 된 포구였다. 멀리서 봐도 커다란 고래를 잡아 해체하는 사람들이다.

"우리 저기 가서 구경 좀 하고 가요."

도마의 호기심이 발동했다.

해안에 모여 선 사람들은 집채만 한 고래를 잡아 배를 가르고 있었는데 그 칼날이 사람 키보다 컸다. 그 긴 칼날로 고래 배를 쓱싹 쓱싹 갈라내고 그 배 속에서 내장을 끄집어 내는데 아직도 김이 무럭무럭 나고 있었다. 배를 가른 사람이 간을 꺼내 입에 넣고 우물우물 씹어 삼킨 다음 또 한 조각을 싹둑 잘라 옆에 선 사람을 준다. 옆에 선 사람이 고래 간을 받아먹고 입술에 묻은 피를 닦는 모습을 보고 도마도 한 입 달라는 시늉을 한다. 고래 해체 꾼이 간을 여러 토막 잘라서 커다란 반작사구에 담아 사람들에게 나누어 먹을 것을 허한다. 사람들이 각기 고래 간을 집어먹으며 맛있다고 소리쳤다. 어디 가서도 볼 수 없는 광경이다.

고래는 여러 가지 종류가 있다. 지금 잡은 고래는 밍크고래로 그 크기가 어마어마하게 크다. 쇠정어리라고도 불리는 이 밍크고래는 동해에 자주 나타나 사람들의 양식이 되기도 하는데 고래가 잡히는 날에는 인근 마을 사람들이 다 모여 잔치를 벌인다.

고래를 잡았다는 소문을 듣고 사람들이 모여들기 시작하는 시간이다. 이 시간이 파시다. 시장이 형성되는 시간인 것이다.

도마는 사람들이 모이는 이 시간이 가장 소중하다. 사람이 있어야 전도를 할 것이 아닌가? 일일이 찾아다니면서 사람을 모으려 해도 힘들 일인데 저절로 모여드는 군중을 그저 보낼 수 없는 도마다.

도마는 여기서 일장연설을 꺼내놓고 예수 이야기를 했다.

그러나 별 반응들이 없다. 생전 듣도 보도 못한 예수가 이들에게 무슨 소용일 것인가. 맨땅에 머리박기다. 이들에게는 고래 고기가 중요할 뿐이다. 그런데 한 무더기 서 있던 몇 사람 중 한 사람이 관심을 보인다. 저들은 생김새 자체가 이곳 사람들하고는 또 다른 얼굴이다. 피부색이 가무잡잡하고 코가 납작하다. 그런데다가 윗눈썹 부위가 두텁다. 책에서 본 바대로라면 이는 북방계 사람이다. 북방계 사람들은 날씨가 워낙 추워 코를 얼지 않도록 납작하게 눌렀고 윗눈썹을 두텁게 하여 눈 녹은 물이 눈에 들어가지 않도록 방지하는 역할을 한다 했다.

도마가 먼저 물었다.

"당신들은 이곳 사람이 아니지요?"

"어떻게 그걸 알았소? 당신도 이곳 사람은 아닌 것 같소만…."

이렇게 하여 통성명이 끝난 이들은 술을 만들어 파는 주막으로 들어갔다. 고래잡이가 있는 날은 사방에서 고기를 사러 오는 사람들이 있어 이들을 상대로 장사를 하는 주막이 생겼다. 주막에서는 쌀로 빚은 막걸리를 담아 팔고 고래 고기를 안주로 삼았다. 상투를 틀어 올린 인근 남정네들이 성시를 이루었다.

"우리는 캄차카 반도에서 왔습니다."

저들은 캄차카 반도에서 온 고래잡이 상단 중 일행이라는 것이었다. 그러면서 저렇게 크고 화려한 돛배는 처음 본다며 배에 관한 관심을 보이기 시작했다.

"저런 배는 처음 봐요."

"우리 배는 인도에서 온 배라오."

항해사가 인도 배에 대한 설명을 했다. 삼면이 바다라 일찌감치 해양문화가 발달했다는 이야기며 배를 만드는 건조기술 등을 이야기하며 저런 배 한 척을 만들자면 어마어마한 돈이 들어간다는 이야기도 했다.

"캄차카 반도에서는 저런 돛배가 있어도 무용지물이지요."

북해는 사철 어둡고 추우며 바다까지도 얼어붙어 일단 유사시에는 어깨에 메거나 끌고 갈 수 있는 가죽 부대 카누가 제격이라는 저들이다. 그렇지만 저 붉은 돛대를 단 범선은 탐이 난다 했다.

"우리는 고래를 잡지만 한편으로는 고래를 신성시해요."

이들은 북극곰을 잡아 그 가죽으로 만든 카누를 타고 다니며 고래사냥을 한다 했다. 그러나 여기 사람들처럼 고래를 잡아먹지는 않고 고래를 신처럼 떠받들고 사는 고래족이라 했다. 먹고살기 위해 어쩔 수 없이 잡는 고래 외에는 남획하지 않는다. 양식을 위해 어쩔 수 없이 고래를 잡을 때는 지극정성으로 고래의 혼령을 위한 제사도 드려준다.

"우리는 고래를 지키러 왔어요."

고래는 북빙양의 차가운 물속에 살다가 철따라 산란기가 되면 서서히 남쪽으로 내려와 여기서 새끼를 낳고 다시 날씨가 풀리면 북쪽으로 올라가는 생활을 반복한다. 이를 고래의 회유라 한다. 고래는 일정한 시기를 두고 회유생활을 한다. 그런데 여기 사람들이 무분별하게 고래를 잡아 이를 방지할 대책을 강구하고 있는 중이라는 이야기다.

"고래 중에서도 일각수 고래가 있어요."

머리끝에 기다란 뿔이 난 일각수는 이들에게 있어 신적인 존재다. 일각수는 고래 중의 고래로 고래 왕이다. 다른 고래는 다 잡아도 이 고래만큼은 잡지 말 것을 부탁하러 온 이들이다.

"여기가 고래 산란장이거든요?"

캄차카반도에서 온 이들 고래 선단은 고래를 포획하러 온 게 아니라 일각수고래를 보호하러 온 사람들이라 했다.

"어떻게 고래가 신일 수 있지요?"

도마는 고래가 신격화된 이들에게 고래의 신성화에 대해 묻는다.

"사람들은 흔히 신령한 물건을 보면 그만 거기 엎드려 절 하잖아요?"

그런 엎드림 이상 아무것도 아니란 대답이다.

"그래도 그렇지. 동물을 신성시하여 거기 절을 하고 그러면 안 되지요."

도마는 또 천지창조설을 논하였고 사람이 그중 가장 으뜸인 만물의 영장임을 설하며 자연물 앞에 절하는 건 사람이 할 짓이 아니란 교훈을 남긴다. 저들이 보여줄 것이 하나 있다며 술집을 나가 같이 걸을 것을 권한다.

장생포로 흘러드는 태화강을 따라 올라간 곳에 반구대라는 곳이 있다.

깎아지른 절벽을 가진 반구대를 마주하고 이들 선단의 거처가 있었다. 이들은 여기다 움집을 짓고 기거하면서도 돌구들을 놓은 온돌난방을 하고 살았다. 추위를 이기는 방법으로는 구들만큼 실효적인 난방법이 또 없다. 마을 사람들이 와서 보고 배워 갈 정도라 했다. 등불은 고래 기름으로 대체하였고 고래이빨을 가지고 만든 잔을 사용하고 있었다. 일각수 고래의 외뿔로 만든 뿔 나팔도 있었다.

"여기는 우리 조상 대대로 고래를 지키기 위해 그린 바위그림이 있어요."

"바위그림이라니요?"

"저길 한번 보세요."

감감한 강안의 낭떠러지 바위벽을 가리키는 손가락 끝을 보니 거기 절벽에 새겨져 있는 그림들이 보인다. 너비 서른 척 높이 열두 척 정도의 바위에 그림들이 빼곡하게 새겨져 있다. 눈을 크게 열어 자세히 보니 그림 속에는 소나 호랑이 표범 사슴 등 육지동물들도 있었지만 주로 고래 같은 해양생물들이 많았다. 고래도 귀신고래 범고래 혹등고래 같은 덩치가 큰 고래가 있는가 하면 밍크고래 돌고래 같은 것들도 있고 뱃속에 새끼를 안고 있는 고래도 있다. 그중에서도 특히 눈길을 끄는 것은 등에 아기고래를 업고 다니는 고래며 젖을 빨리고 있는 어미고래다. 고래는 사람과 같은 포유동물로 젖을 먹여 새끼를 기르는 유일한 해양포유동물이다.

"저기다 왜 저런 그림을 그려 남기는 줄 아세요?"

고래를 잡은 고래사냥의 승리를 기념하기 위해 남긴 표시가 아니라 고래의 남획을 고발하기 위해 남기는 기록이라 하였다. 이 기록을 시작한 것은 이미 오래전 일로 조상 대대로 행해져 내려오던 전사들의 임무라는 것이었다. 캄차카 반도의 이 전사들이 이곳 반구대에 고래그림을 그리기 시작한 것은 벌써 수 세대로 거슬러 올라간다. 그러는 동안 이곳의 생활문화와 캄차카의 생활문화가 뒤섞이기도 했다는 이야기를 한다. 서로 교류가 이루어졌다는 이야기겠다. 캄차카 반도 선단과 장생포 고래잡이들 중에는 통혼이 이루어지기까지 했다는 이야기를 하는 이 사람은 묻지도 않은 이야기까지도 술술 쏟아내 놓는다. 그만큼 말이 통하는 사람이 없었던 모양이다. 이렇듯 언어라는 것은 소중한 인간의 특질이다.

"놀랍군요."

바위벽화에는 3백 개의 그림이 암각돼 있었고 고래그림만 해도 56개나 되었다. 수백 마리의 동물들이 그려져 있는 저 암각화는 대체 언제부터 그려져 왔던 것일까. 아무튼지 저 그림들은 수백 년 아니면 수천 년 동안 걸쳐 내려오는 저들의 염원이 아닐 것인가?

"일각수고래가 특별한 이유가 있습니까?"

"대홍수의 징치를 받지 않은 유일한 생물이지요."

고래는 유일하게 대홍수 때 방주에 들지 않고 살아남은 존재다. 하여 처음에 받은 몸의 기능을 하나도 잃어버리지 않은 상태다. 한 가지 예를 든다면 혹등고래 같은 경우 북극에서 타진하는 소리를 남극에서도 들을 수 있는 청각을 아직도 가지고 있고 그 기능으로 서로 소통할 수 있다. 외모로 보아 가장 특징 있는 고래가 일각수로, 일각수 고래는 고래의 상징이다. 그리고 외뿔이 상징하는 바, 뿔 그 자체가 진리라는 것이었다. 이들은 이 진리 하나를 전하기 위해 한반도 내륙 깊숙이 이런 바위그림들을 많이 남겨왔다는 이야기였다. 이들이 그린 바위그림 중에 동심원 형태가 많은데 이는 고래들이 이런 둥근 파장을 이용해 서로 소통하는 원리에 대한 기록이라는 이야기도 했다. 이들은 누대로 이러한 메시지를 전하기 위한 석상이나 그림을 바위에 새기며 고래를 지키는 해양 족이라는 것이었다. 이들은 또 다른 태평양의 여러 섬들에도 이러한 메시지를 남기며 거대한 석상들을 만들어 남겼는데 그중 대표적인 것이 이스터 섬의 모아이 석상이라 한다. 모아이 석상은 고래를 기다리거나 바라보는 모습이다. 석양에 이 석상을 바라보고 울지 않는 사람은 사람이 아니다.

그런데 이들이 재미난 이야기를 또 하나 더 들려준다.

"캄차카 반도에는 까치 설화가 있어요."

그 까치설화는 이렇다. 캄차카 반도는 여러 수천 개의 섬들로 이루어져 있는데 그중 한 섬에 너무나 어여쁜 공주가 있었다. 이 공주는 뭇 남자들의 관심을 끌기에 충분했다. 왕은 가장 비싼 값으로 공주를 결혼시킬 생각으로 사방에다가 광고를 냈다. 훌륭한 신랑감을 찾는다고. 그 신랑감은 어떠해야 할 것인가? 돈 많고 잘 생기고 똑똑도 해야 할 것이다. 그런데 문제가 생겼다. 사방에서 구름 떼처럼 몰려드는 총각들이 섬을 가득 메우고 있는데, 공주가 그만 출산을 해버린 것이었다. 아마도 아무도 몰래 사랑하던 남자가 있었던 모양이다. 노발대발 화가 머리끝까지 치민 왕은 이를 비밀로 부치는 한편 아이를 죽여 없애기로 결심을 한다. 그런데 이를 불쌍히 여긴 왕의 신하는 아기를 상자에 담아 바다에 띄워 보냈다. 그 후로 이상한 일이 벌어졌다. 그날로 까치들이 날아들어 이 상자를 보호하기 시작했다는 설화다.

"물결을 타고 그 상자가 흘러내려온 곳이 어딘지 아십니까?"

아진포, 바로 이 한반도 동해 바닷가였다는 이야기다.

캄차카 반도에서 여기까지는 수천 리나 떨어진 거리다. 어찌 여기까지 그 상자가 흘러올 수 있었단 말인가. 그리고 그 아이가 살아남을 수 있었단 말인가. 믿기지 않는 이야기였지만 고래잡이 이야기로는 일각수 고래가 젖을 먹여 키웠다는 것이고, 이 아이는 장차 커서 고래를 지켜줄 고래수호 왕이 된다는 전설적 이야기가 있다는 것이었다. 참으로 황당한 이야기 같았지만 그다음이 결정타다.

"그 아이의 성 씨가 뭔지 아십니까?"

까치 작(鵲) 자에서 새 조(鳥) 자를 떼버리고 쓴 석(昔)씨라는 것이었다. 이 이야기꾼은 덧붙여 지금 사로국 박혁거세 거서간의 사위 되는 석탈해(昔脫解)의 성 씨와 같은 석씨라는 것이었다. 그가 사로국 왕이 될 날이 머지않았고 그가 왕이 되면 고래잡이 금지령이 내려질 것이라는 이야기였다. 그래서 이들은 그가 왕이 되기를 기다린다.

도마는 금방 이들의 이야기를 알아챈다. 이건 지어낸 이야기다. 사실은 그 아이가 불쌍해 이들이 배에 싣고 온 것이리라. 그리고 누군가 키울 만한 집 앞에 갖다놓았으리라. 이야기는 본래 부풀리는 법이 아니던가. 그런데 이들의 말에 또 하나 재미있는 비밀이 들어 있음을 간파한다. 이들 석씨 일족은 하나같이 귓등에 검은 반점이 있다는 것이다. 까치의 검은 털이 낙인찍히듯 찍혀 있다는 이야기였는데 이는 어느 특정 씨족의 유전자를 의미하는 뜻일 것이라는 도마의 생각이다.

"어디로 가면 그 사람을 만날 수 있지요?"

"서라벌에 가면 있지요."

그는 머잖아 왕이 될 몸이라 했다. 그렇다면 이들은 그의 왕위 계승을 돕는 숨은 조력자들일 수도 있겠다. 그런데 그보다 먼저 떠오르는 한 사람이 있다.

'그렇지, 바로 그거야.'

도마는 퍼뜩 그 선장을 떠올렸다. 선장의 귓바퀴에 선명하게 드러나 보였던 검은 점, 그때는 무심코 지나쳤던 일이, 그 일이 다시 얽히고설키는 느낌이다. 혈통의 문제다. 대홍수 이후 산지사방으로 흩어져 나간 노아의 후손 중에 북쪽으로 간 일족들이 그런 유전자를 타고났다면 그의 조상이 에녹일 수도 있다. 천만 분의 일에 해당하는 일이겠지만 그가 조문국 제사장의 양아들이 된 데에는 그런 혈연이 작용할 수 있지 않을 것인가? 그런 기상천외한 계획이 존재할 수도 있지 않을까?

도마는 머리가 어찔해 옴을 느낀다.

"가자, 우리가 길을 잘못 잡았어."

길을 잘못 들었지만 갈 길을 찾은 도마다. 이제는 땅끝도 확인했고 이 땅에서의 출발점이 어디인지를 찾았으니 갈 길이 확실해진 셈이다.

도마는 이 모든 일들이 꿈속 같은 현실임을 직감한다. 이제는 새로운 시발점이 생긴 것이다. 전체 노정의 윤곽이 뚜렷해진다.

'삼천갑자동방삭을 찾아야 해.'

도마는 길이 하나 열리는 것을 느낀다. 이 모든 일은 이미 예정돼 있었고 그는 그 수순대로 움직이기만 하면 된다. 그는 그러한 기록을 위한 도구역할을 하면 그뿐인 것이다. 이제 그는 자신의 존재 이유를 깨닫기 시작한 것이다.

삼천갑자동방삭을 만나다

배는 낙동강 하구로 되돌아 나와 다시 강을 거슬러 올라가기 시작한다.

강을 따라 땅끝 내륙 깊숙이 파고들어가 볼 작정인 것이다. 큰 강에서는 범선을 띄우고 작은 샛강에서는 뗏목를 타고 움직일 수 있도록 준비를 했다.

"먼저 사로국부터 가봐야겠어."

한반도 땅은 남북으로 뻗은 산줄기가 있어 동서로 난 재를 넘어 이동한다. 그러자면 강을 건너고 산을 또 넘어야 한다. 그야말로 산 넘고 물 건너는 이동이다. 산 아래 강변에는 어김없이 옹기종기 모여 사는 촌락들이 자리 잡아 잠자리를 구하거나 음식을 얻어먹을 수 있다. 사람들 인심이 후해 이동에 별 지장이 없다.

며칠 걸리지 않아 사로국에 당도했다.

사로국은 진한 열두 나라 중 하나로 알천을 양 사이로 드넓은 들판이 있다. 알천은 들판 남녘에 위치한 남산의 골짝골짝에서 흘러나오는 석간수를 동해 바다로 내보내는 형산강을 이룬다. 세상에 강은 많지만 북쪽으로 흐르는 일은 드문 법인데 유독 이 강물은 남출북류하여 모량을 지나는 들판 끝에서 동으로 그 물머리를 꺾어 바다에 들기를 고집한다. 여기가 어딘가. 호랑이 꼬리라는 의미의 호미곶이 있는 곳이다. 땅끝, 해가 뜨는 나라이니 땅이 시작되는 곳이기도 하고 끝나는 곳이기도 하다. 그 너머 동해까지 이미 배를 타고 와봤으니 한반도 땅의 지리적 형상이 눈에 그려지는 도마다.

사람 사는 집들이 자리 잡고 있는 들녘이 서라벌이다. 서라벌에서 동쪽으로 아침마다 해를 보듬어 안았다가 토해내는 토함산이 있고 남쪽으로는 해풍을 막아주는 남산이 있다. 여기 이곳에 나라를 세운 사람은 박혁거세 거서간이다. 이 한반도 강토에는 진한 외에도 마한 변한으로 불리는 소국들이 있었고 위로는 부여 옥저 낙랑군 같은 작고 큰 나라들이 산재했다. 북쪽에는 이들 나라보다는 훨씬 더 큰 땅덩어리를 차지하고 있는 고구려 백제 같은 나라도 포진했다. 이들 큰 나라는 중원의 천산에 이르기까지 막대한 영토를 가지고 있다. 한반도를 먼저 차지하고 있던 이들 선주민들은 단군의 후예들로 저들 스스로 배달민족이라 불렀다. 이들은 흰 옷을 즐겨 입는 민족으로 널리 세상을 이롭게 한다는 홍익을 국시로 삼고 신단수 아래 참성단을 쌓아 천조 단군을 받들고 살았다. 이들은 이미 국가 형태를 이루었다. 율령을 정하고 통치하는 법치국가를 만들었다. 그 새중간에 사로국과 가락국 같은 부족들이 자리 잡았다.

그러나 언제부터인지 이들 큰 나라 사이에 끼어들어 촌락을 이루고 살던 부족들도 서로 다른 움직임을 보이기 시작했다. 중원의 대륙에서 돌출돼 나와 삼면이 바다로 둘러쳐지게 된 한반도의 지역적 특성 때문에 이민족들이 여기저기로 흘러들어오기 시작한 것인데, 이들 집단이 만든 고만고만한 부족들이 수십 개가 포진하게 되어 도토리 키 재기를 시작하게 되었다는 이야기다. 아직 나라꼴을 다 갖추진 못했지만 힘센 부족장을 중심으로 넓은 골짜기 하나씩을 차지하여 서로 힘자랑을 하게 되었다. 이들 중에는 북쪽에서 육로를 따라 내려온 사람들도 있었고 서남쪽에서 바다를 건너온 사람들도 있었다. 중원 땅은 하도 넓어 수백 개의 나라들이 있었는데 이들 수백 개의 나라들이 전쟁을 일으켜 춘추전국시대가 되니 그 피난민들이 바다를 건널 수밖에 없어, 도래 인들끼리 각자도생의 길을 열 수밖에 없었다.

중원의 춘추전국시대를 피해 바다를 건너온 사람들이 나름대로의 부족을 이루어 살 수밖에 없게 되었다는 이야기다. 그중에 가장 먼저 한반도로 들어온 이주민들은 진나라 출신들이 모여 만든 나라로 진한으로 불리었다. 그다음으로 도래한 집단이 한나라가 망하고 들어온 한족들로 마한이다. 또 그다음으로 들어온 유민들은 변한이다. 그 출신과 이동경로에 따라 혹은 씨족장에 따라 각기 다른 이름으로 불리게 되었으니 진한 중에도 여러 갈래 씨족들이 생겼다. 먹고살 만한 큰 들판이 있으면 힘센 사람을 부족장으로 삼고 뭉쳐서 고을 하나씩을 차지했다는 이야기겠다. 한반도의 남녘을 차지하고 있는 이들 씨족과 부족들은 어깨를 나란히 견주고 있는 고만고만한 세력을 형성하면서도 넓은 들판이 있는 골짜기 하나씩을 차지하고 앉아 전쟁 없는 연합 체제를 이루었으니 가야연맹국이다.

그러나 언제 세력다툼이 벌어질지 모르는 상황이었다. 그중에서도 가장 먼저 쇠를 만들어낸 사로국이 선두주자가 될 전망이 높다. 사로국은 이미 나라 이름을 바꾸어 새로 밝아오는 벌판이라는 뜻의 〈셔벌〉이라는 국호를 택하였고 셔벌—서라벌—로 불렀다. 이들은 이미 서역 무역업자 압바네스를 통해 무기를 만들 수 있는 덩이쇠를 수입해 들여 제철 기술을 익혔고 저들이 마시고 즐기는 포도주 유리잔을 선물받아 외래문물에 먼저 눈을 뜬 사람들이었다. 뿐인가 비단을 내다 팔아 서역 사람들의 문물을 일찍이 수용하였다. 서방은 이미 마차를 만들어 무기로 사용하였고 창과 방패로 공격과 수비를 하는 전투대형을 연구하여 실제 전쟁에 이용하는가 하면 대포를 만들어 성을 무너뜨린다 하였다. 이러한 무기를 사용하여 인도까지 쳐들어온 알렉산더 대왕 이야기를 하며 저들 군대의 단검을 팔아먹는 압바네스는 서라벌 사람들의 혼을 빼놓는 상술을 가지고 있었다.

"그러자면 교육이 필요합니다."

압바네스는 그리스 로마의 교육제도까지를 천거하여 팔아먹었다. 하여 서라벌에 군사교육제도인 화랑도가 싹트게 된 것이다. 나라가 강성해지자면 백년대계를 세워 교육에 힘써야 함은 물론 풍류도 알아야 한다. 풍류를 앞세워 군사력을 기른 화랑도의 연원이 여기서 출발한다. 이를 빌미로 유리 술잔과 악기까지 팔아먹은 압바네스다.

"앞으로 이 나라가 한반도 전역을 지배할 날이 올 겁니다."

압바네스는 한반도 남녘의 작은 나라 서라벌이 해 뜨는 나라 전역의 강토를 통일할 날이 올 것이라는 예언적 말을 하였다. 그는 여기 와서 도마로부터 얻어 들은 새로운 나라, 새 하늘을 한껏 팔아먹었다.

"우리가 어떻게 하면 그 꿈을 이룰 수 있겠소?"

왕은 머리를 조아려 이 서역 상인의 조언을 구했다.

"내가 한 인물을 소개해 드리면 되겠습니까?"

"그가 누구요?"

"그는 천지창조 이래 지금까지 살아온 사람으로 세상이치를 훤히 꿰뚫어 통달한 신인이랍니다."

압바네스는 서라벌 왕에게 삼천갑자동박삭을 찾아 그에게 국정자문을 맡기라는 조언을 아끼지 않았다. 이 중요한 정보를 제공함으로 압바네스는 비단을 잔뜩 거둬 싣고 해상 비단길로 되돌아간다. 하여 서라벌에서는 동방삭을 찾아 혈안이 되었다.

그러나 동박삭은 찾을 수 없었다. 항간에 떠도는 말로는 동방삭은 신출귀몰하여 눈앞에 있다가도 없어지고 잡았다 싶으면 또 놓친다는 것이었다. 바람처럼 보이지 않게 움직여 그 스스로가 나타나 현현되지 않으면 아무도 그를 만날 수 없다는 것이었다. 나라 안 온데 사방에 동방삭을 찾으면 상금을 내리겠다는 방이 나붙었다. 한 지혜로운 사람이 꾀를 내어 냇가에 앉아 숫돌에다가 숯을 갈고 있었다. 지나가는 사람들이 '별 미친놈을 다 보겠네' 하고 비웃으며 지나갔다. 칼 가는 숫돌에 숯을 갈다니? 한 노인네가 이 광경을 유심히 보더니 숯 가는 사람에게 묻는다.

"여보시오, 그게 뭐하는 짓이오?"

"숯을 갈고 있소. 보이지 않소?"

노인은 숯을 갈아서 뭘 할 거냐고? 물었고, 숯을 갈던 사람은 숯을 갈면 하얗게 변할지 누가 알겠소? 하였다. 노인은 헛치고 웃으며, '내 삼천갑년을 살았어도 숯을 갈아 하얗게 만들겠다는 놈은 처음 본다'며 그 자리를 지나갔다. 숯 갈이는 바로 이 자가 삼천갑자동방삭인 줄을 알고 그를 잡으려 했다. 그런데 그는 어느새 온데간데없이 사라지고 보이지 않았다. 참으로 신출귀몰한 인물이다. 소문에 소문이 날개를 달아 삼천갑자동방삭은 천의 얼굴을 한 인물이라는 이야기가 나돌았다.

도마는 지금 이 스산한 서라벌 벌판에 들어와 삼천갑자동방삭을 찾고 있다.

그런데 그러한 둔갑술의 귀재, 삼천갑자동방삭이 제 발로 찾아와 도마 앞에 섰다.

도마가 서라벌에 당도해 하늘의 별을 관측하기 위해 쌓고 있다는 첨성대 앞에 섰을 때 돌로 벽을 쌓던 웬 허연 노인이 나타나,

"이제 오느냐? 네 놈이 나를 찾아올 줄 알았다."

하는 것이었다.

"당신이 누구신지?"

"이놈아, 날 찾아 여기까지 와놓고도 내가 누구인가를 묻느냐?"

그런데 이렇게 늦게 나타날 줄은 몰랐다는 핀잔이다. 사실 늦은 것은 아니다. 동방삭은 그 동안 여기저기 볼일이 많아 바빴다. 그중에서도 선장노릇을 하느라 첨성대 만드는 일을 일시 중지하고 있었다. 항해 기간 내내 이 귀여운 손자 녀석과 함께 지냈건만 시치미를 뚝 떼고 모른 척한다.

도마 역시 집히는 것이 있었지만 굳이 내색하지 않는다. 이미 그는 할아버지 귀 뒤에 찍힌 까만 점, 사마귀를 본 것이다. 아무리 옷을 갈아입고 변장을 해도 그 점만큼은 감출 수 없다.

"할아버지 이건 뭐예요?"

"보면 모르겠냐? 별 관측소 아니냐?"

"별은 왜 관찰해요?"

"너는 그러면 망산에 돌탑은 왜 세웠더냐?"

가락국에 파사탑을 남긴 일이나 서라벌에 첨성대를 세우는 일이 다 같다 하였다. 그 근본은 하나로 이스라엘 민족은 돌단

을 쌓고 여호와께 감사를 드리는 걸 가장 중요한 일로 삼았다. 그 시초는 아브라함 때로 거슬러 올라가지만 야곱의 돌단이나 다윗의 시온성 같은 제단도 같은 목적에서 세워진 기표다.

첨성단은 365개의 돌로 쌓은 돈대에다가 마지막에 가서는 우물#자로 끝막음한 우물 형태의 제단이다. 이 우물형태와 돌의 숫자는 무슨 의미를 가질 것인가. 에녹은 65세가 되었을 때 아들 므두셀라를 낳았고 최초의 인간 아담에게 축복을 받았다. 이후부터 3백 년을 여호와와 동행하며 그를 따랐다. 에녹은 65세를 기준으로 시온을 이루었으며 그 이후 365년 동안을 준비하고 430세가 되던 해 시온백성들과 함께 하늘로 들려올려졌다. 시온은 온 우주의 시작점이라는 뜻이고 온유가 그 바탕이다. 온유함이란 세 가지 의미를 내포한다. 때를 잘 분별할 줄 아는 사람, 자기 힘을 통제할 줄 아는 사람, 하나님 앞에 복종하며 신뢰하는 태도를 말한다. 다시 말하자면 이 세 가지 성품이 창조주가 인간에게 불어넣어준 바로 그 입김 생령이다. 그러니까 내가 곧 우주의 중심이란 뜻이다. 앞으로 별을 바라보는 곳이라는 뜻의 첨성대(瞻星臺)라 불릴 이 돌단과 돌의 개수는 에녹이 시온을 이루었던 그 시기와 무관하지 않다. 박사가 도마를 이리로 부른 것은 이것을 보여 주기 위한 기표(記標)와 기의(記意)를 동시에 가지고 있었던 것이다. 이 역시 훗날 역사학자들의 증표가 될 것이기 때문이다.

"그래, 이 할애비를 찾은 까닭이 무엇이냐?"

　　삼천갑자동방삭은, 아니 동방박사는 스스럼없이 자신을 ‘할애비’라고 불러주어 서로 신분을 캐는 번거로움을 덜어주었다. 그러니까 짐작했던 대로 그가 바로 산 채 하늘로 들려올라간 에녹일 거라는 도마의 추측이 맞아떨어졌다. 그런데 항해 도중 내내 의구심을 품게 했었던 그 선장이 바로 이 자인지는 아직도 알 수 없다. 변신술을 부렸던 것인지 아니면 막연한 추측이었든지 그 기시감을 떨쳐버릴 수가 없는 것이다. 기시감이란 사실 머릿속 회로가 실타래처럼 얽혀 있는 상태에서 풀려나는 어느 한 순간 어렴풋이 바라볼 수 있는 어둠 속의 빛이다. 그러니 확실한 건 아무것도 없다. 이 순간 볼 수 있는 영상은 과거의 한 체험이다. 뇌 속에는 조상 대대로 내려오는 기억들이 다 쌓여 있다. 때로 선조들의 경험이 후손의 기시감으로 나타나는 경우가 있다. 이를 신공이라 한다. 이 신공은 시공을 초월한다. 이게 거룩한 빛 생령의 신비다. 이 생령은 태초 창조주에까지 이어질 수 있다. 창조주의 숨결로 만들어진 인간이기 때문이다. 그렇지만 대부분의 기억은 상실되고 점점이 점철되는 단편적 기억만 희미하게 떠오를 뿐인 게 암흑 속에 빠진 인간에게 주어진 형벌이다. 그런데도 이 회상하는 폭이 넓고 깊이가 있으면 ‘기억력이 좋다’라고 말하지만 그것도 한계가 있다. 애초에 받은 영성을 잃어버렸기 때문이다. 지금 이 첨성대는 그런 기억력을 찾아주는 샘물 역할을 할 것이다. 하여 그 뚜껑을 우물#자로 해서 닫았다. 우주 운행은 별의 운행과도 아주 밀접한 관련이 있다. 별점을 치는 이유다. 하여 이 첨성대를 또 다른 말로는 '점성단'이라고도 부르게 될 것이다.

"나는 네가 왜 나를 찾아왔는지 안다. 무엇 때문에 아기 예수를 경배하러 갔었습니까? 그게 궁금한 거겠지…."

내가 누구냐? 앉아 천리 서서 구만리를 내다보는 예지의 눈 동방박사가 아니냐? 동방삭은 쾌활하였다. 저승사자에게 끌려가지 않기 위해 숨어 지내는 은둔자라는 소문과는 달리 적극적이다.

"나는 일찌감치 여호와와 동행자가 되었느니라."

그러니 여호와의 고민을 누구보다 먼저 간파하는 친구가 되었다.

"그는 인간에게 내린 형벌이 너무 가혹하단 생각에서 번민하셨지. 내가 말했어. 그러면 인간을 구원해 주면 되지 않겠냐고. 그가 그랬지, 어떻게? 이제부턴 새로운 약속을 세우라고…. 새로운 약속이 뭔가? 지금까지는 율법과 계명을 지키라 요구하였지만 이제부터는 부활승천 할 수 있는 선택권을 주자고. 모세가 지팡이를 들었듯 예수십자가를 부활승천의 푯대로 삼자고. 누구나 이 새로운 표적을 보고 따르는 자 있거든 따르는 자마다 하늘의 신민을 삼자고, 천국열쇠를 주자고. 그러니 그 열쇠를 쥔 아기탄생의 신성함을 증거로 내보이기 위해 예물을 준비했던 것이지."

인간들에게는 스토리가 필요하다. 역사적 기록이 있어야 비로소 믿는다. 말씀의 필요성이다. 그 기록에는 꽉 짜인 구성이 필요하다. 믿음을 주기 위해서다. 예수 그리스도 탄생의 기록에는 한 치의 허술함이 있어서는 안 된다. 그 안에 담긴 비유와 상징은 세세토록 영원불멸이어야 한다. 이를 위해 미리 구성을 한 각본을 연출하고 출연진으로 등장한 것이 동방박사의 경배사건이다. 이를 통하여 예수가 그리스도임을 드러내 선포하고자 한 것이다.

"왜, 성공작이지 않니?"

"저는 아직도 이해가 잘 안 갑니다. 왜 그런 과정이 필요했는지?"

"아직 젊으니 그런 소리가 당연하지. 사람은 누구나 죽는다는 사실은 잘 알 테지만 죽음 뒤에 오는 허무함은 삶의 가치를 송두리째 뽑아가고도 남지."

사람이 살다 죽으면 그만인데 무엇 때문에 고생고생해 가며 살 필요가 있겠는가? 잘 먹고 잘 살다가 죽으면 그만이다. 어차피 허망하게 사라져 버릴 인생이라면 더 이상 희망이 없다. 그러나 인간은 죽음 그 너머 세상을 내다보고 내세에 더 잘 살기를 원한다. 누구나 현세 이후의 내세를 생각한다는 것이다. 그렇다면 그 내세의 삶을 위한 준비도 해야 한다.

"왜 내세가 필요한지…"

"허어 참, 그런 근원적인 문제를 아직도 못 풀었단 말이냐? 그렇다면 너는 어디서 와 어디로 간다 생각하느냐?"

도마는 이런 상식적인 문제는 필요 없다고 생각한다. 이미 수없이 들은 이야기이고 생각했던 문제들이다.

“그런 문제들은 이미 졸업했어요. 제가 궁금한 건 할아버지께서 무엇 때문에 향유와 몰약을 들고 그 먼 나라까지 와 형의 탄생을 축복했느냐 이 문제입니다.”

“그 문제라면…”

더 생각할 것도 없이 간단한 문제라는 할아버지다.

“창조주 여호와께서는 인간을 만들어 놓고 매우 흡족해 하셨다. 그러나 곧 쓴맛을 보았으니 첫 인간 하와의 배신이었다.”

여호와께서는 선악을 아는 과일을 따 먹으면 사망에 이른다는 엄중한 경고를 했는데도 인간들은 스스로가 그 구렁텅이에 빠져 영 죽을 신세가 되었다.

“여호와께서는 그게 안타까우신 게야. 자기가 만든 인간들을 보며 함께 살고 싶었는데 스스로들 사망의 골짜기로 조락한 게 불쌍하신 게지.”

그래서 구원의 계획을 다시 짰다. 저지른 행위로 봐서는 괘씸하기 짝이 없고, 영 죽어 마땅하지만 그래도 자기가 만든 인간들이니까 다시 거두고 싶은 것이었다.

“예수를 세상에 내려보내 이 구원의 계획을 알리고 싶은 거였지. 다시 한번 기회를 주자는 거야. 그런데 그러한 막중한 일에 예수가 그냥 나타나 ‘나 이런 사람이야’ 하고 이야기한들 누가 알아보겠어? 수많은 시대를 통하여 그 역사를 이루기 위해 예언하고 실제상황을 보여주고 생각하게 만들어야 했었던 거지. 그 기록이 말씀이고 그게 말씀의 위대함이야.”

“말씀을 남기기 위해서 일어난 일들이라고요?”

역사는 기록되어 전해진다. 인간이 다른 짐승과 다른 것은 기록할 줄 안다는 점이다. 이 구원의 역사는 말씀의 기록으로 남겨져 예언되고 실행되었다. 이제 그 예언의 역사가 실제로 이루어져 아기 예수가 죽어 십자가 구원의 산증거가 되었다. 말로만 아무리 해도 소용이 없다. 시간이 가면 잊어버리는 게 인간이다. 하여 기록해 두지 않으면 안 된다. 여호와 역사의 기록이 말씀이다. 말씀의 기록을 위해 역사적 사실이 필요하다. 그래야 후세까지 길이길이 알려지고 인정받을 수 있다. 이 기록을 위해 일어난 사건들은 전부가 다 치밀한 각본에 의해 짜깁기된 것들이다. 돌 위에 돌 하나 포개져 있는 것도 그저 된 것은 없다. 우리는 모두 말씀기록자들이란 말을 하는 박사다.

"여호와께서는 우주 만물을 운행해야 한다."

그러니 한 치의 오차도 없어야 한다. 그러한 전지전능한 분이 세우신 계획에는 감히 토를 달 필요가 없다. 온유가 무엇이냐. 그에게 순종하는 태도를 보이는 것이다.

"이게 네가 여기까지 온 목적이 아니더냐?"

그분의 뜻을 이루려고 그분의 하신 일을 전하려고 여기까지 온 것이 아니냐는 되물음이다. 도마는 할 말이 없다.

"말씀은 이해가 되는데…"

"너는 그동안 네 형과 함께 지내 잘 알고 있지 않느냐?"

"알기 때문에 더 어려운 겁니다. 한 지붕 아래 한솥밥 먹고 살던 형이 어느 날 갑자기 공생애를 살고 십자가형을 받고 부활했는데, 그걸 두 눈으로 보고 손으로 만져 확인도 해주었는데 그게 믿기지 않는다는 것입니다. 믿기지 않는 게 아니라 왜 이런 일이 내게 주어졌느냔 겁니다."

"그러면 나는 어떻겠느냐? 창세 이래 지금까지 된 그 모든 일들을 다 보고 사는 나는 어떻겠느냐?"

"…"

"말씀에는 나를 여호와와 동행하는 자라 기록돼 있더구나. 나는 그와 동행하는 자이지만 그래도 나는 피조물이다. 그의 뜻을 가장 잘 아는 자이지만 그가 날 놓아주지 않으면 언제까지나 꺼들려 다닐 수밖에 없는 그의 종이지."

박사는 천계를 잘 볼 수 있는 첨성대를 만들어 그 위에 올라 별자리를 살피는 법을 후세에 전해주어야 한다 했다. 별의 운행을 통하여 암호 같은 하늘의 기운을 읽을 수 있다. 때로는 음성이 들리기도 한다. 하늘의 기운을 읽는 일은 예지의 힘을 필요로 하지만 하늘의 소리를 듣는 것은 누구나 할 수 있다. 누구나 창조주의 영으로 만들어졌기 때문에 그 귀를 기울이기만 하면 그의 음성을 들을 수 있다. 쌍방소통도 가능하다. 응답도 가능하다.

"여호와께서는 별을 통하여 메시지를 보내게 될 거야."

천문을 배워야 하는 까닭이다. 박사는 이미 그러한 제자들을 두었다. 천체를 관측해 거룩한 이의 뜻을 읽고 행할 제자들을 길러낸 것이다. 왜 이 민족에게 그러한 영광을 주느냐? 이들이 하늘을 알고 숭상하는 자들이기 때문이다. 이들은 천손이다. 비록 땅끝까지 떠돌게 되었지만 아직도 그 계율을 잊지 않으려고 장막을 치고 번제를 드리고 있다. 번제는 신과의 교유다. 그러나 저들은 아직 예수라는 존재를 모른다. 새로운 약속의 시대가 온 것을 모르는 땅끝나라 사람들이라는 것이다.

"그 이야긴 수없이 들었어요."

"예수가 한 말이 그거였겠지. 그렇지만 그 말뜻을 다 이해하지는 못했겠지. 지금 대답해 봐라. 넌 지금 어머니가 그립지 않나?"

"어머니, 그립지요."

"그 그리운 마음이 바로 사랑인 게야. 부모 자식 간의 정리인 게지. 창조주와 피조물간의 사이도 마찬가지로 이 정이란 게 있지 않겠니?"

박사는 이쯤에서 마리아에 관한 소식을 전해준다. 마리아는 잘 지내고 있지만 서역 전도를 떠난 형 야고보는 순교를 당했다는 비보다. 그밖에도 여러 사도들이 복음을 전하다 목숨을 잃었다는 이야기도 한다. 순교만큼 발 빠른 소문이 없기 때문이다. 이 말 속에는 장차 올 도마에 대한 수난도 예견한 듯한데 직접적으로 그 이야긴 하지 않는 박사다. 다만 지금은 이러한 정리를 논할 때가 아니니 다른 이야기를 하자 한다.

"지금 이 해 뜨는 나라에만도 여호와의 백성들이 헤아릴 수 없이 많이 흘러들어와 살고 있다. 이 렘넌트들에게 새 소식을 전하려고 너를 보냈을 터인즉 우선 저들을 만나 지금까지 보고 듣고 느낀 점들을 전해야지."

그게 복음 전파이며 도마가 여기까지 온 목적일 것이라는 박사다.

"이미 그 전초기지를 닦기 위해 상인 압바네스를 통해 비단길을 열어놓았고 너를 여기까지 안내하지 않았더냐?"

말은 옳은 말이다. 따지고 보면 그렇다. 이미 이 모든 일은 짜여진 각본이다. 박사의 말대로라면 지금까지의 모든 여정이 전부 그저 된 것 같지만 미리 예정된 수순이라는 것이다. 그렇다면 앞으로의 일 역시 작정된 것이리라.

"그러면 저는 이제부터 무얼 해야 합니까?"

"흩어져 있는 네 동족들을 만나 그 복음을 전해야 하지 않겠느냐? 저들이 알고 있는 사실은 모세5경밖에 더 있겠느냐?"

율법만 따르면 그게 다인 줄 아는 소도장에게 이 새로운 복음을 전하라는 박사다. 지금까지는 여호와가 시키는 계율대로만 살면 되는 줄 알았지만 이제부터는 그 계율을 지킴은 물론이려니와 속죄양의 피로 구원받은 부활소망을 서로 전하고 찬송하라는 것이었다.

"이제는 새로운 약속의 시대가 오는 것이지."

그 새로운 약속이란 원죄를 속함받았다는 사실의 선포다. 그 원죄를 대속한 이가 바로 예수 그리스도라는 사실의 선포다. 동서남북 각지로 흩어진 이스라엘 민족들은 아직 이 사실을 모른다. 이들에게로 가 새 언약시대를 열어주는 길라잡이 역할을 하는 게 도마의 소임이란다. 이 선포를 믿고 받아들이기만 하면 직접 소통이 가능해진다. 옛 언약시대가 예언자나 제사장들의 제사에 의해 이루어졌다면 이제 예수이름으로 직통하게 되었다는 사실이다.

"그러면 제사장들의 할 일이 없어지게요? 저들이 반발하지 않을까요?"

"아니지, 아니야. 제사장들의 할 일이 더 많아지는 거지."

소도는 여호와 말씀을 모시는 장막이고 소도장들은 이를 지키고 전수하는 일을 주관하는 직분을 가진 성직자다.

"이제부터 제사장들은 이러한 새로운 복음을 전하는 전달자가 되는 게지."

소도가 할 일은 성막을 치고 여호와를 모시는 일이 아니라 이 사슬에서 풀려나와 직접 기도하고 소통할 수 있다는 변화된 사실을 가르치고 알리며 이 기쁨을 찬양하게 하는 일이다. 예수가 십자가에 달려 죽음을 맞는 순간 성막의 휘장이 찢어진 게 이를 상징한다. 박사는 여기 있으면서도 이미 거기서 일어났던 일들을 훤히 알고 있었다.

"요약하자. 옛 언약시대에서 새 언약시대로 바뀌었음을 전하고 알리는 거야."

"그렇게 만만한 일은 아닐걸요?"

도마는 예루살렘의 그 살벌했던 난동을 떠올린다. 바리새인들과 사두개인들은 물론이고 율법학자들까지도 예수의 이 새로운 선포를 믿지 못했다. 믿지 못하는 것 외에도 자신들의 지위가 손상될 거라는 우려도 작용했다. 하여, 예수는 저들에 의해 처형당하는 고난을 겪었다. 정복자 로마인에 의

한 처형이 아니라 동족의 손에 살해당했던 것이다. 이제 그러한 동족을 상대로 포교를 해야 한다. 차라리 생판 모르는 인도인이 더 나았다는 생각이다. 이방인들은 그래도 생각을 뒤집고 새로운 생각을 하는 데 큰 어려움이 없었다. 이제 고정관념에 사로잡힌 동족들을 상대해야 한다 생각하니 골머리가 아파오는 도마다.

"흩어져 있는 여호와의 백성들은 그리 많지 않다."

그들 중에서도 소도를 지키는 제사장은 단 한 사람, 그만 설득시키면 된다는 박사다. 렘넌트들은 모판의 모와 같은 존재들이고 이들을 경작할 수 있는 주인은 소도장이다. 이제 그 소도의 주인장을 찾아가 씨를 뿌려보라는 박사다.

"그건 하루아침에 되는 일이 아니다. 지금까지 그래왔듯 지금 씨를 뿌려두면 언젠가는 싹이 트고 열매를 맺어 저절로 거두게 될 날이 올 것이야."

도마는 형 예수에게서 들은 씨 뿌리는 자의 비유를 여기서도 또 듣고 있다. 그렇다면 서로 상통하는 바가 있었다는 이야기가 아닐 것인가. 구원의 역사는 지금 당장 해결될 문제가 아니라 지속적인 문제다. 이미 종말은 시작되었고 그날에 구원받을 백성들은 선택되어졌다. 구원은 믿음의 백성들에게 간다. 그날이 이제다 저제다 하는 말은 귀담아들을 필요 없다. 그곳이 여기다 저기다 하는 말도 귀담아들을 필요 없다. 구원의 역사는 이미 시작되었고 세상 끝 날, 주님 다시 올 때까지 이 혼란과 싸움은 계속될 것이다.

이 싸움의 승자가 되기 위해 나팔을 들어야 한다.

"여기서 서북쪽으로 사나흘 거리에 조문국이 있다. 거기 모례 장자라는 사람이 있는데 에돔에서 온 사람들의 후예들이다. 에돔이 어디더냐? 이삭의 아들 에서의 왕국이 있던 곳이 아니더냐."

박사는 도마를 데리고 조문국 소도장이 사는 모례의 집을 찾아 나선다. 사람들이 모례장자라 부르는 에돔 사람을 통하여 일단 이 새로운 복음의 씨앗을 뿌려보자는 박사다. 길을 걸으며 두 사람은 이런 저런 이야기들을 나눈다. 주로 말을 하는 편은 박사였고 도마는 잠자코 듣는 편이다. 그도 그럴 것이 박사는 입에 거미줄을 칠 정도였으니 말상대 생긴 김에 입에 침이 마를 새가 없다. 또 족보 이야기가 나온다.

이삭의 아들 중에 에서와 야곱이 있었다. 에서는 팥죽 한 그릇에 장자의 명분을 팔아버린 자로 기록돼 있다. 에서는 붉은 피부를 가진 족속으로 언약의 계승에서는 버림받았지만 세일 산을 기업으로 받아 일찌감치 에돔 왕국을 건설한다. 에돔 왕국은 여덟 왕과 열네 족장이 나올 정도로 번영을 누렸다. 반면 장자의 명분을 산 이삭의 축복을 받은 야곱의 후손들은 애급 땅에 들어가 종노릇을 한다. 그러나 결국 8백 년이 지난 후에는 에돔 왕국에서 잘 먹고 잘 살던 에서의 후손들은 약속의 땅 가나안을 물려받은 야곱의 후손인 다윗 왕국을 섬길 수밖에 없게 된다. 이게 여호와의 방식이며 약속의 이룸이다. 박사의 이야기는 이제 밑도 끝도 없이 번져나간다.

"우스 산에는 용이 살았지."

동방에 터전을 잡고 살던 에서의 후손들은 용과 함께 사는 족장 시대를 거쳐 왕국을 건설했지만 결국에는 신흥 이민족들에 의해 패망한다. 그러나 여기서 끝나는 게 아니다. 나라를 잃고 헤매던 이들은 해 뜨는 동쪽으로 동쪽으로 살 길을 찾아 이주했다. 이들이 이제 지구의 끝 한반도 땅에까지 와 장막을 친 것이다.

"너희는 유다의 지파가 아니더냐."

"그렇습니다."

"다 같은 유다의 지파에서 그리스도가 될 예수가 탄생하였고, 다 같은 유다의 지파에서 예수를 판 가룻 유다가 나타나지 않았더냐?"

"아, 그 말은…"

"그 모든 일들이 우연스럽게 되었다고 보는 거냐?"

"…"

"세상일들 중에 우연스럽게 되는 일은 하나도 없나니, 진실로 진실로 우연스럽게 되는 일은 하나도 없다. 모든 일은 그의 예언대로 이루어진다는 것을 알아야 하느니."

그게 신의 한 수다. 그는 이미 창세 이전에도 있었고 지금도 내일도 또 영원히 있을 것이되 판 위에 하나하나의 돌들을 운용하고 있는 그분이 있다는 이야기를 하는 동방박사다. 도마는 박사의 이 말을 선뜻 이해할 수가 없다.

"나는 지금까지 그를 봐왔고 동행해 왔다."

　　그리고 그의 하고자 하는 일들을 미리 점쳐보기 위하여 별들을 관측한다.

　　"네가 오늘 나를 만난 것은 행운이다. 이 또한 주님의 뜻이기도 할 것이지만…"

　　도마는 박사가 '주님'이라는 말을 했을 때 머리끝이 쭈뼛하게 서는 느낌을 받았다. 예수 부활 이후에 그가 '내가 누구냐' 물었을 때 도마는 '나의 주님'이라는 용어를 선택했었는데 그건 자연스러운 발언이었다. 저도 모르게 나온 말이었다. 형제에서 주님으로 호칭을 바꾼다는 것은 있을 수 없는 대변혁이었다. 그동안 예수의 신성을 부정하고 의심했던 도마였다. 그런데 그날 부활한 형의 육신을 보는 순간 그 말이 튀어나온 것인데 그와 똑같은 말을 동방박사에게서 들으니 이상한 전율을 느끼는 도마다. 게다가 박사는 형이 자주 말하던 '진실로 진실로'라는 말도 쓴다. 말이나 관습은 유전된다. 타고난 습성인 것이다. 그렇다면 박사의 말투를 형이 받은 것일까 아니면 형 예수가 박사의 말투를 이어받은 것일까? 아무튼 둘의 말투가 비슷한 것만은 확실하다. 그러므로 둘은 서로 모르는 사이가 아니라는 생각이다. 형은 설산을 여행할 때 누군가를 만나고 싶어 했었다. '여기 어디 있어야 할 사람이 여기 없다'고 한 적이 있었다. 설산 텡그리는 하늘을 오르내릴 수 있는 사닥다리 같은 곳으로 그 우듬지는 항상 구름 위에 솟아 있어 인간들이 함부로 접근할 수 없는 천상의 진경을 보여주고 있었다.

도마는 문득 그때의 일이 떠올라 박사에게 묻는다.

"텡그리 산에 가본 적이 있어요?"

"텡그리? 거긴 왜?"

"형 예수와 함께 거기 갔을 때 형이 만나고 싶어 한 인물이 있었는데 혹시 그분이 할아버지가 아니었나 싶어서요."

"그랬지. 그런 일이 있었지."

"알고 있었어요?"

"알고 있었지."

형은 거기서 내려와 곧장 예루살렘으로 돌아갔다. 요한이 길을 예비했기 때문이다.

"그런데 왜 우리 앞에 안 나타나셨어요?"

도마는 일부러 숨은 거냐고 물었다.

"그 모든 일들은 예언을 이루기 위함이었지. 이미 작정된 일들이니…"

박사는 또 작정된 일에 대한 이야기를 한다. 한번 작정된 일은 번복이 없다. 여호와의 일은 작정된 계획 속에서 이루어진다. 미리 작정하고 계획한 뒤 실행된다. 한 번도 그 약속을 저버린 적이 없다. 그러한 철두철미한 아바타가 인자로 나타난 예수이기에, 그 역시 계획된 일을 미룰 수 없어 설산을 내려갈 수밖에 없었다는 것이다.

"나도 인자로서의 예수를 보고 싶었지만 할 수 없는 일이었지. 그는 나보다 나중 난 자이지만 나보다 먼저 난 자가 아니더냐?"

박사는 그때 천산의 서왕모와 신농씨 등과 더불어 예수를 맞이하기 위한 환영 준비를 하고 있었다. 예수가 오는 소리를 들었지만 굳이 마중을 나가지는 않았다. 이미 시간이 촉박해 있었던 것을 그는 알고 있었고, 여호와의 계획에 차질을 빚을 일을 할 수 없었기 때문이다. 이렇듯 철두철미하기 때문에 박사는 택함을 받아 지금까지 그와 동행을 하고 있다. 박사는 이런 이야기들은 천기에 해당하는 말들이지만 손자에게까지 말할 수 없는 일급비밀은 아니라 한다.

"사람들이 나를 찾아 알아본다는 것은 거의 불가능한 일이지."

그런데도 도마가 자기를 만날 수 있었던 것은 핏줄이 당겨서라고 말하는 박사다. 그러면서 뜻밖의 말을 한다.

"이제 나도 내 할 일을 다 한 것 같아."

"무슨 일을요?"

"예수께서 천국 문을 열었으니 이제는 나 같은 인간이 더 할 일이 없어진 게지."

박사는 자기 임무도 여기까지일 것이라는 말을 한다. 성삼위일체인 여호와의 한 분이신 예수께서 친히 이 지상에 내려와 창조주와 창조물인 인간과의 관계를 다시 한번 확고하게 알리고, 그동안 끊어졌던 관계회복을 위해 사망의 사슬을 끊어버린 사실을 확인시키고, 이제 남은 일은 그 사실을 온 세상에 전해 알리는 일인데, 그 사자를 만났으니 임무종료라는 동방박사다.

"내 일은 여기까지인 게야."

땅끝까지 복음을 전파하라는 지상명령을 수행하기 위해해 뜨는 나라를 찾아온 도마를 만났으니 이제 자기 할 일은 다했다는 동방박사다.

"내 존재 이유는 주님의 길을 예비하는 일이었지."

세례요한이 예수의 길라잡이였듯이 여호와의 동행자 에녹은 사도 도마의 땅끝 길을 인도하기 위한 안내별과 같다는 이야기다.

"나는 그동안 이날을 기다려 왔었던 것이야."

여호와의 백성들은 그동안 여러 경로를 통해 오대양육대주 지구촌 곳곳에 뿌리를 내렸다. 이들은 세상을 가로줄과 세로줄로 삼은 판의 돌과 같은 존재들이었다. 여호와는 미리 이 판을 만들어 놓고 무궁무진한 수를 놓을 돌들을 또 만들어 굴리고 있었던 것이다. 이 판이 렘넌트들이었다면 장차 그 판 위를 굴러다니며 묘수를 둘 돌은 사도들일 것이다. 사도들이 어디에 어떻게 판을 만드느냐에 따라 승패가 결정될 것이다. 그러나 언제나 마지막 남은 수는 신의 한 수로, 그 기적적인 한 수로 인하여 패배란 있을 수 없는, 이 역시 승리가 확실히 정해진 판이다. 그러니 이러한 사실을 믿고 마음 놓고 일하라는 박사다. 다만 모든 일은 때가 있다. 시기를 놓치면 안 된다. 머잖아 안식일이고 금식의 때가 다가온다. 그렇게 되면 소도장은 바깥출입을 할 수 없다.

"이 소중한 때를 당하여 이러고 있을 시간이 있나?"

박사는 도마로 하여금 갈 길을 서두르자고 한다.

"이제는 좀 빨리 걷자."

이 무슨 조화인가? 그동안 여러 가지 이변과 신비스런 경험을 많이 했지만 동방박사와의 만남처럼 긴가민가한 적이 한두 가지가 아니었는데 이번에는 축지법이다. 축지법이라는 말은 들어보았지만 이렇듯 걸음이 빨라진 적은 없었다. 휙휙 주변의 나무들이 지나쳐 날아가는 듯하다. 이게 정말 꿈인가 생시인가.

"이제 다 왔구나."

그런데 꿈이 아닌 것은 도마는 실제로 어느 한 마을에 와 있었는데 한 눈에 보아도 장막이 있는 곳이었다. 장막은 하얀 천으로 둘러쳐진 천막 속에 또 따로 휘장을 두른 곳이 있는데 예루살렘 성전에서 본 장막과 같은 모양새였다. 장막 바깥 출입구 가까이에 제물을 준비하는 곳이 있고 그 안쪽에 제물을 바치는 제단이 있다. 그 앞에는 세족대가 있어 손발을 깨끗이 씻고 안으로 들어간다. 여기서 제사를 드린다. 그 안쪽에 다시 휘장을 드리운 성소가 따로 있어 성궤가 놓였다. 이 지성소와 성소 사이에 휘장이 가려져 있다. 대제사장이 아니면 이 휘장 안쪽으로는 들어갈 수 없다. 예루살렘의 그 장막은 예수가 십자가에서 목숨을 거둘 때 그 휘장이 찢겨져 나가고 천둥번개에 불타 사라졌다. 이젠 없어도 좋을 유물이라는 뜻이겠다. 장막의 휘장이 찢겨져 나간 것은 예수 이전의 시대와 예수 이후의 시대가 달라진 것이라는 의미다.

"옛 언약시대는 언약의 시대라 장차 오실 그분에 대한 예시였다. 그분 오신 이후로는 그분을 믿고 의지하면서 구원을 받으라는 새로운 약속의 시대가 열림을 뜻한다. 이제 소도에 가 할 일은 이 사실을 전달하는 일이야."

그러나 지금까지 유대교를 신봉하던 저들이 이 말을 믿기까지는 꽤나 오랜 시간이 걸릴 거라는 박사다. 보고도 못 믿는 사람들이 많은데 안 본 것을 어찌 믿을 것이냐는 우려다. 이를 믿게 하기 위해 그 일들을 직접 본 사도들이 사방팔방으로 뛰고 있지만 여러 가지 반대에 부딪치고 있다. 심지어는 박해를 받아 순교하기에 이른다. 박사는 이 일을 걱정하면서 도마를 조문국 소도까지 안내했다. 그러고는 또 홀연히 사라져 버렸다. 박사는 언제나 자취를 감추었다 드러냈다 하기를 되풀이하는데 왜 그러는지를 모르겠다.

도마는 장막에 거하는 이를 만나 자기소개를 했다.

"저는 이스라엘에서 온 도마입니다."

"이스라엘에서 여기까지? 하긴 놀랄 일도 아니지."

그는 얼마 전에 서역 상인이 한 사람 다녀갔는데 머잖아 놀라운 사실을 가지고 올 사람이 찾아올 거라는 전갈을 남겼다 한다. 그러면서 그가 주고 갔다는 금관을 들어 보여준다. 깃털 장식이 세 갈래로 솟아오른 금관이었다.

"이 관은 우리가 잃어버린 금관일세."

이들 부족민들은 바빌론유수 이후 제국으로부터 해방되면서 설산을 넘어온 북이스라엘 족속들이다. 조상 대대로 쓰던 신관의 상징인 이 관을 잃어버려 내내 고심하던 중 서라 벌을 왕래한다는 서역상인에 관한 소식을 듣고 그에게 특별히 부탁해 가지고 온 관이라 한다. 도마가 보니 압바네스가 예루살렘에서 구입한 바로 그 금관이었다.

"그 관을 살 때 저도 그 시장에 함께 있었습니다."

도마는 예루살렘에 있을 때 무역상 압바네스가 금관을 주문해 만들 때 거기 함께 있었음을 이야기한다.

"그랬었구먼?"

소도장은 나이가 들어 힘들어 하면서도 도마의 이야길 하나 빠뜨리지 않고 들으려 애쓰고 있었다.

"이제 장막은 필요 없게 되었어요. 금관도요…."

도마는 예수가 이 땅에 와 그간의 모든 죄업을 씻고 대속한 이야기와, 제사를 통한 여호와와의 소통이 아닌 기도로서의 소통을 이야기한다. 인자로서 오신 예수가 그 길을 열었다는 이야기다.

"주님께서 세상 어린양으로 오셔서 속죄양이 되셨지요."

"속죄양?"

"이젠 죄의 고통 속에서 헤맬 필요가 없게 되었어요. 성령을 받아 거듭나기만 하면 된다고요."

도마는 약간 귀가 어두운 소도장을 향해 큰 소리로 말한다.

그러나 소도장은 그 말을 이해할 수가 없다. 예수는 누구며 십자가는 또 무엇이며 부활승천은 그게 무엇이냐는 것이다.

"성령님이 오셨다고요."

"성령님이 오다니?"

"새로운 시대가 열렸다고요."

도마는 예수가 오기 전 세상과 예수가 온 후의 세상을 이야기하려 하지만 그게 그리 쉽지가 않다. 예수가 오기 전까지는 모세가 받아온 계명과 율법을 지키며 살면 되었다. 그게 여호와의 뜻을 따르는 유일한 방법이었다. 그러나 이제 예수 그리스도가 속죄양이 됨으로 그 율법은 돌 판에 새겨져 장막 안에 보관되는 게 아니라 성령이 되어 마음속에 새겨지게 되었다. 예수가 말했다. 내가 다시 올 때까지 성령이 너희와 함께 있을 것이라고…. 성령이야말로 예수 초림에서 재림 때까지 나와 함께 갈 유일한 동행자인 것이다.

"종말이 왔다고?"

종말은 이미 시작되었다. 구시대의 종말과 새 시대의 시작이 온 분깃점이다. 이제는 새로운 시대가 열렸다. 구시대는 제사를 통해 소통을 했지만 새 시대는 기도를 통해 직접 소통을 하게 된다. 도마는 이 복음을 전파하러 여기까지 바다를 건너 산을 넘고 물을 건너왔다는 이야길 한다. 그러나 이제 세상이 바뀌었다는 말밖에는 할 말이 없다. 형의 말이 옳았다. 보고도 못 믿는 세상에 안 본 것을 어찌 믿을 것인가? 이 난제를 해결해야 할 묘책이 없다. 하얀 종이에는 마음대로 그림을 그릴 수 있지만 이미 자기 나름대로의 그림을 그려놓은 종이 위에는 다른 그림을 그릴 수가 없다. 이미 그려진 그림 위에 덧칠한들 무슨 빛이 날 것인가. 소용이 없다.

"저 장막 속에는 뭐가 들어 있습니까?"

"언약궤가 들어 있지."

"그 언약은 무엇입니까?"

"여호와께서 우리에게 주신 지켜야 할 계율이지."

소도장의 말은 순순하다. 소도장은 천군이요 천군은 여호와와 소통하는 자다. 그는 언약궤로 상징되는 저 장막 속의 계율을 지키기 위해 일생 헌신해 온 인물이다. 모세 출애굽 이후 가장 소중하게 지켜온 것이 이 성궤다. 비록 속에 든 것은 진품이 아니었지만 거긴 계명과 언약이 새겨져 있는 모조 석판이 있다. 이를 지키기 위해서는 목숨도 불사하였다. 이제 세상이 바뀌었으니 언약궤 대신 예수를 믿으라니 이게 말이나 되는 일인가.

"예수는 어느 지파 사람인가?"

"예수는 다윗의 후손이요 야곱의 후손이며 아브라함의 직계입니다."

소도장은 예수를 선지자쯤으로 생각하는 듯했다.

"예수는 중보자로서 구세주입니다."

"구세주?"

"세상을 구한다는 말이지요. 예수는 그리스도요 메시아라는 말입니다."

도마가 다시 설명을 시작한다. 시내 산에서 받은 모세의 율법은 옛 언약시대의 산물이고 이제 구세주 예수가 와 새로운 약속의 시대를 열었다. 시내 산의 언약은 돌 판에 새긴 언약이고 새로운 구세주 예수 그리스도의 언약은 마음속에 새길 성령이다. 이게 기나긴 옛 언약시대 내내 준비한 하나님의 선물이다. 이 선물을 받든지 말든지 그건 자유의사에 달렸다. 이게 새 언약임과 선택이다.

도마는 오순절에 일어났던 예수 부활승천의 모습을 직접 보았고 성령의 빛이 내려오는 것을 보고 한동안 눈이 멀었던 사람이다. 오순절이 무슨 날인가. 모세가 시내 산에 올라 계명을 받은 날을 기념하는 날이다. 왜 하필이면 이날 성령의 빛이 예루살렘에 내렸을까? 이제는 돌 판에 새겨진 형식적인 계명이 아니라 마음속에 새겨진 성령의 의미를 새겨두려 함이다. 그런데 제사장은 아직도 율법에 사로잡혀 그 이상의 것을 보지 못한다.

"우리는 규례를 잘 지키고 있다네."

그 하나의 예로 유월절 기념행사를 든다. 그날 있었던 여호와 구원의 손길을 잊지 않기 위해 붉은 팥죽을 끓여 먹음으로써 그날을 잊지 않으려 노력한다는 것이다. 붉은 기는 사악한 액을 물리친다. 양의 피와 같은 색깔의 음식이 팥죽이다. 그럼으로 이 팥죽을 끓여 나누어 먹음으로서 공동체 의식을 느낀다는 이야기다. 여기서는 그날이 대개 선달로 동짓날이 된다. 아울러 보통 때는 밥을 짓는 부뚜막에 단지를 하나 두어 밥을 할 때마다 거기 한주먹씩의 곡식을 아껴 비축했다가 십일조를 바치거나 가난 구제를 한다. 이게 대대로 내려오던 규례가 아닐 것인가. 이런 규범을 잘 지키는데 그 이상 더 무엇이 필요한가? 소도는 그러한 전통을 지키는 곳이고 제사장은 그런 모범을 보이는 사람이다.

제사장은 더 이상 아무것도 원하지 말라 한다. 자기처럼 정직하게 사는 사람이 없단다. 지킬 걸 다 지키고 사는데 더 이상 뭘 요구하느냐 것이다. 이에 맞서 도마는 세상이 변했다는 이야기를 거듭한다.

"이게 옛 언약에서 새 언약에로의 이전을 의미하는 겁니다."

그러나 소도장은 이 말을 이해할 수가 없다. 새 시대라는 말을 이해할 수가 없었기 때문이다. 예루살렘의 대제사장들 역시 마찬가지였었다. 제사장이나 랍비나 사두개파나 바리새인들까지도 이 새로운 약속의 도래를 깨닫지 못했던 것은 마찬가지였다. 때문에 예수를 십자가에 매달게 된 사건이 벌어졌다. 그러니 이역만리 땅끝에 사는 일개 소도장이 이를 이해할 리 만무다.

"그렇게 말하는 자네는 누구인가?"

"아까도 말씀드렸듯이…"

이스라엘에서 온 예수 제자라는 말을 다시 했고, 세상 죄를 대신 지고 간 예수의 복음을 전도하러 왔다는 이야기를 거듭하는 도마다. 그러면서 '이방인들도 내 말을 들어 믿거늘 왜 당신은 다 같은 이스라엘이면서도 내 말을 못 믿느냐' 항변을 한다.

"나는 직접 그 예수 그리스도의 죽음과 부활을 직접 본 사람이라…"

한 치의 거짓도 없다. 도마는 예수의 삼위일체와 지금은 성령으로 남아 각자의 마음속에 임재함을 설명한다. 그러나 소도장은 이 말을 이해할 수 없다. 이미 머릿속을 꽉 채우고 있는 고정관념이 자리를 내주지 않았기 때문이다.

도마는 먼저 된 자가 나중 된 자만 못하다는 말을 생각한다. 구원은 믿음에서 온다. 믿음은 말씀에 순응하는 것이다. 말씀을 듣지 않으면 무엇을 믿을 것인가. 예수가 구원을 위해 이 땅에 온 사실을 말하는 데도 이를 듣지 않으면 구원은 없다. 신앙의 궁극적 목표는 사망을 이기는 구원에 있다. 신앙의 지도자가 이를 믿지 않는다면 그 백성들의 구원은 요원할 것이다. 참으로 답답한 심정이다.

그때 홀연히 동방박사가 다시 나타났다.

"아니… 다, 당신은…"

소도장은 박사를 보고 놀란 나머지 말까지 더듬었다. 당신은 에녹이 아니요? 에녹은 65세에 므두셀라를 낳았고 므두셀라를 낳은 지 3백 년을 더 살던 해, 그러니까 365년을 이 지상에 머물던 중 하늘로 들려올라간 인물이다. 에녹의 아들 므두셀라는 969세를 살아 인간으로선 최고의 수명을 누렸다. 그런데 므두셀라라는 이름의 '므두'는 '죽다'요 '셀라'는 '보내다'라는 뜻이니 이를 합하면 '이 사람이 죽으면 내가 심판을 보내리라'는 뜻이 된다. 실제로 그가 죽던 해 노아의 대홍수가 일어나 온 세상이 진멸당했다. 므두셀라는 또 창을 던지는 자라는 의미도 갖고 있어 창 던지는 자를 보초병으로 보고, 초병이 잠들면 부대가 전멸당한다는 설도 있다. 하여 항상 깨어 있지 않으면 멸망을 당한다는 경고도 담고 있는 이름이다. 인간으로서 최장수를 누리는 자라 할지라도 정신 차리지 않고 졸면 죽는다는 것이다. 첫 사람 아담과 함께 살았던 동시대 사람 므두셀라를 낳은 에녹을 알아보는 소도장이다. 소도장은 에녹이 이 세상에서 365년간을 살다가 여호와의 동행자가 되었는데 그 365년은 이 세상의 1년 365일과 같은 짧은 시간임을 시사하고 있다는 말까지 하였다. 말씀은 모든 말을 비유를 통해서 하고 있다. 이 수수께끼를 풀자면 영감을 받은 자가 있어야 한다. 그게 바로 자기 같은 제사장의 역할이라는 것이었다. 그렇지만 예수 이야기는 들어본 적이 없다 한다.

"두 사람 이야기가 너무 멀어지는 것 같아 내 가다가 되돌아왔습니다. 한 가지만 말씀드리려고요. 이제 그 많은 예언들과 그 많은 언약들은 끝이 났습니다. 옛 언약시대의 끝이 온 거지요. 새로운 언약의 실현자로 구세주 예수가 온 것입니다."

박사는 옛 언약의 종식과 새 언약의 시작을 알리는 일대변혁기에 이르렀음을 설명하고 도마야말로 중차대한 사명을 가지고 여기까지 온 인물임을 역설하였다.

"우리는 무조건 그 사실을 믿어야 해요."

왜 그렇게 되었느냐고 묻고 따지는 것은 무의미하다. 아무도 여호와 그분의 뜻과 계획은 알 수 없다. 단지 알 수 있는 것은 그가 인간을 사랑한다는 그 사실 하나뿐이다. 누가 아들이 생선을 달라는데 생선 대신에 뱀을 주며 알을 달라 하는데 전갈을 주겠느냔 것이다.

"문제는 여호와를 아버지 하나님이라 생각하지 않는 데 있지요. 여호와를 하나님이라 생각한다면, 그를 아버지라 생각한다면 무조건 아버지의 말을 믿고 따라야 합니다. 그게 자식 된 인간의 도리잖아요? 그게 온유한 자가 되라는 말씀이잖아요?"

이제 이 소도에선 새로운 하늘나라로의 회귀운동을 해야 할 것임을 권하는 박사다. 지금까지 율법 중심의 장막이 있었다면 이제부터는 예수 이름으로 구원받는 기도와 찬송의 예배장소가 되어야 할 것이라는 이야기다. 이제는 돌 판을 모셔놓는 장막이 아니라 기도와 찬송의 예배당이 되어야 한다는 새로운 주문이었다.

"그러면 성령이 임하게 될 것입니다."

박사는 최초의 인간 아담과 함께 살았던 인물이다. 므두셀라를 낳기 전까지는 여호와를 믿지 않았다. 그때까지만 해도 그는 아눈나키와 네피림과 함께 놀았다. 이들은 거대한 돌을 쌓는 힘이 있어 거석문화의 잔재를 남기기도 한 종족으로 아담의 후예들을 괴롭히기도 했다. 한반도 땅에 남은 고인돌도 그 시대 그 사람들이 만든 거석문화의 잔재다. 이 역사의 산 증인인 에녹이 뒤늦게 므두셀라를 낳은 후 심기일전하여 여호와와 함께 동행하게 되었는데 거기에는 인간이 생각할 수 없는 여호와의 큰 뜻이 있었다. 구원의 예표인 것이다. 아무리 타락한 인간이라 할지라도 개과천선하여 돌아오면 받아주는 것이 여호와의 깊고 넓은 사랑이다. 소도장은 에녹서를 통하여 이미 에녹을 알고 있었던 것이다. 에녹은 대홍수를 예언한 뒤 홍수 직전에 하늘로 들려올라간 사람이다.

"나는 그때 마침 하늘로 들려올라가 있었지만 내 아들 므두셀라가 죽던 바로 그 해에 대홍수가 일어난 것입니다. 그게 우연인 것 같습니까?"

여호와께서는 이 홍수사건을 통하여 무언가 보여주려는 예표가 있다. 선택된 인물의 죽음을 통하여 심판의 경종을 울린다는 것이다. 예고 없는 종말은 없다. 인간 중 가장 오래 산 므두셀라의 죽음을 통하여 장차 올 홍수의 심판을 예고했듯 소돔과 고모라에서도 미리 불의 심판을 경고했다. 이런 맥락에서 예수의 죽음은 또 다른 종말과 심판의 예언이라는 박사의 말이다.

"나는 그의 탄생에서부터 죽음에 이르는 모든 과정을 지켜보았어요."

이제 그의 죽음을 통하여 종말의 날이 시작된 것을 깨달아야 한다. 그때가 언제인지 모르지만 이미 시간의 모래시계는 움직이기 시작했다. 그 시간이 멈추는 날이 심판의 날이다. 이미 예고된 수순이다. 그런데 이번 심판은 물도 불도 아닌 성령의 심판으로 그 마음속에 성령이 깃들어 있는 자는 구원을 얻을 것이요 아닌 자는 내침을 당할 것이다. 성령은 애초에 준 온유한 입김이기에 생령이다.

"여호와께서 처음 불어넣어 주신 그 입김이 살아 있는 자마다 다시 부활하는 소망을 주었지요. 죽은 자들이 살아나 군대가 되고 '그때는 마른 뼈들이 살아나리라' 하지 않았습니까? 이건 분명 양의 피나 팥죽 한 그릇으로 피할 수 있는 재앙이 아니라 최후의 심판이라는 말씀입니다."

박사는 그동안 인간들에게 내려진 모든 진노와 시험과 시련을 거두게 하신 중보자 예수 이야기를 차근차근 한다. 예수는 그동안 죽어 잠자고 있던 그 영을 일깨우기 위해 인간의 몸을 입고 이 세상에 왔다.

"내가 여기 와서 그 오랜 세월을 기다리고 있었던 까닭이 무언지 아십니까? 바로 이 기쁘고도 새로운 소식을 들고 올 이 사람을 직접 만나보기 위해서입니다."

그러나 소도장은 아직도 이 새 소식을 받아들이지 못한다. 그도 그럴 것이 지금까지 숱한 고난을 겪으면서 여기까지 와 장막을 두르고 성막을 지켰는데 이제 와서 그게 무용지물이라니 이해할 수가 없었던 것이다. 조상 대대로 배웠던 게 율법이요, 계명들이었다. 이제 와서 누군지도 모를 예수를 따르라니 이해가 될 수 없다.

도마는 이날 있었던 일을 사도들에게 보낸 편지에 상세히 적어 남겼다. '아담의 칠세 손 에녹이 사람들에게 대하여도 예언하여 이르되 보라 주께서 그 수만의 거룩한 자와 함께 임하셨나니 이는 뭇사람을 심판하사 모든 경건치 않은 자의 경건치 않게 행한 모든 경건치 않은 일과 또 경건치 않은 죄인의 주께 거슬려 한 모든 강퍅한 말을 인하여 저희를 정죄하게 하심이라 하였느니라. 이 사람들은 원망하는 자며 불만을 토하는 자며 그 정욕대로 행하는 자라. 그 입으로 자랑하는 말을 내며 이를 위하여 아첨하느니라. 사랑하는 자들아 너희는 우리 주 예수 그리스도의 사도들의 미리 한 말을 기억하라.'

"이 말을 믿고 행하지 않는다면 이곳은 곧 사로국에 잡힌 바가 될 것이요."

박사는 이 답답한 소도장에게 무서운 예언을 하나 한다. 지금 사로국 왕은 유리(琉璃)다. 압바네스가 가지고 온 유리구슬을 목걸이로 주렁주렁 달고 다녔기 때문에 붙여진 이름이다. 그다음으로 올 왕은 파사이사금으로 파사(婆娑)에서 온 돌탑의 영광을 입은 사람으로 그 이름을 그렇게 붙이게 될 것이라는 예언이다. 그 새중간에 한 왕이 있을 것인 바, 성 씨가 다른 석 씨 탈해가 잠시 집권할 것이다. 이 자는 파사 탑을 가져와 나라를 안팎으로 번성하게 하는 가락국 허 황후를 시기해 도발을 일으키기도 한다. 그러나 곧 죽음에 이르고 다음 왕이 된 유리왕의 아들 파사왕은, 그 이름 자체를 파사 왕이라 자칭할 만큼 가락국의 신앙을 따라 신봉한다. 그의 해가 오면 주변 나라들은 그의 말발굽 아래 무릎을 꿇게 될 것이라는 박사의 예언이었다.

"이렇게 천기누설을 하면 안 되는데?"

동방박사는 천기누설을 하면 안 된다 하면서도 툭하고 한마디 말을 던졌다. 실제로 이 예언은 후일 《삼국사기》라는 사서의 기록으로 남는다. 이때 소도장이 했던 말은 기록에 없다. 이렇게 말했다. '그런 말 마세요. 그 석탈해는 훌륭한 왕이 될 것이요, 그가 곧 내가 기른 양아들이며 사로국 시조 박혁거세의 사위이기 때문이요. 나는 이미 그의 머리에 씌울 금관까지 준비해 두었소.' 사실 석탈해는 가락국이 탐나 수로 왕에게 도발하였다가 오히려 봉패를 당하고 돌아온 적이 있는 인물이다. 소도장은 양아들을 두둔하는 일에 집중하였고 박사는 그의 최후를 예언하였다. 이 사건은 또 다른 기록에도 그 흔적을 남기고 있다. 박사는 아무래도 안 되겠다며,

"선택은 그대 자신에게 달렸소."

최후통첩을 남기고는 돌아섰다.

소도장은 이미 동방박사의 신분이나 그의 역할에 대해 아는 듯했으나 그의 말을 선뜻 받아들이지 못했다. 지금까지 누렸던 자신의 지위를 내려놓기가 싫었던 것이다. 이에 대한 이야기도 박사는 비유로 예언하였다. '내려놓기 싫은 머리는 땅속에서 발굴될 것이다.' 실제로 이 금관은 2천 년 후, 조문국 고분 발굴 유물로 박물관에 전시돼 있다.

"나중에야 이 모든 진실이 역사적 사실이 되는 것을 볼 것이요."

"무슨 말인지 나는 못 알아듣겠소."

"귀가 있어도 못 알아들으면 어쩔 수 없지요. 예수도 당신 동네에선 인정받지 못하였으니까."

역대 왕들은 예언자의 예언에 귀 기울이지 않았다. 그러나

예언자의 신탁을 받아들인 왕들은 크게 번성하였다. 항차 그 예언을 해야 할 예언자 소도장이 예지의 힘을 잃어버리고 예언자의 말에 귀를 기울이지도 않는 귀머거리가 되었으니 그간에 무슨 일이 있어도 단단한 문제가 생긴 것이라는 박사다.

"그동안 유리걸식하는 세월에 신앙의 대상이 변질돼 버린 게야."

박사는 지금까지 여러 가지 신분으로 이곳저곳에 머물고 있었으나 이제는 할 일을 모두 다 마쳤다. 지금 여기서의 문제는 시간과 세월이 해결할 일이지 당장 풀릴 문제가 아니다. 그러면서 여기 어디 이 일을 증거할 수 있는 기록을 하나 새겨 남겨둘 것을 이르는 박사다.

"여기 어디 기록을 하나 남기자."

기록이 없으면 아무것도 아니다.

"지금 대수롭잖게 남겨둔 기록이 시대가 지나고 나면 새로운 역사가 되느니."

그러면서 양피지의 기록이나 점토판 기록보다는 돌에 새긴 기록이 더 오래 간다는 말도 잊지 않는다. 석각의 시작이다.

"그분의 역사는 하루아침에 나타나지 않아요."

그러면서 그는 지나간 세월을 돌이켜 보는 듯했다. 삼천갑자를 살면서 일어났던 그 모든 일들이 주마등처럼 지나치는 것이다. 오랜 시간이 지나야 이루어지는 역사, 그게 창조주의 움직임이다. 무수한 부침을 계속한 뒤에 이루어지는 역사, 그 기다림, 박사는 이제 그 길의 끝자락에 서 있는 자신을 되돌아본다. 좋건 싫건 군소리 없이 주의 말씀을 순종하고 따랐던 일생이다. 이제는 그 역시 죽었다 다시 사는 과정을 그쳐야 하리…. 가는 길을 알고 가는 자의 뒷모습은 아름답다.

"나 같은 노인은 지난날을 그리워하지만 그대 같은 청년은 신념을 위해선 죽음도 불사하리."

그게 순교라는 의미를 담고 있을 줄은 도마도 미처 몰랐던 말이었다.

도마는 그 역사의 소용돌이 한가운데 서 있는 자신을 발견한다. 지금까지는 그래도 무사히 역할 담당을 잘해왔다. 육신을 입었던 구세주의 동생으로서 그의 제자로서 또한 그의 사도로서 여기까지 왔다. 하루아침에 그 성과를 볼 일이 아니라면 후세를 위해 또 하나의 기록을 남겨야 할 일이 새로운 과제로 남는다.

"돌에 새겨 남기는 표적이라…"

도마는 박사의 이 말을 귀담아들었다. 이미 반구대 암각화를 본 도마다. 저들은 고래사냥을 기록으로 남기고 있었다. 그렇다면 예수를 전하러 온 사도 도마는 천세에 기록으로 남아도 부족함이 없을 일이 아닐 것인가. 자신을 남긴다는 것은 곧 메시아를 드높이는 일이다. 세상살이에 가장 중요한 것 중의 하나는 남의 말을 귀담아듣는 일이다. 그리고 행하는 일이다. 어쩌면 석공 엘리엇을 만나게 된 것도 그와 동행을 하게 된 것도 이 일을 마무리 짓기 위한 준비된 계획이 아니었을까 하는 생각이 드는 도마다.

소도를 나온 도마는 이 나라의 땅끝이 어딘가를 묻는다. 땅끝 나라의 땅끝에다가 이 복음을 전파한 기록을 하나 남겨둘 작정인 것이다. 그럼으로 후세에 이 일을 근거로 역사가 이루지기를 바라는 마음이다. 이게 판에 돌 하나를 획 던져 두는 포석이다. 계획된 포석은 지금 당장 그 결과를 바라는 바 성패를 결정내지는 못하겠지만 나중이 되면 또 다른 역사를 이루는 증거물이 된다. 이런 이야기가 살맛을 낸다. 이야기가 없는 세상은 슬프다. 단조롭고 재미가 없다. 때문에 세상 곳곳에 이야기가 있고 민담 설화가 존재한다. 이것들은 정사보다 훨씬 다양하고 세세하여 살맛을 일으켜 준다. 이를 음미하고 행간을 읽어낼 줄 아는 자는 복되다 할 것이다.

"가자, 세상 땅끝으로!"

도마 일행이 소도를 떠나 다시 배를 타고 물길을 저어 올라간 내성천의 중간쯤에 육지의 섬 회룡포가 있었다. 물길이 말발굽처럼 휘감아 도는 백사장이었다. 그리고 그 위쪽으로 물결이 휘감아 도는 푸른 소가 있어 용이 산다 했다. 더 이상 배가 올라갈 수 없는 협곡 건너에 집채만 한 바위가 하나 있는 것이 보였다. 얼른 보기에도 눈에 확 띄는 자리다. 여기 이 바위라면 후세에 사도 도마가 땅끝까지 와 인류구원자 예수를 증언하고 갔다는 기표를 남길 만한 자리다.

도마는 뱃사람들을 쉬게 하고 엘리엇을 부른다.

"무슨 일 있어요?"

"바위그림을 하나 그려야겠어."

"바위그림이요?"

도마는 인도의 신전에 그렸던 벽화처럼 이 바위에다가 우리가 왔다 갔다는 흔적을 남기고 싶다 한다.

"반구대 바위그림 봤지?"

엘리엇은 건축현장에서 일꾼 노릇을 할 때 주로 석물에 조각을 담당했다. 말하자면 석수장이 노릇을 했던 것이다. 그는 갑자기 이 땅의 돌들을 보고는 여기 어딘가에다가 기록을 남기고 싶다는 충동을 느끼긴 했는데, 그 충동이 왜 일어났는지를 알 수가 없다. 기록은, 바위에 새겨 남긴 기록은 몇백 년 몇천 년이 가도 지워지지 않는다. 그야말로 기록이 되어 영세불망이 된다. 그렇지만 그런 기록을 남길 아무런 연장도 가지고 오지 않았다.

엘리엇은 아무 준비가 안 돼 있다는 의사를 전달할 적당한 장소를 찾는다. 땅바닥에라도 글을 써 마음을 전해야 할 판인데 온통 나뭇잎이 떨어져 글자를 쓸 자리가 안 보인다. 엘리엇이 필담을 할 자리를 찾는 것을 본 도마가,

"하려고 한 말이 뭐야?"

하고 묻는다. 이미 상황을 간파한 것이다. 그렇게 둘은 통해 왔다.

엘리엇은 가야의 돌에 대한 이야기를 하고 싶어 했지만 설명할 길이 없다. 이런 화강암은 세상 그 어디에서고 찾아볼 수 없는 단단한 성질을 가져 조각하기가 힘들다. 이 돌은 사막지대에 있는 돌들과는 비교가 되지 않을 만큼 강도가 높

다. 이 정도 돌에다가 글자나 그림을 새겨 넣자면 더없이 단단한 정이 있어야 한다. 그런데 정이 어디 있을 것인가? 쇠붙이도 하나 가지고 온 게 없다.

"우리가 여기 왔다 간 발자취를 새겨두는 것만으로도 이 땅에 큰 복이 될 수 있지 않을까?"

동상이몽이다. 한 사람은 연장을 찾고 있는데 다른 한 사람은 바위에 그릴 그림의 내용을 설명하고 있다. 한 사람은 목적을 이야기하고 있었고 또 한 사람은 그 방법을 이야기한다. 엘리엇은 급한 김에 두 손을 내저어 그래가지고는 일을 할 수 없음을 전한다.

"왜 하기 싫어?"

도마는 남의 속도 모르고 바위그림을 강요하고 나온다. 맨손으로 긁으면 바위가 파지는 것으로 알고 있는 것 같았다. 그런데 그때 거룻배를 몰고 온 사공이 두 사람이 실랑이를 하는 짓을 보고 그 뜻을 간파했는지 닻으로 사용하던 삼각형의 큰 쇠꼬챙이를 들고 와 이거면 안 되겠느냔 시늉을 보낸다. 말도 하지 않았는데 어떻게 그 뜻을 알아차렸을까.

"옳거니 어찌 그리 신통한 생각을 했지?"

도마는 그에게 칭찬을 아끼지 않는다. 그러면서 엘리엇에게 이거로 하면 안 되겠느냐 묻는다. 쇠꼬챙이로 어떻게 화강암에 그림을 그려? 엘리엇은 어림없는 일이라 고개를 내젓는다. 그거로는 어림도 없다. 이런 정도의 화강암이라면 천년만년 부서지지 않는 단단한 강도를 지녀 강철 같은 무쇠

정이 아니고서는 조각을 할 수 없다 한다.

도마는 이 불통이 답답해 소리친다.

"그 반구대 암각화 그리는 사람들 봤잖아?"

이들은 사로국에 들어오기 전에 장생포라는 곳에서 일단의 고래잡이 선단을 만난 적이 있었다. 저들은 북빙양을 회유하는 고래를 따라다니는 고래잡이 사냥꾼들로 그날도 그날 잡은 고래들을 그림으로 바위에다가 새겨놓고 있었던 것인데 엘리엇도 그 광경을 함께 목도했다. 그랬으면 지금 도마가 무얼 원하는지 알았어야 하는데 그걸 알아채지 못하고 있으니 답답할 수밖에. 도마가 소리치는 까닭이었다.

이때 동방박사가 어디선가 쓰윽 나타나더니 허리춤을 가리키며 '거기 있지 않느냐?' 한다. 도마는 허리춤에 칼집을 하나 차고 있었는데 박사는 그 칼집 속에 든 칼을 이용하라 한다. 이 칼은 베드로가 쓰던 칼이고 항상 칼을 매달고 다니는 혁대는 어머니 마리아가 마지막이 될지도 모르는 먼 나그네 길을 떠나는 아들에게 준 허리띠였다.

도마는 허리춤에서 이 단도를 빼내어 엘리엇에게 내밀며,

"이거면 되겠어?"

한다. 크기는 한 뼘 정도밖에 안 되는 손칼이었지만 퍽 강해 보이는 쇠붙이다. 겟세마네 동산에서 예수를 잡으러 온 대제사장의 종을 쳐 그 귀를 떨어뜨린 베드로의 칼이었다. 예수는 베드로의 폭력적인 행동을 나무랐고 종의 귀를 주워서 다시 붙여주는 이적을 행하였다. 그때 던져버렸던 칼을

도마가 가지고 놀다가 돌려주려 했지만 베드로는 자기는 이제 칼 같은 건 필요 없다며 '꼬맹이 너나 가지렴' 하면서 주었던 칼이다. 박사가 허리춤 속에 감추어진 그 칼의 소지를 어떻게 알고 그 사실을 깨우쳐 일러주었을 것인가? 궁 즉 통이다. 궁하면 통한다. 이게 기도다. 얼마나 그리워했으면 그럴 때마다 나타나 해결사가 돼 줄 것인가. 낭패를 당했을 때마다 그가 나타나 할 일을 일러주는 박사다.

도마는 이 일련의 일들이 다 뒤죽박죽 환영이란 걸 안다. 이건 사실이 아니라 기시감이다. 그렇다면 항해며 첨성대며 소도며…, 지금까지 행한 박사와의 그 모든 일들이 환영에 지나지 않았었던 파타모르가나 현상이 아닐 것인가? 도마는 나직이 '파타모르가나'라는 말을 외친다. 이 환영에 겹쳐, 주여 어디로 가시나이까? '쿠오바디스 도미네!'를 외쳤다는 베드로가 떠오르고 마리아가 떠오르고 형 예수가 떠오른다. 베드로는 로마의 한 시골길에서 주님을 다시 만나 그를 따르겠다고 외쳤다 했다. 그러고는 십자가에 거꾸로 달리는 순교를 택했다 했다. 이를 알려준 사람이 바로 동방박사 삼천갑자동방삭이다. 그렇다면 그 소식도 환청이었단 말인가?

도마는 극심한 혼란에 시달리며 엘리엇에게 이렇게 말한다.

"새로운 밀레니엄 시대를 위해 기록할 도구야."

도마가 주는 칼을 받아든 엘리엇은 바위를 쓰윽 한번 긁어본다. 설마 이런 손칼로 바위를 파낼 수 있을 것인가. 허뻐 보였던 것이다. 그런데 이상도 하지, 정말 기이한 일이 일어났다. 그 작은 손칼이 야물고 단단한 화강암을 무 자르듯 잘라 내고 있다.

"이게 무슨 조화란 말인가."

엘리엇은 밤새 바위와 씨름을 하여 석상을 남겼다. 허름한 겉옷의 어깨 부분에 주름이 잡혔고 헐렁한 샌들을 신은 남자, 열 발가락이 샌들 밖으로 나왔고 두 손은 기도를 하고 있는 모양새다. 석상의 양옆 아랫단에 '세상 끝까지 왔다'라는 뜻의 지전행(地全行)이라는 문구를 넣었고, 예수의 전도자라는 뜻으로 '야소화왕인도자'(耶蘇花王引導者)라는 글자도 새겼다. 그리고 오른쪽 상단에 도마의 모습을 각인한 뒤 아람어로 된 '도마'의 이름자 '타우 멤'을 깊게 새겼다. 일을 다 마치자 날이 밝았다. 어찌하여 일자무식 엘리엇이 이런 글자를 새겨 남길 수 있었을 것인가? 또 그 조그만 손칼로 저 큰 바위에 실제 사람보다 큰 바위그림을 그릴 수 있었을 것인가. 수수께끼가 아닐 수 없다.

"오, 주님 감사합니다."

이 순간 엘리엇의 말문이 열렸다.

기적적인 순간이었다. 사람들이 다 놀라 어안이 벙벙하였다. 영주의 도마 석상은 이렇게 해서 만들어진 것이었다. 2천 년 후, 이 바위그림을 발굴한 사람들은 석상의 머리가 없음을 궁금하게 여기지 않았다. 그저 세월의 흔적이려니 하였던 것이다. 세월은 모든 것을 감싸준다. 그 감싸안는 이야기가 아직 남아 있다.

파사의 석탑

허황옥을 왕비로 맞은 수로 왕은 나날이 새로운 생활이 시작되었다.

"왕께서는 이제 옛날 생각을 해서는 안 됩니다."

이전에 어떤 생활을 했던 간에 앞으로는 왕비가 시키는 대로 해야 한다는 주문이다. 왕은 처음에는 의아해 했지만 그렇게 하자 한다. 눈부시도록 아름다운 왕비의 청이니 거절할 이유가 없다. 게다가 왕비가 단 조건이 마음에 든다. 저는 아유타국을 버리고 왕을 찾아왔습니다. 누구 때문에 먼 이역만리 뱃길을 마다 않고 여기까지 왔겠습니까? 하늘이 내리신 배필이 여기 있다 믿었기 때문이었습니다. 왕께서도 저를 천생배필로 여기신다면 제 말을 들어야 할 것입니다. 남녀가 만나 부부가 된다는 것은 억겁인연이 있어야 되는 법인데 그 인연이라는 것을 쉽게 생각해서는 안 되겠지요. 두 손을 합해서 마주쳐야 소리가 나듯 우리 두 부부가 합해서 하는 일이라야 좋은 결과로 나타나게 될 것입니다. 한 사람만의 결정으로 일을 한다는 것은 결코 좋은 결과를 얻지 못한다. 합심하여 선을 이루자는 왕비다. 그러면서 손뼉을 쳐 보이는 왕비다. 왕은 이렇듯 순순하고 천진한 여인을 사랑하지 않을 수 없다.

"내 그대의 말이라면 무어든지 다 들으리다."

"고마워요. 제 말을 들어주어서요."

"그런데 말이요…."

수로 왕은 잠시 뜸을 들이는 듯하다가,

"나는 또 다른 곳에서 나를 필요로 하는 사람들이 있는 족장인지라…."

그 부족들을 위해서 할 일들이 또 있다는 것이다. 이들 부족들은 크게 나눠 여섯이지만 더 잘게 나누면 마흔여덟 부족이나 된다. 이들은 골짜기 사이에 큰 들녘이 있으면 그 하나씩을 차지하고 산다.

"해 뜨는 나라엔 큰 산줄기가 있고 그 사이사이 강이 있어요. 그리고 강가엔 기름진 땅이 있어 농사를 짓지요."

이들 부족들은 서로 침탈하지 않고 산다. 그런데 저들이 싸우지 않고 잘 지내게 하기 위해서는 누군가가 중간에서 중재하고 보살피는 중재자가 필요하다. 여러 부족들이 서로 부딪치지 않고 살기 위한 방편으로 부족장들 중 대표자를 세워야 하는데 그 일을 맡고 있는 것이 수로 자신이라는 이야기다. 그러니 그런 일에 대해선 왕비와 의견이 상충하는 일이 있을지도 모른다는 수로 왕의 말이다. 이럴 때는 내 의견이 아니라 부족들 다수의 의견인지라 왕비의 말을 따를 수 없을 때도 있을 거란 이야기다.

"그런 일이라면 상관없어요. 어찌 일개 아녀자가 나라 일에 관여할 수 있겠어요?"

그런 일은 천부당만부당한 일이라는 왕비다. 왕은 이렇듯 마음씨 고운 왕비라면 간이라도 꺼내어 뒤집어 보이고 싶은 심정이다.

"왕비, 왕비는 걱정 마시오. 모든 일은 왕비와 상론해서 할 것이요."

"고마워요. 자고로 여자의 말에 귀 기울이는 남자를 팔불출이라 한다지요?"

그렇지만 그건 여자가 팔불출일 때 일어나는 일이고 여자가 근실하고 참되면 그런 일은 있을 수 없다는 왕비다.

"저는요, 근실하고 참된 여자가 되기로 맹세한 사람이에요."

왕비는 근실하고 참된 여자가 되기로 하나님 앞에 맹세를 하고 또 맹세한 사람이라 한다. 그러면서 그 근실하고 참된 사람이 무엇이냐 묻는 왕에게 거듭난 사람이라는 말을 덧붙였다. 그 거듭남이 뭔가를 묻는 왕에게 왕비는 또 이렇게 말한다.

"이제 새로운 세상, 새로운 하늘이 열리는 거예요."

왕비는 샌들 신은 사람 도마 이야기를 한다.

"바다를 건너오며 풍랑을 만났어요. 안남이라는 나라의

호이안 항구를 떠난 바로 직후였는데 큰 너울이 쳤지요.”

큰 너울은 집채보다 큰 파도를 일컬음이다. 바다 물결은 크기에 따라 너울 파랑 혹은 파도 잔물결이라 하는데 너울은 가장 높은 물결이다. 대부분의 배는 큰 너울을 맞닥뜨리면 살아남지 못한다.

왕비는 큰 너울을 만났는데도 배가 무사히 가락국까지 온 것을 이렇게 말한다.

“그분의 형 덕분이었어요.”

“그분의 형이라니요?”

항해를 무사하게 도운 도마 이야기는 이미 들은 바 있었지만 그의 형 이야기는 또 무어란 말인가. 처음이다. 왕비는 우선 물결을 잠재운 이야기부터 한다. 파도가 배를 뒤덮어 갑판 위의 물건들이 나뒹굴고 있을 때 도마는 모두 갑판으로 나아오라 했다. 그 위험한 상황 속에서 모두 갑판 위로 올라와 한 사람도 빠짐없이 통성기도를 올리자는 것이었다. 자칫 잘못하면 성난 파도가 사람들을 휩쓸어 갈 수도 있는 상황이었다.

“그가 그랬지요. 기도하면 안 되는 일이 없다. 한 사람도 빠짐없이 간구해야 한다. 한 사람도 빠짐없이 한 목소리로 ‘이 위기를 벗어나게 해주십시오’라고 빌어야 한다 했는데 그중 한 사람은 벙어리였어요.”

벙어리가 있어 한 목소리가 되지 못함을 안 도마가 이렇게 말했다.

"엘리엇, 통성으로 기도해야 해. 목소리를 크게 내어 기도해야 해."

벙어리가 어찌 말을 할 수 있을 것인가. 그런데도 도마는 벙어리에게 큰 소리로 외치라 하였다.

"그래서 벙어리가 말을 했다고?"

왕이 그럴 리가 있겠느냐며, 첨부터 말 못하는 벙어리가 어떻게 기도를 할 수 있었겠느냔 반문을 한다. 그런데 기적이 일어났다. 벙어리 엘리엇이 말문을 열어 기도를 하였던 것이다. 그런데 물결이 잠잠하고 난 뒤에는 다시 그 말문이 막혀버렸다.

"기적은 그뿐만 아니었어요."

마침 배에 먹을 게 다 떨어져 가는 판국이라 싱싱한 찬거리가 없었는데 배에 생선이 한가득 실려 있더란 이야기다.

"너울에 떠밀려 온 고기를 먹고 배를 불렸다는 이야길 믿을 수 있겠어요?"

그야말로 물고기가 하늘에서 떨어진 격이었다. 뱃사람들은 배에 오른 고기는 먹지 않는데 이 고기들은 먹고 일용할 양식을 삼았다. 이 이야기를 하며 왕비는 보주의 그 물고기 이야기도 했다. 그러면서 항해 내내 도마에게서 들은 예수 이야기를 한다. 예수는 바다 위를 걸었다. 그리고 물고기 두 마리와 떡 다섯 개로 그를 따르던 무리를 먹였다. 뿐인가? 십자가에서 처형을 받아 죽은 뒤 사흘 만에 다시 부활해 하늘로 들려올라갔다. 왕비는 그간의 체험들을 모두 이야기하였고 그토록 신비한 일을 본 적이 없다 한다.

"참으로 믿을 수 없는 일들을 겪었지요."

"말대로라면 그러하네요. 그렇다면 그 예수라는 작자가 술사인가?"

"술사는 아네요. 술사가 어떻게 바다를 잠재워요?"

"용왕의 아들인가?"

"용왕의 아들은 아네요. 도마는 그를 사람의 아들로 이 땅에 온 하나님의 독생자라 했어요."

"그러면 옥황상제의 아들이란 말인데?"

그가 왜? 옥황상제의 아들이 무엇 때문에 이 땅에 왔을 것인가. 천상의 지배자가 무엇 때문에 하계에 내려와 십자가 처형의 고통까지를 겪었을 것인가? 도무지 이해할 수 없는 일이라는 왕이다. 왕비는 도마에게서 들은 말을 그대로 전한다. 그러나 한 입 건너 전해지는 말은 전달이 잘 안 된다.

"그 자세한 이야기는 나중에 그가 돌아왔을 때 직접 들어 보면 될 것이에요."

왕비는 삼천갑자동방삭을 만나러 간 도마가 돌아가는 길에는 여길 들렀다 가기로 했다면서 자세한 이야기는 그때 가서 듣기로 하자 한다.

"저들은 물고기를 상징으로 해요."

"물고기를 상징으로 하다니?"

"혹시라도 길을 가다가 어떤 사람을 만나잖아요?"

"누굴 만나?"

"누구든지 낯선 사람끼리 처음 만나…"

그가 물고기를 그리고 나도 그를 따라 같은 물고기를 그리면 서로 같은 편이라는 걸 알아보는 암구호가 된다는 쌍어문 이야길 한다.

"왕은 암행을 잘 나가잖아요?"

혹시라도 암행 길에서 그리스도교를 마주치게 된다면 암구호로서 서로의 신분을 알아낼 수 있을 것이라는 비밀스런 이야기다.

왕비는 연이어 그 물고기 암호가 생긴 것은 이스라엘 사람들뿐만 아니라 자기 고향 보주 사람들에게도 통한다는 이야길 한다.

"그 이야긴 나도 알아요. 나도 보주를 거쳐 온 사람이잖아요."

"아, 참. 잊고 있었어요. 하도 어릴 때 일이라서."

왕은 그 당시 어릴 때 일들을 다 기억하고 있다며 그 신비의 샘물 이야기를 한다.

"그 샘물에선 겨울에도 따뜻한 물이 나와 얼지 않았지요. 우리가 처음 본 것이 그 우물가에서였어요."

왕비는 너무 어릴 때 일이라 잘 기억이 나지 않는다 한다. 그러나 왕은 그때의 일을 기억하고 있다.

"왕비의 할아버지께서 촌장이셨어요."

할아버지께서 우물에서 잡은 물고기를 골고루 나눠주시면서, '옛다, 이눔아. 너거는 식구가 많으니 한 마리 더 가져가라' 하면서 고기를 한 마리 더 얹어주던 기억도 있다 한다.

그때 그 고기 얻어먹고 기운 차려 살았던 것을 생각한다면 어찌 그 물고기가 은혜롭지 않겠는가? 도마의 물고기와 보주의 물고기를 문양으로 만들어 새겨 가락국을 상징하는 기치로 삼겠다는 왕이다.

"그래, 그 도마라는 작자는 어디로 갔소?"

"사로국에 가 동방삭을 만난 후 함께 조문국 제사장을 뵈러 간다 했어요."

"조문국 제사장은 왜?"

"제사장 역시 이스라엘에서 온 족속이라 그를 통해 예수 부활 소식을 전해야 한다 했지요."

왕비는 도마의 목적이 뿔뿔이 흩어져 있는 이스라엘 민족을 통하여 예수가 새로 온 메시아임을 전하는 일이라 한다.

"그게 뭐 그리 중한 일이라고?"

"그분에게는 그게 가장 중요한 일이지요."

결혼식에 참석하지 않은 것은 혹시라도 방해가 될까 봐 그런 거라는 이야기도 한다. 새로운 스승으로서의 도마라 왕비가 그런 일에 너무 신경을 쓰다보면 신혼생활에 지장을 받게 될 수도 있지 않을까, 했다는 이야기다. 하루 몇 번씩 안하던 기도를 하게 되고 가르쳐 준 대로의 기도의식을 행하자면, 자연적으로 그런 일에 익숙하지 않은 왕에게 누가 될 수도 있다. 그렇다면 차라리 옛날 하던 습관대로 편하게 신혼을 보낸 뒤 나중에 새로운 의식을 행하며 살아도 된다. 이게 도마가 말없이 떠난 이유라는 걸 설명하는 왕비다. 그리고 무엇보다도 도마에겐 시간이 없다. 아유타에서 하다가 그만두고 온 일이 있다. 공주의 안전항해를 돕기 위해 동승을 하긴 했지만, 그 덕분에 동족을 만나 복음을 전파할 기회를 얻긴 했지만, 도마는 군다포러스 왕에게 얽매인 몸이라 일을 하러 가야 한다. 다음 물때까지는 시간이 많지 않다.

"제사장을 만나 복음을 전하고 곧 돌아올 것입니다."

자세한 이야기는 그때 들어도 될 것이라는 왕비다. 왕비는 한 점 숨김없이 다 이야길 한다. 그게 본 성품이다. 왕은 이러한 왕비를 위하여 무엇을 어떻게 해야 할지 궁리 중이다. 왕비가 건실한 생각을 가지고 함께 하자는 데에는 달리 거절할 이유가 없질 않은가. 왕은 왕비의 말이라면 팥으로 메주를 쑨 데도 믿을 작정이다. 게다가 여기까지 항해를 도운 도마라는 작자에 대해서도 호의적이다.

왕과 왕비는 봉황루를 돌아 봉황대에 오른다.

"여기가 봉황이 내려와 놀다 간다는 봉황대라오."

왕은 전설 속에나 나오는 봉황새가 놀다 간다는 봉황대를 한 바퀴 휘 둘러보고는 병사들이 일을 하고 있는 회현 언덕을 한 바퀴 돈다. 한 군데 병사들이 먹고 버린 조개껍데기가 켜켜이 쌓여 있다. 세월이 지난 후 패총이라 불리게 될 조개무지다. 왕비는 장난스럽게 거기 조개무지 속에 여기까지 들고 와 마시던 대엽차의 유리잔을 던져 버린다. 요즘 들어 왕과 왕비는 아유타에서 가져온 보이차에 재미를 붙여 정원을 거닐면서도 끽다를 즐겼던 것인데 인도에서는 자기가 마신

찬잔을 던져버리는 습속이 있다며 공주가 찻잔을 던져버리자 왕도 따라서 그 잔을 던져버린다. 이 역시 세월이 지난 후로 만글라스라는 이름을 달고 발굴될 역사적 산물이다. 아무도 이 역사적 산물에 대한 관심을 가지는 이가 없어 이 잔들은 2천 년 동안이나 패총 속에 잠들었다가 깨어난다.

한참 왕궁을 거닐던 왕이 왕비에게 청한다.

"우리 구경이나 한번 가는 게 어떻겠소?"

"구경이라니요?"

"동쪽에 거룩한 성산이 하나 있소. 저기 보이지 않소? 여기서 보면 해가 거기서 뜨는 것 같지만 또 거기서 바라보면 강 건너 그 너머 바다에서 떠오르는 일출을 볼 수 있소."

이 땅은 사계절이 뚜렷하고 철따라 피고 지는 꽃들이 각양각색을 지니고 있다. 벌써부터 이런 것들을 보여주고 싶었다는 왕이다. 인도의 기후와는 다른 이곳에다가 나라를 세우고 왕비를 불러들여 살고 싶었던 게 꿈이다. 이제 그 꿈을 이루었으니 마음껏 구경이나 하고 다니자는 왕이다.

왕비는 행복하다.

"그렇다면 뭘 준비할까요?"

"그런 걱정은 말아요. 이미 다 준비를 시켜뒀으니, 왕비님께서는 말에 오르시기만 하면 됩니다."

왕비는 말에 올랐다. 하얀 백마였다. 왕은 짙은 갈색의 말을 탔고 왕비는 하얀 백마를 탔다. 갈기가 바람에 날리도록 말을 달려본 지가 그 얼마만인지 모른다. 보주에서 인도로 넘어가던 그 당시 어린 나이였지만 말을 탔던 기억이 있다. 차를 실어 나르던 말의 짐을 풀고 쉴 참이었던가? 둘은 안장도 안 얹은 말 잔등에 올라 초원을 달렸던 적이 있었다. 어른들은 그러한 저들을 보고 혀를 끌끌 찼지만 그 덕분에 두 집안이 연을 맺게 되기도 했다. 두 집안은 서로 신분이 달랐다. 허황옥의 집안은 대대로 문신의 집안이었고 수로네 집안은 무인 출신이었다. 그때는 문신이고 무신이고를 따질 수 없는 피난길이었다. 한 집은 차를 실어다 파는 무역상을 하게 됐고 또 한 집은 그 무역품을 실어 나르는 운송 일을 했다. 그러면서 인도까지 흘러들어갔던 두 집안이다. 인도에서 갈 길이 서로 달라져 갈라섰지만 두 사람은 이렇게 다시 만나는 행운을 가졌다. 인연도 보통 인연이 아닌 두 사람이다. 이건 필시 운명이라 믿는 두 사람이다.

"여기가 구지봉이오."

말을 달려 야트막한 언덕 위에 오르자 왕이 먼저 말에서 내려 왕비의 말고삐를 잡아 왕비의 하마를 도왔다. 말에서 내린 왕이 왕비의 손을 잡고 이끈 곳이 구지봉이다. 여기서 여섯 촌장들이 다 모여 수로를 족장으로 모신 자리라 한다.

"내가 왜 족장으로 추대된지 아시오?"

수로는 엄지손가락에 낀 활깍지를 보여주며,

"이거 덕분이오."

그 활깍지는 황옥의 아버지가 선물한 정혼의 증표다. 무소의 뼈를 깎아 만든 보기 드문 물건이다. 활 쏘는 궁수에게는 깍지가 필요치 않다. 깍지가 있으면 오히려 불편하다. 깍지는 대량으로 재빨리 화살을 쏘아야 하는 병사용이 아니란 이야기다. 깍지를 끼고 활을 쏘는 사람을 활량이라 했다. 활량은 나중에 한량으로 변해 할 일 없는 건달 정도로 폄하된다. 할 일 없는 사람이 할 일 없이 활이나 쏘고 있다면 이건 무언가. 무위도식하는 건달패다. 그런데 이런 건달이 뭣 하러 활을 쏠 건가? 어쩌다 한 번 무언가를 맞춰보고 싶은 욕망이 있다는 것이다. 이 욕망이 때로 활쏘기내기를 부추긴다. 이러한 내기 활을 쏠 때는 호흡을 조절해야 하고 살의 날개에 손가락을 상하지 않게 보호하기 위해 활깍지를 낀다. 깍지를 끼고 쏘는 살의 방향은 정확하다. 때문에 활 시합 때는 이 깍지가 필요하다.

수로는 허씨네로부터 선물 받은 이 깍지 덕분에 활쏘기에서 우승을 차지할 수 있었다. 실로 우연스런 일이었다. 구지봉에서 만난 여섯 촌장들은 활쏘기를 통하여 우두머리 족장을 뽑자는 의견을 내었고 수로가 당당히 뽑힌 것이다. 보통은 오십 보 거리에서 과녁을 맞히지만 수로는 백보 거리에 있는 과녁을 맞혔으니 저들이 머리를 조아리지 않을 수 없었던 것이다. 이런 강궁은 처음이다. 거기에 남이 다 가지지 못한 이 무소뿔 활깍지를 가진 인물이었으니 하늘이 내린 지도자로서 충분한 자격을 갖추었다. 그 무렵 해서 무역상 압바네스가 왔었고 무슨 이야기 끝에 아유타국에서 만난 허황옥의 이야기가 나온 것이다.

“거의 잊고 있었던 일이었어요.”

구지봉에서 결의대회를 하고 흩어져 있던 유민들을 모아 잘 사는 나라를 만들어 보자고 결의한 수로다. 그 밑바닥에 이런 사연이 있었으니 그가 공주를 하늘 받들 듯하지 않을 이유가 없다. 기마민족은 활깍지를 쓰지 않는다. 따라서 수로는 이런 물건이 필요 없다. 그런데 그 선물을 잊지 못해 늘 목에 걸고 다니던 활깍지가 이날 대회에 우승을 안겨주는 보탬이 될 줄은 누가 알았을 것인가?

“그분이 그랬어요. 세상 모든 일은 이미 정해져 있는 계획에 의해서 움직인다고요. 우연은 없다는 거예요.”

“그렇다면 우리 만남도 우연은 아니라는 이야기잖소?”

“그렇다니까요. 과거가 현재를 낳고 현재가 미래를 낳는다 했어요. 지금 당장은 아니더라도 언젠가는 그 결과가 나타난다는 거죠.”

우연을 가장한 필연이란 게 있다. 지금 당장 여기서 아무 일 없던 일도 다른 곳에서 다른 모습으로 드러날 수 있다. 그 시간의 차이는 계산될 수 없다. 이 오묘한 이치를 섭리라 한다. 시간과 공간을 만든 이만 알고 있는 비밀이다.

왕비는 항해 도중 배운 신비스런 세상 이야기를 하고 있고 왕은 귀담아 듣고 있다. 그 이야기들이 새롭기 때문이다. 지금까지 들어왔던 쓸데없는 말이 아닌 것이다. 지금까지 만났던 사람들 이야기는 살아가는 이야기였고 어떻게 하면 남들보다 더 잘 살 수 있을까 하는 문제들이었다. 그런데 왕비의 이야기는 살아생전 잘 사는 것 이상으로 죽어서도 잘 사는 세상과 연결이 된다는 것이다. 죽어도 죽지 않는 영생이 있다는 것이다. 그리고 그 복을 잘 받으면 살아생전에도 수를 누릴 수 있다. 실제로 도마의 선조들은 구백 세를 더 산 사람들이 수두룩하다. 그런 세상을 듣는 게 처음이다. 그것도 왕비의 입에서 나오는 말들이다.

산을 오르며 내내 이런 이야기들이 오고 갔다.

"이 산 이름이 뭐예요?"

왕은 이 산에는 이름이 없다 한다. 그저 거룩한 산이라는 뜻으로 성산이라 부른다는 말밖에는 대답할 길이 없다.

"그렇다면 신어산이라 불러요."

신이 내린 물고기란 뜻이다. 신이 내린 물고기는 보주에도 있었고 이스라엘의 광야에도 있었다. 그리고 항해 도중에 만난 태풍의 너울 속에서도 나타났다. 뱃사람들은 배에 올라온 고기는 먹어선 안 된다 했다. 그런데 도마는 그런 미신은 버리라 했다. 세상만물 중 동식물은 모두 인간이 먹을 수 있도록 만들어졌고 인간을 위해 창조되었다. 그럼으로 배에 올라온 물고기를 먹는 일은 당연지사라 했다. 거물로 잡은 고기나 저절로 올라온 물고기나 무엇이 다를 것인가. 속신은 두려움 때문이고 그 두려움은 미신 때문이라고 했다.

왕비는 산을 오르며 이 산을 신이 내린 물고기라는 의미를 가진 신어산(神魚山)이라 하자며 그 뜻을 이렇게 전하라 한다.

"세상만물은 만드신 이의 모습을 닮아 신령하다. 이 산은 언제나 그 신령함으로 가득할 것이다.”

왕비는 또 이 땅의 모든 산과 강에 거기 합당한 이름을 지어줄 것이라 한다.

산죽이 엉긴 길을 지나고 상수리나무가 키를 재고 선 너덜을 오르자 이윽고 일망무제로 탁 트인 전경이 눈에 들어온다. 신어산 정상이다. 아래로 푸른 강물이 흐르는 것이 눈에 들어오고 그 너머로 이어지는 능선들 저 너머 너머로 바다가 펼쳐진 것이 보인다. 바다 저 너머에 왜국이 있다. 이거야말로 축복받은 땅이다.

“앞으로 가락국은 이 산으로 하여 영세토록 창성하게 될 것이에요.”

산 위에 오르자 왕비는 장유화상을 불러 이곳에도 기도 제단을 쌓을 것을 이른다. 이미 도착한 날 한번 쌓아본 돌단이다.

“여기다가 차나무도 심어요.”

왕비는 여기 이곳이야말로 어릴 때 살던 보주와 지형이 같다며 차나무를 심어 기르면 아주 좋은 음료수도 마실 수 있다 한다. 사람이 살아가는 데 있어 가장 중요한 것은 물이다. 중원 땅은 물은 풍부했지만 석회석이 섞여 있어 생수보다는 찻물을 선호했다. 차에는 녹차와 홍차가 있다. 각기 그 덖음과 찜에 따라 색깔과 맛이 달라진다. 때문에 이곳의 산세를 보자마자 차나무 재배와 녹차가 먼저 떠오르는 왕비다. 녹차의 효능은 굳이 설명을 필요로 하지 않는다. 오장육부를 정하게 하고 정신을 맑게 한다. 차의 용도는 그뿐만이 아니다. 항해 도중 배에서 한번 시행했던 성찬의식 때문이기도 했다. 이스라엘에서는 빵과 포도주로 성찬식을 거행했지만 여기서는 떡이나 다식으로 대신할 수 있을 것이라는 이야기를 한 도마였다.

"성찬식은 빼놓을 수 없는 중요한 의례행사입니다."

예수는 자기 피와 살을 먹으라 하였다. 그걸 먹음으로 정화된다 했다. 죄로 인해 죽을 수밖에 없는 죄인들은 반드시 이 정화의식을 거쳐야 거듭난다. 예수는 죄 없는 순수 그 자체다. 그는 스스로를 일컬어 '길이요 진리요 생명'이라 했다. 이 길이요 진리요 생명인 예수의 살과 피를 마시는 상징적 의미로 성찬의식이 있는데 이때는 빵과 포도주로 피와 살을 대신한다. 예수는 제자들을 불러 모아 최후의 만찬을 베풀며 이 이상하고도 오묘한 의식을 행할 것을 당부하였다. 어떤 일이건 그 내용이 있자면 형식이 필요하다. 죽음을 이기고 영생에 이르는 부활을 이루자면 그 사실을 믿는다는 형식으로 성찬식을 행해야 한다. 속죄양인 예수의 살과 피를 먹고 마셔야만 구원의 길에 들어설 수 있다는 의식이다. 예수의 제자들은 이 의식에 빵과 포도주를 사용했다. 빵과 포도주가 저들의 일용음식이기 때문이다. 그렇다면 식생활이 다른 가락국에서는 이를 어찌 해결할 것인가? 녹차와 떡이다.

왕비는 지금 그 생각을 하고 있다. 가락국에서는 밥을 주식으로 한다. 그리고 농사지은 곡식으로 만든 술을 마신다.

그렇다면 술과 밥으로 성찬식을 할 것인가? 항해 중에 그 이야기도 나왔었다. 왕비가 떡을 생각한 것은 결혼식 잔칫상에 올랐던 떡이 특이했기 때문이다. 쌀을 찌고 빻고 쪄서 만든 떡이야말로 인도에서는 맛볼 수 없었던 별미였던 것이다.

'그 음식 종류가 문제가 아니라 참뜻이 중요한 것입니다.'

예수의 피와 살이 의미하는 상징성이 문제다. 죄 없는 예수가 인류의 죄를 대신 짊어지고 죽었으니 그에 대한 감사의 표시로, 그리고 그가 구세주임을 믿는다는 의미에서 성찬이라는 의례를 치른다는 걸 깨달아 행하면 된다는 것이었다. 그렇다면 그게 술이건 밥이건 상관은 없다. 그렇지만 술에 취한 모습을 본 왕후다. 술에 취해 정신없이 떠들어 대는 사람을 본 왕후는 술로 예수의 피를 대신할 수는 없다는 생각을 한 것이다. 신어산을 올라옴으로써 그 생각이 퍼뜩 났다. 차를 끓여 성찬식에 올림으로 예수의 보혈을 더욱 정하게 만들자. 여기 지형이 차밭이 있던 보주의 뒷산을 닮지 않았느냐. 상부에는 바위가 치솟아 있지만 내려갈수록 굴곡진 언덕과 펑퍼짐한 평지에는 차나무를 심기에 적당한 경사를 두었다. 차나무는 물 빠짐이 좋은 경사지가 적지다. 이 일대 산들은 모두 차나무 경작지로 적합한 땅이다.

"여기다 차 밭을 만들어요."

왕은 왕비의 말을 다 이해하지는 못했지만 대충은 알아듣는다. 왕비는 지금 도마라는 사람에게 들은 그 새로운 신앙이 용솟음치고 있다. 중원 땅에는 저런 신앙이 없었다. 인도에서도 마찬가지였다. 왕은 아직 신혼인 왕비가 열 일 제쳐 놓고 관심을 보이는 이 일에 대해 염려스럽긴 했지만 얼핏얼 핏 듣기로는 터무니없는 이야기는 아닌 것 같아 관심을 기울 이고 있는 중이다. 게다가 여러 부족들을 한데 결집시킬 수 있는 하나의 구심점인 신앙의 대상이 있었으면 했는데 듣도 보도 못한 이 새로운 신에 대한 이야기는 수로 왕의 관심을 끌기에 충분했다. 여기 토착민들은 나무나 강물 큰 바위 같 은 신령스러운 자연물을 보면 무조건 거기 엎드려 절하며 소 원을 비는 정령신앙을 가졌다. 한말로 구심점이 없다. 그렇 다면 그 자연물들을 만든 더 높은 분이 있다면 그를 섬기는 일이 어색하지 않을 것이다. 그게 하늘이라면 아무 문제없 다. 하늘보다 더 높은 존재가 어디 있을 것인가. 왕비의 이야 기에서 하늘을 보는 왕이다.

"저 아래 보이는 물줄기를 낙동강이라 하오."

이 가락국의 동쪽에 위치해 붙은 강 이름이다. 이 강은 태 백산에서 발원해 천 리가 넘게 흐르고 있다. 그 중간에 소백 산이 있는데 그 아래쪽 지역은 다 가락국과 동맹관계에 있는 사람들이 살고 있는 형제들의 땅이다. 그러나 강 건너 바로 보이는 저 땅은 사로국이라 서로 온 곳이 다르다. 때문에 약 간 서먹서먹한 관계다.

"조문국은 어디쯤인가요?"

"이 강을 따라 상류로 한 사나흘 올라간 곳이요."

거기에 소도가 있다. 소도는 나도 처음 들어본 이름이지만 거기서 하늘에 제사를 지낸다는 이야길 들었다는 왕이다.

"도마님이 만나러 간 사람이 바로 그 소도장이에요. 그가 돌아오면 앞으로 가락국이 해야 할 일이 무엇인지 물어보세요. 그는 결코 허튼소리를 할 사람이 아니에요."

공주는 아유타국의 변화와 도마가 가지고 온 새로운 신앙에 대한 이야기를 한다. 인도의 왕궁보다 로마의 왕궁은 더 화려하고 서방세계의 군사력은 상상도 못할 힘이 있다. 그 동서양을 두루 다니고 본 도마의 식견이라면 앞으로 가락국의 발전에 큰 힘이 될 거란 왕비다. 왕은 왕비의 이러한 식견에 감탄을 한다.

"아유타는 잘 아시잖아요?"

아유타의 왕궁과 가락국의 왕궁은 비교가 안 된다. 아유타에 석조건물이 섰는데 가락국은 이제 겨우 나무기둥을 세운다. 그보다 더 크고 화려한 로마 신전을 지은 경험이 있는 도마다. 이러한 도마의 경험을 통하여 봉황대도 다시 건설할 꿈을 꾸는 왕비다. 머나먼 이국땅 가락국에 새로운 왕국이 건설된다면 그건 다 우물 안 개구리 같았던 당신의 눈을 새롭게 뜨게 한 도마 덕분이라 생각하는 왕비다.

왕비는 이제 가락국에도 돌로 만든 왕궁을 만들고 싶다. 보고 들은 것이 있다. 이제 그 상상을 펼쳐 보일 꿈을 꾸는 것이다. 이 남자 수로 왕을 통하여 지상의 낙원을 만들 것이다. 그리고 그 신비의 남자 도마를 통하여 천상의 나라도 하나 만들 것이다. 그러면서 도마에게서 들은 저 바빌로니아의 공중정원을 꿈꾸어 보는 것이다.

"그 붉은 돌 있지요."

아유타에서 가지고 온 그 붉은 돌들을 봉황대로 옮겨놓으라는 지시를 내리는 공주다. 도마가 이 붉은 돌을 배에 실을 때 이렇게 말했다.

"이 돌들은 공주님 고향 돌입니다."

지금 당장은 배 밑창에 실려 배의 무게중심을 잡는 용도로 쓰이겠지만 나중에 정원석으로 놓아두면 향수를 달래는 데 도움이 될 거라 했다. 뿐만 아니라 이 돌은 약재로도 이용된다 했다.

"이 돌은 파사석입니다."

파사(婆娑)의 돌, 파사라는 글자풀이는 춤추는 할미라는 의미이다. 이건 한자어의 풀이이고 범어로는 이승을 일컫는 예토(穢土)라는 말과도 뜻이 통한다. 더럽고 추잡하다는 의미이다. 그런데 이 말을 뒤집어 놓으면 '파사'가 '사바'가 되고 사바는 다시 서방에 있다는 불국정토를 가는 중간계를 의미하는 사바세계를 뜻하게 된다. 불국정토는 사바세계에서 서남쪽으로 10만 억 불토를 지나간 곳에 있는 세상으로 극락을 일컫는다. 이 극락은 열반의 세계, 즉 고통과 번뇌와 욕망의 불이 꺼진 상태로 도를 이룰 때 생기는 해탈의 경지다. 예토와 정토 사이에 있는 이 사바세계는 서방정토와는 달리 참고 견디어야 할 고생이 많은 세계다.

도마는 이러한 층층세계를 다 몰라도 좋으나 이승에서 저승으로 바로 가는 지름길이 생겨났으니 그건 알아야 한다 했다. 예수가 그 역할을 홀로 담당해 십자가를 지었다. 그 십자가 공로를 인정하고 바라보기만 하면 능히 그 나라에 갈 수 있다.

"이 파사의 돌을 볼 때마다 그 의미를 생각하세요."

이 돌은 천년만년 세세도록 닳아 없어지지 않을 것이라 했다. 이 돌은 약 돌이긴 해도 그걸 갈아 마시지 않아도 바라보는 자마다 능히 치유될 힘이 있다는 것이었다. 왕비는 도마의 그 말뜻을 시험해 보지 않아도 되겠느냐는 장유화상의 말에

"믿음이 없는 자여…"

라고만 말했을 뿐 달리 다른 말을 하지 않았다. 항해 중 배에서 수없이 많은 이적들을 보고도 못 믿겠느냐? 항해 도중 장유화상은 이질에 걸려 곧 죽게 되었다. 잦은 설사와 탈수증으로 눈이 휑하니 들어간 화상을 보고. 배탈은 음식물에 나쁜 병균이 섞여 들어간 것일 뿐이니 너무 걱정 말라는 이야기를 했을 뿐이고 모세가 든 구리지팡이 이야기를 동시에 했다. 그러면서 그 뱀을 바라보듯 예수님을 향하여, '제 병을 고쳐주세요' 하고 기도할 수 있겠느냐 물었다. 그런데 참말로 그 병이 씻은 듯 나았다. 무어건 간구하면 이루어진다. 도마는 기도의 힘에 대해 말했다. 기도는 곧 믿음의 발로다.

"그게 얼마나 지난 일이라고 그 믿음을 저버리느냐?"

왕비의 말이다. 장유화상은 할 말이 없다. 아무리 간사한 인간이라 하더라도 벌써 그런 일들을 잊어버려서는 안 될 것

이기 때문이다. 화상은 왕비가 시키는 대로 정원에다가 붉은 돌을 갖다 배치하고 그 옆에 차나무도 심고 한껏 정원을 꾸몄다.

왕비는 차츰 궁중생활에 익숙해져 간다. 궁중이래야 앞으로 바다가 보이고 뒤로는 들녘과 산이 있는 허허벌판이나 다름없는 곳이다. 높은 성벽이 있는 것도 아니고 고대광실 궁궐이 있는 것도 아니다. 왕의 처소가 따로 있긴 했지만 일반 백성들과 별 다름없는 초옥이다. 나무기둥을 세워 올려 그 위에 나무를 엮은 마루를 깔고 가죽과 짐승의 털을 덮었다. 나무기둥을 세우는 것은 물이 올라와도 방이 젖지 않게 하기 위함인데 왕의 처소는 좀 더 넓고 높을 뿐 일반 주민들과 별 차이가 없다. 그중에서 호랑이 가죽이 깔려 있는 방이 있었는데 왕이 직접 잡은 호랑이라 했다. 왕의 용맹은 호랑이를 때려잡을 기세였으니 그를 두려워하지 않을 사람이 없었다. 그런 왕인데도 그는 너그러움을 잃지 않았다. 인심을 얻어 사람들 사이에 함께 더불어 살기를 원했던 것이다. 입소문이 퍼졌다.

"수로 왕은 너그러운 사람이래."

"그 왕비도 보통 여자가 아니라던데?"

그 총중에 새로 들어온 왕비가 '만백성에게 골고루 사랑을' 베풀라는 말을 입에 담고 사니 입소문이 퍼져 봉황대 주변으로 인가가 늘어나기 시작했다. 그런가 하면 바닷가 해안에는 배를 댈 수 있는 항만이 조성되기 시작하였다. 처음 고기잡이배들만 있던 항구에 상선들이 오가고 수출입관리소가 생기기 시작한 것이다.

"아유타국에서는 이미 무역이 나라의 사업이 돼 있어요."

왕비는 농사짓는 일만 일이 아니라 물건을 사고팔아 돈을 버는 일도 일이라는 이야기를 한다. 가락국에서 사고팔 수 있는 물건 중에서 가장 중요하게 여기는 품목은 철이라, 철에 대한 관리는 철저해야 한다. 철은 농기구는 물론 무기를 만드는 물건이기 때문에 자칫 잘못하면 그게 뒤통수 때리는 무기가 돼 되돌아올 수도 있을 것이기 때문이다. 내가 판 덩이쇠로 무기를 만들어 쳐들어온다면 어찌할 것인가? 이에 대한 관리감독도 해야 한다.

왕은 왕비의 해박한 지식에 감복한다.

"그렇다면 오늘 철을 생산하는 야로에 한번 가보시겠습니까?"

야로(冶爐)는 철광석을 녹여 덩이쇠를 만드는 제철공장이다. 철 생산지를 보여주고 싶다는 왕이다.

"저에게 그런 영광을?"

왕비의 애교가 왕을 사로잡는다.

왕은 왕비를 대동하고 철 생산지 야로를 향한다. 가는 길에서 만나는 사람들은 한결같이 흰옷을 입었고 머리를 땋아 올려 상투를 좇았다. 아낙들은 흰 수건을 머리에 둘렀고 남녀가 공히 짚신을 신었다. 낮에는 들에 나와 부지런히 일을 하고 밤에는 오순도순 이야기꽃을 피우며 평온한 날을 누리고 산다 했다. 이제 그러한 나라의 왕비가 된 허황옥은 저들의 평안과 행복을 위해 무언가 왕비로서의 할 일이 있을 것이라는 다짐을 새삼 한다. 대개 한 나라의 안녕과 질서는 왕의 치세에 달려 있다. 그 왕의 체통은 왕비에게서 나온다.

"강 건너 사람들은 성질이 우리하고는 달라요."

강 바로 건너편에는 화왕산이 있고 산 아래 사는 부족들은 성질이 불 칼 같아 자기네들이 사는 곳을 비화가야라 부른다 했다. 그 산 너머가 사로국이다. 또 그 위쪽으로 압량소국이 있고 더 올라간 곳에 낙동강을 사이에 둔 조문국과 사벌국이 있다. 더 위로 올라가면 거기는 가야연맹이 아닌 고구려 백제 땅이다. 이렇게 첩첩이 얽혀 사는 한반도라 언제 하나의 통일을 이루려는 불꽃 튀는 전쟁이 일어날지 모른다는 왕의 선견지명도 있다. 왕은 이미 주변정세에도 밝다.

"사로국이 벌집이야."

사로국 사람들은 밖으로 뻗어나가려는 욕망에 차 이웃을 넘보는 행동을 잘 한다는 왕의 말에,

"어쩌면 그 일도 잘 해결될지 몰라요."

라고 하는 왕비다. 도마가 간 일이 잘 해결되면 그 나라도 평화를 추구하게 될 것이라는 왕비다. 만약에 도마가 들고 간 만민평등의 사랑이 통하기만 한다면 그 나라에도 의로움이 뭔지를 알게 되는 사람들이 생겨날 것이라는 왕비의 말이다. 도마는 그 이웃사랑을 전파하기 위해 사로국 정신적 지주인 제사장을 만나러 갔다. 사로국과 조문국은 둘이면서도

하나와 마찬가지다. 조문국 제사장 양아들이 석탈해이고 석탈해의 장인 되는 사람이 사로국을 세운 박혁거세다. 그러니 석탈해의 부친만 잘 교육시키면 그 영향력이 아들에게도 미치지 않을까? 지금 사로국의 실질적 실권자는 박혁거세의 아들들이 아니라 저들의 매형인 석탈해인 것이다.

석탈해의 출현 이야기가 재미있다. 간단히 이야기하면 이렇다. 조문국 제사장이 하루는 물가에 나가 고기를 잡고 있는데 풀잎으로 감싼 배가 하나 떠내려와 있는 것이 보였다. 가까이 가보니 그 속에 아이가 하나 있어 데려가 길렀다. 아이의 총명은 날이 갈수록 더해져 하나를 가르치면 열을 알 정도였다. 그 아이가 어느 날 갑자기 없어졌는데 나중에 사로국 왕의 사위가 되어 나타났다.

"신원불명의 그 아이가 어떻게 사로국 왕의 사위가 되었는지 궁금하지 않아요?"

아이가 토함산 위에 올라가 보니 그 아래 가장 살기 좋아 보이고 부유한 집이 하나 보이는지라 몰래 내려가 집 뒤란에 숯과 쇠붙이 등을 묻어두고는, 집주인에게 '이 집은 본시 내 집이니 돌려달라'고 트집을 부렸다. 이 터무니없는 싸움은 결국 관아에까지 가게 되어, 판관이 묻게 되었다. 그래, 네가 네 집이라고 우기는 증거는 있느냐? 있고 말구요, 증거도 없이 남의 집을 내놓으라 했겠습니까? 내 집은 대대로 내려오던 대장장이 집이라 뒤란을 파보면 숯과 쇳덩이 같은 것들이 파묻혀 있을 것이라는 증언을 한다. 정말 가서 파보니 옛날 대장장이 집터였음이 드러났다. 석탈해는 이러한 교묘한 술책으로 호공의 집을 빼앗아 가로채는가 하면 공주를 얻기까지 한다.

"그렇게 하여 그 부잣집을 차지하고 왕의 사위가 된 자가 석탈해라는 인물이지요."

"왕비가 어떻게 그런 일들을 소상하게 알고 있소?"

왕도 석탈해에 대한 이야기는 들어 알고 있다. 박혁거세의 아들들은 그의 기세에 눌려 왕이 죽자 그 왕위를 그에게 물려주려 하기도 했다. 그러나 그는 한사코 이를 거절해 오는 터라, 한번은 떡을 이빨로 물어 그 이빨 자국이 큰 사람이 왕위를 계승하기로 승계문제를 해결하기도 했다, 하여 왕을 이빨자국이라는 또 다른 이름인 '이사금'으로 부르기도 했다.

"허어, 그런데 왕비가 어찌 그런 이야기까지를 다 알고 있소?"

어제같이 바다를 건너온 아유타 사람이 주변 나라 정세까지 알고 있다는 게 믿기지 않는 왕이다. 왕비가 세상일을 꿰뚫고 있질 않은가?

"저도 항해 도중에 들은 이야기입니다."

"배를 타고 오면서 그런 이야기를 들어요? 그 자가 대체 누구요?"

도마에 대해선 들었지만 도마 역시 이방인이라 이런 일은 알 수 없는 문제이질 않겠는가?

"이 이야기는 선장이 했어요."

"선장도 인도 사람이잖소?"

"글쎄요…"

왕비는 선장에 대해 잘 모른다. 도마 역시 선장에 대해 잘 알지 못한다 했다. 다만 그가 삼천갑자동방삭이 아닌지 궁금하다는 말을 했을 뿐이다.

"그 석탈해를 조심해야 해요."

왕비는 뜬금없이 석탈해를 조심하라 이른다. 석탈해는 성질이 고약할 뿐더러 모사꾼 기질을 타고나기까지 했다는 이야기였는데, 언젠가는 가락국을 넘볼 것이 예감된다는 왕비다.

"왕비가 앞날을 점치는 예지력이 있는 것 같소."

그러잖아도 박혁거세의 아들들인 차차웅 박유나 박유리 등은 만나 친하게 지내고 있었지만 이들 두 형제의 매형인 석탈해하고는 친분이 별로 없다는 왕이다. 친분이 없을뿐더러 오히려 적대관계라는 이야기를 하는 수로 왕이다.

"그 자가 강을 건너와 이곳 항만을 사로국과 함께 이용하자 합디다."

사로국의 실질적인 권력자는 석탈해다. 그러니 그런 실세가 와서 항만을 공유하자는데 가만히 있을 가락국 사람들이 아니었다. 현재로서는 사로국보다 한 수 위인 가락국이다. 왜냐면 가락국에선 벌써 철 생산이 있었고 야철 기술이 발달해 대량 무기 생산이 가능했기 때문이다. 사로국에서는 이 무기를 사서 써야 할 형편이었으니 감히 여기 와서 항만 공유를 제의할 처지가 못 되었던 것이다. 그런데도 그가 와서 그런 이야기를 할 때부터는 무슨 꿍꿍이가 있어도 단단히 있을 일이란 수로 왕이다.

"이제 알겠네요."

"무얼 안단 말이오?"

수로 왕은 왕비의 이 말이 자못 심각하다. 그러잖아도 석탈해의 방문이 있고 나서부터 계속 찜찜하던 참이다.

"무역업자 압바네스가 있어요."

"그는 나도 알지요."

가락국에서도 그와 거래를 하고 있다. 지난번 공주에게 편지를 보낸 것도 그를 통해서다. 그러니 그 상인을 모를 리 없는 왕이다.

"그로부터 무기를 수입해 들이기로 한 걸 거예요."

그러니 그걸 믿고 시비를 걸어온 것이 분명하다는 왕비의 선견지명이다. 그도 그럴 수 있는 일이다. 사로국이 만약 질 좋은 로마의 병기를 구입해 들일 수 있다면 이웃나라를 넘볼 수 있을 일이다. 잘 드는 칼을 보면 호박이라도 찔러보고 싶은 게 사람 심리다. 아마 모르긴 몰라도 석탈해가 로마군 장교가 차고 다니는 단검을 선물로 받은 것임이 분명하다. 압바네스는 종잇장도 떨어뜨려 절단할 수 있는 단검 몇 자루를 각국 실세들에게 줄 선물로 갖고 있었다. 그야말로 비장의 무기였다. 그 단검을 군다포러스 왕에게도 하나 선사하고 갔다. 로마에서는 이러한 무기를 무단 방출하는 것을 엄금하고 있었지만 이를 받는 사람 입장에서는 이런 횡재가 없을 일이다. 게다가 이런 무기를 사로국에 내다 팔 계약을 했다면 석탈해의 어깨가 으쓱해질 만하다.

"제 생각으로는 석탈해가 그런 신종 무기를 믿고 까부는 것 같아요."

왕비의 선견지명과 재빠른 판단력에 감복하는 수로 왕이다.

"그러면 이 일을 어찌 처리하면 좋을 것 같소?"

여자의 정치 관여를 금하려 했던 수로 왕이지만 왕비의 혜안에 완전히 녹아버렸다. 이제 왕비의 탁견을 기다릴 수밖에 없는 현실이다.

"부족회의를 소집하세요."

부족이 모여 단결을 한 다음 적을 기다려야 한다. 부족이 하나 되기 이전에는 어떤 일이 있어도 안 된다. 이를 연맹체라고 한다. 인도에서는 이미 부족끼리 연맹체를 만들고 이 연맹체들이 또 더 큰 연맹체를 만들어 나가며 공생공존을 한다. 그리하여 생겨난 연맹체들이 한 나라를 이루고 나라와 나라끼리도 동맹을 맺는다. 서로 전쟁을 벌이지 않고 공생할 수 있는 방법이다. 이미 통일제국을 꿈꾸던 자들이 저질렀던 야망의 결과를 본 다음이라 서로 자리 지키기에 급급한 나머지 생긴 새로운 정치풍조다. 전쟁보다는 동맹으로 연결된 평화조약이 훨씬 바람직한 생존법이다. 여기서도 그런 걸 본받으면 좋지 않겠느냔 왕비다.

"싸워서 좋을 건 하나 없지요."

싸우지 않고도 이기는 방법이 진정한 승리다. 힘이 비등할 때라야 협상도 가능하다. 모르긴 몰라도 석탈해가 와서 항만을 같이 쓰자는 제의를 해왔을 때는 믿는 구석이 있기 때문이었을 것이다. 철 생산도 없어 무기제작을 못하는 사로국이 가락국의 항만을 엿본다는 것은 무기 공급의 거처를 마련했기 때문일 것이라는 판단이다. 아니면 가락국 항만을 통하여 이 무기를 공급받으려 하고 있다는 증좌다.

"전령을 보내 부족들을 모아보겠소."

이렇게 하여 전체 부족회의를 소집하게 된 수로 왕은 그 사이에 지방을 순례해 보자 한다. 나라 안을 한 바퀴 둘러보자는 이야기다.

"왕비에게 이 아름다운 강산을 보여주겠다 약속하지 않았소?"

"고마워요. 한 눈에 반할 것 같은 강산입니다."

주마강산이라는 말마따나 말을 타고 지나가며 보는 풍광이라도 이 나라 산천경계는 어디를 가나 금수강산이다. 자연만 아름다울 뿐만 아니라 거기 사는 사람들도 순박하다. 간데마다 평화롭다.

왕은 일부러 회의장소를 야철 공장에 가까운 매화산 아래로 정했다. 이들 부족장들이 모이기로 한 매화산은, 비계산 우두산을 마주 보는 바위산이라 산에서 녹은 쇳물이 개울물을 온통 붉게 물들일 정도로 철광석이 많은 곳이다.

"여기 우두산 동굴에 자칭 천왕이라 부르던 스사노오(素戔嗚)와 그 누이 아마테라스(天照大神)가 살았었어요."

세상과 단절된 채 동굴 속에만 갇혀 살던 이 오만방자한 스사노오란 자는 자기밖에 모르는 자라 잠자는 누이를 건드려, 겁에 질린 아마테라스가 동굴 깊숙이 숨어 나오지 않자 햇빛이 빛을 잃어 암흑세계가 되었다는 전설 같은 이야기가 전해져 내려오는 곳이다. 이들 오누이가 소시모리(牛頭山)에서 쫓겨나 바다를 건너가 만든 나라가 이즈모국(出雲國)이 되었다. 후일 일본이 되는 왜국건설의 첫 천왕 이야기다.

"왜 이곳을 회의장소로 택했는지 알아요?"

저들 동굴 족을 쫓아낸 게 바로 육가야 부족들이란 왕이다.

"스사노오 남매는 자기들을 천손이라 칭하며 우두산을 근거로 이 일대를 자기네들 강토로 삼으려 했다오."

그런 저들을 강제로 이주시키고 철 생산지를 취한 게 바로 수로 왕 자신의 공로라는 자랑이다.

"그래, 저들은 다시 오지 않았어요?"

"바다 건너에 나라를 하나 세웠는데 뭐 하러 다시 오겠소?"

저들이 가면서 칼을 한 자루 훔쳐갔는데 그게 나라를 일으킬 만한 무기가 되었다는 이야기다. 자고로 힘 있는 자가 흥한다. 힘의 원천은 무기다. 그건 아니지요. 무기가 아니라 사랑이지요. 사랑은 쇠도 녹인다는 왕비다.

왕의 야로 행은 이렇듯 온갖 이야길 해가며 나라를 돌아보는 순행 길이었다. 이 순행 길에서 왕은 왕비의 지식에 감탄하였고 사람들을 대하는 태도에 다시 한번 탄복하였다. 왕비는 농부들이 사는 집에 들어가 부뚜막에 놓은 곡식 단지를 보고, 이렇게 말했다.

"있을 때 절약을 해두어요."

밥을 지을 때 한소끔 떼어 아껴두었다가 나중 흉년 들어 양식이 없을 때 쓰라는 것이었다. 아니면 굶주린 이웃과 나눠 먹으란 이야기였다.

"이런 걸 십일조라 한대요."

열에 하나를 떼어 이웃과 나눈다. 왕비는 도마에게서 들은 야곱의 아들 요셉의 이야기를 한다. 나라를 경영하자면 이런 비축도 알아야 한다. 풍년일 때 비축해 아껴두었다가 흉년에 대비해야 한다. 아울러 아껴둔 곡식으로 가난 구제를 해야 한다.

왕은 철광석이 나오는 산을 가면서 장차 나라를 부흥시킬 방도를 이야기하는 왕비의 교훈을 그대로 받아들이기로 한다. 축복도 이런 축복이 없다. 이렇게 현숙한 지혜덩어리가 굴러들어 올 줄은 상상도 못했던 수로 왕이다. 그중에 가장 좋은 예로 진나라를 일으켜 세운 진시황제와 양귀비 이야기다. 윗대로부터 전해 들은 이야기였지만 자고로 색에 빠지면 나라가 망한다는 교훈이 들어 있는 이야기들이었다. 이들 집안이 뿔뿔이 흩어져 유민이 된 직접적 원인도 진을 무너뜨리고 세운 한나라 고조가 또다시 여색에 빠졌기 때문이 아니던가. 항우와 유방은 한 여자를 두고 서로 싸우는 추태를 부렸다. 수로 왕은 이 여자라면 모든 걸 내주어도 아깝지 않을, 그 모든 일뿐만 아니라 목숨까지 걸어도 좋을 왕비라는 생각을

한다. 왕비는 현실감각도 있는 데다가 사후세계까지를 내다
보는 영험까지를 갖추고 있는 놀라운 혜안을 가진 것이다.

"왕비여, 나의 왕비여!"

왕은 속으로 나직이 왕비를 불렀다.

드디어 야철 불메가 있는 야로에 당도했다. 왕은 자랑스럽
게 말했다.

"저것 봐요. 저게 돌에서 호미가 탄생해 나오는 과정이오."

용광로에서 쇳물이 끓고 그 쇳물이 덩이쇠로 변했다가 덩
이쇠를 다시 두들겨 호미를 만드는 과정을 보며 이 나라는
장차 농군이 농사를 지어 사는 나라가 될 것임을 천명하는
왕이다. 농자천하지대본이다. 일하고 먹으라 했다.

야철소를 둘러본 이들은 온천을 했다. 우두산 아래 부산
(釜山)이라는 마을에는 사철 김이 모락모락 나는 샘이 솟고 피
부병이나 속병에 효험이 있는 온천수가 솟아 탕치효과가 탁
월하다 했다. 사람들은 이 뜨거운 물에 달걀을 삶아 먹었고
강에서 건져 올린 물고기로 회를 떠먹었다.

여기 가소족장이 수로 왕이 온천장에 왔다는 소문을 듣고
한걸음에 달려왔다

"이렇게 들리려면 온다는 기별이라도 하고 와야지요."

여기 이곳의 족장은 키가 크고 몸이 딱 벌어진 것이 한눈
에 보아도 전사다.

"이 사람이 동굴족 스사노오를 쫓아버린 장본인이오."

왕이 족장을 소개하자, 족장은 쑥스럽게 뭘 그런 이야기까

지 하느냐며, 어서 가서 사냥해 온 고기나 먹자 한다.

"내가 내일 족장회의 때 가져가려고 멧돼지와 사슴 몇 마리를 잡아 놨거든요."

사람이 걸걸하다. 그 고기부터 구워 먹자는 족장이다.

"좋지. 그렇게 합시다."

즉석에서 불고기 연기가 치솟았고 고기 익는 냄새가 사방으로 퍼졌다. 머루를 따 담은 머루주와 오색찬란한 맛이 돈다는 오미자 술이 나왔다. 아유타에서는 맛볼 수 없는 진귀한 음료였다. 술과 안주가 있는데 음악이 빠질 수 없다며 가야금 연주가 있었다. 가야금은 가야에서만 특별히 만들어 부르는 음악이었다. 중원을 통일한 진시황제는 흩어져 있는 각지의 나랏말을 통일시키기 위하여 음악을 만들었다. 그리고 악기를 만들었는데 그 악기 이름을 공후라 불렀다.

"여기서는 이 악기를 가야금이라 이름 붙였습니다."

악기는 오동나무를 다듬어 그 위에 줄을 걸어 소리가 나게 하였는데 가야의 악기라 하여 가야금이란 이름을 붙이긴 했지만 저 중원의 공후와 같은 원리라 했다.

"이렇게 놀기만 할 게 아니라…"

그 이전에 먼저 부탁해야 할 일이 하나 있다는 수로 왕이다.

"말씀만 하세요."

수로 왕은 내일 부족회의에서 결의할 결의문을 미리 하나 작성해 둘 필요가 있다. 이 결의문을 비석을 해 세우겠다. 그러니 여기 어디 그런 문장력을 가진 자와 돌쟁이가 없을 것이냔 이야기다. 가소에 그런 학식 있는 자들과 재주꾼들이 많이 있질 않느냐? 가소에는 분서갱유가 있기 전 학문을 닦았던 진나라 조정대신들의 후예가 많지 않느냔 것이었는데.

"음악이 있는데 글이 없겠습니까?"

하는 족장이다.

가소엔 당골이 있고 당집이 있다. 당집은 변형된 일종의 소도인 셈인데 소도는 천막집이고 당집은 나무집이다. 당집에는 산신령이 모셔져 있고 소도에는 언약을 적은 궤가 있다. 산신령이나 언약궤나 천신의 형상이기는 마찬가지다. 소도의 장은 제사의 주무관이라 하여 제사장이라 불렀고, 당집을 지키며 제사를 지내는 자를 무당이라 불렀다. 그러니까 가락국은 이미 전역에 당집과 소도가 존재해 하늘을 향한 제의식이 행해지고 있었던 것이다. 이 제사장들은 천문을 익혀 글을 안다. 그래야 하늘과 통하는 주문을 욀 수 있다. 세월이 흐르는 사이 진나라 사람들이 행했던 제례의식과 이스라엘 사람들이 행하던 제례의식이 혼합된 상태이긴 했지만 그 근본은 제천의식으로 하늘에 대한 제사다.

"걱정 말고 염려 붙들어 매십시오. 그런 일이라면 제가 알아서 처리하겠습니다."

가소의 족장은 활달하고 성질이 쾌활했다.

다음날 부족회의에서도 그가 모임을 주도했다.

이들은 잔치를 베풀어 동맹관계를 더욱 돈독하게 해 사기를 진작시키기로 결의했다. 여러 부족을 연합한 혈맹관계를 맺은 그 부족들의 이름을 통칭하여 가야(伽倻)연맹이라 부르게 하였다. 가야라는 말은 '모아 쌓는다'는 뜻으로 '몸'을 이르기도 한다. 그러니 가야라는 말뜻은 몸과 마음을 합쳐 하나가 되자는 의미이기도 하다.

가야 여러 부족들은 하나가 돼 평화공존을 이룬다. 이웃이 서로 사랑하며 남의 것을 엿보지 않는 세상을 만든다. … 우리는 이전의 잘못을 씻고 새로운 약속의 시대를 열 것이다. 가야 여섯 부족장이 맺은 맹약이다.

가야 동맹체들이 모여 서로를 연합한다는 내용의 가야 비를 세웠다. 비문에는 이밖에도 여러 조항들이 새겨지고 서명을 했다. 이 비석은 가야 유일의 고비로 지금의 합천군 가야면 매화 산 아래 존재하지만 일제가 비문을 깎아 백비상태다.

이날 고천원(高天原)에 모인 이들은 소를 잡아 제사를 드리고 큰 잔치를 벌였다. 가야 여러 부족들이 다 모여 언제라도 외침에 대비할 수 있는 군사훈련을 시켜 연합할 것을 다짐함은 물론이고 맹주인 수로 왕의 결혼도 축하했다. 이 자리에서 허황옥은 연합된 가야맹주국의 공식적 왕비가 되었다.

"왕비님 만세!"

"왕비님 만세!"

잔치가 끝나고 왕과 왕비는 홍류동 계곡을 따라 올라가며 아름다운 산을 유람하였다. 때마침 가을날이라 송이버섯이

솔잎 사이로 봉곳이 솟아올라 향기를 날리고 있었다. 왕비는 이런 버섯은 처음 본다며 버섯을 따 소쿠리에 담았다.

한참을 버섯 따는 재미로 이곳저곳을 다니다 보니 물속에 제 그림자를 비추는 영지가 하나 나타났다. 산의 우듬지가 물속에 들어앉아 목욕을 하고 있는 것 같은 물웅덩이였다. 마침 빨갛게 물든 단풍잎이 물속에서 흔들린다.

"저 산은 이름이 뭐예요?"

아직 산 이름이 없다 한다. 왕비는 이토록 아름다운 산에 이름이 없어서야 되겠냐며, 그 이름을 가야산이라 명명하자 한다. 그리고 물웅덩이에 내비치는 그 우듬지를 상왕봉이라 부르게 하였다. 상왕(象王)은 코끼리를 의미하는 말임으로 인도에서나 볼 수 있는 신성한 동물이다. 그만큼 떠나온 인도를 그리워했다는 이야기일 것이지만 보다 중요한 것은 이 산을 다스리는 주인으로 여신을 점지해 두었는데 그 이름을 정견모주라 붙였다는 사실이다. 가야의 가장 신령하고 아름다운 진산을 통째로 예수의 어머니 성모마리아님께 헌사했다는 이야기가 될 것이다.

"가야산이 가야 여러 부족들을 지켜줄 거예요."

왕비는 이날 여러 부족장들 앞에서 가야가 지향해야 할 국정목표를 설하였다. 아무도 이에 대해 반론을 제기하지 않았다. 가야는 여러 나라이지만 하나의 공동체로 힘을 합해 사악한 침략에 대비하자는 이야기였으며 그 힘의 원천이 가야 산신인 정견모주에게서 나올 것이라는 요지였다.

"저는 이곳에 오면서 그 엄청난 힘을 여러 번 경험해 보았어요."

왕비는 사도 도마 이야기를 하였다. 그리고 그가 전하려는 예수 이야기도 하였다.

"여러분이 만약에 그를 만나거든 직접 그 힘을 구할 수 있을 거예요."

그는 가야 땅 어딘가에서 열심히 전도를 하고 있을 것이라는 이야기를 하는 왕비다. 그러한 왕비에게 한 부족장이 묻는다.

"도마를 만나면 그에게서 무얼 구해야 하나요?"

"그 나라의 의를 먼저 구해야 합니다."

그 나라의 의를 구하면 나머지는 거기 저절로 따라온다. 현세는 물론 죽음 그 너머까지 해결할 수 있는 엄청난 복락이 따른다.

"그를 어디 가서 만나지?"

족장들의 꿈이 부풀었다. 한 알의 밀알이 떨어져 싹이 나는 과정이다.

야로를 시찰하고 가야비를 세우고 왔던 길을 되돌아 내려오는 길에 옥이 많이 난다는 다라국 옥전리를 들렀다.

"여기는 내 아우가 일구어 놓은 마을이라오."

다라국 족장은 옥으로 만든 목걸이를 선사했다. 페르시아산 못지않은 광채가 났다. 그러나 아직 연마기술이 좀 모자란 듯하다.

“이걸 좀 더 세련되게 가공할 수는 없나요?”

“연구 중입니다.”

옥은 깎아서 만드는 과정에서 아무리 갈고 닦아도 흠결이 생기기 마련이라 완전무결한 연마법이 없다.

“내가 한 가지 방법을 일러드릴까요?”

왕비는 물의 수차를 활용한 옥 가공법을 이야기한다. 큰 항아리에다가 옥을 넣고 그 위에 폭포수 같은 세찬 물줄기를 흘려 내리면 돌들끼리 서로 부딪혀 돌아가며 저절로 연마가 된다. 바닷가 조약돌이 파도에 휩쓸려 매끄럽게 연마돼 빛을 내는 것이 이 원리란다. 이미 인도에서는 이 방법을 활용해 옥을 연마해서 쓴다.

“옥은 일부러 두들겨 만드는 쇠붙이보다 손질이 덜 가도 되죠.”

그렇다면 인건비가 줄어든다. 고스란히 소득원이 된다는 왕비다. 이 땅의 여자들 같았으면 감히 생각지도 못했을 이야기이고 설사 생각했다 하더라도 자기의견을 나타낼 일이 없을 자리였다. 남자들 세상에 여자가 발언권을 가진다는 것은 퍽이나 이례적인 일이다. 그 말이 하나같이 덕이 되는 일이고 보면 누구 하나 불평불만을 할 수 없다.

“형님, 형님은 참으로 장가를 잘 들었소.”

다라국 족장이 하는 말이다. 그가 희한한 곳을 구경시켜 주겠다며 야트막한 언덕 위로 수로 왕 일행을 데리고 올라간다. 말을 타고 올라간 언덕 위에 서자, 드넓은 벌판이 전개되어 나타났다. 사방이 함지박처럼 산으로 둘러싸인 분지다. 그 둘레가 수십 리에 이르는 드넓은 벌판이다.

"저기가 하늘에서 별이 떨어진 곳이라오."

"하늘에서 별이요?"

멀고도 먼 옛날 유성이 떨어진 곳이다. 하여 일대가 움푹 파여 들어갔는데 물이 고여 웅덩이가 되었다. 사람들은 그 속에 무엇이 있나 궁금했지만 아무도 그 속내를 알 수가 없는 곳이 돼 버렸다. 그 주변으로는 드넓은 들녘이 생겨 농사 짓기에 적당하여 논밭을 개간하는 사람들이 모여 살기 시작했지만 아직도 그 중앙의 깊은 웅덩이 근처에는 가본 사람이 없다. 그 깊이도 모르겠거니와 그 속에 뭐가 숨어 있는지 알 수가 없었던 것이다. 한마디로 무슨 괴물이라도 살지 않을까 무서운 것이다.

"그런데 말이지요…."

족장은 말을 약간 쉬었다가 이렇게 말한다.

"거기서 기절초풍할 만한 물건이 하나 나왔다 이 말씀입니다."

별똥별이 떨어지면서 쏟아낸 쇳덩어리가 여기저기서 발견된다. 어제도 하나 눈에 띄었는데 논을 갈던 농부에 의해 발굴되었다는 이야기다.

족장은 말안장에 매달아 두었던 주먹만 한 쇳덩이를 하나 내보인다.

"확실히 이게 저기서 주운 게 맞단 말이야?"

"그렇다니까요? 누구 앞이라고 내가 허튼소릴 하겠습니까?"

"그렇담 그건 운석인데."

운석은 쇠 중의 쇠다. 쇠 중의 쇠는 강철로 돌도 자를 수 있는 강도를 가진다. 이미 강철로 연단된 쇠가 운석이다. 이를 잘만 연마하면 신검을 만들 수 있는 재료가 된다. 하여 운석을 구하러 다니던 왕들도 있었다.

"형님, 형님이니까 하는 내 솔직한 말인데…"

이 운석을 연마해 칼을 만들어 나눠 갖자는 다라국 족장이다. 족장의 눈이 빛난다. 족장은 아무리 질 좋은 강철덩어리를 가져도 그걸 다룰 줄 아는 기술이 없다. 어차피 기술을 가진 자에게 맡겨야 할 판국이다.

"그걸 왜 이제야 말해?"

족장은 이 말이 서운하다. 수로 왕이 자기를 나무라는 투로 생각했기 때문이다.

"왜 이제야 말하냐고요? 그러면 내가 여태 숨겨놨다 이제야 말한다 이 말씀인가요? 숨기다니요, 내가 뭘 숨겨요."

그는 억울하다. 마음을 몰라주는 수로 왕이 원망스러운 것이다. 여섯 부족이 모여 우두머리를 정할 때도 그가 적극 나서 형을 추대하였고 혼인식 때도 제일 먼저 달려가 차일을 치고 잔치 상을 준비했다.

"어제 저녁에 발견했다 하지 않았습니까?"

"누가 아우더러 숨겼다고 하냐? 오핼랑 말아라."

보다 못한 왕비가 옆에서 거든다.

"두 분 그러다가 의리 상하겠어요. 그러니까 그 운석으로 보검을 만들어 하나씩 나누어 가지자 이거 아녜요?"

"그렇지요, 그런데 형님께서는 여태 그 사실을 숨겨두었던 것처럼 말씀하잖아요?"

남자들은 참 이상하다. 조그만 말도 곡해를 하고 자기 생각에 들지 않으면 화부터 먼저 낸다. 그 전후좌우 자초지종은 들으려 하지 않는다. 듣고 싶은 것만 듣고 싶은 것이다.

"그런 게 아닐 거예요."

왕비는 차분하다.

"자, 이제 고정들 하세요. 그 운석을 어디 한번 보여줄 수 있나요?"

왕비는 운석을 만져보고 싶다 한다.

수로 왕이 손에 받아들고 있던 운석을 왕비에게 건넨다.

"무거워요…"

무거우니까 조심하라는 왕의 말이다. 왕비는 돌을 받아 무게를 가늠해 보며,

"이게 아무리 단단한 강철이라도 이 작은 것으로 어떻게 칼을 만들어 나누어 가져요?"

한다. 이 말에 촌장은 정작으로 칼을 만들었으면 하는 운석은 아직 논 가운데 있고, 무게가 너무 많이 나가 옮길 엄두를 못 내고 있다 한다.

"그렇다면 우리 기술진을 보낼 테니 야로로 옮겨 신검을

하나 만들어 보세나."

수로 왕은 시원시원하다. 무슨 일이거나 그 자리에서 결정을 내린다. 그리고 추진한다. 충성을 맹세했는데도 그걸 몰라주면 섭섭한 법이다. 왕은 그러한 아우의 심정도 도닥거린다.

"꽁하니 생각 말게나. 그런 뜻으로 한 말이 아니니까."

"말은 들었지만 운석을 직접 본 건 나도 오늘 처음 있는 일이거든요?"

부족회의를 하고 돌아오니 이런 낭보가 있어 쫓아가 확인해 봤다는 족장이다. 그러니 숨기는 거 하나 없다는 족장이다. 아직도 서운함이 남아 있는 모양이다.

"그러면 거길 한번 가봐요."

무어거나 보고 확인해야 직성이 풀리는 왕비다. 왕비는 운석이 떨어진 자리를 가보자 한다. 후세 사람들이 운석 충돌구로 부르게 될 별똥별 떨어진 자리다.

사방 산으로 둘러싸인 우묵한 들판이 생긴 이유가 유성이 떨어지며 만든 자리라니 신비하기 그지없다. 들판 한가운데는 주변보다 더 깊은 웅덩이가 나 있었고 그 속은 뭐가 들어 있는지 알 수가 없다. 그 둘레도 상당히 넓다. 운석은 논고랑 깊이 묻혀 있다가 나온 모양으로 아직도 진흙이 묻은 채로다. 크기는 말안장 정도였는데도 사람들이 쉽게 들어 올리지 못할 만큼 그 무게가 갑절이나 나간다 했다. 그 검은 빛에 윤기가 흘렀다.

"사람들이 이곳을 뭐라 불러요?"

“적중이라 하더군요.”

“적중이라면 무슨 뜻일까요?”

사람들이 그 이름을 지어 부를 때는 그 뜻이 합당해야 한다. 옥이 많이 난다고 옥전리라 부른다던지 쇠를 녹인다고 야로로 부른다던지… 하는, 뜻이 있어야 한다. 적중(赤中)이라면 붉은 빛 가운데라는 말이 될 것인 바, 붉은 빛이 떨어졌거나 붉은 빛 속에 싸였다는 뜻이 될 것이다. 서기가 어린다는 의미가 아닐 것인가?

“광명한, 빛이 비추는 땅이란 의미인가?”

깊이를 알 수 없는 구덩이, 저 속에 무엇이 있을 것인가? 저 깊은 구덩이는 어디로 이어져 있을 것인가?

“혹시 저 속에 용이라도 살고 있지 않을까요?”

촌장은 저 밑도 끝도 없는 굴속에 용이 들앉아 살 수도 있을 것이라는 주민들의 이야기를 전한다. 주민들 다수는 이곳에 떨어진 운석이 강철이라는 이야기를 한다 했다. 강철이는 여의주를 물지 못해 아직 용이 못 된 이무기와는 또 다른 용으로 사룡에 속한다. 온몸이 불덩이 그 자체로 나쁜 기운을 감고 산다. 가끔씩 마른하늘에 불빛이 날아가는 게 보이는데 이때 사람들은 하나같이 강철이 날아간다 했다. 강철이 앉은 자리는 풀도 타버린다는 이야기가 있다. 사람들 말을 빌자면 강철이 나타나면 나라에 큰 액운이 따른다.

그러나 강철이 몰고 온 이 운석은 그냥 버릴 물건이 아니다.

“어때요? 쓸 만은 해요?”

“필시 신검이 나올 강철이야.”

수로는 이러한 아우에게 쓸데없는 소리 그만하고 사람들을 불러와 이 운석을 운반해 안전한 곳에 갖다 둘 것을 이른다. 이제 이 운석으로 천하에 없는 유성 검을 만들 작정인 것이다. 유성 검은 휘어지는 검으로 단단하기로는 강철이지만 비단 폭처럼 자유자재로 휘어지고 날 수 있어 일명 비단 검이다. 이 비단 검은 허리띠처럼 메고 다닐 수도 있어 비밀의 검이 된다. 이 비밀 검은 채찍처럼 휘두를 수도 있고 두루마리로 말아서 휴대할 수도 있다. 바로 요검이다.

“오늘은 여기서 유하고 가요.”

“운석의 기운을 받으려고요?”

두 사람이 이런저런 이야기를 주고받는 사이 촌장은 가서 음식을 준비해 오겠다며 말을 달려 아막 성으로 향했다. 아막 성은 적중과 다라국 사이에 있는 언덕 위의 작은 초막 같은 촌장의 집으로 마침 잡은 고기와 술이 거기 있다며 가서 가져오겠다는 것이다. 이왕 여기까지 왔으니 마음껏 먹고 놀다 가라 한다.

“오늘이 무슨 날인지 알아요?”

왕비는 오늘밤을 여기서 유하고 가자는 뜻을 아느냐 한다. 수로는 모른다 한다. 왕비는 오늘이 길일이라 했고, 수로는 그러냐 한다. 왕비는 오늘이 수태를 할 수 있는 가장 길한 날임을 생각했고 왕은 신검에 해당하는 유성 검을 꿈꾸었던 것이다. 아무튼 이들은 같은 시간 같은 자리에서 각기 다른 생각을 하고 있었지만 행동은 함께 움직여 나갔다. 각기 다른 길이었지만 그 길의 끝은 하나였기 때문이었다.

"오늘은 여기서 신방을 차려요."

왕은 여기 어딘가에 천막을 치고 신방을 치르자는 왕비의 말을 잘 못 알아듣는다. 거기다가 수태라는 말은 더 알아듣지 못한다. 그러한 왕에게 이게 신혼여행이라는 말을 하는 왕비다. 아무도 해보지 못한 국제결혼까지 했는데 신혼여행인들 못하랴? 왕비의 꿈이 한껏 부푼다. 이 신성한 자리의 기운을 받아 아이를 가진다면 그는 분명히 남다른 아이가 될 것이다. 그런데 수로 왕의 꿈은 그보다 앞서 있다. 그 아이에게 들려줄 보검인 것이다.

"불각 중에 그렇게 하는 법이 어디 있어요?"

"왜요? 내 맘이지."

두 사람 마냥 즐겁다. 어느 나라 어떤 왕이 이렇듯 자유로울 것인가? 혼인 며칠 만에 왕은 완전히 딴 사람이 돼 있다. 인생관과 통치이념이 바뀌어 버린 것이다. 지금까지 가졌던 세상 바라보는 눈이 달라졌다. 홀쳐 쥐려던 것에서 나눔이다.

그는 이제 왕비의 눈을 통해 더 깊고 넓은 세상바다를 바라보게 되기를 바랐다. 바다는 모든 강물을 끌어안고도 수평을 이룬다. 흐르는 강물처럼 출싹대거나 넘쳐나지 않으면서도 넘실대며 굽이친다. 이게 진정 큰물이다. 큰물에 큰 고기 논다. 그는 이제 큰물에 노는 큰 고기가 되려는 생각이다. 이번 순행길이 더욱 그렇게 만든다.

일단 이들은 여기 별똥별이 떨어진 적중에서 신방을 차리기로 한다.

"오늘은 여기서 쉬고 간다."

호종하는 사람들에게 야영준비를 하게 하고, 그동안 왕과 왕비는 말을 타고 주변을 더 구경해 보기로 한다. 높은 곳에 올라 이곳 운석이 떨어진 곳을 다시 한번 조망해 바라볼 작정이다. 사방을 병풍처럼 둘러친 고만고만한 산으로 대암산 단봉산 홀로재 미타산 천황산 태백산 무월봉 등이 있다.

"저기 저 사람들은 뭐지요?"

왕과 왕비는 말을 타고 낙동강이 내려다보이는 단봉산을 향하는 가운데 한 무리의 상두꾼들이 상여를 메고 가는 광경을 보게 되었다. 누군가 죽은 모양이다. 뒤따르는 상주가 많은 것으로 보아 신분이 높은 사람의 운구임이 분명하다.

"상여인가 보오."

왕은 이 나라의 장묘제도에 대해 이야기했다. 사람이 죽으면 목관에 넣어 상여라는 멜 것을 이용한 운구를 해 무덤에 안치한다. 무덤의 형식은 신분에 따라 관을 돌로 쌓아 만드는 사람도 있고 나무 관을 이용하는 사람들도 있다. 신분이 높고 부자들은 돌을 쌓아 만든 석곽분을 만든다. 석곽분 안에는 그가 평소 소장했던 물건들을 함께 매장하는 관습도 생겼다. 신분이 낮고 돈이 없는 사람들은 나무 관에 시신을 넣고 그저 흙으로 봉분을 지어 올려 짐승이 파헤치지 못하게만 만드는 정도였다. 그러니 이러한 무덤은 오래 갈 수 없어 비

바람에 사그라지고 만다. 지체 높은 집안사람이나 귀족들은 그러고 싶지 않다. 영세불망 기억되기를 바라 봉분을 높인다. 그뿐만이 아니다. 죽음에 동행할 순장 자를 찾는다. 죽어 저승 가는 길은 멀고도 험하다. 하여 저승길에도 수종을 들 종이 필요하다며 생사람을 함께 묻는 것이 순장제도다.

"순장이라고요?"

그건 아니라는 왕비다. 죽은 사람을 위해 어떻게 산 사람을 함께 묻을 것인가? 그것도 신분이 낮다는 이유 하나로 산 채 매장당하는 일은 부당하다는 왕비다.

"인도에서는 화장을 하거나 조장을 해요."

국사봉을 바라보고 제를 올리는 다라국 사람들은 진나라 패망 이후 여기로 건너온 유민들로 진나라 법을 따른다. 어느 나라 법을 따르는지는 그 제사의 형태나 무덤을 보면 알 수 있다. 이 진나라 후예들은 나라 잃고 도망 온 유민들이지만 그래도 보고 들은 건 있어 고국에서 행했던 장묘 법을 그대로 지켜야 한다고 믿었다.

"가야 사람들 중에서도 유독 진나라 출신들이 순장을 고집해요."

순장이란 부자가 죽으면 그 무덤에 사후 관리를 위한 노예들을 함께 묻는 것을 말한다. 진나라를 세운 진시황제가 그의 무덤을 지킬 병사들과 노예들을 함께 묻은 데서부터 기인한 관습이다. 왕이 죽으면 저승으로 가는 길을 밝히기 위해 산사람을 함께 무덤에 묻어 생매장하는 이런 매장풍습은 결코 좋은 것이 아니다. 그런데도 저들은 관습적으로 그 일을 행한다.

"순장은 좋지 않은 관습이지요. 그런 일은 절대 있어선 안 돼요."

죽은 자를 묻고 그를 지키기 위한 생사람 매장은 있을 수 없는 일이다. 사람은 죽으면 그만이다. 죽은 자를 위해 산 자를 희생시키는 매장 법은 옳지 못하다. 죽은 자를 못 잊어 무덤 벽에 회칠을 하고 그림 그려 장식하거나 금으로 만든 관을 만들어 씌우거나 금으로 장식한 신발을 만들어 신기는 정도는 괜찮겠지만 데리고 있던 하속들을 함께 생매장 하는 것은 있을 수 없는 일이라는 왕비다.

"그럼요, 그건 악습이지요."

왕도 이에 동조한다. 왕비는 우리 가락국에서는 절대 그런 악습이 생겨서는 안 될 일이라며 이웃나라에도 계몽을 해야 한다는 부탁이다.

"인도에서는 화장이나 조장을 하지요."

"그건 나도 알아요."

왕도 인도를 거쳐 온 사람이라 그 나라 장묘 관습에 대해선 알고 있다. 그런데 서로 이웃 간에 그런 일로 다투긴 싫다는 왕이다. 사람이 살면서 자기네가 지켜오던 습속을 버리는 건 쉽지 않을 일이다. 진나라 유민들은 진시황제의 분서갱유도 보았고 살아생전부터 준비한 무덤과 순장에 대해서도 전해 들어 알고 있다. 그렇지만 그게 생활이고 문화이지 않은

가? 인습에 대한 문제다. 허나, 나쁜 인습은 고쳐야 할 필요 성이 있다는 왕비다.

"저 사람들 오늘도 순장을 하지 않을까요?"

그렇다면 지금 가서 그걸 막아야 할 것이라는 왕비다.

"운구 행렬로 봐서 그리 높은 신분의 사람은 아닌 것 같소."

그러니 순장당할 사람이 없을 것이라는 왕의 판단이다. 생 사람을 같이 매장할 정도의 신분이라면 부고가 왔을 것이고 왕도 그 장례식에 참여했을 것이라는 이야기다.

"우리가 아직은 그럴 힘이 없지만…"

언젠가는 부족들을 통합하여 하나의 나라로 만들고 명령 하나에 일사불란하게 움직여 나가는 힘을 기를 것이라는 왕 의 포부에 왕비는 이렇게 말한다.

"그러자면 든든한 후계자가 먼저이겠지요?"

왕이 해야 할 말을 왕비가 먼저 하니 왕은 할 말이 없다.

왕은 남자가 해야 할 말을 여자가 하니 아무 할 말이 없었 지만 따로 생각하는 계획이 있다. 바로 오늘 지금인 것이다.

이날 이들은 지나가는 운구행렬을 보고 아무렇지도 않게 일어날 수 있는 악습에 대해 여러 가지 이야기들을 나누었 다. 그중에서 신분에 대한 이야기도 나왔다. 인도에는 사성 제도가 있어 태어날 때 이미 그 신분이 결정된다. 아무리 능 력이 있고 일을 잘해도 그 능력을 발휘할 기회가 없다.

"가락국에서는 절대 그런 일이 있어선 안 돼요."

능력에 따라 인재를 기용하라는 왕비다. 지금까지는 부족들이 서로가 서로를 인정하는 연맹체였지만 이제부터는 하나로 뭉친 나라가 필요할 것이라는 왕비다. 왕도 그런 생각은 하고 있었지만 구체적인 방안을 생각하지 못하고 있던 문제였다. 왕비는 이미 이러한 중간과도기적인 종족들을 통합해 나라를 만들고 국가를 세운 아유타국을 보고 온 터다.

"세상은 변하고 있어요."

누가 그 실권을 잡느냐는 누가 먼저 국가의 기틀을 다질 줄 아느냐에 달려 있다. 왕은 왕비로부터 족장에서 국왕이 되는 교육을 받고 있는 셈이 돼버렸다. 그러나 그게 구구절절이 옳은 말씀이나 따를 수밖에 없는 왕이다.

"아직 전인미답의 세계잖아요?"

아직 한 번도 사람의 발길이 가 닿지 않은 땅이 많다. 그런 곳을 경작해 수확을 거둬들이게 해야 한다. 마침 철 생산이 가능하고 농기구를 만들 능력이 있으니 이를 바탕으로 삼아야 한다. 그러자면 철 수출을 줄여야 한다. 그게 결국은 무기가 되어 되돌아오는 위험이 될 수도 있다.

"우리 쇠로 우리 무기를 만드는 거예요."

무기를 만들어 비축해 두고 전쟁에도 대비해야 한다는 왕비의 선견지명이다. 들으면 들을수록 귀에 쏙쏙 들어오는 이야기들이다. 수로 왕은 이야말로 하늘이 내린 배필이라는 생각에,

"나의 왕비시여, 하늘이 내리신 복입니다."

하였다. 그러면서 오늘은 여기서 또 다른 역사를 만들자고

하는 왕이다.

이윽고 촌장이 음식과 술과 고기 안주를 대령하였다. 이들은 밤이 이슥하도록 마시고 취했다. 이 자리에서 왕은 촌장에게 다라국에서는 순장제도를 없애라는 이야기를 했다. 촌장은 다라국에서는 아직 순장을 할 만큼 부자가 없다 했다.

"순장이야 고녕 가야에서나 하지요."

가야산 동남쪽 낙동강 가에 고녕 가야를 세운 아진이사는 뇌질주일이라는 이름으로도 불렸는데 뇌질청예로도 불리는 수로 왕과는 친형제 이상의 사이다. 이들이 형제처럼 지내게 된 데에는 다 같이 진나라 출신이라는 공통점이 있었다. 두 사람 이름자에 붙은 뇌질이라는 성 씨가 본시 진나라 성 씨였던 것이다. 그러니 한 집안이었을 것이라는 이야기이다. 다만 뇌질주일의 집안은 진시황제가 불로초를 찾기 위해 동방으로 내보낸 동남동녀들 중에 섞여 이주해 온 사람들이니까 아직도 진나라 법을 믿고 있었고 뇌질청예는 진나라가 망하고 한나라가 생긴 뒤에 중원을 떠났음으로 황제의 폐해를 보고 온 사람들이다. 그러니 서로 그 관례가 다르다. 관례 중에서도 관혼상제의 예법은 서로가 아는 만큼 행해질 수밖에 없는 전통문화라 하루아침에 바꿀 수는 없어도 차츰 개선해 나갈 여지가 있다. 지금 다라국 촌장의 이야기로는 순장을 고집하는 곳은 고녕 가야뿐이라니까, 그게 좋지 않은 일로 밝혀진 이상 그런 악습에 대한 염려는 안 해도 될 것이라는 수로 왕이다.

"이제 순장 같은 건 없어질 거예요."

적포, 하늘의 별빛이 쏟아져 드는 적포의 밤은 아름답게 기록되어야 한다.

왕과 왕비는 강 건너 비화가야 화왕산의 북두칠성과 별똥별이 떨어진 다라국의 국사봉이 마주 보이는 적포라는 조그만 포구에서 천막을 치고 하룻밤 묵어가기로 한다. 여기서 배를 타고 가면 멀지 않은 곳에 봉황동 왕실이 있건만 이들은 굳이 여기다 신방을 차린다. 별이 떨어져 묻힌 그 정기를 받고자 함이다. 여기서 얻은 아들이 나중에 수로 왕의 뒤를 이을 거등왕(居登王)으로 휘는 도(道)이다. 길에서 얻은 아이라는 뜻이다. 이 거등왕의 검이 바로 운석으로 만든 신검이며, 아막재 너머 옥전리 고분군에서 발굴된 용봉문양환두대도 역시 이때 여기서 만든 운석 검 중 하나이다. 이 녹슬지 않는 운석 검을 보존하려고 박물관이 생겼다. 그러나 아직 잠자고 있는 운석 검들이 여러 곳에 있다. 왜냐면 이때 만들어진 운석 검은 6가야 촌장들에게 골고루 한 자루씩 나누어 줬기 때문이다. 그 용봉문양 속에는 이렇게 적혀 있다. '온 누리에 빛을….'

솔롱고 동방의 무지개 해 뜨는 나라

해 뜨는 나라를 솔롱고, 동방의 무지개라 불렀다. 온 누리에 빛이 비치리란 뜻이다.

도마는 소백산(小白山)에서 발원해 낙동강으로 흘러드는 내성천(乃城川)을 따라 내려간다. 이 소백산을 거슬러 올라간 곳에 태백산(太白山)이 있고 다시 더 거슬러 올라간 곳에 장백산(長白山)으로 불리는 백두산이 있다. 다시 이 백두산에서 중원 땅으로 내달리면 거기 세상의 중심 천산에 닿는다. 모든 산줄기들은 여기서 내려 뻗어 산맥들을 이룬다.

해 뜨는 나라 한반도로는 등뼈 같은 산줄기, 백두대간(白頭大幹)이 내려뻗는데, 소백산은 그 중추역할을 하는 지점이다. 도마가 바위그림을 그려 남긴 곳은 바로 그 소백산 자락의 강동(江東)이란 곳이었다. 낙동강을 뒤집어 놓은 것 같은 지명이다. 아무튼 여기가 가야의 끝이니 땅끝인 셈이다.

도마는 이제 땅끝까지 가 복음을 전하라는 임무를 완수했다고 생각한다. 이제 돌아갈 일만 남았다. 그런데 귀로가 만만치 않다. 만만치 않은 게 아니라 가면서도 그저 지나가는 게 아니라 이곳저곳을 다니며 전도의 씨앗을 뿌리고 싶은 것이다. 렘넌트라 생각하여 믿고 찾았던 소도의 제사장에게는 전도를 실패했지만 직접 만나는 사람들에게는 예수 이야기를 하고 싶은 것이다.

이 강동에서 그리 멀지 않은 곳에 용혈이라 불리는 회룡폭이 있고 그 아래 무섬이 마을이 있다. 물길이 휘감아 돌아 말발굽처럼 보이는 지형을 이룬 곳이다. 뗏목를 여기까지 몰고 온 뱃사람들이,

"저기가 회룡폭입니다."

하며 용이 산다는 이야기를 한다. 용이 물길을 휘감고 돌며 노는 곳이라 하여 회룡폭, 용이 날아오르는 산이라 하여 붙여진 비룡산, 이 일대는 온통 용의 전설이다.

"용이 사는 곳은 그냥 지나쳐서는 안 됩니다."

용신제를 드려야 한다는 것이었다. 물이 감돌아 깊게 패인 용소가 있는데 거기에 용궁이 있다. 용은 길한 동물로 농사일에 도움을 준다. 하여 사람들은 용에게 제사를 지내고 복을 빈다. 소위 용신제를 일컬음이다. 이를 게을리하면 화가 난 용이 사람들에 해코지를 가한다.

"오늘이 마침 용왕제를 지내는 날이라네요."

팔월 대보름날이라 마침 오늘이 용왕에게 먹을 것을 갖다 바치고 소원을 비는 용신제를 지내는 날이라 한다.

"그 구경 한번 잘 하게 생겼네."

도마는 이왕 온 김에 용신제 구경을 하고 가잔다.

"엘리엇 오늘 좋은 구경하게 생겼어."

"그러게 말입니다. 그런데 오늘은 화를 안 내실 거죠?"

언제부터인지 엘리엇의 혀가 풀려 말을 하게 되었다. 여러 가지 이적 중의 하나였지만 도마는 엘리엇의 혀에 걸렸던 저주가 풀렸음을 주님의 은사라 믿고 있는 터였음으로 드러내 놓고 감사하다는 말은 하지 않았다. 하도 많은 은사를 입고 있었음으로 이제는 의례 그러려니 하고 있는 중이다. 그런데 엘리엇의 말 중에 오늘은 화를 안 내실 거죠, 하는 그 언중유골에 대해선 생각해 보지 않을 수 없다. 이 말을 뒤집어 본다면 계속해서 화를 내고 있었다는 뜻이 아닐 것인가. 사람이 화를 낸다는 것은 인격수양이 덜 돼서다. 도마는 '내가 언제 화를 냈다고 그래' 하지 않는다. 엘리엇의 말에 일리가 있었기 때문이다. 요즘 들어 부쩍 화를 잘 냈다. 제사장을 만나고 나서부터 더욱 더한 짜증을 내기 시작했는데 일이 뜻대로 잘 되지 않아서였다. 생전에 듣도 보도 못한 이방인들도 이야기를 하면 알아들었는데 동족인 제사장이 유독 예수를 인정하지 않았던 것이다. 그런 사람이 나타났다면 또 다른 예언자겠지 하는 것이었다. 예수는 예언자가 아니라 예언자가 말한 그 메시아라는 말을 했지만 곧이 알아듣지를 않는 제사장이었다. 도마는 여기까지 온 일이 헛수고로 돌아갔다는 생각에 화를 냈다. 이제는 남의 눈에 든 티끌을 찾을 때가 아니라 내

눈의 티를 볼 때라는 생각을 하면서도 화를 달랠 수 없다. 자기수련이 필요하다.

용혈 깊은 물속에 용굴이 있다. 이 용굴은 깊이를 잴 수 없을 만큼 깊고 깊어 실 꾸러미를 다 풀어도 그 끝이 닿지 않는 멀고 먼 곳으로 이어져 있다. 들리는 말에 의하면 이 용굴은 낙동강을 통하여 남해와 통한다 하기도 하고 동해 바다와 통하는 굴이라고도 했다. 그러니까 사해용왕들이 들락거리며 노는 용굴의 입구가 용혈폭이라는 이야기였다. 그 용들이 꼬리치며 놀던 흔적이 회룡포며 비룡산이다. 보통 작은 용은 한 골짜기를 차지해 살지만 용혈폭포의 용은 여기저기를 나돈다. 그야말로 동에 번쩍 서에 번쩍하며 번갯불에 콩 구워 먹는 용이다. 그 용트림을 보면 알 수 있지 않겠느냔 것이었는데 강물을 휘갈겨 그려놓은 백사장의 포물선을 보면 얼마나 큰 용인지 알 수 있다. 여기 사는 용은 농민들의 농사일을 잘 되게 비를 내리는 한편 저들로부터 잿밥 얻어먹기를 좋아한다. 그런데 그 잿밥이 어마무시하다. 보통 제물을 요구하는 것이 아니라 착하고 순한 어여쁜 처녀를 원한다는 것이다.

오늘이 마침 그 처녀를 제물로 바치는 날이라 한다.

도마는 용신제를 지내기 위해 제물을 쌓아놓은 제단이 있는 곳으로 간다. 거기 돼지머리와 떡과 술과 과일이 쌓여 있다. 건너편 강안은 깎아지른 수직절벽으로 번쩍거리는 화강암으로 둘러쳐져 있고 이쪽 백사장은 금빛 모래가 깔려 있다. 문득 그 조문국 제사장이 떠올랐다. 이제는 새로운 세상이 왔다 해도 듣지 않던 제사장이었다. 도마는 그러한 제사장을 향해 큰 소리로 화를 내어 말했다. '당신의 기업은 망할 것이오.' 새 시대의 예배대상은 장막 속의 계율이 아니라 예수가 가지고 온 '성령'이라는 말을 듣지 않는 제사장에게 퍼부은 모욕적 언사였다. 그러면서 또 예언적 말도 했다. 당신의 사위 "석탈해가 왕이 되면 그도 당신도 다 같이 화를 당하게 될 것이오". 뭣 때문에 그런 막말을 했는지 모르겠지만 이 말에 제사장은 단검을 뽑아들었다. 제사 지낼 때 제수용품인 양을 손질할 때 주로 사용하는 칼이었지만 날카롭게 날을 세운 날 선 검이다. 이에 도마는 베드로의 칼을 빼내어 견주었다. 이 무슨 불상사란 말이가. 엘리엇이 억지로 떼어 말렸다. 엘리엇이 오늘 여기서 화내지 말라는 뜻도 그런 맥락에서였을 것이다. 이 이방인들에게까지 그런 열정을 쏟아부으면 어쩔 것인가? 도마의 성격으로 미루어 보아 용에게 제사를 드린다는 것은 우상숭배에 지나지 않을 일이다. 그렇다면 이 일에 또 관여하고 나설 것이 아닌가. 불의를 보면 못 참는 도마다. 형에게서 배운 성질이라 했다.

"어이, 엘리엇, 저 사람들 말이야."

"저 사람들이 뭐?"

북 치고 쇠 방울 흔들며 주문을 외는 제의 모습이 어디선가 본 것 같지 않느냔 도마의 물음에 엘리엇은,

"보나마나 뻔한 것 아니겠어요?"

한다. 저 제례의식은 조문국 제사장이 하던 주술과 몸동

작 그것과 비슷하다는 엘리엇이다. 그렇다면 이들이 저 조문국 제사장에게서 이 제례의식을 본받아 배웠다는 이야기가 아닐 것인가. 이 제례의식은 분명히 모세가 행했던 그것과는 또 다른 형태가 분명하다. 아마도 그동안 세월을 그치는 동안 여러 가지 변화를 가져왔을 수도 있을 것이다. 그러나 한 가지 분명한 사실은 제의식의 숭배대상이 여호와 외의 존재가 되어서는 안 된다는 점이다. 생각이 여기에 이르자 도마는 제사의 대상이 용왕이고 그 산 제물로 바칠 제물이 염소나 양이 아닌 처녀라는 점에서 그냥 지나칠 수 없다는 생각이 든다. 좀 전에 엘리엇이 했던 염려는 이러한 사태를 두고 한 말이었을 텐데 도마는 다시 속이 부글부글 끓어오르고 있는 자신을 발견한다. 이를 그냥 두고 볼 수 있을 것인가? 무슨 수를 써야겠다는 도마다.

"우리가 영웅인가?"

엘리엇이 도마의 씩씩거림을 보고 옆에 다가와 하는 말이다.

이런저런 모든 일을 간섭하다 보면 제 명대로 못 살고, 살아 돌아가지 못할 것이라는 한 마디다. 그간 도마의 돌출행위를 여러 번 본 적이 있는 엘리엇이다. 오는 길에 순장을 하는 묘지를 지나다 저들과 다투는 일이 벌어졌다. 왜 생사람을 죽은 사람과 함께 묻으려 하느냐? 이건 생명을 가벼이 여기는 나쁜 관습이다, 순장을 막으려 하였다. 저들은 본시부터 있던 장묘제도라며 간섭 말라 하였고 도마는 이런 관습은 버려야 한다며 맞섰다. 이 돌출행위로 하여 까딱했으면 몰매를 맞아 죽을 뻔하였다.

"그런 경우에 다시 한번 생각해 보고 행동하세요."

예수 같았으면 이럴 때 어떻게 했을 것인가? 무슨 일이 생기면 예수 같으면 이럴 때 어떻게 했을 것인가, 예수의 입장을 먼저 고려해 보고 행동하라는 엘리엇이었고 이를 받아들인 도마의 새로 생긴 습관이다. 예수는 장사치들로 분잡한 회당에 채찍을 휘둘러 장사치들을 몰아냈었고 귀신 들린 자들의 몸속에서 귀신을 불러내어 돼지의 몸속에 가두어 바닷물에 빠져 죽게 했다. 생각이 여기에 미치자 도마는 산처녀를 용왕에게 바칠 수 없다는 결론을 얻는다. 그리고 묘책도 강구했다.

"그냥은 못 보겠어."

"생각해 봤어?"

"응, 생각해 봤어."

도마는 생사람을 용왕의 먹이로 내던지는 제사는 못 보겠다는 말을 하고는 사람들 앞으로 나선다.

"여러분들 이게 옳은 일입니까?"

갑자기 웬 낯선 사람이 나서 하는 말에 사람들은 어리둥절하다 못해 기가 막힌다. 차린 행색이나 신은 신발도 다르고 얼굴 생김이나 눈 색깔도 다른 사람이 느닷없이 나서 하는 말이 옳고 그름을 따지는 시비 가름이니, 뭐라 대꾸를 해야 할지 모르는 사람들이다. 이들을 향하여 다시 도마가 큰소리로 외친다.

"사람이 사람을 인신공양하는 것은 나빠요."

사람들은 이 말씀을 한참 동안 새겨 제 나름대로 풀이를 한다. 그러고는 한 사람이 이렇게 말한다.

"나쁜 일인 줄은 우리도 알아요. 그렇지만…"

용왕제를 지내지 않으면 농사를 지을 수가 없으니 어떻게 하겠느냔 반문이다. 용왕이 비를 내려주지 않으면 모두가 굶어 죽을 수밖에 없다. 그러니 우리도 돈 주고 처녀를 사와 제물로 바친다.

"그렇다면 그 용은 사악한 용이 틀림없소."

용이라면 인간을 이롭게 해야지 괴롭혀서야 쓰겠는가, 그런 용에게 제사를 드릴 필요가 있을 것인가?

사람들이 말했다.

"그렇다면 도사께서 그 악한 사룡을 물리칠 계책이 있단 말이요? 우리도 그동안 여러 술사들을 불러 온갖 짓거리를 다 해보았소."

"그런데도 효과를 얻지 못했다면 엉터리 술사 탓이요."

"그렇다면 당신은 그 일을 해결할 수 있다는 이야기가 아니오?"

이들의 말에 도마는 그 형 아론을 대동하고 바로 앞에 나아가 애급의 이스라엘 백성들을 해방시켜 줄 것을 요구한 모세 이야기를 한다. 그때 모세가 지팡이를 던져 뱀을 만들었더니 애급의 술사들도 다 같이 따라서 지팡이를 던져 뱀을 만들었다. 그러나 모세의 지팡이가 술사들의 뱀을 집어삼켰다.

"그 이야기가 여기 이 일과 무슨 상관이요?"

도마는 차근차근 예수 이야기를 한다.

"그 예수가 말하기를 산 사람의 목숨은 하나님이 만든 것이기에 아무도 함부로 할 수 없다 하였소."

도마가 이들을 설득하며 이렇게 말한다.

"만약 내가 용을 다스린다면 제물로 바쳐질 저 처녀를 돌려보내 주겠소?"

사람들이 웅성거리기 시작했다. 저 자가 누구인데 용을 상관한단 말인가? 엘리엇이 나서 도마를 소개한다.

"이분으로 말할 것 같으면…"

하나님의 아들로 이 땅에 온 예수의 동생으로 예루살렘에서 여기까지 왔으며 저 위 국경부근에 기념비적인 석상을 새겨두고 돌아가는 길이며 '세상 사람들을 구원하기 위해 오신' 분의 종이란 이야기였다. 종이란 말속에는 순종한다는 뜻도 들어 있지만 그 전권을 위임받은 책임자라는 말까지 덧붙였다. 엘리엇의 혀 속에 이런 말이 숨어 있었을 줄은 도마도 엘리엇 자신도 몰랐던 일이었다. 말이 술술 쏟아져 나와 저들을 감동시킨 것은 물론 반응도 불러일으켰다.

"그렇담 어디 한번 봅시다."

이 일을 어떻게 해결할 것인지 어디 두고 보자는 사람들이다. 도마는 물가로 나아가 기도했다.

"형, 이 일을 어쩌면 좋아?"

이번 일만 잘 해결해 주면 이 땅에 인신공양 같은 일은 없게 될 것이라는 악습퇴치에 대한 간구였다. 이미 순장을 막아준 형이다. 순장 자들과 싸울 때 형은 저들의 무지에 대해 이렇게 꾸짖어 주었다.

—네가 네 종들을 함께 데려온다고 내가 너희들을 받아줄 것 같으냐?

생명을 중히 여기지 않는 사람은 아무리 지체 높은 권력을 가지고 와 두드려도 하늘문은 열리지 않을 것이라는 말을 저들의 귓속에 넣어주었다. 인신공양도 마찬가지로 산 사람을 제물로 바치는 악습은 이제 버려져야 한다. 도마는 이러한 계시를 다시 내려줄 것을 바라고 기도하는 것이다. 저 인신공양 숭앙 자들의 가슴속에 이러한 속삭임이 한 가닥만 흘러들어가도 그 생각을 바꾸게 할 수 있을 것이기 때문이다. 이게 기도의 신비함이다. 기도는 상대를 감동감화시키는 힘이 있다. 이쪽의 기도가 저쪽의 가슴속으로 자연스럽게 흘러들어가 상대의 얼어붙은 생각을 녹여줄 수도 있기 때문이다. 헛된 기도가 아닌 이상 기도는 상달된다.

—두려워 하지 마라. 네가 간절히 기도한즉 내가 네 옆에 서리라.

도마는 형의 음성을 들었다.

"여러분 이제 용의 모습을 보여드리겠소."

도마는 용혈폭에다가 넣을 긴 밧줄을 준비하라 시켰다. 그리고 베드로의 칼을 중간에 묶어 갈고리낚시로 삼아 거기다가 생닭을 준비하게 하여 꿰었다.

"저걸로 용을 낚아?"

"저런 작은 손칼로?"

사람들은 어림없는 짓이라며 비웃었다. 잔뜩 기대를 했건만 이 터무니없는 짓거리에 조롱을 퍼붓는 것이다. 그러나 그 칼은 바윗돌을 휘갈겨 뚫고 그림을 그려도 날 하나 무뎌지지 않은 베드로의 손칼이었다.

"난 또 무슨 용 뿔 빼는 재주라도 있는 줄 알았네."

그러나 도마는 자신만만하다. 세상에 용이란 존재는 없다. 사람들의 마음속에 두려움이 있을 뿐이다. 두려움이 가져다주는 여러 가지 행태 중에 인신공양이 있다. 가장 악질적인 형태의 제사다. 이제 그 근본을 캐내어 다시는 이런 두려움에 떨지 않도록 해주어야 한다. 미신에 대한 두려움은 진실의 실상을 보여주는 수밖에 없다. 서양의 여러 나라 이야기들 중에도 용이 등장한다. 그러나 용은 상상의 동물로 사람들이 마음속에 그림으로 스스로들 두려워하게 된 존재이지 실상이 있는 게 아니다. 이 소(沼) 안에 살 수 있는 괴물이라면 기껏 해봐야 산갈치나 물뱀 정도일 것이다.

도마는 낚시를 만들어 폭포 아래로 던져놓고는 사람들에게 말했다.

"이 폭포에 사는 용은, 용이 아니라 산갈치요."

그러니 곧 미끼를 물고 물 밖으로 끌려 나올 것이니 그때 가서 확인하기를 바란다는 자신 있는 말이다.

"세상에 용이란 건 없어요."

용은 마음속 그림자다. 내 속의 마음이 그림자로 내비쳐지는 것이니, 그 그림자는 용이 되기도 이무기가 되기도 한다. 그렇지만 사람들은 뱀은 때려잡을 수 있는 존재이지만 용은 불가항력이라 믿는다. 이게 인간의 상상력의 한계이다.

도마는 마음속에 도사리고 있는 용에 대해 말한다. 불가항력적인 것은 없다. 세상만물은 인간을 위해 지어진 것들이다. 모든 동식물들이 인간을 위해 지음받았다. 그러나 이들 동식물들을 함부로 해치는 일은 옳지 못하다. 공존할 때 평화가 유지된다. 그렇지만 이 평화유지군이 인간을 해하려 한다면 이는 여지없이 물리쳐야 할 존재가 된다. 지금 뱀이 마을 사람들의 공포대상이 되었다면 그 뱀은 마땅히 잡아 없애야 한다는 도마다. 인도에서 붉은 돌을 캐러 가던 길에서 도마는 뱀에 물렸던 적이 있었다. 그런데도 그 뱀을 살려 보냈던 도마다. 그 이유는 간단했다. 뱀은 자신을 해하려 한 것이 아니고 오히려 권위를 세워주기 위한 몸짓을 했을 뿐이라는 새로운 해석이 있었기 때문이었다. 지금 여기서도 그 새로운 발상 전환이 필요한 것이다. 형이 기도 중에 그렇게 말했다. 가룟 유다가 예수를 팔아넘긴 것과 같은 예정된 수순이란 것이었다. 일개 미물인 뱀에게까지도 주어진 임무가 따로 있다. 그렇담 지금 사람들에게 용이라 불리는 이 뱀의 존재는 무언가? 왜 용이라 불리는 이 뱀이 왜 하필이면 도마가 지나가던 이 시점에 나타났을 것인가? 이는 순전히 도마에게 포교의 기회를 주기 위한 준비된 순서라는 것이다.

"여기 뱀이 있다는 것은 어떻게 알아?"

“보면 모르냐?”

저기 바위틈에 보면 뱀이 벗어놓은 허물이 있다는 도마다. 뱀은 영물이다. 허물을 벗어던짐으로 다시 산다. 매미가 그 껍질을 벗어 우화등선 하는 것처럼 뱀은 허물을 벗어던짐으로 영생을 추구하는 영물이다. 저 정도 크기의 뱀허물이라면 능히 폭포수를 지배할 만한 거물임에 틀림없을 일이다. 엘리엇은 도마의 관찰력에 탄복한다. 자기도 불 뿜는 용의 전설을 가진 섬나라에 살아온 덕에 용에 대한 존재는 어느 정도는 알고 있다. 용은 일없이 인간을 해코지 하지 않는 길짐승으로 공포의 대상인 동시에 숭배의 대상이다. 그런데 지금 잡으려 하는 뱀은 용이 아닌 일개 물뱀이라는 도마다. 수중에 사는 물뱀도 있기는 하다. 이들은 물 밖으로 나오지 않아도 숨을 쉬고 살 수 있다. 그런데 도마가 생닭을 미끼로 낚시질을 하려는 것은 어디서 배운 것인가?

도마는 뱀이 미끼를 무는 동안 사람들을 불러놓고 천지만물을 만든 창조주 이야기를 한다. 그리고 첫 사람 아담과 하와 이야기도 한다. 그 첫 사람 하와를 꼬여 죄를 짓게 한 원죄 이야기도 한다. 이러한 뱀은 물이나 산에도 있지만 마음속에도 있다. 마음속에는 빛과 어둠이 동시에 존재하는데 빛은 선이고 어둠은 악이다. 이 마음속 어둠을 뱀 같은 사탄이라 한다. 한번 사탄에 휘둘리기 시작하면 악에게 삼키게 된다. 지금 이 뱀을 잡아야 하는 이유다.

“저것 봐, 저거…”

낚시를 맨 줄이 끌려가고 있었다.

"당겨, 줄을 당겨야 돼."

도마는 낚시를 맨 줄을 잡아당겼다. 묵직한 느낌이 손끝에 전해지는 것 같더니 갑자기 요동을 치기 시작했다. 손가락이 떨어져 나갈 만큼 낚시 줄이 팽팽하게 손바닥을 훑어 내렸다. 그 바람에 하마터면 물속까지 끌려갈 뻔한 도마다. 가까스로 줄을 다시 다잡아 당기는데 이번에는 갑자기 물길이 치솟으며 뱀 꼬리가 나타나 물살을 갈랐다. 미끈한 것이 불에 그슬린 통나무 서까래 같았다. 엘리엇이 달려와 거들었다. 소용돌이치는 물결 한가운데로 거품이 일었다. 얼마나 실랑이를 했던가, 한참 만에야 낚시에 걸린 놈의 머리가 나타났다. 시커먼 이무기였다. 아직 뿔은 나지 않았지만 흰 수염은 입가 양옆으로 두 개가 나 있었다. 물가로 꺼내놓고 자세히 보니 잉어였다. 사룡의 둔갑술이었을까? 어찌 보면 이무기였고 또 어찌 보면 잉어다. 그 길이도 늘어났다 작아졌다 한다. 이번에는 또 산갈치로 보이기도 한다. 보는 사람들마다 각기 그 형상이 다른 물체가 낚여 올라와 사람들을 놀라게 한다. 이는 필시 종잡을 수 없는 괴물임에 틀림없다. 모래밭에 끌어내 놓으니 펄쩍펄쩍 뛰는 것이 그 기세가 만만찮다. 그러더니 이놈은 어느새 새가 되어 날아가고 있다.

"이제 헛것이 보이나?"

도마는 자기 눈을 의심한다. 왜 이런 환각증세가 일어났을까. 쏟아지는 폭포수를 너무 오래 바라보고 있어서였을까?

아직 사룡을 잡기도 전인데 이런 헛것이 보인다. 도마가 눈을 끔벅거리며 두 눈알을 부비고 있는 것을 본 엘리엇이 다가와 묻는다.

"괜찮아?"

"헛 게 보이는 것 같아. 자꾸 눈이 가물거려."

"쏟아지는 폭포수를 너무 오래 보고 있으니 그렇지."

날이 저물어 해가 지고 밤이 깊어져도 용은커녕 잉어 한 마리도 낚이지 않았다. 별이 총총 돋았다. 유성이 흐르고 별똥별이 떨어진다. 밤이슬을 맞고 용 사냥의 결과를 보려고 기다리던 사람들도 하나둘씩 집으로 돌아갔다. 그래도 다행스러운 건 아직도 제물로 바치려던 처녀가 살아 있다는 점이고 그사이 사룡이 나와 처녀를 잡아가지 않은 것만으로도 이 이방인의 도술이 효과를 거두고 있는 것이라 생각했다는 점이다. 이날만 넘기면 제물은 바쳐지지 않아도 된다. 사람들은 그렇게 믿고 있다. 일 년에 한 번 팔월 대보름날이다. 이 위기만 넘기면 된다. 이윽고 날이 희붐하게 밝아오고 동이 틀 무렵에서야 폭포수가 떨어지는 용소의 물이 용솟음치며 끓기 시작하고 물속에서 한 가닥 붉은 서기가 비치더니 한 마리 거대한 용이 날아올랐다. 용은 물비늘을 털며 하늘로 치솟아 해 뜨는 동쪽을 향해 날아갔는데 하늘이 울릴 정도로 큰 소리를 내 울었다. 그야말로 경천동지할 만한 울음소리였다.

"용이다."

"용의 승천이다."

사람들이 각기 한 마디씩 감탄의 소리를 내질렀다. 지금까지 이무기로 지내던 폭포의 지킴이가 드디어 등용했다는 것이다. 용은 하늘을 한 바퀴 빙 돌아 잠시 뒷산에 내려앉아 숨을 한번 가다듬고는 먼 하늘을 향해 비상했는데 어떤 사람들은 이를 두고 산갈치 같았다는 사람도 있었고 또 어떤 사람은 강철이 같았다 하였다. 어쨌거나 제물로 바쳐질 처녀는 살아남았다.

"이제 사귀가 사라졌으니 더 이상 처녀제물은 안 바쳐도 될 겁니다."

사람들이 몰려와 용을 불러낸 도마를 에워쌌다.

당연히 잔치가 벌어졌다.

"어떻게 용을 불러냈지?"

사람들은 용을 감동감화시킨 도마의 신통력을 얻고자 그의 옷자락을 만지기도 했다. 죽이려 하면 죽을 것이요 살리려 하면 살 것이다. 도마는 서로가 사는 길을 역설한다. 사룡에게 먹이를 주는 것은 괜찮지만 사람을 제물로 바치는 일은 안 된다. 사람의 주인은 만드신 이가 따로 있기 때문이다. 사람들은 좋은 이야기를 들었다면서 이를 기념하기 위해 주변에서 가장 높은 산인 학가산 아래 돌탑을 하나 쌓았다. 지금 탑골로 불리는 곳에 위치한 방단형적석탑이 그것이다.

사람들이 모여 돌탑을 쌓고 잔치를 벌이는 사이 우락부락한 사나이가 하나 주변에 사람들을 거느리며 말을 탄 채 나타났다. 그가 말했다.

"여기 누가 그런 일을 했소?"

그는 스스로 사벌국 족장이라고 자기를 소개하며,

"빨리 나오란 말이요. 도대체 용을 불러낸 자가 누구요?"

하며 성급함을 드러냈다. 낙동강을 따라 여기서 조금 더 내려간 곳에 사벌국이 있고 거기 강가에 경천대가 있다. 경천대는 백마강 낙화암과 쌍벽을 이루는 경관을 자랑하는 곳이다. 거기 터 잡고 사는 강철이가 사악하기 그지없어 농사일을 하러 가는 농군들의 배를 뒤집어엎는 행패를 자주 부린다는 것이었다. 해마다 여기에 용신제를 지내는데 올해는 검은 용의 해로 보통 처녀로서는 안 되고 족장의 딸을 바쳐야 한다는 점괘가 나왔다는 것이다.

그런 와중에 도마가 지금 그 일을 해결해 보였으니, 여기 무슨 해결책이 있지 않을까 한달음에 달려왔다는 것이다.

경천대는 도마도 지나온 곳이다. 배를 거기 매어두고 조문국을 다녀왔었다. 깎아지른 절벽 위로 기암이 솟아 있는 것이 보였고 큰 나무가 가지를 드리워 강물에 비치고 있던 곳이었다. 틈이 나면 그런 곳에 며칠 묵었다 가고 싶었던 곳이기도 하였었다. 도마는 경천대 사룡을 퇴치해 달라는 부탁을 하러 온 사벌국 족장이란 자에게 이렇게 말한다.

"그 건너편이 조문국 아니요? 그렇다면 그 신탁을 내린 사람이 조문국 제사장이란 말이요?"

"그렇습니다만 그걸 어떻게 아시오?"

도마는 다 아는 수가 있다며 그 문제라면 걱정 말라 우선 안심을 시킨다. 조문국 제사장의 점괘는 지킬 필요도 없다면서, 이렇게 묻는다.

"당신은 가락국 수로 왕을 아오?"

"아다마다요. 우리 연맹체의 수장인데 모를 리가 있겠소?"

사벌국 족장은 수로 왕을 안다 하였고 며칠 전 새로 맞은 왕비와 함께 족장회의에 다녀갔었다는 이야기를 한다. 그 자리에서 가야연맹체가 결성되었으며 기념비도 해 세웠다는 이야기였다.

"아, 그랬었군요?"

도마는 수로 왕의 부인 허황옥을 함께 대동하고 인도에서 온 사람임을 강조하였다. 여러 곳을 다니는 동안 어떻게 하면 사람을 쉽게 사귈 수 있는지를 터득한 도마다. 말에서 내리지도 않고 사람을 닦달하는 저런 자에게는 더 높은 사람의 이름을 대는 것이 유리하다. 말 탄 자는 대개 강한 자에게는 굽히고 약한 자에게는 군림하려 한다. 도마는 일단 말 탄 자의 기세를 누그러뜨릴 필요가 있다 생각하는 것이다. 인도에서 온 사절단이라는 말에 족장은 말에서 내려 고분고분하게 묻는다.

"용을 잡은 사람이 당신네들이오?"

"우리는 용 사냥꾼은 아니오. 그렇지만 용한 용 사냥꾼을 알기는 하오."

용 사냥꾼을 알고 있다는 말에 족장이 묻는다.

"그가 어디 사는 누구요?"

그런 신통력이 있는 사람이라면 호위무사로 모시고 싶다

는 족장이다.

"그런 사람이 있으면 사벌국 호위무사로 모시고 싶소."

"그 좋은 생각이요."

그렇지만 그는 그런 사람이 아니다. 도마는 예수에 관한 이야기를 늘어놓는다. 예수는 만왕의 왕으로 그의 통치력이라면 못할 일이 없다.

"그의 능력이면 무엇이든 다 이룰 수 있단 말이요?"

그런 일은 있을 수 없다 한다.

"그의 능력은 그런 데 쓰는 능력이 아니라…"

그보다 더한 하늘 문을 여는 열쇠라는 이야기를 하는 도마다. 족장은 도대체 이 자가 무슨 이야기를 하는지 알아듣지 못한다.

"우이독경이지."

엘리엇이 쇠귀에 경 읽기라는 문자를 쓰며 알아듣기 쉽게 이야기하라 한다. 대개 족장이랍시고 으스대는 사람들은 속에 든 것이 없다. 그저 기운만 센 것이다. 그런 사람들은 단순하여 남의 말을 잘 들어 귀가 얇긴 하지만 처음 그 귀를 뚫어 여는 데 애를 먹는다.

도마는 일단 그의 관심을 다른 데로 돌린다.

"그래, 그 경천대를 끼고 사는 사벌국은 어떤 곳이오?"

천천히 말문을 트고 귀를 열자면 그가 가장 잘 아는 부분부터 다시 시작해야 한다.

"사벌국을 삼백의 고장이라 하는데…"

그 삼백이라는 것은 세 가지 하얀 물건이 난다는 뜻이라 한다. 그 첫째는 하얀 쌀이 많이 나고, 곶감을 깎아 말려 하얀 분이 나면 하얀 옷을 입음으로 둘째며 셋째는 누에고치를 가공한 비단이다. 이 세 가지 하얀 빛깔의 물건을 두고 삼백의 고장이라 하니 사벌국만큼 평화로운 부자나라가 없다. 그런데 한 가지 고충이 있다면 경천대 깊은 물속에 사는 그 못된 사룡이 문제다.

"왜 여기는 악룡만 살지?"

도마는 드디어 말문이 트이는 것을 느낀다.

"교룡이고 사룡이고 그런 것들이 왜 사람을 괴롭히는지 모르겠어요."

족장의 기세가 좀 누그러졌다. 서로 자기주장을 버릴 때 대화가 된다.

"뱀이라는 족속들이 원래가 저주 받은 짐승이라…"

도마는 첫 인간들의 타락에 대한 이야기를 또 한다. 그리고 그게 뱀의 역할임을 설명한다. 누구나 신분에 맞는 임무가 있다. 뱀의 임무는 인간의 뒤꿈치를 무는 것이다. 인간은 물리지 않기 위해 조심하는 게 또한 자기방어의 임무다.

"각기 그 맡은 임무에 따라 살아야 해요."

경천대에 정말 괴물 같은 악룡이 살고 사람에게 해코지를 한다면 이렇게 기도하라 이르는 도마다. '사악한 용이여, 물러가라. 예수의 이름으로 명한다.' 그 예수의 속성이 무엇인지를 세세하게 일러 듣기는 도마다.

이렇게 하여 이들은 삼강주막에 와서 한 잔 했다.

해 뜨는 나라, 동방의 솔롱고, 이 나라에는 막걸리가 있어 인심을 후하게 한다. 술 냄새는 사람들을 저절로 끌어모은다. 일부러 찾아다니지 않아도 술집에 앉았으면 이런 사람 저런 사람들을 만나게 된다. 사람을 만나 이야기하는 게 도마의 임무다.

도마는 여기서 며칠 막걸리를 마시러 오는 사람들과 이야기하고 싶었지만 수로 왕의 행선이 이 낙동강을 따라 내려가고 있다는 말에 갑자기 왕을 만나야겠다는 생각이 들었다. 왕이 낙동강 주변의 여러 부족나라를 손에 쥐고 있다면 일일이 이렇게 나다닐 게 아니라 그의 손을 빌어 복음을 전하는 게 더 효과적일 거란 생각에서였다.

이제 전도 전략이 선 도마였다.

"수로 왕의 한 마디면…"

도마의 천 마디 만 마디보다 더 빨리 부족 전체에게 전해질 수 있을 것이다. 이거야말로 하늘이 준 기회다. 어떻게 이런 야무진 생각을 하게 되었는지 자기가 생각해도 자신이 신통한 도마다.

도마는 사벌국 촌장에게 용 퇴치법은 불이나 칼에 있는 것이 아니라 자신의 마음속 깊숙하게 자리 잡고 있는 두려움을 떨쳐버리는 일임을 누누이 강조했다. 잘못이 없으면 겁낼 게 없고 겁이 사라지면 용 같은 괴물은 발붙일 곳이 없다. 그건 허상이기 때문이다.

"이제 알겠소?"

사벌국 촌장은 무슨 말인지 그 뜻은 대충 알듯 하지만 확실한 건 잘 모르겠다 한다. 한 가지 확실한 건 자기 딸을 인신공양 할 뻔하였는데 그러지 않아도 되었다는 점이다. 이게 다 미신 때문이었다면 그런 미신은 이제 믿지 않겠다는 이야기다. 도마는 예수를 믿으면 미신을 이길 수 있다는 이야길 한다. 미신은 죽음을 두려워한 나머지 생기는 불안이고, 예수는 죽음 그다음에 오는 새로운 하늘나라로 들어가는 문이며 길임으로 가장 큰 권세라는 것이었다.

"만나서 좋은 가르침을 받았습니다."

경천대가 바라보이는 조그만 언덕 아래 이 사벌국 촌장의 무덤이 '전사벌국왕릉'이라는 이름으로 남는데 여기 이러한 스토리가 잠자고 있다.

"속력을 내라."

"돛을 올려라."

흐르는 물에 노를 저을 필요는 없었지만 배에 속력을 낼 것을 요구하는 도마다. 동방의 해 뜨는 나라, 무지개가 뿌리를 내리는 나라, 이 나라의 산천경계는 하나님 주신 축복의 땅 그대로였다. 아마도 여기가 태초에 인간을 살게 만든 에덴동산이 아닌가 할 정도였다. 아마 정착해 살 곳을 꼽으라면 여기 이 나라를 택하고 싶은 도마였다. 이렇게 굽이굽이 산굽이를 돌기를 몇 번이나 했을까?

"저 앞에 배가 보입니다."

　　도마 일행이 수로 왕을 수행하는 배를 따라 따라잡은 것은 왕의 순시선이 아직 가락국에 당도하기 전이었고 도마의 배가 힘껏 바람을 받아 도착한 삼랑진 부근이었다. 삼랑진은 남강과 밀양강이 낙동강 본류로 흘러들어 세 물줄기가 합류하는 지점으로 저 멀리 가락국 신어산이 보이는 곳이었다.

　　도마가 탄 배와 조우한 허황옥은 반가워 실색을 하였다.

　　"어쩜 이런 일이?"

　　이건 우연스런 일이 아니란 이야기다.

　　수로 왕도 두 사람 반가워하는 모습을 보고 흡족한지,

　　"그러잖아도 왕비가 도마 사도를 많이 그리워했어요."

　　하면서 예의를 갖춘다. 거기 장유화상이 나와 돗자리를 펴고 그늘 막을 만들어 준다. 마침 왕의 배에서는 지금 막 잡아 올린 잉어로 즉석 선상잔치를 벌일 참이라 했다. 낙동강은 물 반에 고기 반으로 여기서 건져 올리는 물고기만으로도 배를 불리고 남는다. 그런 강이 옆에 있다는 것은 축복받은 일이 아닐 것인가. 모든 걸 다 갖춘 땅이다. 그야말로 축복받은 나라이다. 왕비는 그런 나라에 자기를 데려다 준 은인이 바로 도마 사도라 소개했고 그러한 도마는 특별한 능력을 가진 자라는 것을 왕에게 알려 듣기는 동시에 그 능력은 도마의 형 예수에게서 온 것이라는 것을 사뢰는 중이라 했다. 그중에서 핵심은 이전의 나를 벗어 던지고 환골탈태하여 다시 태어나는 세례의식이라는 것까지 이미 말한 다음이었다. 그러니 사도의 말을 직접 들어볼 수 있는 이런 기회가 온 것이 얼마나 다행한 일인가 하는 것이었다.

왕이 먼저 묻지도 않은 이야기를 꺼낸다.

"왕비가 날더러 세례를 받으라 하더이다. 그래야만 거듭 난다고."

왕은 세례에 대한 이야기를 배를 타고 오면서 내내 들었다면서, 거두절미하고 세례의식부터 치른 다음 한 잔 하자는 이야기를 한다. 성미가 급하기는 사벌국의 족장이나 가락국 수로 왕이나 저울에 달아도 하나같이 기울지 않을 거란 생각을 하며 도마는 피식 웃었다. 이 웃음을 보고 왕비가 말한다. 도마의 저 웃음의 의미를 알기 때문이다. 도마는 황당한 일을 당하면 피식 웃는 버릇이 있다. 왕비는 그걸 간과하지 않는다. 그만큼 서로를 관찰했다는 이야기겠다.

"왕의 성미가 저렇답니다."

"왜요? 내 성질이 급하다 이겁니까?"

도마는 두 사람 사이가 벌써 이렇게 티격태격할 정도로 가까워졌나 싶어 마음이 놓이면서도 한편으로는 불안한 생각도 든다. 너무 서둘러 쌓은 탑은 쉽게 무너질 수도 있기 때문이다. 하여, 학가산 아래 방단형적석탑을 쌓을 때도 시간을 오래 잡아먹었던 것이다. 돌을 고르고 그 무게와 모양새에 따른 삼각법을 이용해 하나하나 돌을 얹어 쌓는 동안 그 공력이 돌탑 속에 스며들어, 나중에 이를 보고 지나가는 행인들의 눈길에 빛을 전해주게 되는 것이다. 또한 그 공력으로 오래오래 무너지지 않고 돌의 무게를 지탱해 나갈 수 있는 돌탑이 되는 것이다. 그게 공든 탑이다. 그때도 그러한 공든 탑을 만들기 위해 거기서 오랜 시간 동안 머문 덕에 사벌왕도 만나게 되었던 것이 아니던가. 왕이 왕비에게 아무리 철저한 교육을 받았다고 하더라도 하루아침에 세례를 청할 만큼 세례가 가벼운 일이 아니잖은가? 세례의 진정한 의미를 알아야 한다.

"어찌하여 갑자기 세례를 받고 싶다 하십니까?"

왕은 이렇게 답한다.

"이미 예수 이야기는 들어서 알고 있소."

그러니까 긴 말 필요 없이 세례의식이나 치르자는 왕이다.

"왕비한테 들으니 선생은 예수를 전도하러 온 사도이고 우리 왕비에게도 그 사명을 주었다 들었소."

그러니 사도에게 직접 들으나 사도가 명한 사도에게 들으나 그 이야기가 그 이야기 아닐 것이냔 말이었다. 말인즉슨 옳은 말이다.

"좋아요. 그렇다면 세례부터 받고 시작합시다."

도마는 먼저 수로 왕을 물속에 내려서게 하여 머리로부터 발끝까지 물속에 잠기게 하였다. 요단강에서 세례요한이 예수께 세례를 베풀던 그때를 생각하며 의식을 행했다. 그러면서 말한다.

"이는 지금까지 가지고 살던 묵은 죄를 씻어 던지는 일과 같습니다."

묵은 죄가 무엇인지 알고 계신가요? 도마가 물었다. 왕은 이렇게 답한다. 인간에게는 원죄가 있다 들었습니다. 그렇다면 왕비가 옳게 교육을 시킨 게 틀림없다. 도마가 또 묻는다. 그 원죄가 어떻게 하여 씻어집니까? 예수가 우리 죄를 대신 짊어지고 속죄양이 되었기 때문입니다. 완벽한 교육이다. 도마는 물속에서 왕의 몸을 일으키며,

"그대와 그대의 나라에 여호와 하나님의 축복이 가득하길…"

하고 축수를 한다. 물로 세례를 받은 자가 왕이 된다. 왕도 그저 왕이 아니라 장수의 축복을 받은 왕이다. 수로 왕은 158세의 수를 누린다. 이보다 더 완벽한 축복은 있을 수 없을 만큼 가락국 전도는 성공적이었다. 도마는 요단강을 생각하며 낙동강에서의 세례의식을 행하였고, 이날 왕을 따라 세례를 받은 사람들이 열 명이 넘었다. 훗날 이 세례의식은 무역선을 타고 야마토 왜에까지 흘러들어 성찬식이 다도로 이어지는 역사를 이루게 된다. 처음 목적을 정하고 온 조문국 제사장에게는 복음을 전파하지 못했지만 이방인들에게는 훌륭하게 이 소식을 전했다.

도마는 땅끝에 온 목적을 다 이루었다는 생각을 한다. 어쩌면 이렇게 모든 일이 순조롭게 매듭지어질 수 있었을 것인가? 은총이다. 이날은 실컷 마시고 놀았다. 그러나 이 일련의 일들이 후일 멀고 먼 다른 시간에서 제사장의 금관이 출토될 때 다시 거론되어 인구에 회자될 줄은 상상도 못했을 일이었다.

도마, 두 개의 무덤

인도로 돌아온 도마는 일대 수난을 겪어야 했다. 해 뜨는 동방의 무지개 나라에 바위그림을 그릴 때 보았던 환영들이 현실로 다가오는 위기이다. 이제 지난날과 앞날이 뒤섞여 나타나는 혼란과 환영의 시간이 아니라 눈앞에 깨끗이 펼쳐져 전개되는 현실세계다. 현재는 과거의 소산이라 했던가. 그에게 밀어닥치는 현실세계는 과거에 덧놓인 함정이며 올가미 같은 것이었다. 이를 수용할 것인가 회피할 것인가는 순전히 본인 자신의 의지에 달린 일로, 결정의 때가 서서히 닥치고 있었다. 한마디로 죽느냐 사느냐 선택의 순간이다.

그 첫 번째 함정은 공금횡령 죄였다. 공주 일행의 항해를 돕기 위해 공사를 일시 중단하고 가락국으로 떠나면서 그 일의 마무리를 대신 맡겼던 공사감독이 벌인 처사이긴 했지만 도마에겐 변명의 여지가 없었다. 새 공사감독은 신전건축의 설계를 임의로 변경한 데다가 공사비조차 사사로이 유용해

버린 사건이 일어나 있었다. 그는 신전건축 공사에 들어가야 할 자재를 빼돌려 자기 집 별장을 짓는 데 이용해 버렸는가 하면 석축공사에 사용해야 할 돌들도 자기 집 정원을 꾸미는 데 써버렸다. 이 둥근 정원석은 공주가 가락국으로 갈 때 배에 선적해 싣고 간 돌과 같은 약간 분홍색을 띤 석질인데 먼 데 있는 높은 산에서 운반해 온 귀한 것이었다. 이 돌의 특징은 닭볏의 피를 묻혀 닦으면 색깔이 변하고 갈아 마시면 약이 된다. 그런가 하면 이 돌가루를 갈아 물에 이겨 이마의 양 미간에 붙이면 잡귀가 물러가는 부적이 된다. 도마는 이 신비의 돌로 벽화와 천정그림을 모자이크했던 것인데 이 돌들조차도 일부 귀족들에게 팔아넘긴 공사감독이었다. 이 공사감독은 공사감리에 걸려 자재와 공사비 유용이 드러나자, 그 돌들은 전부 가야로 간 공주 일행이 밀반출해 갔다 하였고 공사비 역시 전임 감독인 도마가 유용했다고 거짓증언 했다. 그는 도마가 살아 돌아오리라고는 생각지 못했던 것이다. 어떻든, 결과적으로 총감독이었던 도마가 부실공사의 책임을 고스란히 뒤집어쓰게 생겼다.

그사이 군다포러스 왕은 살해당했고 왕위를 찬탈한 새 왕은 도마에 대해 전혀 알지 못하는 드라비다 출신의 군인이었다. 드라비다인들은 아리아인들에 비해 난폭한 성질을 가졌다. 게다가 그는 지독한 가네쉬 신봉자인 시크교도였다.

가네쉬는 힌두신의 한 아바타로 코끼리 형상에 사람 몸을 입고 있는 반인반수의 모습을 지녔다. 가네쉬는 그 탄생부터

가 얼토당토않은 허무맹랑한 이야기로 시작된다. 힌두의 세 신 중의 하나인 파괴의 신 시바와 그의 아내 빠르바띠의 사이에 태어난 첫째 아들로 등장한다. 둘째는 원숭이 신인 하누만이다. 이들 두 신들은 민간에 인기가 있다. 큰 몸집을 한 코끼리 신은 아주 작은 생쥐를 탈 것으로 타고 다니고 원숭이 신 하누만은 악을 물리치고 고난을 이기는 용맹의 상징으로 숭앙받는다. 이 아바타가 중원으로 가서는 손오공이 된다.

가네쉬의 탄생에 관한 이야기는 여러 가지가 있는데 그중 가장 널리 알려진 또 하나의 설은 이렇다. 빠르바띠의 배우자인 시바는 시간의 지배자이기 때문에 시도 때도 없이 아무 데나 들락거리는 버릇이 있었다. 그는 안하무인격으로 여자들이 거처하는 곳에 불쑥불쑥 나타나는 통에 여자들이 난처한 꼴을 당하는 게 한두 번이 아니었다. 하루는 빠르바띠가 목욕을 하고 있는 중에 불쑥 나타나 시녀들이 기겁을 하는 사건이 벌어졌다. 여자들은 화가 잔뜩 났으나 보초병들인 가나들이 전부 시바의 부하들이기 때문에 통제를 할 수가 없었다. 궁리 끝에 빠르바띠는 여자들의 몸의 일부인 비듬을 떼어내 소년장수를 만들어 철퇴를 들려 문지기로 세우고 휴식을 취하기로 했다. 이렇게 조치를 취했는데도 시바는 '나는 빠르바띠의 남편이고 이 지역의 통치자이며 난 전 우주를 자유로이 왕래할 수 있는 시바'라며 '나를 막는 너는 누구냐?'며 물었고 소년은 '나의 어머니가 목욕 중에는 그 누구도 들어갈 수 없다'며 이를 저지했다. 이에 브라흐마가 소년에게 가서 설명을 하려 하자 소년은 철퇴를 던져 브라흐마를 다치게 했다. 일이 이렇게 되자 힌두의 세 신인 시바와 비슈누 브라흐마는 천상의 거대한 군대를 몰고와 삼지창을 던져 소년의 머리를 잘라버렸다. 목욕을 하고 있던 빠르바띠는 목욕탕에서 나와 분노한 나머지 강력한 십만 군대를 만들어 천상의 존재들과 전쟁을 벌이려 하였다. 이에 눈치 빠른 나라드가 앞으로 나가 찬가를 부르며 빠르바띠의 분노를 삭인 다음 '어떻게 하면 이를 용서할 수 있을 것인가?'를 물었고 그녀는 '아들을 다시 살려내라' 하였다.

시바는 이에 응하기 위해 '같은 날 같은 시에 태어난 존재를 찾아오게' 하여 그것의 머리로 소년의 몸에 이식시켜 죽은 소년을 살려내었다. 시바는 소년을 자신의 통솔부대인 가나들의 우두머리로 선언함으로서 가네샤로 알려지게 되었다. 가네빠띠로도 불리는 가네샤는 새로운 시작의 신이자 장애를 제거하는 상징으로 사업을 시작하는 사람들이나 집을 짓거나 세속적인 일을 결정할 때 도움을 주는 신이 되었다.

도마가 처음 인도에 도착했을 때는 다왈리 축제가 한창이었을 때였고 다왈리 축제는 힌두의 제신들을 골고루 제향하는 축제였었다. 그런데 지금은 다르다. 선악을 구분 짓는 그런 신관이 아니고 오로지 코끼리 신 가네쉬 한 분만을 대상으로 하는 축제로 그 성격이 바뀌어 버렸다. 통치자의 통치이념을 나타내는 권력의 상징이 바뀌어 버린 것이다. 이전의 군다포러스 왕이 가졌던 통치이념하고는 달라졌다는 이야기겠다. 군다포러스 왕은 백성들이 잘 살고 평화로운 것을 추구하는 정치이념을 가졌었다. 때문에 도마가 말한 예수의 사상이 거기 먹혀들어 갔던 것이다. 예수는 가난한 이웃을 돌보라 가르쳤고 왕은 그러한 이웃사랑을 통치이념으로 삼았다. 그런데 새로운 통치자가 된 새로운 군주는 엄청나게 큰 가네쉬 상을 만들어 놓고 거기 예배하고 있었다. 배가 불룩 튀어나온 사람의 몸에 코끼리 머리를 가진 얼굴에 금관까지 쓴 가네쉬 상의 뒤로는 둥근 원판의 태양무늬가 이글이글 타는 빛을 뿜어내고 있다. 게다가 더 우스꽝스런 것은 그 거대한 몸집이 도무지 지탱해 낼 수 없을 만큼 작은 생쥐를 탈 것으로 타고 다닌다는 것이다. 이런 우스꽝스런 우상을 숭배하는 왕이라면 안 봐도 뻔할 일이다. 그와 맞닥뜨려서는 안 된다.

도마는 가야에서 돌아온 배에서 내리자마자 이러한 소식을 들었다. 이야기를 전해준 사람들은 이전에 도마에게서 도움을 받은 적이 있는 어부들이었다. 그들이 말했다. 지금 궁궐에서는 도마가 돌아오기를 기다려 처벌을 내릴 준비를 하고 있다. 그러니 얼른 몸을 피해 달아나라는 것이었다. 정치상황이 바뀌면 이전에 했던 일들은 전부 수포로 돌아가기 마련이다. 게다가 도마가 했던 일은 힌두성전이 아니라 예수성전이 되었던 것인 바, 이런 일은 군다포러스 왕이 살아 있을 때나 가능한 일이지 새 왕의 통치이념 아래에선 있을 수 없는 일이 돼버렸다는 것이다. 관료들도 대부분 바뀌어 공사비를 유용한 측근들이라는 이야기였다.

“엘리엇, 우리 이제 궁전에 들어가서는 안 될 것 같아.”

그는 엘리엇을 불러 이 도시를 떠나 다른 곳으로 갈 것을 상론한다.

“왜요?”

그사이 왕이 바뀌었고 신전에 그린 벽화가 힌두 신이 아닌 그리스도인 것이 들통이 났다는 이야길 하는 도마다. 신전에는 군다포러스 왕이 세례를 받아 거듭나는 장면과 예수 십자가 부활의 상징이 그려진 모자이크로 장식을 했는데 들리는 소문에 의하면 이교도들이 이를 죄다 뜯어내 버리고 코끼리 가네쉬와 원숭이 하누만으로 도배를 하고 있는 중이라 했다. 이 와중에 궁궐로 돌아간다면 무슨 일이 벌어질지는 불을 보듯 뻔한 일이다.

“위험해요. 상당히 위험한 상태예요.”

두 번째로 이 이야기를 전해준 사람은 궁중에서 함께 생활을 했던 동방박사 중 한 사람으로 도마와 엘리엇에게 우호적인 사람이었던 인물이다. 그가 이렇게 말하는 데에는 한 시가 급하다는 의미가 담겨 있다. 우물쭈물하다가는 생명에 위험을 당할 수도 있다는 이야기였다. 그는 첫 번째 동방박사였던 삼천갑자동방삭 같은 환영 속의 인물이 아니라 실존하는 인물이었다.

“왕이 알면 목숨이 위태로울 테니 안전한 곳으로 피신하세요.”

며칠 기다리다 보면 다마스쿠스로 가는 상선을 만날 수 있을지 모른다는 이야기다. 올 때처럼 그렇게 배를 타고 가는 길이 안전하다. 그는 이미 세례교인으로서 도마의 안전을 책임지는 것이 그의 임무인 것처럼 도마의 귀향에 신경을 썼다. 그러면서 서녘으로 복음을 들고 갔던 사도들의 순교 이야기도 전했다.

"이미 여러 곳에서 순교자들이 생겨나는 판국이니 특별히 몸조심해야 합니다."

동방박사는 도마의 안전을 위해 안전가옥을 마련해 두었다. 임시 몸을 피해 지내다 보면 도망갈 길이 열릴 것이라는 생각이다. 그사이 장사치들이 늘어나 압바네스 외에도 상선을 몰고 무역업을 하는 상인들이 생겨났다. 이들은 땅끝 가야까지 가지 않더라도 중국이나 말레이반도 등지에서도 교역품을 수집해 로마로 실어 날랐다. 이들의 수집품은 향신료나 차 종류로 압바네스의 비단에는 못 미치는 상품이었지만 그런대로 수입이 짭짤하였던 덕에 무역로가 번창일로에 이르렀다. 서역에서 만들어 낸 유리제품이 동방에서 인기를 끌었고 동방에서 생산해 낸 차와 비단 향신료가 이들과 맞바꾸어 갈 만한 품목으로 떠올랐다. 그사이 세상이 변했다. 밋밋한 잔에서 손잡이가 달린 잔이 나왔다. 뜨거운 차를 마시기 위한 사치품이 등장한 것이다. 포도와 포도주가 일반 식탁의 상용품이 되었고 로마인들은 몸을 반쯤 눕힌 채로 이 음식들을 먹고 마시는 풍요를 누렸다. 국가에서 제국이 형성된 것이다. 따라서 변방의 여러 제후국들도 이에 못잖은 부를 누리려는 양상이 일어나 사치를 몰고 오기 시작했으니 인도 역시 마찬가지였다. 아유타의 새 국왕은 드라비다족 무장 출신으로 이웃 부족들을 병합해 나가는 신진세력이었고 이전의 왕조인 아리아인의 권위를 타파해 버려야 새 왕조의 위상을 확립할 수 있어 과거를 깡그리 뒤엎고 있는 중이었으니 공금 횡령죄를 범한 죄인이 돌아오기를 기다릴 수밖에 없는 현시점이었다. 이러한 변화의 물결을 타고 장사치들이 날개를 달았다. 세상 모든 길이 로마로 통하게 된 것이다. 한때 알렉산더 대왕에 의해 정벌될 뻔했던 동방으로의 길이 장사치들에 의해 자연스럽게 다시 열린 때문이다. 알렉산더 대왕은 정복지에 대한 유화정책을 써 헬레니즘문화를 보급시켜 동서교류를 원활히 했지만, 지금은 피를 흘리지 않고서도 교류가 진행된다. 교역이 전쟁보다 훨씬 수월한 소통수단이 된다는 것을 보여주는 실례다. 그런데 그보다 더 조용히 스며드는 소통의 길이 열려 있었으니 믿음과 사랑의 소리길이다. 마음과 마음으로 이어지는 사랑의 띠는 전쟁보다도 그 어떤 상품보다도 더 빨리 안전하고도 쉽게 전달될 수 있고 그 길을 넓힐 수가 있다. 알렉산더 대왕이 피로 동서양의 길을 뚫어 헬레니즘 문화를 심었다면, 압바네스가 상술로 동서양의 무역로를 열어 문화소통이 이루어졌다면, 도마는 비록 편승이기는 했지만 땅끝까지 가 사랑의 씨앗을 심고 왔다. 믿음을 바탕으로 하는 사랑의 씨앗이 없었다면 어떻게 땅끝까지 가 복음을 전파할 수 있었을 것인가. 뜻한 바 목적의 달성이다.

　도마는 이제 그 길의 반환점에 서 있는 자신을 발견한다. 일단은 예수의 유언대로 세상 끝까지 가 복음을 전하고 온 다음이다. 비록 소도의 제사장을 설득시켜 일대 변혁이 일어나는 변화는 얻지 못했지만 그 씨앗은 뿌렸다. 게다가 앞서 서쪽 땅끝으로 복음을 들고 떠났던 사도들의 순교 소식을 들었으니 동방으로 파송돼 온 자신에게도 그런 박해가 따를 것이라는 예감이 온다. 이 복음이 과연 자신의 목숨과 맞바꿀 만한 가치가 있는 것일까? 형 예수는 인류구원을 위하여 대속의 십자가를 지는 일을 서슴지 않았고 제자들에게도 이를 명하였다. 그리고 나를 따르라 하였다. 그러면 천국열쇠가 쥐어지리라 하였다. 이미 이러한 일련의 일들은 예언되었고 실현되었다. 형 예수는 모세가 광야에서 들었던 구리 뱀처럼 십자가에 높이 들리셨다. 이제 그를 바라보고 안 보고는 각자의 선택에 달렸다.

　도마는 이렇듯 안 본 저들을 위해 본 사람으로서의 그 사실을 전해야 했다. 그게 전도다. 그러한 전도자로서 지금 여기 서 있는 것이다. 그렇다면 몸을 피해 달아나야만 할 것인가? 그는 문득 애급의 총리가 된 요셉이 자기에게 양식을 구하러 온 자기 형들에게 한 말이 떠오른다. 살고자 하는 자는 죽을 것이요 죽고자 하는 자는 살 것이니라. 상황은 이렇다. 기근에 허덕거리던 야곱의 식솔들이 양식을 구하러 애급 땅으로 갔는데 애급 땅 총리가 된 요셉은 양식을 구하러 온 야곱의 아들들이 자기 형제들인 줄 알면서도 모르는 척하고 저들의 막내인 베냐민을 데리고 오면 양식을 더 내 주겠노라고 말한다. 이 형들이 누구인가? 자기를 상인들에게 팔아먹은 형제들이다. 베냐민은 누구인가? 자신이 가장 사랑했던 동생이다. 사랑하는 동생을 보기 위해 형제 중 인질을 한 사람 두고 가라는 조건을 내걸면서 '만약에 살고자 하는 자는 죽을 것이요 죽고자 하는 사람은 살 것'이라는 이 말은 무엇을 뜻하는가. 믿음과 약속에 관한 문제다. 믿고 약속을 지키면 살 수 있고 그렇지 못하면 죽을 수밖에 없게 된다. 이 말을 들은 야곱은 베냐민을 내놓기 싫었지만 결국에는 자신의 욕심을 포기하고 막내를 내어준다. 야곱이 어떤 야곱인가, 얍복 강 가에서 환도 뼈가 부러질 때까지 기도에 매달렸던 선택받은 자다. 선택받은 자가 자기 고집을 품고 자기 연민에만 빠져 있으면 될 일도 안 된다. 이를 포기할 줄 알아야 한다. 여호와께서는 자기를 내려놓기를 바라신다. 자기를 부인하고 전폭적으로 말씀에 귀의할 때 축복을 내려준다. 야곱이 자기를 내려놓고 생명처럼 여기던 베냐민을 내어줄 때, 그리하여 갇혔던 인질을 구하게 해줄 때 여호와께서는 그의 이름을 야곱에서 다시 이스라엘이라 불러주었다. 이스라엘 민족은 이러한 믿음과 행위의 후손들이다. 게다가 도마는 야곱의 직계인 유다지파 사람이다. 아무리 축복받은 인물도 자기교만이나 연민에 빠질 때는 가차 없이 제동을 거는 여호와시다. 굶어 죽기 직전의 야곱의 식솔들을 이끌어 내어 애급 땅에서도 가장 풍요로운 고센 땅으로 이끌어 내시는 여호와시다. 야

곱을 설득시켜 베냐민을 애급 땅으로 데리고 간 유다는 후에
예수를 낳게 되는 핏줄로 작용된다. 이 모든 역사 하나 하나
가 미리 계획된 말씀의 역사다.

도마는 문득 이 피할 수 없는 운명에 맞서야 한다는 생각
을 한다. 왜 족보까지를 생각해 가며 피신을 해서는 안 된다
는 생각을 하게 되었을까. 도마는 이제 새로운 결심을 다지
지 않으면 안 된다. 주어진 일이라면 주어진 대로 해야 한다.
형도 그랬다. 몇 번씩이나 그 괴로운 일에서 벗어날 수 있으
면 벗어나게 해달라 기도하였다. 그러나 자기 뜻대로가 아닌
당신의 뜻대로 되기를 기도했다. 인간으로서는 당신의 뜻을
가늠할 수가 없다. 당신의 역사는 시작이요 끝이며 그 모든
것이기 때문에 하루살이 같은 인간의 머리로서는 계산해 낼
수 없는 것이 된다.

"알파요 오메가이신 주님, 제게 갈 길을 일러주십시오."

도마는 이제 그 일을 짊어지고 나아갈 길의 끝이 어디쯤인
지를 다시 가늠해 본다. 가야 땅에 가서, 거기 있는 형제들에
게 이 복음을 전하고 돌아서 올 때까지만 해도 느끼지 못했던
기대와 보람과 두려움이었다. 이건 분명 두려움이다. 같은 임
무를 수행하기 위해 똑같이 길 떠났던 제자들, 서쪽으로 간
사도들의 순교소식이 가져다주는 데 대한 새로운 두려움이
었다. 환경과 처지는 달랐겠지만 저들도 엇비슷한 입장에 놓
였을 것임은 분명하다. 어떻게… 어떻게 하여 낯선 땅에 당도
해 아는 사람을 만들어 전교를 하고 저들을 성전밑돌로 삼고

예수 부활 소식을 전하고… 그러나 결국에는 이교도들 눈 밖에 나 죽음에 이르는 박해를 받았다. 이게 사도의 삶이다. 미리 정해진 삶의 수순이다. 예수 살아생전에도 마찬가지 일들이 일어났다. 예수의 길은 수난과 고난의 연속이었다. 그게 인자로서 겪어야 할 운명이라 했다. 그렇다면 죽어 부활의 승리를 보여준 예수라면 이제 이러한 고난의 길을 더 걷지 않아도 될 수 있지 않을까? 천하를 호령해도 좋을 권세를 가진 능력자가 아닌가? 그런데도 그 제자들을 순교하게 만드는 이 처사는 무엇인가? 무엇 때문에 더 이상 고난의 행군이 필요하며 시험이 필요할 것인가? 당신의 뜻대로 해버리면 될 일이 아닌가. 심판을 내리소서. 이 잔을 거두어 주소서.

"주여, 그러나 내 뜻대로는 마옵시고…"

도마는 도무지 그 큰 뜻을 알 수가 없었지만 기도한다. 무소불위 전지전능하신 존재가 왜 자기 뜻대로 하지 않고 인간을 통하여 이루려 하는가? 게다가 당신의 사랑하는 독생자를 희생시키고 그것도 못해 그 제자들까지 희생시켜 가면서 이 복음을 전할 까닭이 무엇인가? 당신이 하고 싶은 대로 하면 될 것이 아닌가. 형 예수께서도 이 점을 괴로워했다. 겟세마네 동산에서 땀을 피 흘리듯 하며 괴로워하셨다. 이 잔을 피하게 해달라고, 그러나 결국 내 뜻대로가 아닌, 당신의 뜻대로 하라고… 기도했지만 고통을 그대로 감내하는 수난을 겪고야 말았다.

도마는 무엇보다 충격적인 베드로 순교 소식에 경악을 금

할 수가 없다. 다른 제자들은 몰라도 베드로는 제자들 중에서도 으뜸되는 반석이 아니었던가? 그 수제자 베드로가 로마에서 참수형을 당했다는 것은 도마의 생각을 천 갈래 만 갈래로 찢어놓기에 충분했다. 그것도 나는 주님처럼 십자가에 바로 매달릴 수 없으니 거꾸로 매달아 달라고 했다는 그 말에 오열하지 않을 수 없었다. 베드로는 늘 '꼬맹아, 꼬맹아', '도마야, 도마야' 하면서 그를 귀여워했다. 마지막으로 '꼬맹이, 너는 해 뜨는 동쪽으로 가라'는 말을 하며 동방전도를 명했을 때 '우리가 다시 이 땅에서 만나지 못한다 해도…' 부디 강건하라며 영육간의 건강을 염려하던 모습이 눈에 훤하게 떠오른다. 그러한 그가 마지막 순간까지 함께해 그 버려버렸던 칼로 기표를 만들어 세우게 할 줄은 참으로 상상도 못했던 일이었다. 그렇다면 이 인도 땅에도 또 하나 기표를 더해서 세워두어야 한다.

"그분의 처형은…"

로마의 불씨가 되었다는 동방박사였다. 로마는 문명의 불꽃이 타오르는 도시였지만 영혼의 암흑이 뿌리 깊게 자리 잡고 있는 암흑가다. 그 어둠을 밝힐 수 있는 불씨는 자신이 불타 사라져 재가 되지 않으면 안 된다. 한 알의 밀알이 썩지 않으면 어떻게 싹을 내며 꽃대를 내밀고 꽃을 피워 알곡을 열매로 맺어 그 씨앗을 퍼뜨릴 것인가. 한 알의 밀알이 뜻하는 바는 무엇인가. 형은 자기희생을 이야기하였다. 누구나 자기를 희생하지 않고서는 이웃을 구할 수 없다. 강도를 만나 다 죽게 된 이웃을 업어다 구하는 비유 역시 마찬가지였다. 이웃이 없는 나 혼자만의 삶이란 무의미한 것이다. 서로의 이웃이 되기 위해서 희생은 불가피하다. 서로간의 희생이 서로간의 행복을 가져오는 것이다. 천국을 비유할 때 긴 젓가락을 가지고 서로가 서로의 입에 먹을 것을 찍어다 주는 데 견주고 먹을 것을 집어가지만 결국 한 입도 베어 물 수 없는 젓가락 길이만 탓하는 지옥을 상상해 보라. 지금 생쥐를 탈 것으로 삼는 원숭이 가네쉬를 신으로 모신 새로운 군부의 왕이 두렵지 않으냐는 동방박사 2호다.

"여기도 언제 그런 피비린내 나는 바람이 불지 몰라요."

그저 남의 이야기하듯 세상 이야기를 들려주는 동방박사는 무슨 일이 일어날지 모르는 이곳을 속히 떠나라는 말을 한다. 이 이야기를 들려주는 동방박사는 유향을 들고 아기예수 탄생을 경배하러 왔던 인물이다. 유향은 주검을 처리하기 위한 일종의 방향제다. 그에게서 베드로 순교 소식을 듣는다는 것은 베드로의 주검 역시 특별한 의미를 가진다는 뜻이 아니겠는가? 무릇 다른 사도들의 순교도 마찬가지이겠지만 열두 제자 중에서는 으뜸 반석으로 꼽던 베드로의 순교 소식을 여기서, 그것도 동방박사의 입을 통해서 다시 듣는다는 것은 이 역시 특별한 기의(記意)가 있어서가 아닐 것인가? 이제 도마는 아무리 사소한 일이라도 그 하나하나에 의미를 부여하는, 뜻이 있을 것이라는, 그 숨은 뜻이 무엇인가를 생각하게 되는, 자신을 발견한다. 그러고는 놀란다. 의심 많은 도마가 맞는 것이다. 형 예수 밑에서 자랄 때는 아무것도 몰랐던 자기 성찰이 밀려오는 것을 어쩔 수 없다. 그렇게 가족관계가 형성되었던 그 자체부터가 이미 미리 짜여진 계획의 일부라는 생각이 들기도 한다. 그렇다면 이제부터 할 일이 따로 있을 것인즉 그 일조차도 이미 계획된 일이 아닐 것인가?

'죽고자 하는 자는 살 것이요 살고자 하는 자는 죽을 것이다.'

도마는 이러한 일련의 일들을 기록으로 남겨야 한다는 생각을 한다. 여호와의 역사하심이 모세의 기록으로 남아 약속의 징표로 다루어지듯 새로운 구원역사 역시 기록으로 남아야 구원의 역사가 이루어질 것이라는 생각이다. 마침 엘리엇이 있어 기록을 담당케 할 수 있다. 그에게 그런 능력을 준 그 자체가 기록자로서의 역할을 맡긴 것이 아닐 것인가. 그러고 보면 가야 땅 그 산기슭 바위에 새겨 남긴 바위그림 기록도 후세를 위한 한 증거물이라는 확고함이 든다.

"증거의 표적은 오늘 당장 나타나는 것이 아니다. 한 알의 밀알이 되라는 것은 기다림에 대한 미학이다."

도마는 혜성같이 떠오르는 영감을 본다. 이 모든 일정들이 우연스럽게 생기는 것이 아니다. 시간의 연속 선상에서 본다면 먼 후일 미래의 후손들을 위한 증거가 될 일종의 예표인 것이다. 말씀의 구조를 본다면 예언과 이룸의 연속이다. 모든 역사적 사실들은 이를 위한 증거물에 지나지 않는다. 이제 새로 이룩된 약속에도 예언과 그 예언을 실행하기 위한 남모르는 과정이 필요할 것이다. 역사란 그 과정의 흐름이다. 그 흐름의 기록물인 것이다.

"엘리엇, 여기 어딘가에도 우리 기록을 남겨야 하겠어."

"기록이라니?"

"바위그림 같은 거 말이야. 지금은 별거 아닌 것 같아도 시간이 지나면 그것들이 훌륭한 역사가 될 거라는 생각이 들었어. 후세를 위한 증거물인 셈이지."

그 일익을 담당하라고 너 같은 친구를 보내주셨는지 몰라. 세상 모든 일에는 원인 없는 결과가 없다. 모든 일에는 인과 관계가 성립된다. 따라서 우연이란 없다. 다만 그 당시엔 그 결과를 예측하지 못할 뿐인 것이다.

도마는 가야 땅끝에 가서 그렸던 바위그림과 같은 각석을 주문한다. 엘리엇은 그게 무엇 때문에 그런 그림을 그리라 하는지 그 까닭을 묻지 않는다. 그렇게 하여 아유타 해안 언덕에 또 하나의 도마 석상이 기록된다. 여기에는 도마 땅끝에 서다가 아니라 '도마 여기서 순교하다'라는 말이 적혀 있다. 실제로 도마는 아유타에서 손목이 잘리고 결국에는 창에 허리를 상하고 그 머리까지 잘리는 순교를 당한다. 후일 포르투칼 상인들이 이 역사적 스토리를 발굴하고는 그 자리에 예배당을 세우고 한곳은 도마 손 무덤, 또 다른 한곳은 도마 몸 무덤이라고 불렀다. 인도 땅에 서양식 무덤 성당이 생긴 것이다.

"그분이 지은 죄는 정직했다는 것뿐이었다고 합니다."

포르투칼 상인들이 도마 순교에 대한 사연을 물은 데 대한 인도인들의 답변이다. 그는 능히 도망갈 수 있었는데도 스스로 왕 앞에 서서 재판을 받았다. 그리고 무죄판결을 받았다. 도둑이라는 죄명에서는 무죄판결을 받은 것이다. 그는 공사비 유용이라는 이 오명을 씻기 위해 재판청구를 하였고 스스로 재판을 청구한 법정불손 죄로 손목 절단 형을 받았다.

도마 손 무덤에 관한 이야기가 전한다. 이교도들에게 붙잡혀 공사비 횡령죄라는 억울한 죄명을 쓰고 왕 앞에서 그 누명을 벗었는데 법정을 무시하고 모독했다는 죄목으로 손목 절단 형을 받았다. 당시 법정상황은 이렇다.

"너는 누구이기에 스스로 찾아와 재판을 청구하느냐?"

"나는 이스라엘 사람 도마입니다. 사람들은 나더러 도망가라고 하지만 나는 도망갈 이유가 없는 사람입니다."

도마는 지은 죄가 없기 때문에 도망갈 생각이 없다 한다.

"만약 내가 도망을 쳤다면 왕께서는 나를 죄인으로 생각하지 않았겠습니까?"

도마는 지은 죄가 없기 때문에 도망갈 이유가 없다 하였다. 죽으라면 죽으리라. 왕은 그를 심문하였고 그에게서 아무런 잘못이 없다는 것을 보았다. 그는 이전 왕이 시키는 대로 공사를 했을 뿐 공사비를 유용해 쓴 흔적이 없다. 챙긴 재산이 없질 않은가? 증거가 없다. 굳이 일이 잘못됐다고 한다면 링가를 앉혀야 할 자리를 비워두었다는 것인데 이는 우상숭배를 꺼리는 도마의 생각이었지만 아직 공사가 진행 중인지라 그 자리는 채워 넣으면 될 것으로 큰 죄가 될 일이 아니었다.

도마는 박사가 왜 신상 세우는 문제는 '네 문제가 아니니 땅끝부터 먼저 다녀오라' 했는지를 이제야 알 것 같았다. 자리를 비워놓았으니까, 아직 미완성 그 자체로, 그 문제는 죄될 게 없다.

"신상 문제는 그렇다 치고 벽화는 왜 엉뚱한 이야기를 그리려 했느냐?"

"그건 왕의 명령이었습니다."

왕명에 따라 그렇게 했다면 그것도 죄 될 게 없다. 그렇다면 대체 무엇 때문에 그를 법정에 세웠을 것인가? 법정체면이 서질 않는다. 심문이 이어진다.

"네가 짓다 만 신전공사는 어떻게 할 셈이냐?"

"나는 이제 그 공사에서 손을 떼겠습니다."

도마는 분명하게 대답한다. 우상을 세우는 일에 앞장설 수는 없다는 입장이다. 일꾼이 일하기를 거부한다고 죽일 수는 없다. 공사 대금도 부정하게 챙긴 증거가 없으니 무죄석방이다. 그런데도 왕은 이 자를 그냥 석방한다면 원성이 생길 것 같아 스스로 재판을 청구한 법정모독죄를 씌워 절도죄의 형벌에 준하는 손목 자르기를 명하였다. 그런데 그 잘린 손목이 썩지 않고 살아 있더란 것이다. 십자가에 매달려 죽었다 살아난 예수의 옆구리 창 자국을 만졌던 손이라 영원히 살아, 썩지 않는 성물이 됐다는 이야기였는데 그 손목 무덤 위에 세워진 교회를 찾는 성지순례자들은 여기서 특별한 영적 눈을 뜬다고 한다. 의심 많은 도마라는 별명을 얻은 그 손의 영험함을 직접 느낄 수 있다는 것이다.

도마는 법정을 나오며 이렇게 말했다 한다.

"나의 주, 나의 하나님은 안다."

그가 법정에서 두려움 없이 담담하게 왕과 맞설 수 있었던 것은 믿는 구석이 있었기 때문이다. 그가 두려워할 것은 하나님 앞에서의 수치스런 일을 저지르는 것이다. 그밖에 겁낼 것은 아무것도 없다. 그는 이미 하늘시민권을 가졌다. 인간의 잣대로 보면 안 된다. 왕은 비록 지상의 권세를 가졌지만 하늘을 찌를 수는 없었던 것일까. 도마가 던진 마지막 말에 귀가 열렸든지 왕이 박사에게 묻는다. '저 자가 지금 한 말이 무슨 뜻인가?' 동방박사가 왕에게 말했다. '그는 하나님의 종이십니다. 하나님이 왕에게 축복을 내리실 거'라 합니다. 도마가 한 말은 '낮은 자는 높은 자의 축복을 받을 수 있지만 낮은 자는 높은 자를 축복할 수 없다'라는 뜻이었다. 이 말은 도마는 비록 낮은 신분이었지만 더 높은 하나님의 이름으로 왕을 불쌍히 여겨 용서하겠다는 뜻이었다. 그러나 왕은 미처 그 깊은 뜻을 헤아릴 수 없다. 그저 듣기 좋은 축하로만 생각하는 모양이다.

"멀리 쫓아버려라."

도마는 추방령을 받고 나오며 이 말을 통역해 준 동방박사 2호에게서 다시 한번 엘리야를 느꼈다. 이는 동방박사 1호에게서 에녹을 느꼈던 것과 같은 파타모르가나였다. 이날은 무사히 재판과정을 잘 소화해 넘겼는데 일은 그다음에 또 벌어졌다. 추방령이 내려졌는데도 떠나지 않고 머뭇거리는 도마를 들어 2차 고발이 진행된 사건이 생겼다. 고발 내용은 도마가 자기 처를 건드렸다는 추잡한 내용이었다. 하루는 도마가 길가에 쓰러져 경기를 일으키고 있는 여인을 치유한 일이 발생했는데 이를 동네 사람들이 보고 한 증언이다. '도마가 멀건 대낮에 남의 여인을 끌어안고 나무 밑으로 갔다…'는 것이었는데 그다음 말은 없었다. 그런데도 고발 자는 그 여인이 자기 아내였으며 도마가 추행을 했다는 것이 고발 내용이었다. 고발 자는 우연찮게도 공사비 유용으로 감옥에 들어가 있는 건축업자의 동생이라 했다. 저들은 어떻게 해서든지 저들의 죄상을 감추기 위해 도마를 모함하여 이 땅에서 몰아내려는 수작을 부렸다.

두 번째 함정이었다.

그러나 법장에 선 도마는 당당하게 이들과 맞서 이겼다. 이겼을 뿐더러 그 자리에서 병든 자를 치유하는 이적을 실제로 보이기까지 했다. 법정에서 갑자기 발작을 일으킨 환자가 발생하였는데 공교롭게도 도마가 이를 치유하는 일이 생겼다. 경기 일으킨 자를 치유하는 방법으로 가장 손쉬운 것은 환자를 안아 머리를 높여 눕히는 동시에 입을 벌려 혀를 깨물지 않도록 입 안에 물것을 넣는 일인데 도마는 사람들 보는 앞에서 자연스럽게 이를 시험해 보일 수 있는 기회를 가졌다. 설명이 필요하지 않는 증언이 되었던 셈이다.

그런데 세 번째 함정이 또 남아 있었다. 이건 숫제 함정이 아니라 목을 직접 겨냥한 올가미였다. 오나가나 도마를 감시하는 눈길이 있었고 호시탐탐 기회를 노리는 이교도들이었다. 저들은 도마의 이적행위를 문제 삼아 도마 제거 작전을 짰다. 이 작전이 어떻게 실행되는가는 너무 치밀하고 슬퍼서 다 적을 수가 없다. 이 이야기들은 쌍둥이 꼬마 도마에서 사도로 성숙해 가는 이야기의 결정판이다.

도마 몸 무덤에 관한 이야기는 이렇다. 도마는 자신의 안위를 걱정하는 친구들의 권유를 뿌리치고 인도 땅에 본격적인 복음 전파를 하기 시작한다. 그는 외팔이 몸으로 예배당들을 신축해 나갔다. 한 손이 없는 데도, 두 팔을 다 가진 목수보다 일을 더 잘 해냈다. 게다가 공개적으로 사람들을 예배당으로 불러 모아 예수의 생애와 그가 남긴 부활에 대한 소망을 이야기하였다. 갈수록 예배당은 늘어났고 교인들도 넘쳐났다. 도마는 이웃을 찾아다니며 위로하는 일을 게을리 하지 않았다. 처음에는 달갑잖게 생각하는 사람들이 있었지만 차츰 그 진심이 받아들여지기 시작하자 신봉자가 늘어났다. 그런데다가 아프고 병든 자를 치유하는 능력을 보고는 보통 사람 이상이라고 생각하는 사람들의 입소문이 바람을 타고 구름이 떠돌 듯 세상을 한 바퀴 돌며 신도들을 끌어모았다.

도마교회는 바닷가를 따라 아래위로 하나씩 늘어나기 시작했다.

"성공이에요."

엘리엇은 이대로 나간다며 인도 전역에 예수전도회가 생길 정도라며 기뻐하였다.

어부 중에 사트라스라는 사람이 있었다. 자그마한 목선을 부려 고기를 잡아 생계를 유지하는 사람인데 그에게는 여섯 식구가 있었다. 하루는 그가 도마를 찾아와 묻기를,

"당신의 예수는 왜 아무것도 받지 않고 공짜로 하늘나라를 준답니까?"

한다. 얼른 들으면 참으로 맹랑한 질문이다. 무엇 때문에 공짜로 하늘나라를 주며 그 나라에 들어가기 위해 그 나라의 의를 구해야 할 것인가? 도대체 그 의란 것이 무엇인가? 중원의 공자는 인의예지를 설하였고 북인도의 석가는 자비를 구하였다. 도마는 평시 그 나라에 들어가기 위해서는 그 나라의 의를 구해야 한다고 설파한 형 예수의 말을 자주 인용했던 것이었는데 그가 그 뜻을 물은 까닭은 다른 모든 사람들도 그 점이 의문스러웠을 것이라는, 그래서 그 질문은 모든 사람들이 공통적 질문이라는 결론에 도달했다. 바로 그 점이야. 많은 사람들이 궁금해하는 궁금증이 바로 그 점이라는 것을 알았다. 한 말로 할 수 있는 간단한 설교제목이다.

"온유함을 되찾기 위한 사랑이다."

하나님은 애초 빛의 성질인 온유를 부어주셨고 어리석은 인간은 복에 겨워 그 온유를 버리고 어둠 속으로 걸어 들어가기를 자초했다. 도마는 이렇게 가르쳤다.

"왜 무엇 때문에 달라 하지도 않는 것들을 주려 하며 바라지도 않은 하늘나라를 주려 애쓰느냐?"

사람들의 물음이다.

여호와의 무조건적인 사랑에 대한 원초적 질문이다. 이를

설명하자면 다시 창조주와 피 창조물에 관한 이야기를 처음부터 해야 한다. 창조주 여호와와 피 창조물 인간과의 관계 설정이 없다면 하늘나라 이야기는 아무 소용이 없는 것이다.

"우리는 모두 그분의 자녀들이기 때문이요."

도마는 그분이 인류를 창조한 창조주임을 강조하고 나섰다. 이 숙제만 풀어준다면 다른 문제는 별 의문이 없을 일이었다.

"생각해 보세요. 우리가 어디서 왔는지?"

사람이 저절로 생겨났을 것인가?

"나를 있게 만든 조상에게 존경심을 표하자는 것입니다."

그런데 그 첫 인간을 만들어 낸 창조주에 대한 이야기가 분명한 문자로 쓰어 있는 책이 있다는 이야기를 하는 도마다. 그는 그 책을 통하여 많은 지식을 얻고 그 책의 기록대로 이루어져 나가는 예언의 이룸을 직접 보고 들었다는 이야기를 한다. 그중에서 특히 죽음을 이기고 부활의 실체를 보여준 예수 그리스도께서 자신의 형이었다는 이야기까지 한다. 보통 사람들은 이 이야기를 환영하였지만 또 다른 일부 사람들은 이를 의심하고 질투하는 사람도 있었다. 특히 그중에서도 공사비 유용으로 벌을 받은 공사감독의 친인척 중에는 어떻게 해서든지 도마를 모함함으로 자신들이 처한 위기를 모면하려는 수작을 부렸다. 저들은 높은 신분을 얻은 자들로 이미 주어진 부귀영화를 빼앗기게 될까 봐 두려워하였다. 자칫 잘못하면 신임 왕조차도 이 이방인의 말에 현혹될 우려가 있다 생각한 것이다. 그러니 어떻게 하든지 이 이방인을 멀리 쫓아낼 궁리를 댔다.

도마는 이러한 상황에 놓인 자신의 처지를 전하는 편지를 쓴다. 예루살렘 교회에 보내는 공식서한이다. 이제 예루살렘에는 성전과 나란히 예수교회가 생겼다 했다. 여기서 이제 사도들의 편지를 모아 책으로도 만들 것이라고도 했다.

예수 그리스도의 종이요 야고보의 형제인 유다는 부르심을 입은 자 곧 하나님 아버지 안에서 사랑을 얻고 예수 그리스도를 위하여 지키심을 입은 자들에게 편지하노라…

이렇게 서두를 꺼내놓고 보니 막상 무슨 이야기를 어떻게 이어나가야 할지 생각이 잘 나지 않는다. 그러나 이보다 더한 처지에 처해 있을 사람들을 생각하니 자신의 처지보다는 저들을 먼저 걱정하고 권면하는 이야기가 나온다. 그러면서 이스라엘의 역사에 관한 이야기가 나오고 에녹의 말이 주제를 이룬다. 에녹은 지구멸망의 대환난 이전에 산 채로 하늘나라에 들려올라 간 인물이다. 여호와 하나님과 동행하는 삶을 살았기 때문이다. 다시 대홍수 같은 심판의 날이 온다면 누가 살아남을 것인가? 심판의 날에 구원받을 수 있는 인물의 한 예표로 에녹이 있다. 동행이란 무엇을 뜻하는가. 순종이다. 믿고 따르는 것이다. 하나님은 온전하고 전지전능한 자다. 그럼으로 그의 분신인 인간도 온전하다. 잃어버린 영성만 되찾는다면 온전하게 된다는 뜻이다. 잃어버린 영성이란 게 대체 무엇인가? 온유함이다. 온유하다는 건 구속되지 않는다는 뜻이다. 진리가 너희를 자유롭게 하리라던 예수 말이 바로 그 뜻이다. 이게 곧 해탈이다. 이게 말씀이요 이스라엘의 역사다. 이스라엘의 역사는 결국 인류구원의 역사가 된다. 우리는 다 같이 그 구원의 역사 속에 있다.

도마는 비장한 마음으로 이스라엘의 역사 일부를 쓰고 그 속에 죄와 구원문제를 병행하여 쓴다. 그러면서 모세의 시신 처리를 두고 싸우던 천사와 마귀의 다툼 장면을 묘사한다. 모든 건 궁극적으로 선과 악의 문제이고 천사와 마귀의 싸움에서는 언제나 천사가 이기게 돼 있다. 에녹은 이러한 현실 세계에 대해서 이렇게 결론을 내린다. '모든 것을 용서하고 긍휼히 여겨라.' 항해를 통하여, 또 가야 땅에 머무르는 동안의 길 안내를 통하여, 수많은 이야기를 주고받은 도마다. 설사 그 사실이 환영이었다 할지라도 그 이야기를 다 써 전하고 싶은데 그럴 수가 없다.

도마는 산을 쌓아도 모자랄 박사의 이야기를 단 몇 줄로 줄여 이렇게 쓴다.

아담의 칠세 손 에녹이 사람들에게 대하여도 예언하여 이르되 보라 주께서 그 수만의 거룩한 자와 함께 임하셨나니 이는 뭇사람을 심판하사 모든 경건치 않은 자의 경건치 않게 행한 모든 경건치 않은 일과 또 경건치 않은 죄인의 주께 거슬러 한 모든 강퍅한 말을 인하여 저희를 정죄하려 하심이니라 … 사랑하는 자들아 너희는 너희의 지극히 거룩한 믿음 위에 자기를 건축하며 성령으로 기도하며 하나님의 사랑 안에서 자기를 지키며 영생에 이르도록 우리 주 예수 그리스도의 긍휼을 기다리라. 어떤 의심하는 자들을 긍휼히 여기라 또 어떤 자를 불에서 끌어내어 구원하라 또 어떤 자를 그 육체로 더럽힌 옷이라도 싫어하여 두려움으로 긍휼히 여기라 … 곧 우리 구주 홀로 하나이신 하나님께 우리 주 예수 그리스도로 말미암아 영광과 위엄과 권력과 권세가 만고 전부터 이제와 세세에 있을지어다. 아멘.

편지를 쓰는데 땀이 비 오듯 하다.

도마는 엘리엇을 불러 편지를 건네며, 너는 무사히 살아 돌아가 이 편지를 전하라 한다. 어머니 마리아에게서 받은 허리띠와 베드로의 칼도 돌려준다.

"이걸 꼭 전해주도록…"

별들이 두 사람의 이마를 비추고 있다. 도마는 문득 형 예수의 부탁을 거절하고 다대오에게 오스로헨 왕국 아브가르 왕의 치유를 대신 맡기던 그때가 떠오른다. 다대오는 그 때문에 예수 부활의 모습을 제때 보지 못했다. 도마는 그 점이 늘 미안했다. 예수는 창조주의 입김이었던 온유 그 자체였고 온유를 되찾기 위한 깨달음의 길 그 자체였다. 예수는 또 첫 사람 아담이 금지된 과일을 따 먹고 스스로 부끄러움을 느껴 무화과 잎사귀로 부끄러운 곳을 숨기며 잃어버리기 시작했던 본래의 나를 되찾게 한 진정성 그 자체였다. 어리석은 욕심에 가득 찬 나의 잔을 비우게 하고 성령의 잔을 채우게 한 예수 그리스도였다. 형은 그러한 존재였다. 현재의 우상은 금송아지가 아니라 내 마음속에 있는 나 자신이다. 온유를 가장한 자기껍질이다. 이 단단한 껍질인 자아를 깨고 나오지 않으면 자유는 없다. 줄탁동시(啐啄同時)다. 외부의 힘과 내부의 힘이 동시에 작용해야 한다. 외부의 힘은 이를 깨우쳐 배우는 성찰의 은총이고 내부의 힘은 내가 기도해서 얻어야 하는 내면의 자성이다.

도마는 기나긴 여정을 통하여 안팎에서 자아의 우상을 깨뜨리는 힘을 보고 배우고 또 가르쳤다. 이제 할 일은 다했다. 나머지 일은 구속자의 관점에서 보는 것이지 내 관점이 아니다. 전도여행은 결국 자기 깨달음이고 깨달음의 나눔에 지나지 않는 것이었다. 이게 자기수행이고 순례자의 노래가 되리…

도마는 땅끝 벼랑에 선 자신을 발견한다. 이제 할 일은 다했다. 그러나 미흡한 게 있다. 인도 사람들은, 특히 붓다의 제자들은 스승의 살아생전 했던 말을 어록으로 남겨 경전을 만드는 작업을 한다고 동분서주하는데, 예수의 제자들은 이게 뭔가? 이런 중차대한 일을 그냥 간과하고 있질 않는가? 도마는 마음이 급하다. 마음 같아서는 예루살렘으로 돌아가 이 기록하는 일을 돕고 싶었지만 일이 뜻대로 되질 않는 현실이다.

"여기 계셨네요, 못 보고 가는가 했습니다."

때마침 동방박사로 베들레헴까지 갔다온 왕궁집사가 도마를 찾아와 자기는 이제 새 왕궁에서 물러났다며 정처 없는 길을 떠날 것임을 이야기한다. 그가 어디로 간다는 말은 하지 않았지만 온 곳으로 돌아간다는 뜻을 비쳤다. 그가 온 곳이라면 어디일 것인가? 그가 만약 도마의 환상대로 엘리야라면 하늘나라가 아닐 것인가. 그러한 뜻을 비치긴 삼천갑자동방삭도 마찬가지였었다. 에녹이라는 환상을 가지게 했던 삼천갑자동방삭 역시 이제 저들은 이 지상에서의 할 일들 모두 끝마쳤다는 이야기를 했었다. 산 채 하늘로 들려올라간 저들의 역할은 예수 하나를 만들어 내기 위한 오랜 준비작업이었을 것이다. 그 준비는 이제 공연을 끝내고 막을 내리기에 이르렀다. 누구나 각자 맡은 바 역할이 있는 것이다. 그저 된 것은 없다. 바닷가 모래알처럼 많은 사람들 중에 육신으로 이 땅에 오신 형 예수의 동생으로서의 도마 역할은 없을 것인가? 있다. 분명히 있다. 그렇다면 도마에게는 무슨 역할이 남아 있을 것인가? 도마는 이날로 형과의 관계에 있어서의 모든 기억들을 기록으로 남겨야겠다는 생각을 한다. 다른 그 어느 누구보다 형과 보낸 시간이 많은 도마다. 형 야고보 역시 이러한 일들을 기록으로 남기는 작업을 하고 있었던 걸 보고 온 도마다. 새로운 깨달음이 온다. 마리아가 말했던 바로 그 기록의 역사다. 듣고 보고 느꼈던 형에 대한 기록이다. 이 문서가 바로 2천 년 후 잠에서 깨어난 도마문서다.

1. 그분께서 이렇게 말씀하셨다. 이 구절들을 온전히 이해하는 자는 죽음을 맛보지 아니하리라.

2. 예수께서 말씀하셨다. 구하는 자는 찾을 때까지 구함을 그치지

말지라. 찾았을 때 그는 경이로우리라. 그리하면 그는 모든 것을 다스리게 되리라—다스린 후에 그들은 안식하리라.

67. 예수께서 말씀하시니라. 모든 것을 알되 그 자신을 모르는 자들은 아주 모르는 자이니라.

68. 예수께서 말씀하시니라. 미움받고 박해받는 자는 복이 있나니 어디서 박해받든지 아무 곳도 발견되지 않음이라.

69. 예수께서 말씀하시되 마음 가운데 박해받는 자는 복이 있나니 진실로 그들이 아버지를 알게 된 자임이라. 배고픈 자들은 복이 있나니 그들의 굶주린 배는 채워질 것임이라.

112. 예수께서 말씀하셨다. 영혼에 의지하는 육신에 저주 있으라. 육신에 의지하는 영혼에 저주 있으라.

113. 그분의 제자들이 물어 여쭈었다. 왕국이 언제 오겠습니까? 지켜본다고 오는 것이 아니다. 보라 여기를, 보라 저기를… 이라고 말해지지 않을 것이다. 오히려 아버지의 왕국은 땅에 퍼져 있는데 사람들이 보지 못할 뿐이다.

도마는 형 예수에게서 들은 말의 어록을 한 자 한 자 기록해 나갈 때마다 희열을 느낀다. 이런 귀중한 말들을 직접 들었던 것이다. 더러는 공생애 이후 제자들과 함께 들었던 말도 있고 그 이전에 들었던 말들도 있다. 기억에 남아 있는 말은 대충 적어 남겼지만 기억 밖으로 사라진 말들이 많다. 좀 더 기억력이 깊었으면 좋았을 것이다.

도마는 야고보 형이 적어나가고 있던 '야고보서'에 필적

할 만한 '도마서'를 남겨야 한다는 생각을 한다. 형은 예수 유년 시대를 기록하고 있었다. 이는 다른 제자들이 할 수 없는 일이다. 그렇다면 거기 빠진 내용들을 채울 기사를 남겨야 한다는 게 도마의 생각이다. 이제야 도마는 최종 할 일을 생각해 냈다.

엘리엇에게 유언장과도 같은 편지를 들려 보내고 난 뒤라 이 기록은 따로 전할 방법이 없다. 전서구라도 있으면 날개를 달아 날려보내고도 싶지만 달리 별다른 방법이 없다. 그러나 일단 기록된 것은 쉬 사라지지 않을 것이라는 믿음을 가지기로 한다. 인간이 위대한 점은 언어가 있기 때문이다. 도마는 다행히 형 덕분에 어려서부터 글을 깨우쳤다. 글뿐만 아니라 형의 언사도 배웠다. 그는 밤새워 한 자 한 자 또박또박 적은 두루마리를 커다란 대통 속에 넣고 봉한다. 언젠가 누군가에게 발견돼 세상에 알려지기를 바라며. 그는 이제 할 일을 마쳤다는 생각을 한다.

바닷가 언덕에 올라 검은 그림자들이 서서히 구름 틈으로 빛나는 한 가닥 달빛처럼 파고드는 것을 본다. 달빛 저 너머로 얼굴이 하나 떠오른다. 가락국에 심어두고 온 허황옥이다. 허황옥을 만난 것은, 그에게 전도자로서의 책임을 맡기게 된 것은, 결코 우연스러운 일이 아니다. 우연을 가장한 필연이다. 이런 게 여호와 구원의 역사다. 이 일련의 계획은 먼 후일 명명백백하게 드러날 역사적 사실이 될 것이다.

"주여, 이 모든 일에 감사하나이다."

그는 기도했다. 기도는 삶 그 자체다.

도마는 이 일을 위하여 태어났고 땅끝까지 갔던 것이다. 예수가 십자가에 달리기 위해 이 땅에 온 것처럼, 엘리야와 에녹이 하늘에 들려올라갔다가 다시 이 땅에 와 마지막 사역을 했던 것처럼, 여기까지가 도마의 몫이라면 어쩔 것인가? 죽기에 좋은 날이다. 도마는 직감했다. 예수를 찔렀던 것과 같은 박해의 창날이 서서히 다가오고 있음을….

"저기 있다."

"나무 십자가를 세우려 했던 자다."

도마는 이들 이교도들의 창날을 피하려 하지 않았다. '주여, 어찌 하오리까?' 이게 도마 살아생전의 마지막 말이었다. 그러나 이 말씀은 가시덤불 사이에 떨어진 한 알의 밀알이 되어 세세토록 다시 살아나 결실을 거두고 있음을 본다.

과연 도마 석상의 발굴은 어떤 의미일까?

경북 영주시 평은면 강동리 왕유동에서 큰 바위그림이 발굴되었다. 집채만 한 바위에 샌들을 신고 가운을 걸친 사람의 모습이 조각돼 있다. 석상의 양옆에는 '지전행'과 '야소화왕인도자'라는 한문 글자가 새겨져 있고, 석상의 오른쪽 위에는 히브리어로 '도마'라는 뜻의 '타우 멤'이라는 글자가 깊게 각자돼 있다. 이 글자들이 확인되기 전에는 '분처바위'라 했다가 지금은 '도마 석상'이라는 주장이 나왔다. 도마가 누구인가? 예수 열두 제자 중의 한 사람이다. 그렇다면 2천 년 전 도마가 왜 여기에 조각돼 있을 것인가? 지금까지 불교 관련 마애불인 줄 알았다가 기독교 관련 석상이라는 주장이 나오자 이 소식을 들은 사람들이 발칵 뒤집어졌다.

석상을 처음 발굴한 사람은 고등학교 역사교사 유우식 선생으로 1986년의 일이다. 그는 현몽에 의해 이곳을 찾게 되었다며, 1988년 기독교방송의 '새롭게 하소서'라는 프로를 통해 이곳을 '분처바위'라 소개하였다. 몸통과 머리통이 따로 떨어져나간 불상을 '무두불'(無頭佛)이라 부르는 것처럼 얼굴이 몸에서 분리된 모습의 형상이 그려져 있는 석상을 두고 '분처(分處)바위'라 부른 줄 알았는데 그게 아니었다. 최근 그의 네이버 블로그 글을 보면 분처는 처용분신(處容分身)과 서처성용(西處聖容) 네 글자를 두 자로 합성해 '분처'라 했다머 그 뜻은 '예수의 제자'라 밝혔다. 그리고 탁본을 통한 여러 명문의 글자들도 분석하고 해석한다. 이에 대해 또 다른 이들의 해석과 주장이 있다. 그렇다면 이 석상이 언제 누구에 의해 무엇 때문에 만들어졌고, 왜 파손돼 머리가 떨어져 나갔는지, 아니면 본시부터 없었는지 그것이 더욱더 궁금해진다. 여러 가지 의견들이 분분하다.

　도마 석상은 집채만 한 바위에 그려진 전신상으로 얼굴형상은 날아갔지만 남아 있는 부분은 뚜렷하다. 높이 5m, 너비 10m 정도의 자연석에다가 깊게 파서 새긴 한 남자의 전신그림이다. 샌들을 신어 발가락이 나온 남자가 주름 잡힌 겉옷을 어깨에 걸친 모양새다. 남자는 두 손을 앞 가슴께에 모으고 있다. 왼손은 손바닥을 가슴팍에 대고 오른손 손바닥은 바깥을 향한다. 그 왼손 위에 어렴풋이 새 모양의 그림이 보인다. 그 새가 십자가 혹은 나뭇잎을 물고 있다는 이야기가 나온다. 또 오른손의 엄지와 장지를 맞대고 있는 모양새를 한다. 이를 두고 기독교의 삼위일체를 뜻한다는 주장도 나왔다. 아무튼 헐렁한 옷차림이나 열 발가락이 드러나도록 숭숭 뚫린 샌들을 신은 차림새로 보아 불상의 모습과 다르다는 일부 연구자들의 견해다. 수인도 불교회화양식과 다르다는 분석이다. 한 가지 명백한 것은 암면에 깊게 파서 새긴 세 개의 명문 각자가 불교와 관련된 문구는 아니라는 주장인데, 이 주장을 뒷받침하는 일례로 이 석상 앞에는 일체 무속행위가 있었던 흔적이 없었다는 주민들의 증언도 뒤따른다. 대개 이런 바위그림이 있거나 신령스런 자연물 앞에서는 무속행위의 잔재가 남아 있기 마련인데 분처바위 부근에서는 그런 흔적이 전혀 발견되지 않았다. 하여 이 석상은 기독교 관련 유적지로 굳어져 가고, 연구 또한 광범위하게 이루어지고 있다. 이 소설이 나오는 배경이다.

석상의 오른쪽 위에 있는 깊게 파진 네모꼴 도형은 '도마'를 뜻하는 '타우 멤'의 고대 히브리 문자라는 한신대 이장식 교수의 연구결과가 나왔다. 또한 하단에 한자로 새겨진 '지전행'이라는 문자는 '모든 땅을 다닌…' 혹은 '땅끝까지 간…'으로 풀이됐다. 혹자는 이 명문을 '전행'이라 보는 견해가 있었지만 탁본 결과 전한시대에 많이 쓰던 해서체의 '지전행'(地全行)으로 굳어졌다. 그리고 '야소화왕인도자'(耶蘇花王引導者)라는 명문의 '야소화왕'은 '예수아 마쉬아흐'로 예수 그리스도의 존칭이며 '인도자'는 '사도나 전도자…'로 풀이된다 하였다.

이 해석과 주장을 따른다면 이 바위그림은 확실히 사도 도마와 연관이 돼 있다고 볼 수밖에 없다. 그런데 몇 가지 의문점이 생긴다. 이 주장자들도 말했듯이 그림과 세 군데로 나누어 새겨진 각자들이 동시에 만들어진 것인지, 시간차를 두고 각기 따로따로 조각된 것인지가 미지수로 남는다. 글자의 글씨체가 유행하던 시기가 서로 다르다는 것이다. '도마'라는 뜻의 '타우 멤'이라는 히브리문자가 쓰여졌던 로마시대와 한자로 새겨진 '지전행'의 글씨체가 유행하던 전한시대가 시간적으로 일치하지 않는다는 일부 견해다. 또 '야소화왕'이라는 예수에 대한 명칭이 앞의 두 글자를 쓰던 시기와 일치하지 않는다는 지적이다. 이 시간차에 따라 그림과 글자를 새긴 주체를 달리 볼 수도 있다는 해석이 나온다. 이 시기에 따라 석상의 주인공이 사도 도마가 될 수도 있고 예수 그리스도가 될 수도 있다는 분석이다. 야소화왕인도자라는 글자를 도마가 새긴 것이라면 인물의 주인공은 예수가 될 수도 있다. '땅끝까지' 와서 '예수화왕'을 전하는 의미에서 이 바위그림을 그리고 서명을 남긴다는 내용으로 바위그림

전체를 해석할 수도 있기 때문이다. 그게 아니고 사도 도마를 추종하던 신도들이—혹은 도마 자신이—만든 바위그림이라면 그 주인공이 도마가 될 수도 있을 것이라는 추론이다. 어쨌거나 사도 도마의 이름이 고대 히브리어로 깊게 새겨진 석상이 이 한반도 땅에서 발굴된 그 사실 하나만으로도 세상이 발칵 뒤집어질 만은 하다. 내·외 학계인사들이 다녀가는 까닭이다.

요즘 유튜브를 보면 온통 이 이야기로 들끓고 있다.

"우째, 이런 일이?"

한반도 가야 땅 곳곳에서 기독교와 관련된 고대유물들이 쏟아져 나와 박물관의 조명을 받고 있는 현실에 비추어 본다면 새로운 발굴에 대한 연구와 기록이 절실하다 할 것이다. 문서화된 기록이 없다 하여 그 존재를 부정할 수는 없기 때문이다. 역사란 언제나 새로 기록될 수 있다. 유물이 그 증거가 될 수 있기 때문이다. 이를 밝히는 주장이 조심스럽기 때문에 선뜻 나서는 이가 드물 뿐이다. 새로운 학설을 내세우자면 그 진위에 휩쓸릴 위험도 있고 그걸 입증해야 할 수고도 해야 하기 때문에 차라리 모르는 척하기 일쑤다. 그럴수록 이 발굴된 유물과 그동안 빛을 보지 못했던 외경들을 종합해 새로운 스토리를 하나 만들어 볼 필요성을 느낀다. 이 소설이 나올 수밖에 없는 시대적 요청이다.

도마가 전도하고 다녔을 시기를 상상해 본다. 상상은 소설의 본질이기 때문에 역사적 사실과는 무관하다. 때문에 이런 종류의 역사 톺아보기는 학자보다는 소설가가 제격이다. 소설은 상상의 소산이기에 굳이 입증할 전거를 필요로 하지 않는다. 그렇다고 해서 무턱대고 허무맹랑한 이야기를 꾸며낼 수는 없다. 뭔가 수긍할 만한 근거가 있어야 자타가 인정할 수 있는 소설이 된다는 이야기다. 도마가 실제로 해 뜨는 나라 한반도 가야 땅에 와서 전도를 했었다는 것을 소설로 만들려 한다면, 그 역사적 배경 설정이 선행돼야 할 것이다.

가장 오래된 역사서 중 하나인《후한서》에 마한 진한 변한이 있었다는 기록이 있다. 또《삼국사기》에는 이 진한지역에 조문국이 있었다는 기록이 있다. 진한에는 진나라를 통하여 들어온 기마민족이 살았고 여기에 천군이 관할하는 소도가 있었다는 기록에 주목할 필요가 있다. 소도는 군장의 세력이 미치지 못하는 성역이다. 천군은 정치와 별개로 농경과 종교에 대한 의례를 주관하는 제사장이다. 그러니 정치와 종교가 완전히 분리된 이원체제를 뜻한다. 아무리 큰 죄를 지었더라도 그 죄인이 소도로 피신을 하면 체포를 할 수 없는 피난처가 된다. 하여, '이 소도 때문에 범죄자가 늘어난다'는 기록이 있을 정도다. 아무리 세력이 막강한 군왕이라 할지라도 소도의 제사장을 무시할 수 없었다는 이야기다. 이러한 정·교 분리체계는 역사상 이스라엘과 삼한밖에 없었다는 주장이 있다. 이러한 관점에서 당시의 역사를 다시 재구성해 볼 필요가 있다. 이 소설의 성립과정이다.

결론적으로 말하자면 도마는 이 조문국 제사장을 디아스포라로 생각하고 그를 찾아 전도 길에 오른다는 가설이 이 소설의 요체다.

조문국은 낙동강 변에 자리—지금의 의성—잡은 부족세력이었고 신라에 복속되는 기록이 있다. 그런데 말로만 듣던 저들이 남긴 유물들—특히 깃털 모양 금관—이 발굴되어 역사적 사실로 드러났다. 이러한 가설과 역사적 사실을 방증하는 유물로 1세기 이스라엘 헤브론에서 제작된 로만그라스와 유리구슬로 된 목걸이 십자가와 뿔잔 등의 출토품이 조문국 고분에서도 대량 출토돼 보물로까지 지정돼 우리 눈앞에 전시되고 있는 현실이라, 신화시대가 역사시대로 편입되고 있는 중이다. 이를 눈으로 볼 수 있는 증거물로 이스라엘 박물관 전시물과 한국의 박물관 전시물을 동시에 보고 비교분석할 수가 있는 국영방송국의 방송 다큐멘터리를 들 수 있다. 뿐만이 아니다. 전기 가야시대 토기 전시장에서 낙타를 조형한 토우가 있음을 보았는데, 그 시대 가야 도공이 어떻게 이 땅에 없는 낙타를 만들 수 있었을 것인가? 이는 분명히 낙타를 본 사람이었을 것이고 동서양의 교류가 있었다는 가능성을 시사한다 할 것이다. 현물을 놓고 이야기하는 데에는 이론의 여지가 있을 수 없다. 같은 유물이 각기 다른 장소에서 발굴되었다는 것은 서로 교류가 있었다는 증거가 확실하기 때문이다. 이는 무엇을 뜻하는가? 도마의 한반도 왕래를 간접적으로 입증할 수 있는 가설과 개연성이 성립된다는 이야기다.

가설은 궁금증을 풀어주는 열쇠다. 일단 가설을 세워놓고 개연성을 찾아 입증하는 것이 순서다. 여기까지가 도마 한반도 전래설을 주장하는 일부학자들의 주장이다. 여러 가지 논증들도 나왔다. 이밖에도 여러 가지 주장들과 학설들이 나오고 있는 중이다. 아무튼 이 석상이 도마와 연관된 것만은 흥미 있는 기정사실로 드러나고 있다. 실존 유물이 거기 있기 때문이다. 기록에 의한 역사도 있지만 기록되지 않은 유물에서도 역사는 존재한다. 역사는 현재진행형이며 이 미완의 역사를 소설로 쓸 수 있는 까닭이다.

이야기는 여기서부터 시작된다. 이 석상을 처음 발굴한 사람은 꿈에 나타난 인도자의 현몽에 따라 이곳을 찾게 되었다고 말하고 주민들은 '이곳은 옛날부터 치성 드리러 오는 사람이 없었다'며 불교나 기타 민간신앙의 대상지가 아니었음을 증언한다. 만약에 이 석상이 성경의 말씀대로 '땅끝까지 가 복음을 전하라'던 예수의 지상명령을 따라 온 사도 도마의 발자취라면…, 전 세계를 뒤흔들 만한 새로운 뉴스거리가 될 것이다. 이미 많은 학자들과 내·외국인들이 다녀갔다. 그 결과로 구글 지도에 '도마 석상'을 검색하면 바로 길 안내가 나올 정도의 관광 상품화가 돼가고 있는 중이다. 관광 상품화라고 말하면 당장에 종교를 상업화시키지 말라고 할 사람들도 있을 것이다.

그러나 이미 상품화된 장소를 없던 일로 할 수는 없을 일이다. 집을 지으면 입주자가 생기고 길을 닦으면 그 길을 걷는 자가 생기기 마련이다. 입소문은 빠르다. 그렇다면 무언지도 모르고 '분처바위' 혹은 '도마 석상'을 구경하고 사진 몇 장을 찍고 가는 사람들에게 이를 제대로 알리는 안내서가 필요하지 않을까. 이 소설을 쓰는 목적이다. 미리 당부하지만, 이 소설은 어디까지나 소설이지 역사책은 아니다. 그 일례를 하나 들어보자.

베드로의 순교성지나 바울의 순교성지는 물론 야고보의 순교성지까지도 굴뚝 없는 공장이 돼 있는 현실을 감안한다면, '분처바위'는 그야말로 떠오르는 샛별이다. 이렇게 말하면 돈밖에 모르냐는 비난을 받을 수도 있을 것이지만 돈이 문제가 아니라 새로운 역사가 시작되는 쾌거가 된다. 이거야말로 '땅끝까지 가 복음을 전하라'던 그 말씀의 이루어짐이기 때문이다.

요즘 들어 우리나라 사람들이 부쩍 많이 찾아가는 산티아고 순례 길의 핵심이 되는 '산티아고 데 콤포스텔라'는 야고보의 무덤이 있대서 순례성지로 꼽힌다. 이 순례성지가 상품인가? 그럴 수도 있을 것이다. 그렇지만 그 상품화된 순례 길을 걸으며 인생의 참 의미를 되찾아오는 순례자들이 끊이질 않는다. 많은 사람들이 산티아고 순레 길을 버킷리스트로 삼고 있다. '도마 석상'도 그런 순례 길로 만들 수 있다면 상품화라는 말에 굳이 민감할 필요가 없을 것이다.

야고보의 무덤에 관한 이야기를 들어보면 도마 석상을 그냥 묻어 둘 수 없다는 소설가의 주장에 동의할 것이다. 성령강림 후, 사도들이 모여 각자 파송될 지역을 제비뽑기로 정했다. 이 결정에 따라 각 사도들은 동서남북으로 전도여행을 떠난다. 도마도 마찬가지다. 제비뽑기에서 도마는 인도로 파송되었다. 다른 사도들이 서역으로 전교를 떠날 때 도마는 동방 사역을 맡았다. 그런데 이 사도들은 대부분 순교를 당해 순교자로 그 이름을 남겼고, 그 순교당한 곳을 순교지로 남겨 오늘날의 관광 상품이 되었다는 이야기다. 그중에서도 야고보의 순교성지인 산티아고를 살펴볼 필요가 있다.

야고보에 대한 기록으로는 AD 44년에 예루살렘에 돌아왔다가 그리스도인을 탄압하던 헤로데 아그리파 1세에 의해 체포되어 순교당하는 것으로 돼 있다. 하여 스테반 이후 최초로 순교당한 사도로 알려져 있다. 그 후 그는 잊힌 존재가 되었다. 그런데… 8백 년이나 지난 후, 9세기 즈음해서 어떤 농부에게 한 별이 내려와 숲속의 동굴을 비추고 있음으로 가보니 야고보의 시신이 거기 있더라는 것이다. 이를 수습해 이장하려고 배에 옮겨 실었더니 그 배가 그만 바람을 타고 휭하니 어디론가 사라져 버렸다는 것이다. 후일 이 배가 발견된 곳이 에스파냐의 서북부 지역이라 현지인들이 이를 이상하게 생각해 시신을 거두어 무덤을 만들어 주었다. 그런데 십자군과 이슬람의 전쟁이 일어나자 이 무덤의 주인공이 깨어나 '나를 따르라' 하며 앞장서 전투를 십자군의 승리로 이끄는 이변이 일어났다. 이에 이 무덤의 이름을 '산티아고 데 콤포스텔라'로 부르게 되었다. 콤포는 들판, 스텔라는 별, 산티아고는 야고보라는 의미라니까, '별이 뜨는 들판의 야고보 무덤'이라는 뜻이다. 이 이야기 자체가 전승돼 내려오는 구비문학이다.

야고보를 상징하는 성물로 칼과 가리비가 있다. 칼은 전쟁을 승리로 이끈 그의 승전을 기념하는 상징물이고, 가리비는 그의 시신을 실은 배를 바다에 띄웠더니 저절로 이베리아 반도까지 흘러갔는데 항해 도중 가리비가 잔뜩 붙어 배와 시신이 조금도 손상되지 않았다는 이야기인데 이는 어디까지나 구비전승에 따른 것이다. 이야기에 따르면, 그는 이슬람과 기독교의 전쟁인 클라비호 전투에서 에스파냐 군 앞에 말을 타고 나타나 이슬람 군을 무찌르는 이적을 일으켜 스페인의 수호성인으로 추앙받는 인물이 되었다. 당시 시대상황을 상상한다면 충분히 이해가 간다. 십자군전쟁이 한창이던 당시 이베리아 반도는 이슬람과 기독교 세력이 팽팽히 맞서 싸우던 시기였으니 이런 전설적 인물의 출현을 기다릴 수밖에 없었을 것이다. 이후 야고보는 국가가 위기에 처할 때마다 여러 가지 이적을 일으키는 스페인의 수호신이 된다. 하여 국왕이 된 알폰소들은 민족의 성웅이 된 순교자의 묘지 위에 날이 갈수록 더 좋은 성당을 중건하기에 이르러 오늘날의 대성당이 존재하게 된다. 알폰소(Alfonso)라는 말은 스페인이나 이태리어로 용감하고 고귀한 사람이라는 뜻으로 훌륭한 지도자라는 말이다. 오늘날의 왕이나 대통령이다. 그런데 더 곰곰이 파고들어 가 본다면 이건 한낱 전설이 아닐 수 없다. 예루살렘에서 9백 년 전에 죽은 사람의 시신이 이베리아반도까지 흘러간 그 과정도 그럴 뿐더러 그런 이적을 일으키는 영웅의 출현으로 전쟁을 승리로 이끌었다는 스토리 자체도 사실적 근거를 찾을 수 없다. 그럼에도 불구하고 이야기는 전승되어 세계적인 관광명소가 되어 연일 순례자의 발길이 끊어지지 않는 곳이 산티아고 순례 길이다. 산티아고는 해 지는 서방의 끝자락이다. 한낱 전설이 역사가 된 스토리텔링이다.

그렇다면, 어차피 구비전승을 통해 순례 길이 만들어지고 역사가 만들어진다면 동방의 무지개나라 한반도 역시 그런 이야기 하나 만들어 볼 필요가 있지 않을까? 산티아고는 해 지는 서방의 끝이고 한반도는 해 뜨는 동방의 시작이다. 그래야 땅끝까지 가 복음을 전파하라던 그 말씀이 이루어지게 된다. 그 증거물들은 얼마든지 있다. 근년 들어 출토된 수많은 발굴유물들이 박물관에 전시돼 당시의 역사를 증언하고 있다. 이제는 전 세계가 하나되어 어렵잖게 이 출토품들을 통한 정보교환을 할 수 있다. 또한 여행자율화를 통하여 이를 확인하고 공유한다. 더 쉽게는 이를 연구한 학자들의 노력결과물을 유튜브를 통해 앉아서 볼 수 있다는 것이다. 이제는 공영방송에서도 이를 취재 방송한다. 이 영상물들의 비교분석을 통하여 안방에 앉아서도 새로운 역사를 비교분석할 수 있게 되었다. 그런데도 일부 무사안일주의자들에 의해 새로운 발견과 학설은 묵살당하고 있다.

"그 참, 안타까운 현실입니다. 좀 더 깊이 들여다봅시다."

우리나라에 산티아고 순례 붐을 일으키게 된 계기는 파울로 코엘료의 《순례자》라는 소설에 의해서이다. 마침 해외여행 자율화의 물꼬가 트이던 80~90년대와 궤를 같이한다. 웬만한 여행지를 다 다녀온 사람들이 마지막 찾는 곳이 산티아고 순례지라 말할 정도였다. 거기에 국내 작가의 여행기들이 한몫했다. 그런데 정작 짚어야 할 부분들을 짚어내지 못했다. 야고보가 누구인가? 세베대와 살로메 사이의 첫 아들로 동생 요한과 함께 갈릴리 호수에서 고기를 잡던 중 예수의 부름을 받고 베드로와 안드레와 함께 '사람을 낚는 어부가 된' 열두 제자 중의 한 사도이다. 그렇다면 이 이야기를 다시 한번 살펴볼 필요가 있다. 야고보가 헤로데 아그리파에게 붙들려 순교당한 곳은 예루살렘으로 주후 44년이다. 그리고 이베리아 반도의 별이 뜨는 벌판의 땅에 묻혀 수호신으로 추앙받는 인물이 된 것은 9백년 후다. 이게 사실일 수 있을 것인가? 그리고 성경에 등장하는 야고보라는 인물은 이 야고보 외에도 여러 명이 더 있다. 순교자 역시 여럿이다. 예수의 동생 야고보 역시 그중 한 명이다. 그러니까 산티아고 순례성지는 소설에 불과한 이야기다. 그렇다면 사도 도마 이야기도 성지순례 길을 하나 만들 수 있지 않을까?

"소설 하나 쓸 작정이군요?"

해가 져야 별이 뜬다. 별이 돋는 곳에 누워 있는 야고보 성당, 이는 서역으로 간 전도자를 극화시킨 스토리이다. 그렇다면 해 뜨는 동방으로 떠난 전도자의 행적은 없을 것인가? 당연히 있다. 사도 도마의 '지전행'(地全行)이 그것이다. 땅끝까지—해 뜨는 동방까지—와 복음을 전파한 그 행로를 바위에 새기고 문자화시켜 기록해 놓은 증거물이 남아 있는데도 이를 덮어둘 것인가? 그 진위야 어떻든 세상에 드러내야 한다. 이보다 더 불확실한 산티아고 이야기도 있지 않은가? 이미 사도 도마가 인도까지 전교를 한 기록과 증거들은 얼마든지 있다. 인도의 도마 순교 성지는 이미 교황청이 순례성지로 지정하였고 교황도 다녀간 적이 있다. 그렇다면 인도에서 해 뜨는 동방의 나라 한반도까지의 전도 길은 얼마든지 가능하다. 산티아고 순례 길이 코엘료의 《순례자》라는 소설에 의해 붐이 일어난 것이라면 '도마 순례 길' 같은 이름을 붙인 한반도 전도사역 역시 충분한 스토리텔링이 될 것이다.

인도 동남부 지역 첸나이에 도마를 기념하는 '산토메 성당'이 있다. 산토메라는 말은 성 도마라는 뜻으로, 무려 두 군데나 성당이 있다. 하나는 도마의 손이 보존된 성당이라 하고 또 다른 하나는 순교당한 시신을 안치한 무덤 위에 세워진 성당이라 한다. 손이 보존된 '손 무덤 성당'에 대한 구전이 재미있다. 건축가로서 왕궁을 짓는 일을 총괄한 도마가 그 상급으로 오랜 여행을 갔다 오니 시기하는 무리가 있어 죄를 뒤집어씌웠다. 공사비를 유용했다는 죄목이다. 도적질한 형벌로 손목을 잘랐는데 그 손이 바로 예수의 옆구리를 만진 손이라 '썩지 않고 살아 있어…' 영구보존하게 되었다는 이야기다. 또 하나의 성당인 '몸 무덤 성당'은 그의 성공을 시기한 이교도의 창에 찔려 살해당한 후 그 시신을 수습해 만든 성당으로 알려져 있다.

산토메 성당이 처음 세워진 것은 16세기 초 포르투칼 탐험가들에 의해서다. 이들은 옛날부터 있던 도마 무덤이 있는 동굴 위에 성당을 다시 건축하여 순교자를 기념하는 표시를 남겼다. 1893년 영국인들에 의해 신고딕 양식으로 재건되어 지금에 이르는 대성당이 되었다. 1956년 교황 비오 12세가 다녀감으로 대성전으로 승격되었고 2006년에는 카톨릭 성지가 되어 순례 길이 열렸다. 우리만 몰랐던 사실이다. 이미 도마 성당도 야고보 성당처럼 순례 길이 열려 있었던 것이다.

인도 같은 힌두교와 불교의 나라에 어찌하여 기독교도의 시신을 안치한 성당이 존재할 수 있을 것이며 2천 년이 넘도록 이런 이야기들이 전승되는가? 산티아고 데 콤포 스텔라가 서역으로 간 순교사도의 성지라면 첸나이 지역에 있는 성도마성전은 동방으로 간 순교자 성지이기 때문이다. 여기까지는 전 세계인이 다 아는 주지의 사실이다. 그동안 여행이 자유롭지 못했던 우물 안 개구리들만 몰랐던 안타까운 현실이다. 순교성지는 배낭여행자나 걷기여행의 명소가 된다. 가장 유명한 순례성지는 예루살렘에 밀집돼 있고 로마에도 있다. 특히 노벨문학상에 빛나는 시엔키에비치 원작 《쿼바디스 도미네》(주여, 어디로 가시나이까?)로 잘 알려진 베드로 순교성지가 유명하다. 이 소설은 영화로도 제작돼 전 세계인들에게 초기 기독교 탄압의 역사를 여실히 보여주었다. 도마가 한반도 땅 신라 가야에 왔던 같은 시기다.

"정말 소설 쓰고 있네?"

이 작품은 2천 년 전을 배경으로 인물과 사건이 구성돼 있다. 그러니 기록적 증거물이 없는 상상에 바탕을 둘 수밖에 없다. 허구라는 이야기다. 그러나 작금의 현실은 보다 손쉬운 유적발굴로 인하여 많은 부분들이 신화시대에서 역사시대로 편입돼 들어오고 있다. 설화나 신화로 전해 들었던 이야기들이 비문이나 석각으로 발굴되어 새로운 기록역사가 되는가 하면 전설에도 없던 전혀 뜻밖의 발굴품들이 쏟아져 나와 새로운 역사를 쓰지 않을 수 없게 되었다. 여기 많은 부분들에 이러한 새로운 역사의 장이 펼쳐진다. 그 당시엔 별 대수롭잖은 일이나 물건이었지만 2천 년이 지난 오늘날에 있어선 당시를 증언할 수 있는 엄연한 증거물이 된다는 이야기다. 이러한 것들을 문화유산이라 부른다. 여기엔 무형의 문화유산도 있고 유형의 문화유산도 있다. 무형의 문화유산은 전설 같은 이야기들이고 유형의 문화유산들은 자연에 묻혔거나 무덤 속에 잠들었다 나오는 발굴품들이다.

이 작품 속에는 그러한 유·무형의 문화유산들이 많이 나온다. 그러나 이 이야기는 완벽한 작품일 수는 없다. 역사는 언제라도 수정될 수 있는 흐름 위에 있고, 보다 새로운 사실이 나오면 언제라도 덧붙일 수 있을 것이기 때문이다.

"그렇군요. 듣고 보니 그럴 듯합니다만…."

"그렇지요? 가장 중요한 부분이 빠졌지요?"

세간에서 궁금하게 여기는 것은, 그리고 이 소설의 가장 핵심적 부분이기도 한 교통편 문제다. 항공기도 여객선도 기차도 없던 2천 년 전에 어떻게 도마가 이스라엘에서 인도까지 갔으며, 인도에서 이 먼 땅끝 가야까지 올 수 있었을 것인가라는 점이다. 여기에 소설의 제목에 뜬금없이 나오는 '샌들'의 수수께끼가 들어 있다. 인간의 가장 밑바닥을 받치고 보호하는 게 신발이다. 도마의 신발은 예수가 신었던 바로 그 샌들이었다. 샌들은 길을 걷는 데 필요한 발의 보호대다. 도마는 이 예수의 샌들을 신고 땅끝까지 와 사랑을 전파했다. 예수 없이 도마 없고 도마 없이 땅끝전도 없었다는 것이다. 바퀴나 맨발로는 갈 수 없는 험한 길이 복음 전도의 길이다. 험난한 길일수록 누군가의 보호와 보살핌이 필요하다. 오로지 사랑과 보우함으로 잃어버린 길을 찾을 수 있다는 이야기다.

소설에서는 도마의 이러한 복음 전파는 아유타 공주 허황옥과의 동행으로 이루어진다. 도마의 전도사업은 공주를 통해서만 가능하다. 과연 이 소설적 장치와 주장에 무슨 역사적 근거가 있을 것인가? 결론적으로는 '있다'이다. 고려문화재연구원 김병모 교수의 〈허황옥루트〉라는 보고서에 '쌍어문' 신화와 함께 '보주태후 허황옥'의 출신과 가락국 김수로 왕을 만나기까지의 스토리가 전개되는데 충분한 연계성이 있다. 이 소설이 성립되는 가장 중요한 참고자료이며 역사적 사실을 요구하는 데 대한 근거이기도 하다. 신화적 성격을 가지고 있던 기록들이 역사적 사실로 편입돼 들어오는 연구들은 이밖에도 얼마든지 존재한다. 이 소설은 이들 연구 결과와 상상력의 총 집산물이다.

허황옥은 한반도에서 최초로 국제결혼에 성공한 여인이다. 더 나아가서는 가락국과 그 주변 부족들을 연합해 가야연맹체를 만드는 수로 왕의 내조자로 그려지고 있는 동시에 예수를 전도한 여사도로 그려진다. 지금 남아 있는 여러 가지 유물은 물론, 민속이나 습속들—특히 옛 가야 지역—이 여기서부터 기인한다는 주장도 만만찮은 만큼 충분한 이야기꺼리가 많다. 그러나 어디까지나 소설은 허구일 뿐이다. 이 허구를 꿰어 옥구슬을 만드는데, 손길문화원 이용봉 원장, 고려문화재연구원 김병모 원장, '잃어버린 역사를 찾아서 밝히는 일' 유우식 블로그, 인터넷 등 여러 연구 자료들을 활용하면서 소설의 특성상 일일이 주를 달아 밝히지 못하였음에 대한 이해를 구하는 바이다.

샌들 신은 사도 도마
Apostle Thomas's Missionary Journey to Garakguk

지은이 표성흠
펴낸곳 주식회사 홍성사
펴낸이 정애주
국효숙 김의연 박혜란 송민규 오민택 임영주 차길환

2025. 10. 24. 초판 1쇄 인쇄 2025. 11. 5. 초판 1쇄 발행

등록번호 제1-499호 1977. 8. 1.
주소 (04084) 서울시 마포구 양화진4길 3
전화 02) 333-5161 팩스 02) 333-5165
홈페이지 hongsungsa.com 이메일 hsbooks@hongsungsa.com
페이스북 facebook.com/hongsungsa
양화진책방 02) 333-5161

ISBN 978-89-365-1601-7 (03230)